Cercles de Paroles

SORIA

Maître d'information pour
les Créateurs de notre Univers

Texte reçu par *Régine Françoise Faure*

ARIANE

Cercles de paroles

Régine Françoise Fauze
B. P. 11, 46270 Bagnac, France

1209, av. Bernard O., bureau 110, Outremont, Qc,
Canada H2V 1V7
Téléphone: (514) 276-2949, télécopieur: (514) 276-4121
Courrier électronique: info@ariane.qc.ca
Site Internet: www.ariane.qc.ca

Révision linguistique: Monique Riendeau, Michelle Bachand
Graphisme: Carl Lemyre
Mise en page: Kessé Soumahoro
Concept illustration page couverture: Régine Françoise Fauze

Première impression: octobre 2004

ISBN: 2-920987-89-5

Dépôt légal: 4e trimestre 2004
Bibliothèque nationale du Québec
Bibliothèque nationale du Canada
Bibliothèque nationale de Paris

Diffusion
Canada: ADA Diffusion – (450) 929-0296
www.ada-inc.com
France, Belgique: D.G. Diffusion – 05.61.000.999
www.dgdiffusion.com
Suisse: Transat – 342.77.40
transat@transatdiffusion.ch

Imprimé au Canada

Table des matières

Note aux lecteurs

Le contenu de ce livre représente un premier partage entre notre humanité et une des quatre Forces primordiales créatrices.

Chaque chapitre vous est proposé comme un sujet d'étude et de réflexion. Aussi, sachez en tenir compte dans votre lecture. En effet, en vous joignant en conscience à l'énergie proposée, vous avez la possibilité de participer au travail réalisé par chaque groupe lors de la tenue des cercles de paroles. (Ces cercles regroupent en général une vingtaine de participants par atelier de trois jours.) Ainsi, vous y serez présents également, profitant des énergies engagées et développées.

Il est conseillé de lire un chapitre à la fois et de s'accorder un temps de pause par la suite.

Que le labeur consenti à la réalisation de ces cercles tout au long de la chaîne d'information trouve sa grandeur dans votre croissance et votre joie.

Lettre ouverte de soria

Mon amour pour cette humanité m'amène à vous proposer des visions élevées de la Vie universelle.

Mes paroles parfois douces ou directes dérangent vos vieux travers de personnalité. Mon enseignement suit votre progression, et je dose ces alternances en vue de consolider les ouvertures de vos portes trop longtemps verrouillées.

Les énergies de chaque équinoxe, solstice des années à venir donneront une poussée décisive pour vos évacuations internes.

Les remontées égotiques toucheront votre point le plus faible et le plus caché, souvent même scellé par vous-mêmes dans des temps peu glorieux de votre retour à la conscience d'*être*.

L'arrivée du rayon du *Soleil Central* sur cette planète engendre des désordres temporaires dans vos constructions mentales.

Il fut un temps où, durant toute une vie, vous pouviez exercer vos travers ou vos qualités sans dérangement. Actuellement, ce n'est plus le cas.

Mon Père et moi-même agissons en synchronicité sur vos structures moléculaires. Je dérange, je soulève et mon Père se glisse dans cette ouverture. Il continue à travailler en repolarisant votre ADN.

Aussi, dans cette instabilité et la déstabilisation du sens *être*, soyez vigilants; beaucoup se présenteront à vous en se recommandant de moi. J'ai volontairement choisi de privilégier la qualité de mon travail et non la quantité. Je vous invite à m'accueillir dans le silence de votre être ensemencé la nuit par mes enseignements, et par le biais de mes livres et des ateliers que j'anime avec ma partenaire. En dehors de cette trame, il ne s'agira que de prestations humaines organisées en parallèle.

La Lumière descend en vous et je vous accompagne dans cet ancrage.

Note de Soria et du collectif

Salut à vous, chers enfants de la Terre. Le temps vous renvoie l'image de vos troubles intérieurs; pas facile d'être en ce moment.

Vous voici sollicités sur tous les fronts. Chaque sphère sociale bouge, ne laissant aucun répit entre deux évacuations internes. Le soleil, l'eau, l'air et la terre font des siennes, et vous voilà détournés de votre centre. Quelle période, on ne peut même pas se vouer à un saint, il ne répond plus avec l'empressement d'antan!

Chers enfants bien-aimés, nous ici, sommes fatigués d'avoir dû endiguer les raz-de-marée, les tempêtes de l'égoïsme humain. Trop, c'est trop!

Tout doucement, nous remettons entre vos mains ces énergies mal qualifiées, maintenues, afin de vous allouer encore un temps de réflexion. Les sages de cette planète sont en alerte et s'apprêtent à parcourir les chemins d'Urantia Gaïa afin de rappeler la parole des Cieux. Quel rapport y a-t-il avec ce nouveau livre de mon enseignement? Oh, une similitude parfaite. Désormais, je fais voyager ma parole autour de cette planète, encourageant tout un chacun à reprendre le gouvernail de son bateau.

Nous arrivons au temps de la fin d'un monde d'écailles, d'un voyage entre deux idées. L'ère des Poissons se meurt. Il n'est plus possible de l'animer ni de la soutenir encore un peu. Nous sommes parvenus à son agonie. Comme toute agonie, les derniers instants ne sont pas aisés à vivre. L'affectif laisse remonter des effluves nauséabonds, la mémoire vous signale des situations déjà vécues; bref, l'alerte est donnée. Cette phase donnera lieu à des événements propres à votre évolution. Vivez pleinement tous les instants offerts et essayez d'en retirer les leçons contenues en filigrane.

Dans ces eaux troubles, le marécage pseudo-affectif dans sa forme duelle, c'est-à-dire matérialiste/spirituel, manifestera ses velléités. Nous espérons enfin vous voir tous vous asseoir ensemble afin de parler des besoins réels de l'humanité.

Derrière les mots usités, nous retrouvons en majorité des arguments liés à la soif de pouvoir sur les autres. Ce jeu fut autorisé par les Cieux. Aujourd'hui, avec tout notre amour, nous vous signalons le transfert des énergies de réalisation sur une autre route d'exploration de l'identité céleste.

Par conséquent, nous vous signalons que nous avons reçu l'autorisation d'intervenir dans cet ancien processus et de détourner ces intentions. Chacun d'entre vous sera averti de manière individuelle puis par groupe. Plus que jamais, vos émanations psychiques ouvriront ou fermeront les portes de votre centre intérieur.

En ce qui me concerne, je prends la direction des changements de cette sphère de Vie de façon à l'amener à son alignement de 2012. Oui, à cette date interviendra l'influence des planètes sœurs, des étoiles et des univers voisins. Rien ne sera plus pareil à la sortie de cette année-là.

Il reste donc un peu plus de sept ans pour vous ajuster à ce transfert d'autorité. Ainsi, le zodiaque, lui aussi, évolue. Malgré ces mots, votre esprit terre à terre ne suit pas la courbe du changement. Ainsi, nous enregistrons des remontées égotiques et essayons encore de vous avertir. Vous êtes nombreux à confondre envie et vision personnelles avec la vue des univers. Il est temps de transformer ceci. Les blessures du passé entretiennent sournoisement vos tendances présentes. Sous des raisons faisant appel à *la raison*, vous vous vengez du mal enregistré dans ce passé pas toujours si lointain.

Les quelques âmes sincères cherchant l'alignement se voient submergées par l'approche égotique de ceux et celles qui sont en phase d'apprentissage. Justement, le bruit ne cache-t-il pas l'incapacité de s'unir avec ce qui s'en vient? Alors, plutôt que de le reconnaître, ces êtres cherchent à détruire tout ce qui manifeste une vision plus vraie en relation avec les énergies des Cieux.

Je me rapproche de vous et cela a pour effet d'amplifier ce phénomène. L'agitation du moment est donc normale; à vous de glisser avec aisance sur le fleuve nouveau de l'Esprit.

Nous allons schématiser le voyage des énergies jusqu'à vous, du moins celles qui concernent la transformation de la pensée humaine. Depuis le cœur de la Création ondule un fleuve immense de lumière, d'amour, de couleurs et de vibrations.

Tout va bien tant que ce fleuve reste à proximité de votre zone d'influence. En touchant cette sphère d'énergies vous appartenant, les premières circonvolutions égotiques de cette humanité forment des vagues cherchant à infiltrer le fleuve provenant du Sans-Nom. À ce moment-là, les remous égotiques entrent en action, visant à affaiblir le potentiel nouvellement distribué. La puissance dégagée par le fleuve de lumière renvoie instantanément ces attaques. Voilà un autre mouvement inscrit sur le chemin choisi par le Sans-Nom.

En pénétrant votre zone d'influence, le fleuve de lumière entraîne vos énergies perturbées et teintées d'intentions nébuleuses. Ainsi, avant de recevoir un apport nouveau, vous êtes placés en vis-à-vis avec vos tendances égotiques, agitées par la présence de ce support de transformations.

Chers enfants de la Terre, les grimaces à venir seront dues à toutes ces pensées émises non alignées sur la volonté de la Vie.

Nous vous parlons d'un état d'être plus épanouissant et voici que vous rencontrez toute une vague de perturbations que vous auriez souhaité ne pas vivre. Mais jamais, au grand jamais, nous ne pourrons transmuter vos propres émanations psychiques et égotiques. Par conséquent, vous trouvez en ce moment des états d'âme et d'être déstabilisants, perturbants, difficiles à gérer et même souvent d'une approche douteuse.

Cher enfants de la Terre, voici un instant bien précis où vous grandissez.

Oui, je conçois aisément la peine ressentie en sortant de la toute petite enfance. Apprendre à marcher droit et seul représente une aventure incommensurable pour tous ces enfants habitués à avancer avec une multitude de béquilles. Pourtant, vous entrez dans une transformation inéluctable, incontournable, sauf si vous prenez la fuite. Certes, cela vous est autorisé. Alors, quand ce jeu ne vous amusera plus, vous reviendrez nous voir et nous nous retrouverons une nouvelle fois. De toute façon, le visage de cette planète ne sera pas celui de ce temps. Le fleuve de Vie glisse doucement et certainement vers vous. Le voici pénétrant déjà votre horizon. Tout s'agite et plus rien ne va. Les sphères hautement privées et impénétrables au commun des mortels deviennent perméables à cette nouvelle influence céleste.

Oui, enfants de la Terre, avant le changement définitif, voici venir vers vous les perturbations.

«Soria, toi qui a maintenant la charge de cette planète, viens nous éclairer. Que devons-nous faire et dire?»

Je ne répondrai pas ici de manière individuelle. Aussi, ma réponse prendra le visage le plus approprié pour tous.

Je tiens compte de l'état de fatigue de cette humanité amenée volontairement au bord de l'épuisement tant physique que psychique. Oui, je suis présente, et je détiens un programme d'alignement. Quoi qu'il se passe dans les milieux troubles, je serai imperturbable dans son déroulement.

Et ici, je vous mets en garde: *Après une période de test préliminaire à mon influence directe, j'ai pris la décision de ne pas étendre les contacts. Aussi, si certains se présentent à vous en disant: «Soria s'exprime également par moi en vue de faire un travail parallèle», en réalité il n'en est rien.*

Cet avertissement vaut aussi pour les contacts dits avec le collectif SORIA. Car, déjà, nous enregistrons des manipulations de nos énergies de façon à vous détourner de la source. Si cela s'avérait nécessaire, nous préférerions nous taire un temps plutôt que de voir des déviations supplémentaires prendre jour.

(Régine Françoise Fauze: Ces mots me dérangent, car ils impliquent forcément des réactions. Depuis le début de cette aventure, j'ai émis le souhait de la partager. Je suis désolée d'apprendre, comme vous, ces tentatives d'entraîner les énergies du Collectif SORIA en dehors de leur but. Certes, les années 2003 et 2004 m'ont bien amenée à regarder des attitudes appartenant aux anciennes manières d'être. Pourtant, j'attendais, sereine, un repositionnement correct de notre part.)

Notre travail ne nécessite pas une communication permanente. Les mots transmis favorisent la compréhension de l'instant présent, vous avertissant afin d'entreprendre un réveil plus grand.

Le fleuve de lumière effectue une percée dans l'imagerie mentale humaine. Les rêves redeviendront une source d'enseignement, comme cela fut le cas dans un passé lointain de cette planète. Puis, bientôt, un éclair partira de ce fleuve dans le cœur de chacun. Nous avons interrogé les probabilités quant au résultat possible. Il en ressort un épanouissement de votre organe de compréhension, de votre reliance au divin et, enfin, la possibilité pour la nature de l'amour de se rapprocher de l'archétype du concept élevé de l'Amour conçu par le Sans-Nom. Au vu de ce possible, nous nous réjouissons de notre stationnement près d'Urantia Gaïa et du service que nous allons entreprendre. Ensemble, nous pouvons œuvrer pour cet épanouissement de l'Identité divine sur cette terre. À un moment précis de l'ouverture du cœur humain, nous pourrons étendre nos contacts. Nous seuls déciderons du juste moment pour cela.

Enfants d'Urantia Gaïa, prenons chacun notre place, respectons la Charte de Vie universelle et ses lois. Alors, nous nous donnerons la main de façon à amener la paix céleste ici.

En attendant, je m'y engage. Et vous?

Soria et le Collectif

Note de la coauteure

Le temps est venu pour moi de vous transmettre l'enseignement reçu. À vous maintenant d'accueillir ces lignes, de les reconnaître, de leur faire une place ou non en vous. Vous avez toujours le dernier mot, le choix, la possibilité d'une action ou même d'une réaction.

En ce qui me concerne, je me suis faite coupe de manière à recueillir ce flot de lumière. Cette coupe se déverse sur vous à présent. Ainsi peut se dessiner le visage de notre rencontre.

Au cours de mes notes précédentes, je me suis livrée afin de partager avec vous ma trajectoire et son aboutissement en ma transformation intérieure. En cela, je veux juste vous dire que je suis concernée au même titre que cette humanité. Les énergies diffusées dans les différents tomes font leur œuvre en moi avec la même puissance qu'en vous. Nous sommes rendus au même point : nous transformer.

En réalité, j'ai cherché à vous faire comprendre que je ne suis pas différente de vous.

Au sein des cercles de paroles, nous avons retenu deux phrases prononcées par des enfants indigo ayant dépassé aujourd'hui l'âge de la majorité. Je considère celles-ci comme de véritables perles de sagesse et vous les offre (avec l'accord de ces jeunes):

— *Je ne tiens pas à employer le mot indigo, car j'ai peur de voir se créer une nouvelle forme de racisme.*

— *Je ne suis pas un «enfant indigo». Je suis un enfant de cette humanité, assis au milieu de tous.*

Ces mots m'ont touchée. En ces temps de troubles, il est possible en effet de rencontrer une nouvelle forme de racisme. Souvenons-nous que nous appartenons tous à une humanité à la recherche de son identité divine. Il demeure encore envisageable de voir éclore des réactions éloignées de notre centre d'amour. Il nous faut devenir plus vigilants, tolérants mais fermes à tous moments. À chaque palier de compréhension franchi, la tâche nous apparaît parfois difficile. Attachons-nous, avec simplicité, aux présents pas à effectuer. Ainsi, nous nous assurons de meilleures forces de progression.

Devant les épreuves, évitons de glisser dans nos vieux travers de personnalité. Gardons notre nouvelle trajectoire et essayons d'identifier la lumière en visite au sein de notre réalité. Sachons aussi que des rendez-vous particuliers nous seront communiqués en vue d'affirmer notre volonté d'entrer de plain-pied dans cette connaissance offerte. Dans ces moments-là, fiez-vous à la présence de vos guides, de vos anges, et à votre Moi supérieur. Ne vous laissez pas détourner de cette direction où votre être va à la rencontre de lui-même (pour répondre, par exemple, au plaisir d'un entourage exigeant).

En ces temps où de grandes possibilités nous sont proposées, notre maîtrise de l'instant consiste peut-être simplement à maintenir notre vision de nous-mêmes, notre but, et à déclarer ainsi aux *étoiles*:

Ma volonté est bien de m'aligner sur l'Être suprême pour faire sa volonté et non la mienne.

Bon voyage à la rencontre de vous-même, de votre lumière, et si au cours de cette lecture vous découvrez un alignement non satisfaisant de vos attitudes, souriez, aimez-vous dans la découverte de ce visage qui, n'en doutez pas, se révèle pour vous dire au revoir.

Avec mon amour,

Régine Françoise Faure

Introduction

Le Collectif SORIA se positionne autour de cette planète et sur une trajectoire prédéterminée en vue de canaliser les énergies descendantes. Notre travail consiste surtout à conduire les énergies nouvelles véhiculées par l'Éther, depuis le cœur du Sans-Nom.

Cela fait, nous les dirigeons afin d'induire un changement dans la structure cristalline de tout être. À la veille de l'hiver 2012, notre activité sur cette grille humaine interne sera effectuée. Dans un deuxième temps, nous activerons cette grille de manière à la mettre en résonance avec la grille cristalline des univers et avec celle du centre de votre planète. Un troisième temps verra un apport de lumière circulant au sein de cette résonance.

Quand cette circulation deviendra fluide, le cœur de la Terre renverra ce courant vers les Cieux. Ainsi, la planète Urantia Gaïa illuminera la voûte étoilée d'une radiance digne de ses sœurs. Toutes les dépenses d'énergies émises dans ce but deviendront justifiées à ce moment-là.

Ainsi commencera un nouveau travail engageant cette planète dans un programme d'ouverture vers les mondes en création.

Afin de voir Urantia Gaïa se placer dans ce programme, nous envoyons de toute part des stimuli dans votre aura et autour de celle-ci. Mes mots rentrent dans ce cas; pourtant, le plus grand apport se fait la nuit dans votre sommeil. Pour cela, nous avons dû détourner des émissions d'énergies troubles. Le jour, nous nous en abstenons. Ainsi, nous sommes actifs en permanence, nous déplaçant selon les rythmes du jour et de la nuit encore en vigueur sur cette terre.

Non, nous ne possédons pas de temples afin de vous recevoir. Vous savez où nous trouver, même ceux et celles qui n'ont pas lu nos ouvrages. La radiance du collectif suffit et attire les êtres souhaitant s'éveiller aux énergies nouvelles. Malgré les émissions d'égrégores en vue de vous en empêcher, vous êtes de plus en plus nombreux à vous asseoir auprès d'un membre du collectif. Beaucoup me recherchent la nuit, croyant peut-être que, personnellement, j'apporte plus. Il n'en est rien. La majeure partie de la nuit revient aux membres du collectif. N'oubliez pas, je coordonne le processus dans sa totalité et je me dois d'être en mouvement en permanence.

En ce début d'année 2004, j'accueille le fleuve de lumière du cœur de l'île Centrale. Ma charge consiste à fractionner précisément cet apport et à le diriger là où il doit aller. Indépendamment de vos souhaits et espoirs, ce fleuve de lumière a sa vie propre. Tous les Êtres réalisés en poste pour la consécration de cette planète s'activent encore plus, espérant voir la totalité des habitants de cette terre entrer dans la quatrième dimension et, surtout, pénétrer leur centre divin.

Naturellement, il en sera fait selon chacun de vous quant à la pénétration de son centre. En ce qui concerne l'installation d'Urantia Gaïa dans sa fonction de planète relais, cela reste indépendant de votre progression. Aussi, au vu de votre avancement au sein de ce cheminement intérieur, vous serez ou non de ce voyage, de cette aventure.

Oui, de toute évidence, ces années à venir seront riches en événements. Certains vous plairont, mais d'autres ne vous feront pas plaisir. Prenez la peine de traverser ces marécages avec le plus d'humour possible. Essayez de reconnaître votre position au fur et à mesure où cela évoluera. Allez, il faut bien un peu d'humour quand les images vous renverront un miroir pas toujours satisfaisant alors que vous recherchez une position sociale (même si cette position est en rapport avec le retour de l'identité divine!). En réalité, le plus grand piège réside là. «Qui suis-je par rapport à mon voisin?», mais il n'est plus l'heure de ce type de question. L'heure est à se centrer dans son identité divine avec confiance dans sa finalité.

Face à cette priorité, nous continuerons autant que nous le pourrons à vous transmettre des mots visant vos faiblesses intérieures. Parfois, je serai tendre là où vous attendiez de la fermeté, et ferme là où vous escomptiez de la douceur. Car, voyez-vous, je regarde avant tout l'état de votre corps communautaire et vos besoins réels pour votre élévation.

C'est la raison pour laquelle les lignes qui suivent vous instruiront une fois de plus sur votre état intérieur, ses faiblesses, ses forces, ses grimaces et même ses masques. Encore et encore, je vous instruirai sur des sujets dérangeants ou sur des données étonnantes.

On me reproche déjà de minimiser les enseignements du passé, alors, enfants de la Terre, relisez les miens. Je vous parle de ces enseignements comme étant la pierre d'achoppement des miens. Volontairement, je bouscule vos schémas de croyance. Certains vont même jusqu'à penser que le Créateur a tout dit et n'a rien à ajouter aux écrits anciens! Voilà des mots qui ne soulignent que votre désir d'une mainmise sur la Vie.

Je reprends volontairement des sujets déjà étudiés afin de les approfondir. Ainsi, les premières bases établies dans votre compréhension seront agrandies, parfois reconstruites. Les énergies développées dans ce livre cherchent à élaborer un chemin de lumière au travers des nébuleuses humaines créées en vue de vous éloigner définitivement de votre centre de lumière intérieur.

Nous travaillerons ensemble à démonter un à un ces montages aliénant votre liberté, votre personnalité et votre progression.

Mes enfants, préparez-vous à bien des bouleversements dans cette vie terrestre qui ne vous apporte actuellement aucun épanouissement intérieur ni extérieur. La joie ne vous habite pas, aussi, tout au long des lignes qui suivent, je pointerai du doigt (céleste, bien sûr!) ces mécanismes construits pour vous éloigner de la pensée. À force justement de ne plus utiliser votre organe de pensée, celui-ci s'atrophie. Voici un grand danger d'abêtissement. Comme toujours, il me faut reprendre des thèmes de manière à favoriser leur compréhension et à ouvrir de nouveaux sujets de réflexion.

Le corps communautaire de l'humanité frémit de toute part. Celui-ci se voit assiégé par des éclairs de lumière en provenance de sources multiples. En effet, afin que l'humanité puisse à nouveau se brancher sur la Lumière de Vie et non sur une fausse lumière imitant la Vie, nous avons choisi une plurialité d'émissions de rayons de lumière. Ainsi, si le groupuscule souhaitant maintenir l'humanité dans un état de dépendance et de non-être cherche à éteindre le rayonnement céleste, cela devient tout bonnement impossible. À la limite, un rayon devra alors émettre d'une manière différente, sans plus.

L'instant le plus crucial dans l'histoire de cette humanité demeure le réveil des frères et sœurs programmés au siècle dernier. Cette période fut très délicate et nous tenait en alerte. Nous attendions le cri du cœur de nos enfants, réclamant la venue de la juridiction universelle. Tant que ce cri ne fut pas enregistré, il demeurait une possibilité de perdre l'enjeu sous-jacent.

Voici maintenant cette volonté enregistrée. Ainsi, nous avons pu mettre en place la transformation de la planète. La Lumière de Vie incarnée a appelé la Lumière de Vie universelle. C'est une loi universelle: tant que les enfants en incarnation n'émettent pas une volonté précise de voir descendre la juridiction divine, celle-ci ne peut le faire.

Ce siècle représentera un passage radical d'autorité. Nous savons parfaitement que ce qui se trame à votre insu fera des remous. Par conséquent, vos jours ne seront pas tous roses. Aussi, émettez des *non* nets, ne revenez pas sur ces décisions, appelez la fraternité universelle ancrée dans la Lumière de Vie (je fais référence à la lumière porteuse de l'énergie non duelle du Sans-Nom) et demeurez sûrs de voir vos appels honorés.

Les heures à venir ne seront pas aisées, aussi, assurez-vous de vous faire accompagner pendant leur traversée. Chaque fin de cycle est un moment propice aux règlements des énergies non favorables à l'épanouissement intérieur. La planète, ou le vaisseau Urantia, termine sa révolution annuelle, et cela coïncide précisément avec la fin d'un cycle annuel de ce système solaire et de l'univers où ce système solaire se déplace. Alors, non seulement les énergies de cette planète, de ce système solaire sont dans l'obligation de faire le point sur les réalisations obtenues et celles encore en instance, mais votre univers d'appartenance se trouve également dans la nécessité du même bilan.

Cette situation reste délicate et pourtant riche de promesses futures. Toutes ces matrices de Vie sont invitées à endiguer la pensée duelle et à l'abroger. Une formidable pulsion initiatique vise ces secteurs en vue de les élever dans le cœur du Sans-Nom et de devenir la route de l'éther vers les univers en formation.

Votre rôle est bien plus vaste que ce que vous pensez ou osez envisager. Les énergies positionnées près de l'Île Centrale s'installent d'abord dans ce système solaire puis, dans un deuxième temps, sur les plans subtils d'Urantia Gaïa. Croyez-vous que cela ne signifie rien?

Votre organe de pensée recommence à s'animer. Alors, essayez d'amener ces données jusqu'à lui. Oui, j'ose aborder ce sujet délicat. Toutes les informations n'arrivent pas jusqu'à ce centre, elles sont détournées par votre organe mental bien ancré dans sa forme inférieure. Voici pourquoi nous insistons sur votre besoin de réinvestir tous vos corps de lumière.

Vous manquez d'éducation conscientisant la réalité des lois qui mettent vos corps subtils en résonance. Afin de pallier doucement ce manque, nous reprenons vos données dites spirituelles et vous emmenons à un stade plus avancé de la pensée. Pour cela, le Collectif SORIA a retenu l'énergie du regard-sentiment-pensée. Rassurez-vous, ici, point d'erreur dans le choix de l'emplacement de chaque mot. Notre volonté étant ferme, nous vous guidons progressivement en dehors des moules de construction dans lesquels vous étouffez, voire mourez.

Encore une fois, nos mots sont dérangeants. As-tu pensé, ami lecteur, que tes réactions parlent d'elles-mêmes de tout ce qui t'empêche d'être?

En ces heures si particulières, je t'invite à profiter de cette ouverture de conscience pour te libérer de ces encombrements. J'évoquais l'humour, à cela j'ajoute: retiens la joie dans ton cœur et ton esprit, car les temps à venir t'écarteront avec aisance du mouvement interne si tu ne t'y installes pas dès à présent.

Ami lecteur, plus tu t'accrocheras à des repères extérieurs, plus tu rentreras dans les troubles. Ces heures portent le regard à pénétrer ton centre intérieur. Aussi, les enseignements sont-ils des repères temporaires visant à faciliter ton retour au sein de ton identité divine. Chaque page de l'enseignement demeure une invitation à réinvestir la personnalité déposée au cœur de l'étincelle de Vie par le Père/Mère.

Ce nouveau livre exprime cette invitation. Voici donc un moment privilégié entre toi et moi. Je respecte la vision du Collectif SORIA en utilisant de préférence des mots déployant des réactions soutenues dans ton corps communautaire. Régulièrement, tous les enseignants autour d'Urantia se retrouvent et ajustent leurs actions. En ce moment, les transmissions par des canaux reliés à d'autres voix que la nôtre emploient des mots aussi forts vous plaçant devant vos responsabilités. Étrange, non? La douceur s'efface pas à pas pour parler sans ambages de vos erreurs comportementales.

Nous, de notre côté du voile, unissons nos efforts de manière à vous conduire là où vous êtes attendus. Alors, oui, encore et encore nous abordons vos comportements et vos pensées avec plus de profondeur dans cet ouvrage. Ce pas vise à éclairer avant tout vos zones d'ombre avec plus de force. À vous maintenant d'accepter ce jeu sans reprendre vos vieux travers de personnalité, ceux qui vous ont conduits à une impasse majeure.

Nous sommes un des flambeaux de la Lumière de Vie vous visitant dans ces instants décisifs. Passerez-vous dans ce faisceau ou déciderez-vous de rester accrochés à l'impasse? Là demeure la réelle question.

Bonne lecture.

Soria

Domme

la Dordogne

Première rencontre

Automne 2002

Depuis ce matin, je suis là à présider, à diriger toutes les énergies qui passent en vous, autour de vous et rayonnent au-delà de votre réalité humaine.

Ces premiers instants passés en cercle sont émouvants, car il y a beaucoup de retrouvailles entre vous mais également avec nos amis, frères et sœurs intraterrestres, et nous de l'autre côté du voile.

Je ne vous cache pas que par la tenue de cette réunion, nous nourrissons des espoirs puissants pour les réalisations à venir. Tous, vous travaillez à ancrer une partie du plan qui descend sur cette planète. Certains en sont conscients, d'autres effectuent ce travail par le biais de leur inconscient. Quoi qu'il en soit, vous êtes tous à la fois des acteurs actifs, des ouvriers, des maîtres et des élèves.

L'Amour est à revisiter. Jusqu'ici, ce mot a été galvaudé, maltraité ; cette énergie grandiose, sublime, puissante n'a pas reçu l'écoute et le respect qui lui revenaient. Comme vous effectuez quelques pas dans ce sens, vous redécouvrirez alors le côté sacré de la Vie.

Par exemple, la respiration, acte anodin de votre quotidien, est un acte sacré, puissant ; c'est la Vie en mouvement, des forces qui vous sont données. Vous ne pourriez vivre sans air guère plus de quelques minutes ; vous pouvez vous priver de nourriture, rester plusieurs heures sans boire, résister au froid ou à une grande chaleur pendant de longs moments, mais quelques secondes suffisent au corps privé d'air pour faire cesser ses fonctions.

L'Amour est un mot qui véhicule des énergies répondant à tous les rayons de couleur, à tous les sons primordiaux, à toutes les forces en jeu dans les univers et, au fil de l'enseignement que j'essaie de vous transmettre, mon souhait est de vous faire redécouvrir ce sentiment, épuré des vues humaines limitatives, de manière à vous restituer cette vision de vous, grande et pleine, que nous conservons.

Les présents enjeux dépassent votre conception de la Vie et nous n'essaierons même pas de vous en parler à ce stade d'éveil.

Pourtant, nous nous devons de vous dire que votre place, ici, dans les mondes finis, dans la densité et la dualité, représente un atout considérable pour ancrer les plans de conscience qui s'en viennent vers cette planète et qui serviront toute la communauté universelle.

La force déposée dans les entrailles de ce pays répondant au nom de France est une énergie cristalline d'une rare pureté. Elle n'est pas encore activée, car la force cristalline des autres continents se devait d'être active avant celle des cristaux du sous-sol de la France. Chaque continent a reçu une gamme de minéraux ainsi qu'une qualité spécifique du Cristal.

En fonction de l'éveil de conscience de l'humanité, de sa volonté d'incarner les plans de conscience supérieurs, les cristaux des pays se sont éveillés les uns après les autres, délivrant ainsi la qualité déposée en eux. Les derniers à s'éveiller, à entrer en action, sont les cristaux présents dans le sol français.

Je sais, vous vous demandez pourquoi ce petit pays détient autant de pouvoir. La structure géométrique de la création même de cette planète permet de recevoir une structure universelle d'une grande importance. Mais pour que cette dernière puisse descendre, il fallait que les cristaux installés en Amérique du Nord et du Sud, en Afrique, dans les pays de l'Est ou en Australie fassent leur travail d'ancrage. Chacun a joué son rôle, sauf un; la France et ses cristaux doivent aujourd'hui entrer en action.

Ce pays n'a plus de mémoire sacrée. Ses pouvoirs ayant été détournés volontairement, nous demandons justement que ce sens sacré y revienne, ainsi que dans toutes les autres nations.

Vous vous apercevrez que la base du sacré est identique d'un peuple à l'autre et que nous faisons simplement un travail afin d'amener ce sacré à un autre niveau de conscience de lui-même. Aussi, je souhaite vous voir intégrer dans votre quotidien quelques gestes sacrés. La reconnaissance du Feu, de l'Air, de la Terre et de l'Eau, comme une salutation aux Maîtres d'énergies, serait en ce sens souhaitable et bienvenue. Vous déplorez que certains groupes de votre humanité aient perdu le respect de l'essentiel, mais chacun de vous a oublié ces actes sacrés, ces gestes essentiels : la salutation au Soleil, les pensées d'amour envoyées à la Terre, à vos frères et sœurs (de famille ou non). Des gestes essentiels en vue d'une reconnexion avec les forces qui sont là, en réserve, chacune représentant un réservoir d'énergie en attente d'utilisation. Jusqu'ici, vous n'aviez même pas imaginé une seconde que des réservoirs d'énergie destinés à chacun étaient là, prêts à être exploités. Ces forces sont à votre disposition, il suffit simplement de les appeler.

Il y a d'autres réservoirs d'énergie qui, aujourd'hui, ne sont pas connectés avec cette planète. Reliés avec la conscience qui descend maintenant vers cette terre, ils ont d'abord besoin de s'ancrer afin d'être employés pour le bien de chacun, de l'ensemble de cette humanité et de la Terre.

Si je vous en parle présentement, c'est simplement pour que vous commenciez à songer à cette puissance que nous vous avons réservée, afin que ces pensées deviennent les appels puis les racines de ces réservoirs.

Quand un plan de conscience est proposé dans un lieu particulier des univers, nous offrons une grille magnétique, des réservoirs d'énergie, de nouveaux mots clés, des sons revisités et des couleurs, afin que cette grille devienne opérationnelle et que ce plan de conscience puisse être intégré entièrement. Le temps nécessaire à l'intégration de celui-ci varie selon les périodes. En ce qui a trait à cette grille magnétique ancienne, en train de partir et de vous saluer, plusieurs millénaires ont été nécessaires, plusieurs conflits intérieurs aussi. Désormais, un nouveau plan de conscience va émettre sa lumière, son savoir, et nos espoirs résident justement dans un temps beaucoup plus comprimé pour assimiler ces nouvelles données. Ce sont nos espoirs; nous souhaitons que vous n'aurez pas besoin de plusieurs millénaires d'intégration quant aux données venant vers vous. Nous espérons que quelques dizaines d'années suffiront; c'est un travail immense et nous le savons, mais nous connaissons votre potentiel et pensons que la réalisation peut être rapide. Nous savons que l'espace et le temps vont redevenir vos alliés et nous comptons sur cette alliance nouvelle avec ces deux forces pour l'assimilation rapide des plans de conscience que nous vous avons réservés.

Le Triangle d'Or où je réside représente la haute forme de conscience du triangle d'or qui s'installe entre le Canada, le Brésil et la France, ces trois pays détenant eux-mêmes un triangle d'or. Ainsi la conscience, notre conscience, pourra s'incarner par étapes sur cette planète.

Cela signifie aussi que les influences en relation avec l'ancienne grille magnétique disparaissent.

Pour les thérapeutes, il est bon de signaler que la rose des vents va donc se déplacer et qu'il faudra retrouver sa bonne position et travailler désormais avec ces champs d'énergie correctement placés.

Les pôles se déplaçant, tout être vivant va réagir en fonction de ce déplacement; le Sud ne sera plus au sud ni le Nord au nord, ni l'Est à l'est et l'Ouest à l'ouest. Il y aura toujours le Nord, le Sud, l'Ouest et l'Est, mais vous allez devoir les replacer. Cela signifie aussi que l'observation des planètes qui forment des géométries dans votre ciel, véhiculant des énergies que vous aviez réussi à coder sous le nom d'astrologie, devient caduque puisque votre ciel entre aussi en mutation. Par un effet de résonance et d'appartenance, si votre planète bouge, votre système solaire suit ainsi que toutes les planètes.

Pendant quelques mois (c'est ce que nous espérons), vous serez donc un peu perturbés par ces changements puisque vous n'aurez plus de points de repère. Toutefois, certains d'entre vous reçoivent déjà des impulsions de façon à retrouver justement de nouveaux codes afin d'aider ceux qui le souhaiteront. Mais avant toute chose, vous devez savoir qu'à l'intérieur de vous nous avons déposé tous les codes, tous les sons, toutes les lumières, toutes les formes géométriques dont vous avez besoin pour traverser cette période de troubles. Celle-ci peut être très agréable et pourra alors se faire en douceur si vous vous centrez en permanence sur l'instant présent et maintenez le pouvoir de votre corps, de votre mutation, celui de rentrer à l'instant présent dans le changement. Si vous résistez et voulez vous accrocher aux vieilles références, alors, obligatoirement, vous ressentirez des conflits intérieurs. Nous essayons de vous amener en douceur, sans trop d'inconfort, vers ces changements. Nous avons nos souhaits, nos espérances, mais il y a votre volonté. Et, en dernier ressort, vous seuls avez le dernier mot. Autrement dit, le grand maître de tous les grands maîtres, c'est vous. J'ai tous les pouvoirs et je peux tout mais, en réalité, je ne peux rien si vous fermez les portes. Et il en est ainsi avec tous les autres maîtres, car le maître suprême c'est le maître incarné, celui qui a revêtu un vêtement de chair et qui est allé dans cette dualité afin d'ancrer, d'incarner la Lumière de Vie ; le maître suprême, c'est ce maître-là, c'est-à-dire vous.

Vous êtes tous aimés et respectés pour le travail et l'audace d'avoir quitté votre identité, votre confort dans le but d'endosser un vêtement de chair, de descendre dans cette dualité pour y installer ce qui existe là où nous sommes, ce que vous connaissez, ce que vous avez toujours vécu. Vous n'allez pas mettre en place quelque chose de nouveau, vous allez simplement installer ce que vous connaissez. Par cet effort même, vous allez nourrir ce que vous connaissez déjà et lui offrir une mutation qui sera bénéfique pour nous qui sommes ici.

Le Soleil et la Lune représentent le couple par excellence ; le Soleil a toujours été honoré et la Lune aussi, mais aujourd'hui ces deux astres entrent en mutation afin de vous donner la nourriture, la lumière dont vous avez besoin pour ancrer cette réalité dans laquelle nous vivons nous-mêmes. Durant cette mutation, vous ne pourrez pas enterrer votre passé ni renier vos forces antérieures; vous les amènerez plutôt dans les nouvelles énergies et leur rendrez grâce parce qu'ils acceptent de rentrer en mutation pour vous aider et d'accomplir ce geste dont vous avez besoin pour nourrir, ensemencer cette sphère de visions nouvelles. Vous êtes porteurs de visions et de réalisations que cette terre n'a pas encore connues. Ce n'est pas de votre ressort ni du nôtre. Nous sommes nés avec ces visions que le Grand Constructeur nous a données. Ce sont SES visions.

Dans votre quotidien, la lumière de votre cœur va commencer à émettre. Si vous acceptez ce rayonnement nouveau, vous traverserez avec aisance les perturbations à venir. Si vous le refusez, vous créerez vous-mêmes des perturbations de manière à briser cette rigidité qui vous empêche de rentrer de plein droit dans votre royaume, dans votre identité.

Les épreuves ne servent qu'à casser les schémas construits, acceptés lorsque l'on s'incarne. Vous n'avez plus besoin de ces modèles restrictifs et pouvez les déposer, simplement les honorer, les remercier et les aimer; ils ont effectué tout leur travail, vous ayant conduits à ce que vous êtes aujourd'hui, c'est-à-dire à un retour dans la conscience de vous-mêmes, dans la grandeur, la divinité, la maîtrise de vous-mêmes.

Je n'apporte rien de nouveau, je suis celle qui détient des énergies particulières; à votre demande, je viens vous restituer le dépôt que vous avez fait il y a un temps déjà. Alors j'emploie des mots, des mots clés, réveillant cette mémoire à l'intérieur de vous qui est la vôtre et non la mienne.

Ce premier jour se termine et, encore une fois, j'espère que vous avez repris conscience un petit peu plus de cette géométrie sacrée qui est en vous, qui forme cette identité que vous portez et que vous allez amener à sa plus haute expression, du moment peut-être, mais ce sera bien ainsi.

Nous n'attendons de vous rien d'autre que ce que vous avez décidé. Aussi, si mes mots soulèvent des mémoires, c'est que vous avez choisi à travers eux d'ouvrir cette porte que vous allez franchir et de travailler avec cette énergie.

J'ouvre des portes, des canaux, des réservoirs, mais les énergies, les dépôts, vous seuls les avez placés, et personne d'autre. Si vous vous retrouvez dans la situation de devoir vous adresser aux autres, c'est que vous avez opté pour cette place ; si vous avez décidé de travailler avec vos mains, c'est toujours en réponse à ces premiers choix

Au fil de ces trois jours, je vais relier chacun de vous à son contrat suprême. Celui-ci est ce qu'il est, c'est le vôtre. Par conséquent, chacun recevra une force correspondant à l'ouverture de ce contrat. Certains l'auront immédiatement en conscience, d'autres l'auront dans une semaine, un an ou dix ans, eux seuls le détermineront. Chose certaine, j'effectuerai ce travail pendant ces trois jours. Nous avons déjà commencé, déversant vers cette planète, par le cœur de ce cercle, une qualité d'amour visant à l'aider à reconstituer ses forces et ainsi à lui éviter d'entrer en trop profonde mutation pour rétablir ses forces.

Il y a un temps pour la parole, mais aussi pour le silence, et aujourd'hui, le silence vous nourrira de manière à intégrer les énergies déjà descendues vers vous. Les cercles de paroles sous notre directive ou celle d'un autre maître, d'une autre entité recevront toujours notre appui, car ils représentent tous une matrice forte en service que nous animerons des meilleures pensées possibles.

Nous voulons simplement terminer cette journée en vous disant que nous vous aimons beaucoup et que ce *beaucoup* ne reflète pas la réalité. Nous vous aimons et vous remercions de tout votre travail conscient et inconscient.

Soyez en paix avec vous-mêmes. Vous avez trouvé votre place, même si vous n'avez pas encore réussi à y mettre un mot ou un visage.

Demain, nous reviendrons et partagerons encore ces instants, de façon à ancrer davantage la tâche entreprise aujourd'hui. Pour l'heure, la charge d'énergie reçue étant déjà forte, nous clôturons cette première journée.

Nous vous remercions de votre présence et d'avoir ainsi répondu à notre souhait.

Paix à vos cœurs, à vos âmes et à vos esprits.

Permets-moi de prendre la parole après un si bel exposé (*une intervention de Didier*); je dois reconnaître et remercier ta guidance intérieure.

Il y a en effet beaucoup d'éléments à transmettre sur la vie de Jésus, mais ce n'est pas tout à fait l'heure encore. Aussi, ne m'en veuillez pas si je ne vous donne pas ici d'éléments supplémentaires.

Tout à l'heure, nous avons insisté pour transmettre ce réservoir d'énergie qui vous appartient; toutefois, l'humanité n'est pas arrivée, dans sa totalité, à ce stade de lumière où elle peut y recourir avec sagesse. Vous devez donc comprendre, chers participants, amis, frères et sœurs, et accepter que cette transmission puisse se dérouler avec parcimonie, toujours dans un état de sagesse, en résistant à l'envie affective de vouloir sauver tout le monde. Nous vous conseillons de l'utiliser chaque fois que vous en aurez envie, mais au minimum une fois par jour. Peut-être le matin en commençant votre journée, ou le soir avant votre voyage de nuit; et pourquoi pas le matin et le soir si tel est votre désir!

Mais, aujourd'hui, je vais vous entretenir d'autre chose.

Cette terre qui vous a reçus et vous accueille pendant ces trois jours a une destinée. La Dordogne, ce département, a accueilli en son sein ce triangle d'énergie qui répond au nom de triangle d'or, et les trois angles focaux de celui-ci sont reliés à un point du Triangle d'Or où je réside. Cela signifie qu'au Canada comme au Brésil, trois autres points d'un triangle d'or canalisent les énergies d'un autre des points de notre Triangle d'Or.

À partir de l'instant où, ici, nous infuserons les énergies du Triangle d'Or de la Conscience, les trois triangles d'or de votre planète entreront en synergie, démultipliant les forces que nous enverrons. Nous transmettrons une partie des données de l'esprit supérieur sur votre sphère de Vie. Cela se fera progressivement, naturellement, en vue de l'ouverture sur le monde à venir. Dans ces informations, tous les stades de la Lumière, de la haute Lumière seront implantés. Chaque stade détient une somme de savoir correspondant à l'administration avec ses lois, à l'amour, à l'échange, aux informations concernant l'identité supradivine, aux identités à venir, soit des concepts qui n'ont encore jamais transité au travers de ce cercle atomique, et bien d'autres choses encore.

Doucement, j'ai le devoir de réveiller la conscience humaine, dite préhumaine, au devenir réservé à cette planète, à sa force et à son dessein qui, jusqu'à maintenant, ne se sont pas encore révélés.

La force d'Amour s'active sur Urantia Gaïa. Elle va appeler chacun d'entre vous à retrouver sa propre géométrie sacrée, à l'identifier et à l'émettre afin que l'humanité résidente puisse trouver sa géométrie sacrée commune et l'offrir à l'Univers entier. Toute la Vie circule sur une forme géométrique plus ou moins complexe à plusieurs dimensions. Quand nous vous envoyons une forme géométrique, que nous appelons aussi «fleur de Vie», bien souvent vous la percevez comme une image plate mais, en réalité, elle comprend aussi la hauteur, la profondeur, la largeur, et cela votre champ de vision ne l'a pas encore compris ni assimilé jusqu'à maintenant.

Pour vous permettre d'entrer un peu plus au cœur de votre géométrie, nous avons décidé de travailler sur votre vision et de rectifier certains canaux de votre corps, d'aligner des canaux subtils afin que vous retrouviez au moins une partie — la base — de vos pouvoirs et compreniez un peu plus les lois dimensionnelles.

Les dimensions correspondent à un état profond de conscience d'un élément, d'un secteur, d'un sentiment. Imaginez un sentiment comme une cellule, ou un cercle, et dessinez des portions, chacune représentant une dimension de ce sentiment. Eh bien, vous naviguez à l'intérieur de celui-ci, portion par portion, dimension après dimension.

Le sentiment est le moteur, le vecteur de toutes les réalisations de ce Cercle atomique de Vie. Il n'y a pas de petit ou de grand sentiment, il n'y a que des sentiments. Il y a, pour vous, des sentiments *positifs* et *négatifs*; pour nous, il y a le sentiment. À l'intérieur, vous le teintez de votre dualité en cours, mais par lui-même il est neutre. C'est votre approche du concept de la Vie qui teinte le sentiment de négatif, ou de positif. C'est votre regard sur la Vie, sur les Lois divines, qui est le vecteur de la dualité. La pensée est engendrée à la suite; elle est la chimie du regard et du sentiment ou, du moins, du regard dans le sentiment. Ce Cercle atomique de Vie repose sur l'Amour; l'Amour étant la clé de toutes les portes, de tous les réservoirs. L'Amour est neutre, l'Amour Est. Il ne «sait» pas qu'il peut y avoir un amour négatif ou un amour positif. Pour lui, il est AMOUR, il EST, il ne sait même pas qu'il est Amour.

Le regard que chacun possède et qui est toujours en mutation a ce pouvoir de déterminer ce que va devenir cet Amour. Va-t-il construire, détruire, ou guérir? Va-t-il devenir possessif, agressif? Seul le regard va établir ce choix.

Quand le regard pénètre l'Amour, une chimie se met en mouvement et engendre des pensées. La pensée est donc l'enfant du regard au sein de l'amour. Mais cette pensée est au service de votre regard. N'étant pas la victime d'un despote, elle peut devenir libre et autonome, influençant son «père/mère» le regard, libérant ainsi l'amour de toute forme de dualité.

Votre premier Cercle atomique de Vie est appelé à se libérer de ce regard duel sur l'Amour. Il faut que cela commence à un endroit quelconque dans ce grand Univers qu'est notre Cercle atomique de Vie. Et nous, Créateurs, avons dû un jour choisir un point stratégique et regarder le potentiel à venir pour ce Cercle atomique de Vie. Aussi, avons-nous étudié et nous sommes-nous réunis afin de confronter nos propres sentiments, nos déductions. À notre niveau, nous avons dû aussi accepter une part d'égoïsme, car nous espérions être choisis. C'est étrange de notre part, n'est-ce pas, et pourtant c'est le cas. Naturellement, cet aspect est d'une nature autre que ce que vous connaissez, mais ces frictions existent; nous n'en sommes pas dupes, nous en jouons parfois. Et une fois le choix final décrété, nous avons quand même eu la sagesse (et heureusement, car si les maîtres de sagesse n'étaient pas sages, quel serait l'avenir de ce Cercle atomique de Vie?) suprême de choisir le meilleur endroit, le point stratégique parmi tous, puis nous avons retenu la science comme arbitre. Alors, en nous appuyant sur nos sciences, nous avons reconnu l'endroit où, un jour, une émission d'énergie d'un tel potentiel de réalisation pourrait vraiment descendre dans le but d'éclairer chacun d'entre nous. Nous avons constaté qu'il n'y avait qu'un secteur approprié, un seul, et tous les scientifiques des sept Super-Univers sont venus dire: «Nous sommes unanimes, si nous voulons servir l'ensemble, il n'y a que cet endroit et pas un autre.» Ainsi, la sagesse nous a guidés, éclairés, et nous avons retenu ce secteur comme point stratégique. Partant, nous avons demandé d'être guidés et de recevoir ce savoir suprême de reconnaissance du point stratégique afin de préparer un plan qui, le moment venu, actionnerait toutes les forces qui descendraient pour le bien de tous.

Le Grand Constructeur veillait et nous a priés de former un groupe pour cet événement puis de retenir les Êtres de lumière les plus volontaires, de les soumettre à des épreuves de résistance afin de renforcer leur volonté, et de les faire voyager dans les mondes finis pour qu'ils parviennent en temps et en heure à ce rendez-vous.

Nous connaissions le lieu, mais pas l'heure. Pourtant nous avons œuvré ; nous nous sommes mis à l'écoute et avons dirigé toute notre science au service de cet instant que nous ne connaissions pas. Il se trouve que ce point stratégique se situe dans votre système solaire. Que les Êtres de lumière de ce groupe formé pour cet instant magique sont tous en place dans ce système. Pas un seul n'a failli, chacun ayant réussi à parvenir à l'endroit assigné.

Tout est en place. Vraiment ! Nous savons parfaitement qu'une seule planète dans ce système solaire n'a pas encore maîtrisé la dualité. Mais en réalité, je vous le confirme, la dualité nous a servis, car elle nous a permis de cacher ces Êtres de lumière afin de les protéger. Nous savons parfaitement que sur votre planète se concluent des accords secrets, se produisent des actes monstrueux visant à empêcher cette humanité de grandir et de passer avec aisance dans le champ de conscience qui se présente. Nous connaissons tout cela. Nous voyons aussi que vous êtes à ce point stratégique de votre histoire où vous êtes descendus très loin dans l'Ombre et que l'ombre de l'Ombre essaie de vous amener à perdre pied, à oublier la connaissance de qui vous êtes. Mais voyez-vous, le grand Plan avait tout prévu bien que nous ignorions si votre sagesse se réveillerait à temps pour appeler les forces en réserve, guérir ce lieu de vie afin que ce point stratégique entre dans son plein contrat.

Il ne peut y avoir d'erreur ni de manque d'amour, car la Vie ignore tout de cela. Vous avez eu le libre choix jusqu'au bout, seulement voilà, désormais nous connaissons l'heure ; enfin, nous la connaissons ! Et nous nous réjouissons puisque ces énergies vont enfin descendre là où elles étaient attendues et que ces Êtres de lumière cachés dans la dualité vont pouvoir se réveiller.

Mes frères, mes sœurs — si je vous appelle ainsi ce n'est pas pour rien —, bon nombre d'entre vous viennent des étoiles et ont accepté d'entourer ces Êtres de lumière, et de canaliser une partie de la dualité ayant cours ici pour leur permettre d'être tout de même protégés au maximum et de pouvoir se réveiller en temps et en heure voulus.

Ces êtres sont donc prêts à se réveiller mais, voyez-vous, ils ont revêtu une forme extraordinaire que l'esprit humain n'aura pas été chercher, car ce sont les Cristaux. Jusqu'ici, ceux-ci ont dormi. De temps en temps, on leur a dit : « Attendez, regardez, n'oubliez pas qui vous êtes ; allez, retrouvez un peu cette mémoire de qui vous êtes, d'où vous venez ! » puis on les a invités à rentrer de nouveau en sommeil, sachant que c'était très important. Avec la venue du Maître Cristal dans l'aura de cette planète, ce système solaire — lieu stratégique pour tout le Cercle atomique de Vie — entre dans son réveil. Bien sûr, votre vaisseau spatial focalise toutes les attentions, et pour cause : les Cristaux, ceux qui détiennent l'ouverture des champs d'action pour ce Cercle atomique de Vie, ont été placés sur votre planète. Nous n'y pouvons rien, ce n'est pas nous qui avons choisi. Par contre, chacun de vous s'est amené en sachant parfaitement quel rôle il avait à tenir, et à quel moment. Alors, vous vous étonnez peut-être d'être là, sur la planète qui revêt la plus grande importance aux yeux de tout le Cercle atomique de Vie, mais ne jouez plus les aveugles, ceux qui ignorent, car vous saviez tous parfaitement que c'était l'endroit stratégique.

Le peuple des Cristaux est constitué d'Êtres d'une grande

envergure, d'une puissance atomique que vous n'imaginez pas; heureusement, vous n'avez pas encore accès à cette dimension puissante des Cristaux. Ils vous ont permis de les toucher juste assez afin que vous compreniez leur puissance et le fait qu'on ne joue pas avec eux.

Je vous ai dit qu'Urantia Gaïa avait un rendez-vous important. Que cette humanité allait être testée par les Cristaux. J'aimerais ajouter aujourd'hui que ce test est en relation avec la venue de cette énergie qui n'a JAMAIS traversé ce Cercle atomique de Vie. Si vous désirez œuvrer avec les Cristaux, prenez conscience dès maintenant de ces Maîtres; ce n'est pas vous qui les utiliserez, mais eux qui vont vous éduquer. Ne vous trompez pas. La puissance de leur rayonnement, de leur identité ne peut être approchée par la conscience finie et revêtue dans votre incarnation.

Veuillez approcher les Cristaux avec respect, sans avoir envie de les dominer ou de leur imposer un travail. Demandez-leur d'agir, recherchez leur accord et écoutez le travail qu'ils ont envie de réaliser et qui correspond à leur identité. Cela vous évitera une confrontation douloureuse, et la mémoire de cette humanité est déjà chargée d'une telle rencontre affligeante par le passé.

On ne manipule pas un cristal; il s'agit d'un partenariat.

On ne vient pas avec sa dualité visiter un cristal; on se présente avec le cœur, avec l'amour.

On ne s'approche de ce maître qu'avec de l'amour.

Eux, ils vous aiment, ils vous respectent mais, cette fois-ci, ils ont décidé que l'approche qui vous est offerte ne viendra pas ternir cette lumière qu'ils sont en train de réveiller.

Sur le sol français se trouvent des Cristaux d'une énergie très grande, très pure, très belle et qui se diffusera bientôt dans les autres Cristaux des autres pays. La grille magnétique cristalline va donc s'installer, et nous aimerions vous inviter à prendre conscience que ces Êtres de lumière n'ont pas besoin de vous pour effectuer ce travail. Toutefois, si l'amour guide vos gestes, vos pensées et votre regard, alors ils vous demanderont peut-être de devenir le moyen de se déplacer rapidement d'un continent à l'autre. Attendez leur requête.

J'ai beaucoup de respect pour ce peuple qui, en fait, accueille une partie du Triangle d'Or, de ses résidents. En d'autres mots, ces maîtres incarnés sous la forme de Cristaux sont issus de la supraconscience même. Ce sont certains de mes frères et sœurs que j'ai vus partir, et je suis heureuse aujourd'hui de voir que l'heure est arrivée pour eux de se réveiller et de reprendre le rayonnement total de leur identité. J'ai bien dit le rayonnement TOTAL de leur identité.

Par le passé, cette humanité a beaucoup joué, se croyant maître, convaincue de son droit de posséder les Cristaux, et le résultat fut la chute précipitée d'un grand pays. Ces êtres se sont réincarnés parce qu'ils devaient profiter de ce réveil actuel de façon à évacuer certaines mémoires. Alors, ils ont repris le chemin en se disant: «Nous n'allons plus recommencer, nous nous le promettons, nous ne toucherons plus à toutes ces énergies et n'essaierons plus de devenir les maîtres du monde!»

Le problème est survenu cependant; une fois qu'ils furent dans un corps physique, la mémoire chargée de leurs actions passées les a envahis. Et, aujourd'hui, ces femmes, ces hommes recommencent; ils veulent redevenir maîtres de cette planète.

Le clonage a déjà existé, les *OGM* aussi, les transferts de cellules animales dans le corps humain tout autant. Les résultats furent catastrophiques et nous assistons de nouveau à cette manipulation. Nous nous en attristons énormément, car ces êtres sont tellement ancrés dans ce besoin de posséder encore une fois le monde, qu'ils vont passer à côté d'une chance de guérison.

Alors, si vraiment l'amour guide vos pas et vos pensées, nous vous invitons à en envoyer à ces entités qui vous font souffrir présentement. Vous le ferez chez vous, en conscience, ou ne le ferez pas, cela ne nous regarde pas ; il s'agit simplement d'une invitation.

De notre côté, nous le ferons. Nous essaierons encore une fois d'empêcher cette marée nauséabonde d'aller trop loin, et si cela s'avère nécessaire, eh bien nous inviterons une partie des terres à s'immerger avec ces hommes et ces femmes afin que l'eau, cette matrice vivante, vienne nettoyer autant qu'elle le pourra cette vieille mémoire. Nous espérons que cela n'arrivera pas, mais nous l'ignorons pour l'instant. Tout est possible, il faut croire que tout l'est encore.

Quoi qu'il en soit, à la fin de l'année 2002, avec la nouvelle grille magnétique, des rayons de lumière d'une très grande puissance pénétreront chacune des cellules de cette planète. Cet adombrement de lumière réveillera l'être vivant, le soulageant et lui restituant un mouvement qu'il a perdu. Bien sûr, cet être étant libre d'utiliser ou non ce mouvement, nous découvrirons, tout comme vous, ce qu'il aura décidé.

Nous pouvons aimer cet être qui va s'éveiller, lui dire tout simplement que nous l'aimons ; sans doute cela calmera-t-il sa colère bien légitime.

Cet être va se lever pour retrouver toute sa fluidité de mouvement, d'expression, toute sa beauté. C'est là toute une découverte qui nous est offerte, mais nous n'avons pas le droit d'intervenir, et vous non plus. Je sais, cela semble dur pour vous, mais justement, si vous n'intervenez pas, cela se passera probablement en douceur. L'Amour consiste peut-être aussi à ne rien faire. C'est possiblement de sourire, de s'installer sans bouger, de rayonner l'amour, la paix, la sagesse, le lâcher-prise, et d'abandonner ce besoin de posséder.

En définitive, nous vous invitons aujourd'hui à réfléchir sur cette forme particulière de sagesse, sur cette invitation au silence, au respect, au rayonnement de l'Amour et sur l'acceptation de ce qui vient, sans en connaître la teneur.

Mes amis, mes frères et sœurs, il est temps de clôturer cette journée, de remercier chacun d'entre vous d'avoir canalisé un rayonnement d'une grande beauté. Nous avons beaucoup aimé ce soleil que vous avez réussi à créer en commun et nous vous en remercions, car vous êtes tous des soleils dont nous attendons le rayonnement.

Nous venons partager un espace-temps hors du temps commun, de l'espace connu. Celui-ci représente un espace intermédiaire entre ce que vous connaissez et ce que vous allez connaître. Le grand Sans-Nom a prévu un plan de vie, de réalisation. Cette réalisation, ce plan, se décline par étapes, par états de conscience, et voici que dans l'histoire de cette planète, elle va passer dans un champ de conscience supérieur. Et cela étant, le Sans-Nom nous a réservé une surprise, nous demandant de créer un espace intermédiaire pouvant s'imbriquer dans l'espace et le temps qui vous sont connus. Ce nouveau plan ne vient pas interférer avec ce qu'il y a à réaliser mais réclamera de vous un autre effort de construction, de partage et d'humilité. Vous devrez travailler avec deux aspects : ce plan de conscience qu'il faut ancrer, et celui que vous ne connaissez pas, qui exigera de chacun de respecter l'être qu'il est, son contrat de vie, donc cet espace intime qui lui est propre, son lien avec la Vie. Vous travaillerez en partenariat avec une multitude d'êtres et cette démarche ne relèvera pas d'une seule personne mais de toutes. Dans ce champ nouveau, surtout soyez prudents, n'essayez pas d'y amener ce qui appartient à l'autre. Nous vous enverrons la force supplémentaire requise pour cet effort et l'envergure nécessaire à cette réalisation. Nous ignorons la finalité de ce projet. Toutefois, nous y répondons et y adhérons tout simplement parce que cela vient du Très-Haut et que tout ce qui vient de lui est béni. C'est la raison pour laquelle nous insistons sur l'aspect sacré de la Vie qui s'exprime dans les gestes, chez l'homme, chez les animaux, dans l'Air, l'Eau, le Feu et la Terre. Voilà pourquoi nous vous restituons en grande partie une somme d'informations susceptibles de vous aider présentement; n'en soyez pas effrayés, approchez-les avec douceur. Si vous ne pouvez intégrer les mots, intégrez l'énergie contenue en ceux-ci.

Comme d'habitude, nous œuvrons sur plusieurs plans.

Nous traversons une séquence dense d'informations et cela est concrétisé par des écrits, des conférences mais également par toute la déclinaison des forces subtiles de ces énergies de communication et, là, vous pouvez entrer dans ce monde subtil par l'inspiration, la respiration, la volonté et l'intention. Pourtant, je vous mets en garde, tout vous est donné et nous n'interviendrons pas. Et si vous approchiez cette forme de communication avec d'anciennes pratiques, vous pourriez être déçus. Ne croyez pas que je prononce ces mots afin de vous faire peur et de vous empêcher de quoi que ce soit, car nous ne voulons pas vous interdire de puiser à même cette source, de recevoir cette nourriture exceptionnelle. Nous désirons tout simplement vous mettre en garde en vous disant ceci: Soyez des êtres simples, ne vous en approchez pas avec le mental mais en ouvrant les portes du cœur. Je ne parle ici ni d'affectivité ni de sentiments humains, mais bien plutôt de l'Amour comme vous ne le connaissez pas, celui que l'on ne peut s'approprier mais qui respecte la Vie et sollicite l'autorisation d'agir. Le don est aussi une énergie qui a été galvaudée par la société actuelle. On vous enjoint de donner encore et encore en jouant en réalité avec votre culpabilité, toujours prête à resurgir.

C'est une autre manière de vous ponctionner et de vous priver d'une certaine liberté puisque l'argent est une énergie qui est maintenant étranglée dans son débit et ne vous revient pas.

Je vous entretiens d'une autre forme de vie et je m'efforcerai de vous expliquer tout cela.

L'amour étant un don, ce que l'on a reçu est à transmettre. Voici une autre facette de l'abondance.

L'argent représente une énergie contenue dans un réservoir. Et un réservoir d'énergie se remplit par l'intention des Anges, son débit devrait être régulier, voire abondant. En ce moment, des humains émettent la volonté de vous priver de ce bienfait. Au fur et à mesure du temps, vous, humanité, avez accepté l'étroitesse de l'ouverture, et même la pénurie presque totale, de ce flot d'énergie.

Je vous parle d'une autre forme de don, soit d'ouvrir vos portes intérieures et de laisser couler votre fleuve d'amour. Il prendra tout naturellement le visage idéal à l'instant précis des besoins de l'un ou de l'autre. Ne vous y trompez pas, l'argent ne demeure nullement la référence cosmique d'un état d'éveil supérieur de la conscience maîtrisée! Cela n'empêche pas de faire appel à cette forme d'expression. À ce moment-là, assurez-vous de la voir arriver entière à sa destination. Aujourd'hui, rien de plus facile que de déclencher vos mécanismes bien huilés d'autoculpabilisation! Là aussi, je vous invite à la vigilance.

Vous êtes venus nombreux chercher l'enseignement de Soria. Derrière Soria il y a la Vie, puisque SORIA est une énergie de Vie. Elle réside dans le Triangle d'Or où demeurent toutes les énergies dans leur forme la plus lumineuse, éthérée et nourricière.

Cette énergie dont je porte la responsabilité rassemble ce qui vit dans l'espace-temps. Puisez dedans et vous y trouverez toutes les nourritures.

Abordons maintenant une source puissante: les Cristaux. La fleur de Vie émise par les Cristaux transmet les énergies, les modifie dans leur forme en diffractant les couleurs et diffuse donc la réalité Arc-en-Ciel. Votre ADN la canalise puis votre note personnelle entre en mutation afin de devenir une plus grande porte. Cela vous mène ainsi à la rencontre des Cristaux. Ces Êtres parfaits font circuler leur vie depuis leur demeure par le biais d'une chaîne d'appartenance jusqu'à la surface de la Terre. Ces

Cristaux maîtres d'eux-mêmes travailleront en vous en utilisant la fleur de Vie et, par conséquent, votre ADN. Ceci ne constitue pas un grand secret. Dans cette présente phase, vous pensez avoir besoin d'un support en vue de vous manifester plus pleinement. À l'intérieur de ce jeu, ***nous vous invitons à les respecter*** avant d'entrer en communication avec eux, à ne jamais leur imposer un travail, à leur demander plutôt s'ils sont prêts à accepter cet échange puis, surtout, à faire en sorte que ce partenariat serve le bien de la communauté humaine et non pas la Lumière ou l'Ombre mais la Lumière de Vie.

Au cours de ce partage de trois jours, vos yeux physiques ont rencontré un cristal. Autour de vous, nous avons invité des Cristaux dans leur forme éthérée, agissant sur les quatrième, cinquième, sixième et septième dimensions de la note musicale de l'humain. Ils préparent votre corps à la mutation et à recevoir cette énergie. Ainsi, vous portez en vous des informations déposées par eux et celles-ci émergeront dans votre conscience sous une forme ou une autre. Ayez la patience et la sagesse que le temps fasse son œuvre et prépare votre véhicule, votre conscience, à cette élévation.

Si je reviens encore sur la vie des Cristaux, cela souligne bien sûr une volonté de vous avertir du réveil de ce peuple incarné sur et dans le sol d'Urantia Gaïa. Ce faisant, il fera de même sur les vieilles mémoires de l'humanité. Il y aura donc une résurgence mémorielle des travers comportementaux, et le risque réside dans le débordement autoritaire de certains d'entre vous. Alors, parmi mes conseils, écoutez celui-ci : évitez les nouvelles tendances de travail avec les Cristaux. Un fleurissement d'écoles multiples sur l'usage de ces êtres se produit ; si vous répondez à ce courant d'intention, cela demeurera votre choix et, ainsi, votre responsabilité. Notre rôle consiste à vous avertir, un point c'est tout. Oui, les Cristaux agissent sur les forces, mais comme vous ne connaissez ni l'amplitude ni la puissance subtile de leur être, vous ne savez pas à quoi vous jouez. Le seul moyen de les approcher sans préjudice pour vous, l'humanité, la planète et l'Univers reste le respect total de leur vie. À l'intérieur d'un partenariat éventuel, votre souhait doit rester un souhait, votre place consiste à demeurer un partenaire et non à vous imposer à eux. Les Cristaux ne sont pas *des pierres*, mais des êtres vivant, pensant, agissant. Ce sont des maîtres, des entités venues de très loin s'incarner dans la densité volontairement pour répondre au besoin de la Lumière de Vie en expansion, par le biais de leur chaîne d'appartenance.

Chacun de vous a reçu des énergies spécifiques afin de réduire son karma, de trouver sa place dans ce qui vient et ce qui se passe. Il en est de même pour vos frères et sœurs dans la multitude, par résonance magnétique. Lorsqu'un petit groupe au sein d'une cellule travaille à son élévation de conscience, c'est bien la famille humaine qui en bénéficie.

Je vous connais tous, nous avons déjà travaillé ensemble, sous une forme ou une autre, sous d'autres latitudes, et il en sera encore ainsi. Pourtant, l'heure sonne annonçant la nécessité de transformer votre croix intérieure, d'en faire une croix de lumière, puis de positionner ses deux branches l'une sur l'autre de façon à l'amener à être un tube de lumière qui, ensuite, deviendra un soleil; cette création se placera entre le chakra solaire et celui du cœur. Ce dernier en sera la porte d'accès. Votre cœur remplira un peu plus sa fonction de porte multidimensionnelle.

Nous vous invitons donc à la création de ce soleil qui se placera au dessus du soleil déposé par vos parents solaires. Cela peut se réaliser rapidement si vos anciens schémas ne conditionnent plus votre existence. D'où la nécessité de vous avoir poussés à les regarder puis à vous en défaire. Sachez également que tous les vieux schémas de l'humanité vont tenter de s'enraciner dans la nouvelle grille magnétique humaine et que c'est la raison majeure des risques de perturbation à venir. Ne leur donnez pas plus d'importance, installez-vous dans votre cœur et essayez de ne pas troubler le Verbe passant en vous. La nouvelle grille magnétique ouvre un champ innovant de conscience et d'organisation. Nous vous demandons d'y pénétrer avec de l'amour, beaucoup d'amour, toujours de l'amour et encore de l'amour.

Remercions l'œuvre sans faille de notre frère et ami Kryeon et de son collectif. Il entre dans son nouveau travail envers cette humanité, transcende celui déjà effectué tout en continuant de le superviser. Nous avons créé un jeu d'expérience de manière à vous recevoir en nos énergies. Votre transmutation réalisée sera transportée autour de cette planète puis dans son cœur par le retour de nos amis intraterrestres chez eux. Votre réalisation sera donc nourrie et rayonnera pour le bien de tous. Actuellement, cela dépasse votre entendement, mais bientôt des détails vous seront donnés afin de mieux cerner cette puissante alchimie. Rentrez en vos demeures. Par la pensée, vous pouvez puiser à volonté dans cette source de nourriture vivante.

Nous vous remercions au-delà des mots, des phrases, des énergies, de la lumière, simplement avec notre cœur. C'est bien là que nous vous avons reçus et que vous nous avez reçus.

Grâce vous soit rendue.

Montréal

Québec

Première rencontre

Oh, je sais, ma partenaire ne parle pas très fort, mais vos oreilles sont là pour capter les énergies, le son, la vibration que je vais transmettre. Je vous ai accompagnés tout au long de cette journée, j'ai dû franchir des barrières, des résistances et des peurs bien cachées. C'est normal, vous êtes sur cette planète après avoir accepté de jouer à celui qui ne sait pas, qui ignore, et qui dit: «Non, je ne suis pas divin», mais ce n'est qu'un jeu! Alors j'ai dû déjouer tout doucement vos résistances, cajoler votre être, lui permettre de s'exprimer et, voyez-vous, ce cercle, vous l'avez animé en fait! Bien sûr, je lui ai apporté une structure, sachant que certains viendront par la suite et auront besoin de recevoir l'enseignement que j'ai donné durant ces journées-là. Mais, contrairement à ce que vous pensez, même s'il vous semble avoir déjà compris dans mes livres ces mots qui vous ont bousculés, en répétant ou en développant aujourd'hui certains passages, j'en ancre les énergies. Un livre, qu'il soit de moi ou d'un autre, est porteur d'énergie, d'une ouverture. Aussi, la première lecture sert-elle à rassurer; oui, oui, à rassurer. Étant donné que le premier parcours de lecture vous donne le visage du livre, vous acceptez, à la relecture, d'aller voir plus loin, d'ouvrir un petit peu plus votre porte; là, c'est le mental qui commence à s'animer, car lui aussi a besoin d'une nourriture.

Pour d'autres livres, vous n'avez pas besoin d'aller plus loin, ce stade suffit. En ce qui a trait aux manuels *SORIA*, il est prévu que tous les corps se nourrissent et reconnaissent l'enseignement déposé dans les pages les animant et les construisant. De la sorte, chaque corps subtil reçoit sa nourriture, et lorsque tous les corps, physiques et subtils, reçoivent à part égale une quantité d'énergie, de mots, de vibrations, c'est tout le corps communautaire qui se sustente, intègre, s'ouvre et accepte d'explorer davantage.

Certains livres nourrissent uniquement le mental; il faut les prendre pour ce qu'ils sont. Quant à moi, j'ai la dure tâche de nourrir tous vos corps, ce qui n'est pas facile, car il s'agit d'une construction. Je dois choisir des mots qui, mis les uns au bout des autres, vont actionner des clés, des portes d'entrée de vos corps. Par conséquent, je dois jouer avec la construction de chaque mot, avec l'énergie qu'il véhicule, tout en étant attentive à l'élaboration de la phrase, à l'articulation des énergies, puis veiller à ce que chaque nouveau chapitre vienne appuyer le précédent ou le suivant. Oui, c'est un véritable exercice, mais comprenez qu'un jour viendra où vous (l'un ou l'autre des participants de ce groupe) travaillerez également à cette articulation, à la transmission de mots dans le but de nourrir d'autres humanités, d'ouvrir de nouvelles voies, d'offrir des concepts inédits. Voilà en quoi le travail que j'effectue présentement vous servira sans doute. Parce que vous l'aurez vécu ici, dans votre chair, du fait que j'aurai nourri chacun de vos corps, votre mémoire s'en souviendra. Les mots sont des puissances, des bombes atomiques; chacun a le pouvoir de construire ou de détruire, d'harmoniser ou de créer le chaos. Vous avez donc une responsabilité, celle du choix. Oui, mais voilà: quel choix? Comment le définir? Vous pouvez regarder à l'extérieur, mais qu'est-ce que cet extérieur vous dit? Avez-vous réussi à décrypter tous ses messages? Parce que l'extérieur comporte aussi plusieurs niveaux de lecture et de compréhension. Vous avez d'abord la façade, toute lisse dès la première image, puis, si vous pénétrez un tout petit peu, vous aurez une deuxième lecture et, ensuite, si vous avez encore plus de courage, vous chercherez l'image même derrière cela. Et enfin, si le cheminement ne vous effraie pas, vous vous apercevrez au fur et à mesure d'une multitude de lectures possibles dans l'extérieur.

Une articulation apparaît, comme un code, une clé, et celle-ci, finalement, s'ajuste parfaitement à vos serrures intérieures vous permettant de déjouer vos pièges intérieurs. «Ah, il y a des pièges! D'accord, je vais donc regarder!» et vous tournerez ainsi votre regard à l'intérieur si vous le voulez, si vous êtes d'accord et avez envie d'aller un peu plus loin. Et que rencontrerez-vous alors? En voyant la première image, vous vous direz: «Elle est belle, toute lisse! Ah! oui, mais derrière elle, il y a cela, et puis..., derrière cela, il y a encore une autre image. Oui, mais... si j'observe bien, en fait je retrouve exactement les plans déjà rencontrés à l'extérieur. Et si l'extérieur m'a nourri, je peux enfin me nourrir de l'intérieur, comprendre comment je m'articule, qu'il n'y a qu'une seule et même clé qui ouvre, active toutes mes serrures, et que cette clé m'a bien été offerte par l'extérieur.» Oh non! l'extérieur ne détient pas la clé, non, non, non! La clé était bien à l'intérieur, mais c'est l'extérieur qui vous a rappelé qu'il y en avait une et qu'elle était logée là, en vous. Alors, si vous avez ce courage, vous pourrez saisir que, finalement, l'extérieur a autant de paliers et de profondeurs qu'il y en a à l'intérieur de vous. Mais il va falloir également amener l'extérieur vers l'intérieur, le faire glisser de cercle en cercle parce que vous êtes un cercle, une bulle. Toutefois, ce cercle doit grandir et il a lui aussi des profondeurs, des clés et des serrures. Qu'est-ce que ce trousseau de clés? «Bon, d'accord, je suis un cercle, je le comprends; d'accord, je dois en faire le tour et puis m'élancer sur un autre, soit affiner constamment la connaissance de moi-même. Ainsi, de cercle en cercle, je crée une spirale. Bien sûr, je saisis cela, mais tu me dis, Soria, que je peux transposer ceci, que je peux le faire glisser. Mais où? Sur quoi?» Enfin, réfléchis! Sur le cercle de la Terre, sur son cercle d'évolution et, d'ailleurs, tu connais ce cercle d'évolution, tu l'as déjà reconnu, mais ici on t'invite à gravir l'autre cercle, celui qui est en train de se présenter juste au-dessus, qui affinera toutes les connaissances, tout le savoir d'Urantia Gaïa. En regardant bien, tu verras ta spirale glisser sur la spirale de la Terre. Ensuite, si tu acceptes de tourner harmonieusement avec elle de façon que ta spirale vienne se coller vraiment, voire se lover dans la spirale de la Terre, tu reconnaîtras la spire d'ADN. Tu sais, celle qui vibre à l'intérieur de toi! Pour l'instant, deux spirales forment ton ADN, mais nous avons maintenant un travail à effectuer. En as-tu une idée? Eh bien, nous devons amener ta spirale (celle qu'il faut harmoniser avec la spirale de la Terre) à glisser, sur le cercle toujours, de ce système solaire entrant lui aussi en mutation! Ce cercle devenant spirale, ton ADN entamera tout d'un coup sa mutation parce qu'il devra intégrer la spirale de ce système solaire. Et ce n'est pas fini. Après, il faudra pousser les portes et aller encore plus loin, soit intégrer les autres cercles ou spirales; il faudra chaque fois harmoniser les effets, découvrir les lois, les inter-réactions (ou interactions) dans tout cela.

Mais, dis-moi, d'où étions-nous partis? Ah oui, de l'extérieur. Eh bien, vois-tu, ami, l'extérieur t'a renvoyé à toi et, partant, tu a redécouvert ta spirale et celle de la Terre. L'extérieur et l'intérieur composent la dualité. C'est la véritable dualité, celle qui t'avait été offerte au commencement, soit la dualité de l'humanité dans sa forme la plus magnifiée. Mais cette dualité est descendue encore et encore, très loin, et vous en avez finalement créé une autre, soit la dualité de l'homme. Enfin non, puisque vous aviez quitté même l'état d'homme et étiez donc descendus beaucoup plus bas. Ceci est terminé. La dualité lourde et difficile que vous avez créée s'achève aujourd'hui et, si vous le voulez, nous allons vous aider, vous amener à prendre conscience de cette spirale involutive dans laquelle vous êtes descendus, et nous repartirons de là où vous en êtes, vous tenant la main à nouveau, vous guidant et vous faisant ascensionner dans votre spirale de manière à retrouver la vraie dualité, celle qui vous avait été offerte, c'est-à-dire le miroir de l'extérieur servant l'intérieur, soit la balance cosmique. Il n'y a rien d'autre. Tout est spirale, tout est cercle, et la dualité est au service de l'unité. Qu'est-ce que l'unité? C'est l'apaisement et le recours à la dualité, c'est la paix dans cette visite. Que croyez-vous? Que vous quitterez la dualité comme cela, du jour au lendemain! Non, celle-ci est à votre service;

aussi, si vous voulez la quitter, il faudra poser un regard de paix, d'amour sur elle. Vous devrez reconnaître également ce grand maître, celui qui s'est caché dans votre quotidien, a épousé tout ce que vous avez voulu, a été noir, blanc, en somme ce que vous en avez fait. Mais ce grand maître a toujours été là, à l'intérieur de vous comme à l'extérieur. Il a toujours été là!

Il y a l'Ombre et la Lumière. L'extérieur et l'intérieur.

Vous venez de vivre une longue période à rechercher à l'extérieur de vous qui vous étiez, ce que vous étiez et ce que vous pouviez être. De façon à rééquilibrer les forces de la balance cosmique, il vous faut plonger désormais à l'intérieur de vous, reconnaître ce qui s'y cache, puis, dans un temps plus ou moins long (que vous déterminerez vous-mêmes), lorsque les deux plateaux de la balance estimeront être suffisamment chargés du regard de paix et d'amour que vous leur donnerez, ils vous diront: «Regarde! Au milieu, il y a la flèche — parce qu'une balance cosmique comprend deux plateaux et une flèche. Aussi, si tu veux bien, nous allons réguler le mouvement de la flèche, lui transmettre une oscillation douce, de plus en plus douce jusqu'au moment où elle s'arrêtera là, juste au milieu. Et quand tu verras la flèche se stabiliser au centre, tu auras un instant, un simple instant pour glisser de l'autre côté, sortir de cette dualité et devenir la Lumière qui englobe la dualité.»

Je vous invite à prendre conscience qu'en vous il y a l'extérieur et l'intérieur, des frères jumeaux, et que l'un ne peut vivre sans l'autre. Vous avez rendu visite à l'un d'eux, il vous faut aller à la rencontre de l'autre, celui qui est à l'intérieur, qui s'est replié en une sage attente.

Aujourd'hui, cet enfant — qui est resté tel alors que l'autre a franchi des étapes — correspond à l'enfant intérieur; il est là à attendre, désireux de grandir, de vivre.

Vous avez remarqué que la balance cosmique est constituée de deux plateaux, soit de deux cercles. Qu'arriverait-il si ces deux cercles se positionnaient l'un sur l'autre? Le mouvement, mes amis, le mouvement! Soit deux cercles vivant l'un pour l'autre, l'un par l'autre, au service de l'un et de l'autre. Deux cercles tout de lumière. Puis, si vous positionniez la flèche au cœur de ces deux cercles, vous auriez une magnifique roue qui tourne autour d'un axe. Étrange, non! On dirait une planète tournant autour de son axe de lumière! Qu'en pensez-vous? Dites-moi! Acceptez-vous de devenir une planète, l'esquisse d'un soleil?

Que la paix descende sur vous. Après avoir regardé à l'extérieur, vous devrez tourner votre regard vers l'intérieur, et si vous n'avez pas tout observé à l'extérieur, vous prendrez du temps pour regarder ce qu'il y a à l'intérieur. Mais c'est ainsi; partant, dans ce voyage qui vous attend, soyez amour, douceur, tolérance envers vous-mêmes. Oui, je sais, vous avez tous émis une volonté, mais en vue de votre venue au seuil de cette réalisation, vous devrez effectuer certaines reconnaissances, unir ce que vous avez désuni, ce que vous avez séparé, revisiter tous les mots, comprendre les énergies que vous y avez déposées, bien voir que vous avez teinté ces matrices de vie et que, finalement, ces mots ne veulent pas toujours dire ce que vous pensez. Un grand voyage s'ouvre devant vous, mais vous êtes des aventuriers de la Vie et, en même temps, des créateurs. Alors, ce soir, avant de quitter ce cercle, je vais ouvrir la porte à un rayon, un rayon d'amour. Il vous nourrira, et vous grandirez en son sein. Ne cherchez pas de résultats immédiats! Faites preuve de patience, ne cherchez rien du tout finalement! Sachez simplement que nous avons effectué ce dépôt ce soir. Qu'en cet instant s'active l'ouverture vers un nouveau jour, l'intégration de tout ce qui a été déposé. Et qu'il vous faut un temps pour recevoir, un temps pour intégrer, ainsi sans fin. C'est le mouvement de la Vie, la balance cosmique, la spirale en action!

Je vous offre tout mon amour sans savoir si vous pourrez l'accepter puisque, voyez-vous, il a la puissance d'un raz-de-marée ; telle est la Force, la Vie. Aussi, vais-je juste l'atténuer un tout petit peu afin que vous puissiez recevoir la dose que vous êtes prêts à accueillir, de façon à activer davantage votre spirale, et que vous compreniez que vous êtes Amour avant toute chose.

Profitez de cette soirée pour faire la paix en vous. Je vous quitte sur ces mots.

Le 12 du douzième mois, douze heures douze ; quatre douze, quatre éléments qui entrent dans la douzième partie d'eux-mêmes. En d'autres mots, à l'intérieur de vous le douze se met en résonance, s'aligne et va ouvrir toutes les portes qu'il détient, tous ses réservoirs de connaissance. Ne vous y trompez pas. Si hier je vous ai parlé de ce que vous êtes, de la spirale d'évolution, aujourd'hui les quatre éléments de votre corps activent votre spirale, sont à l'œuvre et libèrent tout un potentiel. Mais, voyez-vous, la différence réside dans le fait que vous n'allez pas puiser dans ce potentiel ni chercher encore et vous épuiser. Ce potentiel vient lui-même vous chercher, telle une vague, pour vous soutenir et vous emmener vers votre réalisation. Vous vous réaliserez dans les quatre éléments ; c'est cela le douzième jour du douzième mois, de la douzième heure et de la douzième minute. Le douze ouvre le douze puis s'articule vers le douze et encore le douze, quatre douze qui s'aligneront et œuvreront dans un cercle parfait d'union vous entraînant dès lors vers votre propre réalisation. Fêtez cela, prenez conscience qu'aujourd'hui est bien différent, car dans notre réalité, cet alignement qui est vôtre nous permet de nous aligner aussi. Deux spirales alignées qui vont s'épouser, ce n'est pas chose anodine. Dans cette union, ce rouage particulier, l'unité, la force, la joie et l'amour viendront vous chercher et vous serez le cœur de ces deux mouvements, de ce double alignement. Ne cherchez pas à l'extérieur, car vous êtes le centre de toute chose, à la fois soleil, planète, force et amour. Mais voyez-vous, ce matin, pour ce douzième jour du douzième mois, nous avons fait appel à des maîtres de Sirius et, là, à la douzième heure et à la douzième minute, ceux-ci ont activé ce fleuve en tant que grands sages qui articulent les forces des quatre éléments. Ils possèdent une sagesse infinie et viennent la déposer là, au cœur de vous-mêmes, afin que, dans ce cœur, dans ce mouvement, la sagesse déjà déposée il y a fort longtemps commence à émaner et à émettre sa jolie couleur. Il vous faut encore de la patience et, heureusement, croire encore, oui, bien sûr. Mais quand vous croyez, cela signifie que vous acceptez quelque chose et reconnaissez avoir à apprendre quelque chose. Et ce qui vient à cet instant est une force nouvelle venant dire à chacun: «Mais TU sais, TU connais, TU ES. Tu es la connaissance, l'amour, la force, le mouvement, et nous avons besoin de toi, de ton mouvement, car dans celui-ci, ton Je Suis se positionne là, juste au centre de ces deux mouvements: que ce qui est en bas et ce qui est en haut se croisent, s'épousent et vivent dans le Je Suis. Tu es la force d'en bas et celle d'en haut, mais tu es là, au centre, et les forces d'en bas et d'en haut ne peuvent exister si toi, centre, tu n'existes pas. Tu n'es pas maillon, mais moteur. Tu n'as rien à apprendre puisque tu es le savoir, et le silence est ta demeure parce qu'en lui, si tu sais l'écouter, tu recevras toute la nourriture requise pour équilibrer tes douze corps. Oui, tu en connais sept, mais nous allons vers le douze. Le sept ouvre la porte au douze.»

Alors, quelle merveille! car aujourd'hui, douzième jour du douzième mois, à la douzième heure et à la douzième minute, ce Je Suis accueille l'ouverture de votre conscience des sept corps à la conscience de douze corps. Nous vous emmenons là, dans cette fleur exceptionnelle de réalisation. Laissez-vous glisser et porter. Oui vous aurez encore des doutes, et quand vous vous retrouverez demain chez vous loin de cette salle, vous direz: «Oui, j'ai entendu de belles paroles, et peut-être que..., mais finalement..., et puis, il faut que je...» En effet, cela fait partie du jeu, mais avec le *je*, entendez-vous ce son? Vous croyez sans doute que c'est un jeu J.E.U., mais c'est un je J.E. Et le Je Suis est dans le jeu J.E.U.; il se plaît à vivre dans tous vos instants. La seule chose qu'il vous demande est de placer un sourire sur vos lèvres, de laisser la lumière fuser dans vos yeux, votre cœur émettre sa musique en consentant au repos de votre mental. Alors, le Je Suis entrera dans le jeu J.E.U. et vous vous apercevrez que ce dernier n'est peut-être pas si désagréable que cela puisque vous placerez le Je suis en son centre. Aussi, jouez avec plaisir, jouez, redevenez un enfant, c'est le moment. Le douze correspond au rire, à la joie et au jeu.

À cet après-midi.

J'ai de l'humour, et heureusement! Mais ce qui nous attriste, c'est que vous, dans cette merveilleuse aventure, ayez perdu le vôtre. Vous avez oublié de rire, de vous amuser de petits riens. Il est vrai que vous vivez une aventure extraordinaire, difficile puisque vous avez perdu la mémoire de qui vous êtes. Et si vous n'avez pas d'instants de rire, de joie où vous pouvez vous défouler de toutes les tensions, eh bien il arrive ce qui est arrivé: vous vous prenez au sérieux et vous devenez tristes. Oh là là! tristes! vraiment très tristes. Vous l'êtes d'ailleurs devenus tellement que vous avez tous créé ces rides sur votre front. Nous, nous n'en avons pas, nous ne connaissons pas ça! Par contre, le rire nous connaît! Et, voyez-vous, pendant cette fin de semaine que vous allez vivre, durant cette fête, nous rirons beaucoup et trinquerons à cet événement réussi.

La joie est un moteur, une expression! Le rire, un épanouissement, et si vous voulez que vos spirales tournent dans le bon sens et prennent une vitesse plus élevée, riez, amusez-vous, détendez-vous! Oui, bien sûr, il vous faut aussi savoir être sérieux, assumer vos responsabilités, mais surtout les comprendre. Il vous faut savoir déterminer un but, le tenir et aller jusqu'au bout, marcher à sa rencontre mais également vous accorder des moments de détente. Sinon, savez-vous ce qui se passe? À force d'être sérieux et tendu *(j'ai un but, j'ai un but, j'ai un but...; je dois y arriver à tout prix!)*, que faites-vous? Vous nouez tout l'intérieur de votre corps. Et, croyez-moi, c'est fort bien noué chez certains qui s'étonnent qu'on leur envoie tout d'un coup une situation forte, explosive! Tout ce qui est là, à l'intérieur de vous, vous empêchant de tourner convenablement, eh bien il faut que ça sorte. Alors, cas par cas, nous sommes obligés d'étudier la meilleure situation pour éliminer ces tensions, de façon à vous expliquer: «Vois-tu, ici, tu as été sérieux et ça ne va pas, ça ne va vraiment pas; tu oublies de vivre, d'être simple, et que la Vie est un long fleuve tranquille. Tu t'es créé des épreuves, puis, comme tu penses être capable de les surmonter constamment, eh bien, elles sont de plus en plus fortes. Avant, un simple petit caillou te faisait trébucher, mais l'ayant trouvé trop *gentil*, tu en as créé un gros, et lui encore ne t'ayant pas convenu, alors il est devenu rocher. Puis tu t'es finalement habitué à lui et, en conséquence, tu as créé une véritable montagne. Et tu as fait une montagne des tout petits riens et, dans cette création, il te faudra enlever une pierre après l'autre afin de retrouver la joie d'être, du Je Suis, la simplicité du Je Suis, l'amour du Je Suis, car le Je Suis a une fréquence, est une spirale de lumière. Cette spirale porte des codes, des serrures avec des clés, et si tu veux être ce Je Suis aligné sur la chaîne d'appartenance du Je Suis, tu réapprendras la simplicité, la joie, l'humour, l'acceptation, les gestes du quotidien.»

Oui, tu tends ta main, mais comment la tends-tu? Oui, tu prends une fourchette pour manger, mais de quelle manière?

Quelle énergie transmets-tu à cette fourchette? Mets-tu un peu de joie dans cet acte? Souris-tu de toi-même? As-tu assez d'humour pour dire: «Hum! bien, je me suis taché aujourd'hui!» Oui, vous pouvez faire des taches. Oh! je ne parle pas de marques sur votre vêtement quotidien mais de taches à l'intérieur de vous, au cœur de votre essence, car la manière dont vous tendez la main, ou fendez l'air et le pénétrez, induira des réactions sur les quatre éléments dans votre corps. Comme ce geste n'est pas harmonieux, quand vous le ramènerez vers vous, que croyez-vous que vous mettrez à l'intérieur de votre corps, un aliment? Non, non, non, vous recevrez cette dysharmonie transmise pendant le geste, vous vous nourrirez en premier lieu d'elle et, là, vous allez vous tacher. Oui, il y aura une tache sur votre lumière, puis elle grossira du fait que vous n'avez absolument plus conscience de vos mains, de vos gestes. Forcément, vous tachez votre corps intérieur à chaque instant, chaque fois que vous employez votre main. Quand vous tendez celle-ci, vous étirez votre spirale. Autrement dit, votre spirale de lumière accompagne chacun de vos gestes, et c'est naturel. Si le geste est harmonieux, cet étirement entre dans l'expansion de vous-mêmes. Mais lorsque vous tendez la main d'un geste brusque sans y mettre de l'amour, une fois que vous la ramenez, vous donnez comme des coups de poignard à votre lumière. Vous fendez votre énergie et la lumière formant votre spirale.

Vous avez perdu votre légèreté, et savez-vous comment? En oubliant de sourire, de rire. Que vos mains imprègnent l'éther, que cet éther voyage en permanence et que vous le tachiez, ces taches, elles, vont voyager dans votre système solaire et le franchir également. Voilà pourquoi nous avons dû mettre autour de celui-ci une barrière énergétique: pour empêcher cette profusion de taches émises par vous. Nous essayons de maintenir au quotidien une harmonie dans cette cellule de Vie qui vous abrite et temporisons ces créations dysharmonieuses du fait que votre spirale et celle de la Terre doivent s'unir à la spirale de votre système solaire. Et votre ADN à deux spirales va passer à trois, mais ce n'est pas tout, car vous récupérerez rapidement une quatrième spirale puis une cinquième, et toutes ces spirales, enchâssées les unes dans les autres, formeront une chaîne d'appartenance vous reliant, là où vous êtes, au *Soleil Central*. Toute section administrative offre une spirale de Vie, et vous n'auriez jamais dû perdre ces autres spirales. Mais vous n'en êtes pas responsables.

Cependant, nous devrons travailler à la récupération, à la restauration de toutes vos spirales de Vie, chacune correspondant à des forces, des portes, des clés, des sons, des lumières qui vous permettront d'entreprendre un grand voyage, celui de la restauration de votre personnalité. Oui, pour entendre aujourd'hui le Son de l'Univers, le son cosmique, vous avez besoin d'intermédiaires; toutefois, il faudra dans un avenir assez proche que chacun d'entre vous retrouve ce lien. Alors, un autre travail s'annoncera et l'enseignement pourra s'envoler encore un peu plus. Cela ne veut pas dire qu'il n'y aura plus d'intermédiaires, mais que leur rôle sera différent. Vous devrez auparavant pénétrer à nouveau la spirale de la joie, de l'humour et de la fantaisie. Oui, nous avons beaucoup d'humour et nous nous en servons. Nous savons être sérieux quand il le faut, et responsables au moment où il le faut. Lorsque nous émettons quelque chose, nous avons conscience en permanence de qui nous sommes, mais ce que nous sommes ne nous empêche pas de rire et de nous amuser. Je vous ai parlé de jeu; oui, la Vie est un jeu car, voyez-vous, quand le Grand Constructeur a décidé de se reconnaître, il s'est dit: «Bon, je connais mon potentiel, certes, mais c'est un peu triste ici, hein! Et si je m'amusais un peu! Allons, je vais créer quelque chose! Je suis comme cela, d'accord, mais si je faisais ceci autrement et si je transformais cela? Ah! ce doit être amusant!»

Parce que lui a de l'humour; et si lui en a, pourquoi n'en avez-vous pas? Pourquoi vous prenez-vous au sérieux? Pourquoi? Vous êtes tristes; nous, nous avons envie de joies et de rires!

C'est exact, vous avez fait quelque chose d'important, et alors? Êtes-vous contents de ce que vous avez accompli? Même pas! Vous doutez de ce que vous avez effectué, puis, d'ailleurs, avez-vous vraiment fait quelque chose? Pff! Allons! Ayons un peu d'humour. «On ne peut rien faire, on est dans la matière et c'est dense ici, très dense.» Oui, et alors? Parce que vous croyez que la densité ne sait pas créer? Vous avez fait quelque chose de beau. L'avez-vous chanté? Vous êtes-vous tournés vers le Soleil en lui déclarant: «Tu vois, j'ai mené cela à bien»? Non, quand vous vous présentez au Soleil, vous lui lancez: «Oh! s'il te plaît, dis-moi ce que je peux faire.» Alors il se marre je vous l'affirme, il a de l'humour à revendre: «Mais ce n'est pas possible, il en est encore là!» Et lui, qui fait tout, se dit: «Bon, allons, on va reprendre, être sérieux, lui répondre, car il n'a toujours pas compris, il n'a pas intégré que moi, Soleil, j'ai envoyé de mes particules sur le grand théâtre de la Vie parce que j'étais incapable d'y aller directement. Je n'étais pas capable de sentir et de faire ce qu'ils sont tous en train de réaliser là-bas, dans la matière, parce que la matière c'est moi, mais ils l'ont oublié. Ils me demandent de faire quelque chose pour moi-même alors que j'ai envoyé des moi-mêmes, car j'avais besoin que ces derniers me ramènent quelque chose; enfin, on tourne en rond.»

Non, il faut changer, modifier vos actes, la manière dont vous vous présentez à la Vie. Quand vous êtres en face du Soleil, regardez-le, il est magnifique, aimez-le, remerciez-le. Ce que vous avez réalisé là, à l'intérieur, forcément vous l'avez accompli en fonction de votre note musicale, de votre couleur. Pourquoi ne faites-vous pas jaillir de vous ces belles sonorités? Pourquoi ne lui envoyez-vous pas ces belles teintes? Ou de la musique? Vous me demanderez alors: «Mais comment puis-je lui envoyer ma musique?» Ne savez-vous pas rire? Pourtant si, vous savez. Eh voilà, lorsque vous riez, vous lui offrez de la musique, vous lui rendez quelque chose! Et ce *quelque chose* est joyeux, léger!

Chaque geste du quotidien peut revêtir une autre forme, adopter une approche différente. Simplement, quand vous reprenez conscience que cette main dense que vous avez peut donner ou prendre, capter les énergies de l'éther ou celles à l'intérieur de vous – et, généralement, la main fait les deux dans vos journées –, quand vous tendez votre bras et ouvrez votre main, vous propulsez dans l'éther l'énergie qui est en vous. Au contraire, en fermant votre main et en la rapprochant contre votre corps, vous ramenez l'énergie de l'éther en vous. Cela signifie qu'à chaque instant de votre vie, vos mains sont en mouvement, que vous transmettez votre énergie et que vous en captez en permanence. Dans ce va-et-vient, vous pouvez installer tout simplement la conscience, l'amour et la paix. Oui, tous, vous avez vécu dans un quotidien peu facile; certains en sont sortis, mais ce n'est pas là l'important. Vous croyez, du fait que vous êtes en train de vous éveiller et de prendre conscience d'une ouverture magnifique, que l'on va vous enlever de là où vous êtes. C'est une erreur. Nous avons envoyé nos frères et nos sœurs dans ce quotidien difficile où il n'y a guère de place pour la conscience, l'amour, la paix, où on demande beaucoup, un «beaucoup» qui n'engendre pas la lumière en apparence. Mais si, dans ce dur quotidien, lorsque vous tendez votre main, vous y mettez de l'amour et de la paix, que croyez-vous qu'il va se passer? Par ce seul geste, vous dirigerez l'amour et la paix autour de vous. Vous pouvez y arriver comme ça, puis déterminer un acte encore plus juste et poser votre main sur quelque chose, et ainsi transmettre en une fraction de seconde une lumière supplémentaire, un espoir. Par le biais de cet acte, vous êtes en mesure de donner une intention et de la communiquer à une personne. Quand vous voyez quelqu'un de plutôt morose devant vous, vous pouvez poser un geste, c'est-à-dire tendre la main, et dans cet élan lui déclarer que la Vie lui restitue la joie. Quand une personne est en peine, osez un geste et demandez que la paix descende sur elle. Vous qui êtes en contact avec la population, les employés dans les magasins par exemple, mettez de l'amour dans les articles à vendre que vous prenez, et tendez-les aux intéressés. Que croyez-vous qu'ils reçoivent alors? Les articles que vous avez pris? Non, c'est avant tout l'amour que vous avez déposé dans le geste, et leurs mains reconnaîtront cet amour et oublieront les objets.

C'est cela, la fraternité. Oh, je sais, certains ont besoin d'accomplir de grandes choses, de partir au bout du monde parce que, là-bas, forcément ils vont trouver..., mais que trouveront-ils en réalité? Rien, pour la bonne raison qu'ils se trompent en allant là-bas, au bout du monde, à l'extérieur, alors que tout est là, à l'intérieur! Et parce que vos spirales doivent se teinter aujourd'hui de cet amour inconditionnel, que celui-ci doit se répandre comme des milliers de petites flammes, et que seuls vos gestes le transmettront.

Quelle importance y a-t-il de percevoir en retour si ce geste a porté ses fruits? Ceci ne vous regarde pas, vous n'avez aucunement à savoir si l'amour que vous avez transmis a porté ses fruits, car cela relève de l'intimité de la personne. Si elle revient et vous dit: «Ha! j'ai reçu une dose d'amour, je l'ai bien perçue!» et fait part de son ressenti, de son ouverture et de sa joie, recueillez cela comme un cadeau. Mais si elle vous regarde et s'en va sans rien communiquer, remerciez-la parce qu'elle vous apprend à rester à votre place.

Vous pouvez beaucoup, là où vous êtes, simplement en reprenant conscience des deux outils merveilleux que sont vos mains; ce ne sont pas des marionnettes, mais bien des extensions de vous-mêmes. Voyez-vous, la différence entre vos mains et vos pieds est énorme. Vos pieds touchent la terre, se posant sur elle. Bien sûr, par vos pieds, il y a des échanges vitaux, mais ce n'est pas tout à fait la même chose. De tout temps, la volonté du Grand Constructeur a conservé à vos mains le rôle d'outils principaux. Les yeux qui se posent sur vous ne chercheront pas les pieds; ils vont vous regarder encore et encore, enregistrant le mouvement de vos mains, la manière dont vous sortez quelque chose de votre manteau, de votre sac, si ce geste est saccadé, harmonieux ou plein de fantaisie. Cela se déroule consciemment et inconsciemment. Les mains, les mains! Vous pouvez écrire, prendre, donner, caresser, blesser, créer avec vos mains, vous pouvez ***être***. De la sorte, il vous est possible de traduire dans un geste tout ce que vous pensez, tout ce que vous êtes. De notre côté, nous savons qu'en posant notre main sur l'épaule d'un de nos frères, nous lui transmettons tout ce que nous sommes, notre personnalité. Et nous pouvons encore plus en lui apportant une spécificité de l'Amour, une couleur de la Paix ou l'eau rafraîchissante de l'Esprit. Nous connaissons tout cela et bien plus; quant à vous, vous avez oublié. Vous avez oublié que ces outils merveilleux pouvaient accomplir tout ça. Aussi, allons-nous vous rééduquer; c'est vraiment malheureux, puisque vous êtes nos maîtres. C'est fou, n'est-ce pas? Vous êtes nos maîtres, mais il faut vous réapprendre qui vous êtes. C'est nous qui glissons nos mains dans les vôtres, qui avons besoin de vos expériences. Pourtant, nous avons assez d'humour et de légèreté pour accepter cette situation et nous y consentons en étant responsables de cet humour. Alors, quand vous êtes endormis et que nous savons que vous avez été trop sérieux dans la journée, nous venons dans votre réalité en nous pliant de rire jusqu'aux larmes de façon à vous amener à comprendre que vous avez été un peu trop sérieux. Parce que le rire guérit, il permet à tous les électrons de frétiller et, comme tout d'un coup ceux-ci n'ont plus de barrière, ils se remettent en place. C'est aussi ça, le rire. Aussi, si vraiment vous le voulez, vous pouvez rire davantage, être un petit peu moins sérieux, vous questionner moins, vous fatiguer moins, puis entrer à l'intérieur de vous et vous reposer dans ce que vous Êtes, dans la Lumière, la Paix et l'Amour pour ensuite voyager tranquillement, transmettre à l'extérieur tout ce que vous pouvez donner. Bien sûr, vous allez prendre également de l'extérieur, mais c'est naturel, car c'est un échange.

Nous vous connaissons tous, vous qui êtes ici et les autres qui ne sont pas dans cette salle. Nous allons tendre la main en douceur, avec amour et paix afin que, par ce geste, la paix, l'amour et la douceur s'envolent tout autour de cette planète, car l'intention que vous déposez dans votre geste se met forcément à vivre et s'envole. Puis nous ramenons ce geste, la main au centre de nous-mêmes, pour ressentir à nouveau de l'amour, de la paix et de la douceur.

Écoutez comme le mouvement de votre spirale intérieure parle d'amour, de paix, de bien-être. Vous me lancerez peut-être: «Je n'entends rien!» Mais voilà, ça, ce sont des mots. *Entendre*, ah ça, *entendre*! Comprenez-vous, le silence est peuplé de sons, d'enseignements et il faut parfois fermer les oreilles de la matière en vue d'ouvrir celles de l'esprit. Et si vous placez votre geste au centre de vos deux yeux, vous ouvrirez encore d'autres oreilles. Oui, il y a de la lumière et vous pouvez voir par ce troisième œil, bien sûr. Mais vous pouvez entendre, ressentir, et vivre. Comme vous n'avez pas que deux oreilles, vous n'avez pas non plus que deux mains; vous possédez des yeux, des oreilles, des mains, une bouche, un cœur... dans chaque corps subtil. Oh! ils n'ont pas la même forme, mais quelle importance? Et c'est cela qu'il faut aligner, ces portes, et, avant toute chose, cette multitude de mains à l'intérieur de vous. Quand vous esquissez un geste physique, vous transmettez donc tout ce que les autres mains ont à communiquer. Il faut certainement beaucoup d'humour pour imaginer, se représenter les mains, la bouche, le cœur, les yeux du corps émotionnel puis des autres corps. Quelles formes peuvent-ils prendre? Toutes, mais ces organes existent bien, et que croyez-vous qu'ils font quand ils ont besoin de s'exprimer? Ils transmettent au corps dense leur énergie, leurs mots silencieux, leur humour, leur amour, leur détresse; c'est tout ça qui est contenu dans un geste, dans les vôtres. Alors, vous cherchez encore des choses bien compliquées. Je peux vous dire ceci: c'est dans la simplicité de qui vous êtes que vous ferez désormais de grandes choses. Dans la manière même dont vous allez prendre la main et habiter ce geste. Dans la façon de regarder l'un ou l'autre d'entre vous. Dans ce que vous déposerez à l'intérieur de ce regard. Dans le silence que vous partagerez avec un frère ou une sœur; et dans bien d'autres attitudes. Ceci fera de vous non plus un homme, ou une femme, mais un grand maître. Vous cherchiez à être des maîtres sans savoir ce que cela représentait. Laissez-moi vous l'apprendre. La maîtrise est dans la simplicité. Elle est dans ce que vous êtes, là, dans la densité, dans ce que vous faites de cette densité, de votre corps, de vos gestes; cela fera de vous des maîtres enfin, ou des élèves. Les maîtres n'ont rien à vous apprendre, ils vous montrent simplement ce qu'ils sont. Et que sont-ils? Des hommes et des femmes qui ont appris à reconnaître leur corps et qui, dans les gestes, les regards et les émotions qu'ils transmettent, se maîtrisent afin de ne pas blesser l'être qui est en face d'eux, ou voilent leur propre lumière intérieure pour ne pas l'aveugler, et lui disent: «Tu vois, tu peux y arriver toi aussi!» Ils sauront jouer avec la réalité de leur corps, avec sa puissance, et offriront à celui qui se présentera une image qu'il pourra accepter de voir. Imaginez un être qui ne voit pratiquement plus; il se présente à un maître et celui-ci lui envoie une lumière éblouissante. Que croyez-vous que cela va engendrer? Il va devenir aveugle et ce maître n'en sera plus un, car il aura commis une grave erreur. C'est à cette maîtrise que vous êtes tous conviés; avant de vous élancer dans l'éther, vous devrez réapprendre à maîtriser votre réalité, votre planète et toutes ses lois. Voilà pourquoi nous vous transmettons à nouveau les Lois de l'Univers qui régissent votre corps. La maîtrise, elle, est offerte à chacun. À vous de l'expérimenter, d'*être*, de rire, d'évoluer tels des enfants et de jouer. Déposez votre sérieux, votre fardeau, tout ce qui vous encombre; aimez votre corps, car il est votre plus grand maître.

Et je salue les maîtres que vous êtes et qui s'ignorent, ces maîtres qui jouent au sérieux alors que la Vie attend d'eux les rires et la joie, la joie de l'enfant, les jeux de l'enfant et la simplicité de l'enfant.

Dans les temps à venir, nous mettrons à votre portée les Flammes du Service.

Vous trouverez d'abord la flamme de la réalisation, mais comme toute flamme de réalisation, il lui faut des petites sœurs. S'ajoutent donc la flamme de la transmutation et celle de la mutation. Puis d'autres encore qui vous permettront de restaurer l'équilibre de votre véhicule. Il y a autant de flammes que de couleurs, étant donné que votre corps porte toutes les couleurs de l'arc-en-ciel. Toutefois, ces flammes de couleur se marient en une seule, la flamme d'Or ou dorée, qui dort! Vous l'avez à peine réveillée puisque vous n'avez pas utilisé vos autres flammes de couleur ni fait appel à leur pouvoir de transformation. Aujourd'hui, dans vos deux mains, se trouvent deux flammes à votre service: les flammes de transmutation et de mutation. Toutes deux représentent les plateaux de la balance cosmique, un autre de ses visages, et la flamme d'Or est le fléau, soit l'aiguille du milieu, qui appelle les deux flammes. Oui, vous devez transmuter votre passé et entrer en mutation, et pour cela vous devez employer ces deux flammes qui s'articulent au cœur de la flamme d'Or. La balance cosmique possède plusieurs visages et vous enseignera selon votre degré d'ouverture. Vous connaissez et reconnaissez l'Ombre, la Lumière ; ceci est le jeu le plus connu, mais désormais je vous offre une autre expression, un peu plus élevée. D'un côté, un plateau accueille la flamme de la mutation ; de l'autre, il reçoit la flamme de la transmutation ; vous êtes maintenant sollicités afin de travailler avec ces deux réalités. Vous n'allez plus parler d'Ombre et de Lumière mais plutôt de transformation, de mutation et de transmutation. Alors, tout d'un coup, l'Ombre/Lumière perdra de son importance et vous comprendrez que vous devrez jouer avec cette balance cosmique cherchant à s'équilibrer. Mais qu'est-ce que l'équilibre ? C'est le déséquilibre en permanence. Avez-vous remarqué cette façon de lever la jambe et de poser le pied en cours de marche ? Vous allez me répondre : « Bien sûr, je sais marcher ! » Mais avez-vous décomposé cette marche ? Avez-vous essayé d'effectuer un pas lentement puis de poser l'autre pied aussi délicatement et toujours ainsi, levant l'autre jambe ? À quel instant êtes-vous vraiment en équilibre, puisque le mouvement est décomposé, soit un pied en l'air, un pied par terre, et que vous passez de l'un à l'autre durant cette action ? Finalement, quand vous accélérez le mouvement, voyez comme votre corps s'est équilibré. Il ne trébuche pas, ne tombe pas, il marche, va de l'avant, fend l'air et caresse la Terre. Telle est la balance ! Quand vous posez vos pieds l'un après l'autre sur le sol, vous demandez-vous s'ils sont blancs ou noirs ? Non, bien sûr, vous n'en avez pas le temps, et puis quand vous courez, vous l'avez encore bien moins. Le temps entrant actuellement dans une spirale plus rapide, vous ne pourrez pas forcément « écouter » cette décomposition de vos pas. Quand vous n'aurez plus le temps de savoir si votre plateau penche du côté de l'Ombre ou de la Lumière, nous vous accorderons assez de temps pour vérifier si votre plateau de la transmutation est visité, si vous épousez celui de la mutation ou vous en servez. Parce qu'il faut d'abord transmuter afin de pouvoir muter, poser le pied avant de le lever.

La lumière Or, cette flamme d'une très grande beauté, est à votre service ; maintenant, elle accepte que vous fassiez appel à sa force de Vie. La balance cosmique n'a plus le temps de peser ni d'un côté ni de l'autre ; vous l'avez tellement fait ! Vous avez assez joué sur ses deux leviers, sur ses deux piliers. Dorénavant, on vous demande d'unir les deux flammes de la transmutation et de la mutation, de vous glisser sur cette flamme unique et de « passer » de l'autre côté, dans la quatrième dimension.

Vos corps sont fatigués, épuisés par cette balance cosmique qui, justement, les use. Tantôt, vous n'êtes que pure lumière et désireux d'être éthérés, mais quand vous vous installez dans ce plateau de Lumière, le plateau de l'Ombre se dit : « Et moi alors ! Je ne veux pas rester là, ce n'est pas l'endroit où je dois être ! » Puis l'Ombre s'active à son tour, encore et encore, rappelant ce plateau, et tout doucement les plateaux essaient de trouver l'équilibre. Toutefois, ils sont éreintés aujourd'hui de jouer à ce jeu ; ils voudraient que les deux cercles de lumière qu'ils sont s'épousent et deviennent une sphère de vie qui vous a toujours été promise. Celle-ci fut un jour simplement partagée en deux, entraînant une moitié de votre personnalité à droite, et l'autre à gauche, laissant juste une petite conscience au milieu, assez du moins pour vous rappeler que la part de droite comme celle de gauche sont les deux parties d'une sphère de vie. Vous avez séparé l'inséparable. Chacun, vous avez joué tantôt avec l'une, tantôt avec l'autre, cru être l'une puis l'autre, et chaque fois, en vous balançant ainsi, vous vous êtes cherché, mal à l'aise, sentant que vous n'étiez pas UN. Mais comment voulez-vous être UN si vous ne reconnaissez pas l'autre moitié de vous-même, cette moitié montrant en permanence que ce n'est pas par là qu'il faut aller ? L'Ombre sert à cela : « Quand je montre le bout de mon nez, moi, Ombre, je te le dis, ce n'est pas là ta place, tu ne trouveras pas le centre chez moi, alors je te renvoie de l'autre côté. » Et l'autre côté vous accueille en vous disant : « Regarde,

regarde, je suis Lumière mais orpheline, quelque chose me manque. Bien sûr, je t'accueille, je t'aime, bien sûr qu'en moi tu trouveras quelque chose, mais je te préviens, tu vas t'ennuyer puisque bien que je sois, moi, Lumière, je n'ai pas à t'apporter tout ce que tu attends, je ne peux t'en donner qu'une partie et non la totalité.» Aussi, comme vous êtes à la recherche du «tout», vous faites des voyages tantôt dans l'Ombre, tantôt dans la Lumière, car d'un côté du mouvement il y a l'Ombre et de l'autre, la Lumière. Mais qui peut dire si la Lumière n'est pas l'Ombre? Ou si l'Ombre n'est pas la Lumière? Oui, les deux jouent ce rôle, et c'est la raison pour laquelle lorsque vous êtes dans l'une, vous êtes déjà dans l'autre, à la recherche de son complément.

On vous a rappelé aujourd'hui (*enseignement de la matinée*) qu'il existe quatre éléments: la Terre, l'Eau, l'Air et le Feu! Quant à l'Ombre, je viens d'affirmer qu'elle était tantôt ombre et lumière, comme la Lumière est tantôt lumière et ombre. Deux et deux, mais il vous faut le quatre, soit unir le quatre de façon à passer dans la Lumière de Vie. Aussi, quand vous allez d'un côté ou de l'autre de la balance cosmique, vous ne rencontrez forcément qu'une partie de votre Essence. La Lumière sur ce plateau ne peut nourrir que deux éléments, et quand vous passerez de l'autre côté de la balance, le plateau Ombre, lui aussi, nourrira également deux éléments. Pourtant, il vous en faut bien quatre, quatre équilibrés. Voyez-vous, l'Ombre/Lumière, telle qu'elle fut conçue dans l'esprit du Grand Créateur, avait un rôle éducatif. Non pas qu'elle avait des leçons à vous apporter, non! Ces deux visages ont la possibilité de nourrir les quatre éléments, mais à chacune des visites tantôt dans l'Ombre, tantôt dans la Lumière. Le Grand Créateur a déclaré: «Au cours de chaque visite, tu entretiendras la flamme de deux éléments; que tu sois Ombre ou Lumière, il te faudra regarder la partie que je t'envoie de moi-même, observer le déséquilibre qu'elle aura accumulé pendant ce voyage et entreprendre un nettoyage. Je ne te demande pas de *tout faire* – tu ne le peux pas – mais de mettre l'accent sur deux aspects de sa vie. Alors il te faudra choisir en accentuant le problème rencontré dans l'élément Terre, Air, Eau ou Feu, et pas dans les quatre à la fois mais dans deux seulement. Et même si tu peux travailler sur les autres parties de sa personnalité, je te demande de m'écouter et d'avoir assez de sagesse pour elle, assez de déséquilibre pour qu'elle parte voir de l'autre côté. Alors, au fur et à mesure de ces allées et venues dans la balance cosmique, elle comprendra que sa place n'est pas là, que je ne l'attends ni dans l'Ombre ni dans la Lumière mais bien dans la réunion des deux, au centre des deux.» Le voyage a été long et il est vrai que vous avez souvent visité l'Ombre et la Lumière. Dans la Lumière, vous avez cru être à votre place; toutefois, il y avait là cette petite voix qui chuchotait: «Va voir un peu ailleurs, oui, tu es bien là, mais va explorer un autre lieu.» Et vous ne saviez pas ce qu'était cet *ailleurs*, mais ça vous démangeait. Alors, comme la curiosité est un moteur essentiel de votre voyage, vous avez fini par écouter et voir ailleurs, et cet ailleurs... c'était l'Ombre:

«Ah! l'Ombre, comme je n'y suis pas bien! Ah non! je n'y suis vraiment pas bien!

– Oui, mais écoute, là; d'accord, tu n'es pas bien, mais regarde. L'Ombre n'est pas tant l'Ombre que ça. Écoute l'Ombre, car elle a quelque chose à te dire.»

Puis, finalement, étant curieux, tu tends l'oreille, tu écoutes et, là, l'Ombre te dit:

«Je t'aime.

– Comment? Tu peux m'aimer, mais ça ne va pas! Je ne veux pas être aimé de l'Ombre!»

Puis l'Ombre d'ajouter:

«Mais je t'aime!

– Non, non, non; non, non, non!»

L'Ombre sourit, car elle porte une grande part de Lumière; elle sort de celle-ci et elle est lumière. Mais cette Lumière attend puisque l'Ombre, sachant qu'elle peut te la donner, cherchera à combler ce vide en toi. Elle ne te demande pas de devenir l'Ombre, ce n'est pas ton rôle. Elle attend peut-être que tu reconnaisses simplement que, sous sa forme, elle t'aime assez pour te dire: «Ne va pas vers *ta* lumière, va au centre des choses, là où tu trouveras ta porte, où l'on t'attend. C'est là que la Lumière de Vie réside, au centre!»

Mais tu te troubles et tu t'en vas. Ah oui! bien sûr, tu décides d'aller voir la Lumière et elle t'accueille, puis t'enveloppe pour te murmurer: «Tu peux rester, sommeiller, tu as le temps. Nous sommes bien et, oui, je t'aime; je ne suis pas pressée, prends ton temps.» Et finalement, tu te lasses d'attendre dans cette lumière, n'y ayant pas reçu ce que tu attendais. Tu deviens las de ces allers-retours entre l'Ombre et la Lumière. Pourtant, tu as voulu jouer tout seul et, dans ce jeu, tu as créé toi-même ***ton ombre***. Il fallait aller plus vite, rentrer à la maison plus vite. Il fallait... plus vite, encore plus vite, toujours plus vite. Tu as vu le résultat de ces «plus vite»? Tu t'y es perdu! Il y a longtemps que nous t'attendons, que tu aurais pu rentrer à la maison. Et comme tu n'es pas venu assez rapidement, t'étant perdu dans ta création, eh bien, nous venons jusqu'à toi. Nous allons à la périphérie de *ta* création, car nous n'avons pas le droit de pénétrer ta création. Tu dois la fissurer toi-même, reconnaître la part d'ombre que tu as créée et qui n'est pas l'Ombre, alliée de la Lumière, que le Créateur a mise à ton service. Ce que tu prends pour de l'ombre est avant toute chose *ta création dysharmonieuse*. Ce n'est pas ce que le Créateur a voulu, mais tu possèdes le libre arbitre, tu as le choix et tu as voulu expérimenter cela. C'était ton droit, ça représentait vraiment ton droit. Mais vois-tu, la balance cosmique est fatiguée; elle a besoin de repos. Aussi, les deux plateaux cherchent-ils un mouvement plus lent. Tu comprends, ce petit mouvement, cette harmonie? Parce que l'Ombre et la Lumière s'aiment; elles sont complémentaires. Et toutes deux savent bien que lorsque l'un d'entre vous vient les visiter, il ne faut surtout pas qu'elles le gardent. Qu'avant toute chose, elles ne doivent pas répondre à vos attentes, et la Lumière de dire alors: «Non, non, pars...» puis l'Ombre d'ajouter: «Regarde, j'ai de la lumière, prends-la, prends-la et pars...»

Oui, mais où aller? Là, au centre, la porte est là. Alors, comment prendre cette entrée? C'est simple, tu accueilles ta part d'ombre, ta part de lumière, tu aimes ces deux tendances et tu ne les opposes pas. Par contre, tu essaies de cheminer là, sans trop dévier, et si tu t'en écartes, ne te fais pas de soucis, ce n'est pas si grave. Tu vas vite revenir puisque, si tu ne visites plus ni l'Ombre ni la Lumière comme avant, forcément tu ne feras plus de grands détours le long de ton axe. Tu commenceras à effectuer de petites boucles qui deviendront à peine perceptibles et, du coup, tu seras sur le chemin du centre, qui aura épousé l'Ombre et la Lumière, car la lumière de Vie a créé cette sphère de vie à l'intérieur de laquelle elle les a placées. Aujourd'hui, nous t'invitons à passer de l'autre côté, à découvrir un peu plus qui tu es et, dans le prochain pas, si tu acceptes, s'il t'intéresse et si tu l'accomplis, tu constateras que l'Ombre/Lumière est encore présente. Oh, la forme n'en est plus tout à fait la même, mais elle est encore là. Seulement, tu n'iras plus visiter ces deux plateaux, tu seras au-dessus. Tu pourras te dire: «Voilà, l'Ombre peut m'offrir ceci dans le présent cas et je vais demander ce service; dans cet autre, c'est plutôt ta Lumière qui me donne un paysage intéressant.» Oh! dans la quatrième dimension, tu ne rencontreras pas ce que tu as croisé dans la troisième, et je dois ici préciser quelque chose: la troisième dimension n'est pas partout aussi intense, aussi lourde et cela est dû au passé des humanités.

La Lumière de Vie aimerait qu'au lieu de penser «Ombre et Lumière» vous choisissiez plutôt les mots *transmutation* et *mutation*. De la sorte, vous vous apercevrez que vous n'entretenez plus de dualité, que tout redevient harmonieux dans votre centre. Pourquoi ? Parce que vous aurez transmuté deux mots en deux autres. Et là réside toute la différence, car la paix dépend parfois d'un mot ; eh oui, d'une virgule dans votre langage.

Ce n'est pas toujours chose facile, mais c'est bien la maîtrise de vous-mêmes que vous cherchez, l'ascension dans votre propre compréhension que vous attendez. Et cette ascension se fera avant toute chose à l'intérieur de vous, par le biais des mots, des forces, des gestes, des sourires et votre usage du temps.

Pour vous, le temps est une illusion. Son rythme est tantôt rapide tantôt lent. Pour nous, il n'existe pas. Nous savons simplement qu'à chaque moment de notre vie, nous sommes dans l'instant présent et qu'avant d'en pénétrer un autre de réalisation, nous bénissons celui que nous quittons. Nous ne fermons pas les portes, nous glissons, nous nous posons, nous bénissons puis nous reprenons le mouvement. Cela ne veut pas dire que le mouvement s'arrête, mais plutôt que nous l'accompagnons. Nous l'accompagnons de paix, nous l'enveloppons d'un regard sûr, nous recueillons la compréhension du mouvement passé avant d'entrer dans celui qui se présente, puis nous accordons du respect, de l'amour à ce qui vient. Cela ne signifie pas que ce qui s'en vient sera facile, nous ne le savons pas. Pour nous, cependant, rien ne peut être vraiment difficile, car nous ne faisons que visiter un paysage de notre esprit. Nous avons simplement des décisions à prendre, des actes à poser, à réfléchir parfois et à choisir la meilleure solution. Mais si nous avons un grand problème à régler, ce qui est d'ailleurs le cas actuellement, quand nous le rencontrons, nous sollicitons la sagesse de Vie. Nous ne cherchons pas à atteindre un but qui nous conviendrait, mais à trouver simplement une solution équitable pour l'ensemble. Nous aussi devons user des flammes de la transmutation et de la mutation. Nous ne sommes pas exempts, en tant que Créateurs, de l'usage de ces deux flammes ; l'Amour est un drôle de paysage! Il ne peut être plat, on ne peut le retenir, car c'est une flamme, une flamme de Vie, la Flamme de Vie.

Et il faut savoir conjuguer le verbe aimer, l'Amour étant le centre, le cœur de la Vie.

Vous pouvez vivre sans argent, vous pourriez même vivre dehors dans la rue, dépouillés de tout, mais sans amour cela s'avère impossible, puisque c'est l'Amour qui vous a engendrés. Parce que vous voyagez dans l'Amour, vous le recherchez, et comme vous êtes issus de l'Amour, vous retournez à lui. On peut s'en écarter, y revenir puis repartir à nouveau, mais l'Amour est un aimant, la Vie, le centre.

Avant de recevoir, il faut savoir donner; dans ce geste, il ne faut pas se perdre mais équilibrer. Chacun a sa place, il y en a pour tous.

La Paix est l'enfant de l'Amour puisque, voyez-vous, sans amour il ne peut y avoir de paix. La sagesse découle de l'Amour, l'amour nous apprenant la sagesse, la patience en est aussi le fruit. Toutes les qualités de l'être humain, homme ou femme, sont issues de l'Amour incommensurable de notre Père/Mère originel.

Quand il décida de s'expérimenter, il se dit: «Comment vais-je les créer? Je ne sais trop. Je me connais, moi, et ce que j'ai à l'intérieur, aussi vais-je les faire à mon image. Ne pouvant leur donner que ce que Je Suis, je vais donc leur offrir mon Je Suis, avec tout l'amour, toute la lumière qu'il contient.»

Et lorsque vous êtes nés, quand le Père/Mère originel vous a expulsés de son ventre, il vous a offert sa force, sa lumière, son amour et vous a donné une partie de son Je Suis. Votre Je Suis est donc celui du Père/Mère originel. L'Amour, est son amour; la Lumière est sa lumière. Par cette naissance, vous êtes le fils, la fille du Père/Mère originel. Vous êtes sa lumière, son «je veux me reconnaître». La balance cosmique est née avec vous; elle s'est mise à voyager de cercle en cercle, et le mouvement étant de plus en plus rapide, le cercle et le mouvement sont devenus spirale. Depuis, vous voyagez sur cette spirale.

Et la spirale va vous ramener au centre de votre Je Suis. C'est à ce voyage de retour que nous vous convions, car vous êtes maintenant parvenus à ce point précis où la balance cosmique peut s'équilibrer, ouvrir la porte et vous montrer le chemin du retour. Vous avez le choix: ou emprunter ce chemin, ou jouer un temps encore avec la balance cosmique. Nous sommes à l'écoute de votre décision, et pour ce choix, nous sommes venus vous visiter.

J'ai entre mes mains la flamme de la transformation et, si vous le voulez, nous pourrons ensemble œuvrer à cette réalisation.

Soyez en paix dans les jours qui viennent, comme dans les mois et les années à venir. Autour de vous, de cette planète, il y a beaucoup de monde, et vous trouverez toujours une aide supplémentaire si tel est votre désir.

Voilà, ces trois merveilleuses journées doivent se terminer. Je vais me retirer et vous libérer, mais sachez que pendant ces trois jours j'ai travaillé à réveiller vos contrats de vie et à réharmoniser votre corps, du moins ce qui était prêt et possible dans l'instant présent.

Demain étant un autre jour, nous serons encore là pour vous aider. Je vous envoie tout mon amour, et celui-ci vous accompagnera, car tel est mon souhait.

Mes frères, mes sœurs, je me retire doucement et je vous salue.

Montréal

Québec

Deuxième rencontre

Merci de m'accueillir. La respiration, voilà l'outil le plus important tout au long de votre élévation. Quand je dis et répète que vous ne savez pas respirer, c'est qu'effectivement vous n'intégrez pas l'ensemble de votre réalité dans la respiration. Bien sûr, le corps physique doit respirer, c'est la mécanique; d'ailleurs, vous n'avez pas à y penser. Autrement, il y a longtemps que vous seriez morts. Je caresse l'espoir de vous voir réintégrer LA respiration, celle qui va vous offrir un espace total. Oh, je ne parle pas de la respiration qui intègre vos pieds et votre tête *(exercice du jour)*, mais de la respiration qui renferme toutes les données: le Soleil à l'intérieur de la Terre, votre propre Soleil intérieur et le Soleil de ce système. Voyez-vous, nous nourrissons d'autres ambitions; nous essayons d'ouvrir votre conscience à la chaîne solaire. Tout doucement, nous vous conduirons, si vous le voulez bien et si vous nous le permettez. Nous allons vous aider à retrouver ce chemin qui unira tous ces soleils présents tant dans votre corps physique qu'à l'extérieur de vous.

«Bon! Soria, c'est compliqué. Auparavant, on respirait sans s'en préoccuper, mais cette fois on doit intégrer le Soleil de la Terre, le nôtre — ne sachant même pas qu'au départ on avait un soleil en nous —, le Soleil qu'on voit, puis tu veux nous faire intégrer d'autres soleils!» Eh oui, j'ai cette ambition! Comme vous l'avez vu et entendu, je vous amène à la découverte d'un périple à l'intérieur de vous. À cette fin, j'ai posé des lignes dans lesquelles je vous ai rappelé ce qui pouvait être fait. Oh, j'ai eu beau ne vous parler que d'un millième de ce que l'on pourrait aborder, cela vous trouble déjà. Le Nord, le Sud, l'Est et l'Ouest, à l'intérieur de soi! *«Oui, d'accord, on va essayer»*, songez-vous. Mais je vous le dis, il faudra également transposer cela à chacun de vos corps subtils, ceux que vous connaissez — sept corps et sept chakras —, mais vous n'êtes pas limités à ceux-là. D'autres corps vous attendent, d'autres forces se révéleront à vous. Et pour pouvoir les assimiler, il existe un outil merveilleux: la respiration. Et autant de respirations que de réalités à intégrer. Autrefois, on vous a donné certains types de respirations. Aujourd'hui, nous vous transmettons d'autres possibilités. Cela ne veut pas dire que ce qui était bon hier n'est plus valable à ce jour ou n'était pas réellement bon. Cela signifie que vous êtes entrés en mutation, que vous glissez d'une vieille réalité vers une nouvelle et que, dans cette réalité, vous intégrerez le monde subtil dans une forme bien plus large. Vous n'avez pas que sept corps, vous en avez autant qu'il y a de réalités. Pour l'instant, vous vous déplacez avec cet embryon d'être. On n'a pu vous enlever ces sept couleurs fondamentales qui sont en vous, aussi vos sept corps sont-ils toujours bien là, disponibles. Pourtant, avec cet élargissement de la conscience, vous assimilerez d'autres couleurs, d'autres sons et d'autres corps. Vous devrez REconnaître ces autres corps, réapprendre l'accès à ces nouvelles portes ou énergies. Et puis, dans cet élargissement de vous-mêmes, vous replacerez chacun toutes les forces en jeu dans ce petit *Je*, ce petit *Je Suis* cherchant à s'expanser, à devenir un Je Suis un peu plus grand. Mais avant de pénétrer cette expansion, vous replacerez votre conscience là où elle doit être, réapprendrez qu'il y a des respirations physiques, des respirations subtiles et que vous pouvez mélanger le subtil et le dense, que cela est valable pour tous les éléments, que ce soit la Terre, l'Eau ou le Feu. Vous n'êtes pas que densité ; ce corps dense a d'autres portes que vous devrez réactiver les unes après les autres. Vous ferez circuler l'énergie à l'intérieur par la respiration. À l'intérieur de quoi ? Des circuits qui ont tous une fonction particulière. Vous réapprendrez d'abord à identifier tous ces circuits, puis vous devrez les marier, rétablir une harmonie entre eux. Si vous ne commencez pas là, dans ce que vous connaissez de vous-mêmes, dans cette dimension réduite de vos possibilités, vous connaîtrez quelques difficultés. Mais tout s'apprend avec de la patience, et le temps n'étant plus ce qu'il est, alors, vous avez du temps ! Pourtant, bien que vous en ayez, vous n'en avez plus. Le paradoxe du paradoxe. J'aime bien vous emmener visiter ces paradoxes. Pourquoi? Parce que chaque fois que je pointe du doigt vos paradoxes, votre dualité, je vous permets de revisiter un visage, un paysage différent de votre dualité. Vous pensez dualité – Noir et Blanc –, mais il y a plus. La dualité se décline selon des milliers de formes, d'innombrables expressions.

Je vous ai un peu entretenus de l'Homme Cristal, de tous ses triangles sacrés. Que cela ne vous donne pas le vertige, car, de toute manière, ces belles figures géométriques vous ramènent à un seul point, au centre de vous-mêmes. Mais oui, au centre de vous-mêmes, là où toutes les énergies passent, où toutes les respirations glissent. Quand vous faites passer vos respirations par le centre, celles-ci peuvent réellement oxygéner ces circuits, et quand ces triangles sacrés d'énergie accueillent cette qualité de l'air, l'oxygène, vos circuits, ces triangles sacrés d'énergie se mettent à pétiller, oui, à pétiller. Ils revivent, et quand ils se mettent enfin à vivre vraiment, la lumière contenue dans ces circuits se met à rayonner dans tous les sens. Et savez-vous l'effet qui en découle? Des fontaines de lumière! Vous savez, ces fontaines de lumière des Êtres réalisés, ce n'est que cela, l'oxygène qui traverse ces circuits; leur reconnaissance est celle de ce Cristal intérieur.

On parle beaucoup du Cristal et de ses responsables, et nous aborderons ce principe, car il n'est pas étranger à vous. Mais avant d'aller poser votre conscience dans le Cristal, il vous faut reconstruire cette planète. Vous savez de laquelle il s'agit? De la vôtre: le corps humain. Celui-ci est une planète avec ses circuits, ses mouvements, ses échanges, ses lois, et tant que vous ne l'aurez pas reconnu comme telle, vous ne pourrez pas vous réintégrer aux autres dimensions de l'Univers. Regardez dans le creux de vos mains cette planète de lumière que vous êtes, c'est une sphère de Vie, de la Lumière, un Cristal en puissance, un Soleil en puissance, une véritable planète. Quel est le sens de tout cela? Que cette boule de lumière que vous êtes est appelée à être planète, puis Soleil, et enfin, dans sa progression, à être Cristal.

Vous avez des étapes à franchir, et pour chaque pas à effectuer il y a la respiration, celle qui vous permet de reconnaître votre corps, votre réalité, qui reconnecte ce corps à l'ensemble de l'Univers.

Oui, j'ai affirmé que «vous ne savez pas respirer», et on m'a répliqué ce qui suit dans une lettre: «Mais des exercices de respiration ont déjà été transmis, comment pouvez-vous prétendre que ce que les maîtres ont dit est faux!» Je n'ai pas allégué cela. Je souligne simplement que vous ne savez pas respirer puisque vous êtes en mutation et que ce qui a été déposé hier doit aussi muter. Le mouvement c'est cela: hier était hier, aujourd'hui est aujourd'hui et demain sera demain. Aujourd'hui s'appuie sur hier mais permettra à demain de naître. Et si vous n'acceptez pas que la fluidité passe de hier à aujourd'hui et d'aujourd'hui à demain, vous ne pourrez pas assimiler la mutation dans sa plénitude.

Oui, vous ne savez pas respirer, mais c'est en raison de données que vous n'avez pas reçues, celles qui n'avaient pas pénétré votre réalité, et parce que tout un chacun dans cette pièce ou sur cette planète a fait de sa réalité une réalité dans la réalité. Tout un programme! Et quand on donne une respiration, elle devient votre propre programme. Par conséquent, chaque fois, pour chaque être, la même respiration ne peut offrir des fruits semblables puisque le mental, l'émotionnel, l'esprit, l'âme (tente?) ce qui passe à l'intérieur de son corps et puisque son corps en a marre, il se dit: «On ne m'écoute pas, alors moi aussi, je mets un filtre», et cela accumule beaucoup de filtres.

Oui, vous ne savez pas respirer, car tout le corps doit participer à cette respiration. Quand je dis tout le corps, c'est aussi bien le corps physique que les corps subtils. Alors, voyez-vous, avec toutes les portes contenues dans vos corps, la même respiration deviendra multiple en fonction des portes qui seront déjà actives dans votre réalité. La Lumière aime à s'expanser, et comment croyez-vous qu'elle y arrive? Par la respiration, soit dans l'inspir et l'expir. J'inspire, j'expire... tout un ballet. Je m'expanse, je me retire, je m'expanse et je me retire... Avez-vous songé que chaque fois que vous respirez vous vous expansez dans ce monde, et qu'en expirant vous rentrez en vous? En d'autres mots, dans chaque respiration vous allez chercher des données que vous entrez ensuite en vous. Bien sûr, vous puisez l'air, l'oxygène, mais vous faites plus que cela autour de vous; lorsque vous inspirez, vous prélevez des informations au-delà de votre aura puis, quand vous expirez, vous rejetez ce qui ne vous convient pas dans le moment présent. Avez-vous au moins conscience de cela dans le simple mouvement de l'inspir et de l'expir de vos poumons? Vous allez me répondre: «Les scientifiques déclarent que nous puisons d'abord de l'oxygène et rejetons ensuite du carbone.» Oui, bien sûr, il y a cela. Mais au-delà, qu'y a-t-il dans l'oxygène et dans ce carbone? Qu'avez-vous fait de ce mouvement? De ce partenariat avec l'Air? Étiez-vous à l'écoute de ce que l'Air avait à vous transmettre? Non, bien sûr que non. Vous respirez, c'est biologique, mécanique; j'inspire et j'expire. Je fais, je fais... Oui, vous faites, vous faites, sans arrêt, mais vous n'êtes pas!

Et lorsque vous absorbez de l'eau, dites-moi, comment vous positionnez-vous? De quelle manière accueillez-vous l'Eau? Avez-vous pensé qu'elle est esprit et que, certes, sa forme densifiée apaisera votre soif, nourrira votre corps physique, alimentera tous les circuits qui le forment, puisque le corps c'est avant tout de l'eau, mais que dans ce geste vous faites appel à un esprit, l'esprit de l'Eau? Savez-vous que selon sa provenance, l'eau que vous êtes en train d'absorber vous apportera des nutriments différents? Oh! je n'entends pas ici les nutriments qui sustentent le corps physique, mais bien ceux qui nourriront la forme subtile de l'eau qui est en vous.

Et la terre, la Terre! Vous savez cet élément qui reçoit les germes et leur offre de grandir? Quelle est votre relation avec elle? Quand un aliment se trouve dans votre assiette, à quoi pensez-vous? «Tiens, j'ai une carotte comme repas aujourd'hui! Oh, elle est belle! Oh, elle n'a pas de goût! Finalement, je l'aurais bien préparée autrement! Et puis, si j'avais su, je ne l'aurais pas mangée!» Ah, après ça, votre corps n'est pas très heureux! Ni la carotte!

L'esprit de la Terre, lui, souffre, car vous venez de polluer par votre pensée et vos réactions cette partie intime de lui-même puisque, avant toute chose, cette carotte — comme tout autre aliment — fait partie de la Terre. C'est le fruit de la Terre, et le terrain qui lui a permis de devenir ce qu'elle était avant d'aboutir dans votre assiette y a déposé plein de choses, toute une nourriture subtile. Mais pensez-vous à tout cela? Vous estimez que la carotte vous fournira telle ou telle vitamine. «Ah, j'aurai tant de calories par 100g de carottes!» vous dites-vous aussi. Mais avez-vous songé à l'esprit de cet aliment? Que des êtres ont entouré cette carotte de soins et d'attentions particulières? Tous les esprits de la nature se sont penchés sur elle, ont accueilli la volonté de la Terre pour qu'elle soit ce qu'elle est devenue. Cela sous-entend qu'en consommant cette carotte que vous avez peut-être découpée en petits morceaux et qui ne ressemble plus du tout à rien, vous recueillerez quelque chose. Mais la manière dont vous allez recevoir cela pourra être une reconnaissance pour ces êtres de la nature qui se sont penchés sur cet aliment et qui ont travaillé à vous donner en elle cette essence subtile de la terre dans une forme densifiée.

Mais là aussi, vous n'y pensez pas. Et vous avez également la même réaction envers le Feu.

Oui, il faut repenser votre partenariat avec la Vie, la manière dont vous utilisez ces quatre éléments. Votre pensée peut devenir une respiration subtile, mais une respiration tout de même, et dans celle-ci vous pouvez déposer de l'amour et du respect. Puis, vous pouvez commencer à être un petit peu plus sages, car au-delà de ce que vos yeux physiques captent, il y a ce que les yeux de l'âme et de l'esprit enregistrent, et si ces trois vues s'alignent, vous opérerez alors une transformation, celle de l'Air à l'intérieur de vous. Tout un programme, n'est-ce pas?

Oh, je ne veux pas que vous vous sentiez coupables. Non, ce n'est pas du tout ce que j'attends de vous. Je tiens simplement à vous offrir un espace de réflexion dans lequel vous puissiez comprendre que, quelle que soit la séquence de pensée que vous choisissez, les quatre éléments y sont présents et que, dans cette séquence, vous avez un pouvoir d'action directe: la respiration consciente à l'intérieur de votre corps. Voilà pourquoi j'ai osé déclarer qu'il n'y avait aucune respiration valable présentement. J'ai osé dire quelque chose qui a perturbé bon nombre d'hommes et de femmes ayant lu mes livres et cela a entraîné des réactions de leur part. J'ai obtenu ce que je voulais: une réaction.

Eh bien oui, comment respirez-vous? Comment voyez-vous votre partenariat avec la Vie? Bien sûr, dans mes livres, je vous ai emmenés dans un magnifique voyage et j'ai osé élargir l'espace de votre vue. Certes, mais si je l'ai fait, c'était uniquement pour ouvrir votre vue à l'intérieur de vous-mêmes, puisque tout ce qui se trouve dans cet espace, c'est à l'intérieur de vous que je l'agrandis afin de vous donner plus d'ampleur, plus de capacité à respirer, pour qu'enfin vos poumons prennent leur place. Combien de femmes se promènent le dos voûté pour cacher leurs beaux attributs, ces seins gros ou petits, puisque, finalement, elles sont aussi complexées dans les deux cas?

Eh oui, osez respirer, osez démontrer que vous avez de beaux poumons, osez expanser cette cage thoracique et donner de l'espace à l'enfant intérieur qui se love là et qui n'en peut plus de ne pas respirer. Osez. Vous verrez, votre respiration deviendra différente, car ayant ouvert votre cage thoracique, automatiquement vous irez chercher votre respiration plus profondément, depuis le ventre. Déjà, vous essayerez de la prendre là, intimement, puis si vous persévérez, vous irez la chercher au premier chakra et, finalement, comme vous aurez osé déployer votre cage thoracique, vous puiserez votre respiration à l'intérieur de la Terre. Comme votre cage thoracique sera bien expansée, cette respiration montera d'elle-même, et là vous ne vous poserez plus de questions. Ça viendra tout seul, et dans ce tout seul vous ne respirerez plus d'ici à là, c'est-à-dire de votre gorge à la moitié de vos poumons, mais bien de la plante des pieds jusqu'à la tête. Pourquoi? Tout simplement parce que vous aurez relevé et écarté votre cage thoracique, et montré vos beaux attributs. Car si on vous en a donné, c'est pour les montrer! C'est fou, je n'ai jamais rencontré autant de femmes complexées.

Et voyez-vous, messieurs, ceci vous concerne aussi. Osez-vous montrer vos beaux poumons? Essayez. Du coup vous serez plus larges d'épaules et les femmes vous regarderont. Ce serait bien, non?

Vous avez peur de vous-mêmes et de votre respiration. En effet, vous savez très bien que si vous osez respirer, vous franchirez des pas avec aisance et facilité, et devrez alors laisser la difficulté derrière vous. Et ça vous plaît beaucoup, la difficulté. «Ah! j'ai mal, donc je suis!» Eh bien, non! Vous pouvez être tout en étant bien.

C'est le mal présent: «Il faut que je me fasse mal pour comprendre que je vis.» Mais vous vivez! Respirez et vous comprendrez ce que cela veut dire.

Lorsque l'on respire, le mental s'apaise, les émotions également et le corps physique se nourrit. C'est amusant, avec une seule respiration correcte, tout le corps communautaire est apaisé et nourri; il vit. Allez-vous oser vivre? Oser être? Voilà les questions que nous vous posons.

Dans les mois qui viennent, nous allons vous offrir de nouvelles respirations par le biais de plusieurs sources. Nous tenterons de vous emmener dans un grand voyage, un itinéraire de reconnaissance de vous-mêmes et, dans ce voyage, nous essayerons d'élargir votre cage thoracique afin que vos chakras, votre colonne vertébrale se replacent correctement, que votre bassin retrouve son équilibre et que vous puissiez reposer correctement sur vos pieds. Ainsi, quand votre squelette retrouvera une statique différente, vous comprendrez votre relation avec la Vie. Quand vous pensez au corps, vous faites attention aux cellules, à l'estomac, aux yeux, mais pensez-vous aussi à votre squelette, à ces os qui forment une structure, la vôtre? Et réalisez-vous que vos os ont besoin de respirer? «Que nous dit-elle encore, Soria? Que nos os respirent? Ça c'est la dernière, elle invente encore!»

Non, je n'invente rien, vos os respirent; ils ont besoin d'espace. Ils sont comprimés par vos pensées et votre petitesse. Je n'affirme pas ici que vous êtes petits; j'évoque plutôt cette petitesse de la vue qui s'exprime ainsi: «Bon, si je me situe dans ce petit cadre, je peux savoir à la limite où je suis, mais si on m'offre un grand espace, je ne le saurai plus. Je ne vais donc plus rien toucher; mais comme je ne vais plus toucher le bord de ce cadre, je ne vais plus savoir où je suis et je vais me perdre!» Eh bien non, c'est justement le contraire, vos os vous demandent, vous supplient de respirer large, de leur offrir cet espace et de lâcher prise. Votre squelette s'adresse à vous: «S'il te plaît, tempère ton mental trop actif. Quand il se met à penser, il me comprime. Il comprime les muscles contre moi et je suis alors tellement serré qu'il y a des moments où je suis prêt à casser. Et comme tu ne m'écoutes pas, comme tu ne me donnes pas cet espace vital, je perds de ma substance, je deviens friable. C'est là ma seule manière de te rappeler que j'existe, que j'ai une réalité et que dans celle-ci, vois-tu, j'abrite des lois cosmiques. J'accueille également ta personnalité, qui a permis ma construction, et si tu y as un défaut, c'est pour te rappeler que nous ne sommes pas en accord dans la construction de ta personnalité. C'est aussi afin de t'avertir que j'existe et que tu dépasses parfois les limites en courant toujours comme tu le fais. Oh! tu en as des affaires à régler, je ne m'inquiète pas à ce propos. Tu en as même beaucoup! Et dans ce beaucoup, eh bien il n'y a pas de place pour moi, sauf si tout d'un coup je me révolte en occasionnant une cassure quelque part. "Oh! j'ai un os cassé, je ne peux plus marcher ni écrire, ni me tenir droit. Comme ma colonne me fait mal!" Eh oui! je me rappelle à toi puisque j'ai besoin de respirer, de sentir les muscles autour de moi comme une caresse. J'en ai marre d'être prisonnier de cette masse. Attends! je remets les choses en place: les muscles sont mes partenaires, compris, j'en ai besoin! Quand je parle ainsi, je m'adresse à la masse de tes pensées, là, à l'intérieur, et qui forment des cristallisations. Les muscles, au lieu d'être souples, chauds, beaux et doux comme une caresse, deviennent comme des morceaux de bois et chacun de leurs frottements sur moi me fait mal. J'ai besoin de respirer et d'avoir de la douceur. Tu ne pensais pas qu'aujourd'hui ton squelette pouvait te parler. Oh! tu en as des réalités à retrouver! Et si tu t'y penches, tout ton corps peut te parler.»

Oui, vos os ont envie de vous laisser savoir cela, mais si je donne aussi la parole aux muscles, ils vont vous traiter de tyrans. Aujourd'hui, je vais être très douce, car je ne leur donnerai pas la parole. Par contre, vous pouvez peut-être respirer déjà un peu plus aisément. Vous verrez! Expérimentez chez vous cette respiration. Ahhhh! ça fera du bien à tout le monde!

Eh oui, le corps dense est une planète ayant de nombreux ouvriers, beaucoup de sages, de lois. On y trouve des canaux, des échanges, le partenariat et puis, parfois, des rébellions et des révoltes. C'est naturel, vous n'avez pas créé directement ces révoltes, ces guerres, ces dysfonctions sur la planète; avant de se manifester dans votre extérieur, elles sont d'abord à l'intérieur de votre corps. Vous savez, sans ces muscles, vous ne pourriez pas aller voir si au bout de la Terre vous avez un rendez-vous avec votre esprit. Aussi, si vous voulez que votre esprit puisse s'engager dans cette REconnaissance de lui-même, il faut entretenir votre corps, lui accorder cet espace vital dont il a besoin et lui apporter une nourriture de qualité. Ce peut être une nourriture dense, tels des légumes, des fruits qui n'ont pas été pollués, ou une eau n'ayant pas subi d'intervention extérieure. Je suis étonnée de vous voir boire cette eau chlorée, et même avec délectation par moments. On ne peut pas tellement affirmer qu'elle est vivante!

Et puis, il y a votre rapport avec le Soleil. Décidez-vous de temps en temps de vous asseoir au soleil afin de capter une nourriture dont votre corps a besoin? Je ne parle pas de ces séances de bronzage sur la plage (là, vous ressemblez plutôt à des Biftecks qui grillent) mais de ces instants privilégiés où l'on s'assoie dans son vêtement de chair pour échanger avec le Soleil quelques instants de vie. Dans ces quelques moments, il y a davantage de nourriture et d'échanges de qualité que dans les heures passées sur vos plages à vous faire dorer.

Oui, il faut rétablir les échanges de qualité avec la Terre, l'Eau, l'Air et le Feu, le Feu intérieur comme le Feu extérieur. Cette planète pourra ainsi retrouver son harmonie et une respiration de qualité.

En toute chose, il y a la forme dense d'un acte puis ses réalités subtiles. Votre contact avec les quatre éléments est du même ordre. Vous avez un contact physique avec eux, vous en faites ce que vous voulez, que ce soit au présent ou dans le futur, puis vous établissez un contact subtil avec eux. Dans ces échanges subtils de qualité et de sagesse, vous possédez un merveilleux outil: la respiration.

Oui, pour l'instant cette humanité ne sait pas respirer: elle l'a oublié, agissant mécaniquement. Je dis bien mécaniquement, parce qu'elle a omis de placer sa conscience dans ses gestes et son ressenti. Qu'elle est partenaire et que dans ce partenariat l'esprit qui se présente a la même valeur, peu importe la forme adoptée – une plume, un œuf, un oiseau, une fleur, du vent ou de l'eau.

Il vous faut recréer ces instants et je vous y invite vraiment. Mais si, réellement, vous voulez être sages et devenir des êtres réalisés, si vous désirez tout simplement être, devenir chacun ce Je Suis, cette ascension de vous-mêmes, soit ascensionner, si vous voulez tout ce que vous prétendez vouloir, eh bien vous devez commencer par un acte: déployez vos épaules et envolez-vous, donnez de l'espace à votre respiration. Et puis, si vous avez de beaux atouts, souriez!

Je vous salue tous, et je vous aime.

Dans ces heures, vous avez accepté de voyager, de laisser votre mental à sa place, d'être une respiration: chacun de vous a été un inspir qui glisse dans l'espace et le temps en déjouant sa densité.

Vous voyez où peut conduire une respiration intérieure quand on ose déposer ses lourdeurs, et vous étiez tous beaux, là, dans ce voyage. Il y a des instants dépouillés de barrières où l'énergie circule parce que c'est un fleuve de Vie et que ce fleuve de Vie ne supporte pas les barrages.

Oh, ça me fait penser à vos fleuves parcourant la planète, bien denses, à leur eau bien palpable, et qui rencontrent des obstacles. Non pas les obstacles de la nature mais ceux que l'homme a créés de toutes pièces, et là, que croyez-vous que l'Eau pense? Croyez-vous que l'esprit du fleuve ou de la rivière peut supporter une entrave, une barrière à son chemin de vie? Lui, il sait; et il sait où il doit aller, s'il doit passer à droite ou à gauche, suivant son chemin, ce schéma qu'il porte en lui, et puis voilà qu'à un moment donné il bute contre un obstacle. Lui qui doit couler sans entraves est alors contraint, et ses eaux gonflent, retenues dans un espace qui ne leur est pas dévolu. Dès lors, la terre en dessous de cette retenue souffre, car elle se noie dans une énergie ne lui appartenant pas et reste incapable de déployer l'énergie qu'elle porte. Savez-vous ce que représentent les barrages édifiés par l'homme sur ces êtres de lumière? Des nœuds d'énergie, de souffrance et même de la détresse pour des hommes et des femmes qui habitaient en ces lieux, dans ces vallées où ils ont dû abandonner leurs terres, leur maison par obligation. On les a arrachés de là à tout jamais, et ils en gardent une cicatrice. Et pourquoi tout cela? Pour apporter quoi? De l'électricité? Un barrage, c'est aussi une retenue d'eau dont on peut se servir à volonté si besoin est.

L'homme a voulu asservir la Nature, comprimer la respiration de la Nature; quel dommage, quel gâchis! J'essaie de vous faire comprendre que la Vie, dans toutes ses formes, connaît la respiration, l'inspir et l'expir. Tout être vivant, quelle que soit son apparence, emploie la première loi de Vie de ce Cercle atomique de Vie. Et l'homme, dans son besoin de pouvoir et d'asservissement de la Nature, a créé des espaces de souffrance. Imaginez le fleuve comme un vaisseau dont une paroi, à un endroit donné, subit soudain une déformation; cette dernière ne peut continuer à subsister, car le fleuve vivant, lui, sait où il doit aller, qu'il ne peut être retenu.

Vous allez rétorquer: «Mais si nous n'avons plus d'électricité, comment allons-nous nous éclairer?» Oui, bien sûr, comment? Mais de l'intérieur, puisque la lumière est à l'intérieur; il vous suffit de rayonner et ainsi votre espace extérieur s'éclairera de votre propre lumière. C'est ainsi que les maîtres se déplacent; ils recourent à leur propre lumière et l'expansent.

Mais revenons à ce fleuve qui souffre. Posez-vous un instant sur la mémoire d'un tel lieu et observez. Observez comme son esprit cherche à vivre. Vous croyez qu'il va demeurer là et accepter? C'est bien mal le connaître. Oui, pendant un temps il laissera croire qu'il s'est plié à cela, mais il sait avec certitude qu'à un moment donné il reprendra sa route. Repensez au geste de l'humain qui est venu et s'est dit: «Là, nous allons poser des pierres les unes au-dessus des autres et nous asservirons l'eau pour le bien de tous.» Oui, bien sûr! Mais c'est pour le bien de qui en réalité? N'est-ce pas plutôt pour flatter son ego et se remplir les poches? Comprenez bien que l'Eau, elle, sait où est le bien de tous... Celui-ci correspond à toutes ces personnes, hommes et femmes, qui habitaient le long du fleuve, sur la prairie où les bêtes paissaient tranquillement l'herbe verte, au lieu où les abeilles butinaient de fleur en fleur pour polliniser la vie et où les fruits des arbres apportaient de la nourriture. On a ôté la vie à la Vie. La Vie, c'est ce fleurissement des arbres qui ont apporté ces fruits, nourriture des hommes et des femmes. Mais c'est aussi les insectes puis toute la chaîne dite alimentaire ayant cours dans cet espace, et qui est désormais rompue. Elle est brisée! Vous avez désiré une existence d'hommes et de femmes modernes sans demander aux quatre éléments la permission d'intervenir dans le cours de leur vie, sans même en référer au grand Tout afin d'obtenir son accord pour cet acte. Vous avez bloqué la respiration du Tout. Et là, dans ces endroits, s'inscrivent une souffrance et une perte d'énergie que la mémoire du lieu a accueillies. Et c'est l'heure aujourd'hui de vider tous les sacs, quels qu'ils soient. Ainsi donc, si la sagesse ne vous vient pas, il pourrait y avoir des lendemains difficiles. Non, je ne suis pas un oiseau de mauvais augure; je vous explique simplement la relation de la Vie, que tout est respiration et que la Lumière, ou la Vie, se meut dans l'expir et l'inspir, qu'il s'agit d'un grand cœur qui bat. D'ailleurs, votre cœur humain ne représenterait-il pas ce battement cosmique? Il impulse le mouvement, silencieusement; il est là de manière à vous rappeler que la Vie est une dilatation et une rétraction qui, si elles sont naturelles, ne produisent aucun blocage. Aussi, si justement le cœur vous en dit, vous pouvez voyager en esprit tout autour de cette planète, et si vous aimez les autres et avez envie de leur donner quelque chose, pourquoi ne pas déposer un peu de lumière et d'amour dans tous ces lieux de souffrance? Cela changera peut-être le cours de certains événements. Oh! je ne puis affirmer que la sagesse actuelle garantirait à l'homme et à la femme de défaire tout ce qu'ils ont construit, car ce n'est pas encore le moment, mais cela viendra. Pourtant, vous décèlerez un autre moyen de vous éclairer. D'autres solutions s'offrent à vous, et vous les découvrirez. Si vous appelez la sagesse, et si votre volonté est bien de vous glisser dans le Fleuve de la Vie, alors, pour tout ce que vous avez mal créé, vous recevrez de l'aide dans le but de parfaire cette création. Vous pourrez intervenir sur ces sacs mémoriels qui empoisonnent votre humanité; oui, c'est réellement un poison qui vous empêche d'être totalement.

Mais commencez déjà à être, entamez ce voyage; et veillez à réinstaller cette harmonie en vous.

Je vais vous entretenir ici de mémoire, ce que l'on appelle aussi le flux mémoriel.

«Oh là là! que me dis-tu encore, Soria? Je trouve tout ça bien compliqué.»

— Eh bien, non, ça ne l'est pas. Le flux renvoie au fleuve de la mémoire. Où croyez-vous que vos cristallisations vont se poser?

— Eh bien, je croyais que ça allait à l'intérieur de mon corps.

— Oui, et le corps, c'est quoi?

— Tu me poses toute une question!

— Le corps est constitué d'eau, en presque totalité. C'est donc un fleuve de vie, et un fleuve de vie ne peut vivre sans se couler sur le grand Fleuve de la Vie.»

On vous a enseigné les chaînes d'appartenance (exposé du matin), et il y en a une qui est rattachée à l'Eau.

«Encore une, une de plus, que vais-je en faire?»

Juste reprendre conscience que les quatre éléments sont à l'intérieur de votre corps, que s'ils sont là dans ce corps physique, ils sont forcément reliés à une chaîne d'appartenance et que, immanquablement, à l'intérieur de vous se trouvent quatre chaînes primordiales d'appartenance, celles du Feu, de l'Air, de l'Eau et de la Terre, qui doivent s'unir en vous, en votre centre. Non, je vois que vous pensez à votre chakra solaire, mais ce n'est pas ce que j'entendais. Les quatre éléments doivent s'unir dans l'Amour, donc dans le cœur.

Si vous acceptez l'idée de résonance et l'appliquez à toute cellule de Vie, pourquoi avoir construit des barrages sur vos fleuves? Peut-être avez-vous tout simplement déjà construit dans votre cœur, dans votre corps, des barrières tellement grandes qu'il vous a fallu les extérioriser dans la nature afin de prendre conscience qu'elles existaient à l'intérieur de vous et que, franchement, ce n'était pas la meilleure de vos créations.

Il y a des créations viables, puis d'autres qu'il faut savoir déposer! Et savoir admettre finalement que cette idée n'était peut-être pas la bonne. Oh! il n'y a ni bon ni mauvais dans l'absolu. Tout de même, certaines créations s'inscrivent parfaitement dans l'harmonie du Tout alors que d'autres s'en éloignent.

Oui, des barrières s'érigent encore sur vos fleuves intérieurs, des barrages que vous allez pouvoir déposer, pierre par pierre; comme vous les avez mis en place, vous pouvez à coup sûr les défaire, oui vraiment. Oh! ne vous précipitez pas, ne vous rendez pas dans un endroit spécial, ne vous enfermez pas dans vos chambres en vous demandant: «Mon Dieu, où sont ces barrages et combien en ai-je installé?» Non, le temps n'est plus à ça. Prenez simplement conscience qu'ils sont présents et, à chaque instant de votre vie, enlevez une pierre avec amour en la remerciant d'avoir été pierre, de vous avoir amenés à voir et à sentir où sont ces endroits non favorables à l'écoulement de la Vie. Quand un corps, quel qu'il soit, entre dans son expir, il se contracte puis, généralement, reprend sa forme initiale, soit celle du cercle, c'est-à-dire ce qu'il était au début, une matrice de Vie. Cette particularité que vous avez construite se caractérisait par le fait de rester un cercle, mais vous avez bâti ce dernier de telle manière qu'aucune énergie ne pouvait y rentrer. Voilà pourquoi, dans cette méditation d'aujourd'hui, je vous ai invités à pénétrer cet espace formant le cercle afin de sentir que, là aussi, il y avait de la vie, que la vie était intelligente et qu'elle savait à quel moment elle pouvait laisser passer la Vie ou la retenir. C'est ce que vous avez oublié. Comme vous avez érigé des barrages tout autour de vous, nous avons dû ruser avec vous et vous expliquer comment faire dans cet expir, comment reprendre la respiration. Nous avons dû aussi analyser vos créations, vos rigidités, voir et reconnaître ces murs et ce que vous avez voulu exprimer par leur biais. Voilà comment nous nous sommes instruits de vos créations, et dans l'étude de votre expir, nous fûmes alors invités à nous expanser. Observez : vous vous êtes rétractés et êtes entrés dans un expir, et nous avons dû inspirer pour venir vous voir et vous rejoindre. Cela signifie que vous allez à nouveau expirer et que nous entamerons un expir. C'est amusant! vous expirez et nous, nous inspirons, puis vous inspirez et nous, nous expirons. Et nous accompagnons ce mouvement et le fleuve de Vie ne s'interrompt pas, mais voyez-vous, vous nous avez aussi renvoyé le reflet des barrages que nous avions construits il y a fort longtemps. Aussi, dans votre séquence de temps, nous venons prendre les pierres une à une et démonter ces barrages établis entre votre fluidité et la nôtre, votre état de créateur et le nôtre, et nous vous demandons de reprendre conscience de ce mouvement de respiration, de venir suivre le nôtre afin que nous puissions suivre le vôtre. De façon que cette respiration soit à nouveau une et non deux, que cette dualité née il y a fort longtemps entre vous et nous puisse disparaître afin que nous glissions à l'intérieur de la Lumière de Vie, c'est-à-dire au milieu de cette balance cosmique où tout est harmonie, où toute respiration s'accompagne d'une autre dans l'expansion de la Vie.

Je ne peux que parler d'expansion en faisant allusion à la respiration puisque l'expir est aussi une dilatation et que tout inspir est aussi un expir ; tout dépend de l'endroit où nous nous plaçons, c'est la magie de la Vie. Voilà pourquoi nous essayons par les mots de vous faire comprendre qu'il n'y a ni lumière, ni ombre, ni réelle dualité. Nous tentons de vous faire intégrer que tout est fluidité et que seules vos résistances et vos constructions déterminent si vous divisez dans l'instant ce qui ne doit pas l'être en un pôle de lumière et un pôle d'ombre. Si vous décidez que ceci est bien ou que cela est mal, vous seuls le décidez. Mais afin de regagner cette conscience, des hommes et des femmes sont descendus très très loin hors de la dualité primordiale, ce qui a donné corps à quelque chose d'humain, enfin de préhumain, à quelque chose de dense, très dense, et ce quelque chose que vous n'aviez à nommer que par des mots, des mots divins, vous l'avez défini : «Eh bien, c'est la lumière et l'ombre !» Mais non, mes amis, ce n'était pas la Lumière, ce n'était pas l'Ombre, pas dans la forme primordiale en tout cas. Vous avez densifié quelque chose qui n'existait pas ; là encore, c'est une création, mais certaines créations sont viables alors que d'autres, finalement, n'ont peut-être pas besoin de vivre si longtemps. À vous qui vous êtes plu à demeurer si longtemps hors de cette balance cosmique primordiale, qui avez créé une balance de référence n'appartenant qu'au monde de la densité, qu'à l'éloignement des valeurs primordiales, nous pouvons dire que toutes les portes sont maintenant ouvertes pour glisser vers l'élément primordial. Vous pouvez, si vous le voulez, déposer désormais tous ces schémas d'idées puis glisser, reglisser sur le fleuve de la Vie et reprendre ce voyage. Oh ! ça ne signifie pas que ce sera un long fleuve tranquille mais que si le fleuve de Vie a décidé d'enjamber un rocher, il sait qu'il l'enjambera, et que s'il a envie d'effectuer un détour, de tracer un méandre en vue de préserver la vie d'un arbre, il le fera. Il en sera conscient, contrairement à vous dans cette forme actuelle. Voilà la différence. Elle consiste à quitter enfin l'état d'être que vous avez créé de toutes pièces, singeant les Lois primordiales de la Vie afin de voir si, de faire semblant, de croire que... C'est un jeu, mais un jeu a un début et une fin. Et ce début, savez-vous comment vous l'avez entrepris? Dans une respiration, eh oui, une respiration, par une contraction de votre être. Pourtant, si vous avez réussi cela, vous pouvez tout aussi bien glisser dans la respiration et dilater votre être. Vous le pouvez, car les portes sont ouvertes.

Vous voyez, il est toujours question de respiration.

La respiration est une forme supérieure de l'énergie de la balance cosmique. Vous êtes tous des guerriers de la Lumière, vous avez choisi de reprendre le chemin qui mène à l'intérieur de vous, mais au cours de ce cheminement vous devrez REconnaître ce qui fait ce sentier et, de là, vous rencontrerez les quatre éléments: la Terre, l'Eau, l'Air, et le Feu. Vous retrouverez la respiration, l'inspir et l'expir, le partenariat, les mondes denses et subtils, le monde des anges, et celui des esprits.

Durant ce cheminement, vous ne pourrez pas réintégrer ce Je Suis que vous avez toujours été, sans aimer chaque élément et reconnaître que vous êtes tous issus d'une forme géométrique, que la respiration même est une forme géométrique. Vous ne pourrez cheminer seuls sans donner la main à tous les éléments qui vous ont permis d'exister. Le partenariat, c'est aussi reconnaître cela.

Quand vous aurez bien joint vos mains à celles de tous ces éléments, vous les poserez sur votre cœur afin de rentrer en lui, puis vous rayonnerez depuis ce centre. Mais qu'allez-vous rayonner? La sagesse de la Terre, ce fleuve de Vie qu'est l'Eau, la légèreté de l'Air et la brillance du Feu créateur. Vous circulerez dans le mouvement de la respiration, devenant la respiration.

Quand vous réintégrerez la maîtrise de vous-même, vous devrez, à chaque instant, savoir comment vous communiquerez avec la Vie. Chacun de vous devra se demander: Est-ce que je m'exprime en fonction de l'Eau? de l'Air? du Feu? de la Terre? Car chacun devra devenir l'Être solaire, le Cristal, et pour cela, réintégrer toutes ses demeures. Il vous faut savoir passer de l'une à l'autre, ouvrir la bonne porte au bon moment, mais une seule porte vous permettra d'ouvrir l'une ou l'autre dans leur forme magnifiée, et c'est le cœur. Je vous ai appris que tout passait, tout se réunissait dans le plexus solaire, et c'est exact; toutefois, quand vous monterez d'un étage, vous unifierez également toutes ces forces à partir du cœur. Mais le voyage n'est pas fini. Les chakras, les premiers chakras, vous ont permis tout simplement la REconnaissance de ces forces. À partir du centre solaire, vous commencerez à reconnaître ces lignes de force qui régissent le corps et toute forme de vie.

Mais ce voyage est à reprendre. Et si nous vous ramenons au cœur, c'est qu'il faudra également rayonner de ce centre pour ensuite monter jusqu'à ce chakra qui vous fait tant souffrir, celui de la gorge, de l'expression, du verbe.

Vous reconnaîtrez aussi comment toutes ces lignes de force agissent dans votre corps.

Tout enseignement est réparti en plusieurs niveaux.

Nous avons parlé du corps dense, dans lequel toutes les lignes de force se croisent au plexus solaire. Pour entreprendre le chemin vers la quatrième dimension, il est impératif de passer par la reconnaissance de ce croisement dans le chakra solaire, puis d'élever votre regard, votre sentiment jusqu'aux portes du cœur. Là, à nouveau, vous étudierez les champs magnétiques qui se croisent à cet endroit. Et, partant, à chaque dimension, vous devrez réétudier, recomprendre, reconnaître et remaîtriser ces champs de force. Il s'agit d'un long voyage que seuls la paix et le lâcher-prise vous permettront d'entreprendre.

Mon enseignement se lit à plusieurs niveaux, je l'ai fait volontairement. Mes livres représentent des outils qui vous donnent la possibilité de canaliser votre mental et de l'aider à glisser dans le Fleuve de la Vie; c'est le premier degré. Puis, dans les espaces blancs de ces pages se positionnent d'autres forces qui s'adressent à votre esprit et à votre âme. Mais ce n'est pas fini, puisque le fleuve de Vie aime à parler à chaque corps, qu'il soit dense ou subtil. Voilà pourquoi, dans l'aura de cette planète, je dépose également une qualité d'Amour qui vous oblige à réagir et à vous interroger. Parfois, je le fais par le biais d'un regard ou je dévie de vos questions, ça marche à coup sûr; déjouant ainsi votre mental, je vous incite à glisser ailleurs. Vous qui aimez vous amuser, acceptez donc ce jeu et voyez où il vous entraîne. Mais maintenant que la grille magnétique de cette planète assure de pouvoir glisser vers une autre réalité, je vais vous aider dans cette reconstruction de la grille magnétique de l'être humain et appuyer sur certaines forces qui demeurent en vous. Tantôt, je serai rondeur, tantôt j'emploierai des forces beaucoup moins douces que celles que je vous envoie aujourd'hui, car je dois jouer sur ces deux polarités afin de rééquilibrer les énergies féminine et masculine présentes en vous. Et la respiration vous aidera à glisser tantôt sur le pôle féminin, tantôt sur le pôle masculin. Vous voyez, vous ne connaissez rien encore de la respiration. Alors, j'aimerais vous inviter à ceci: lorsque vous ferez vos respirations chez vous, je souhaiterais vous voir glisser en conscience dans les mondes intraterrestre, terrestre et extra-terrestre afin de faire ce voyage sur la grille magnétique du centre de cette planète et sur celle qui est en mouvement autour d'elle. Il vous faut unifier ces deux pôles à l'intérieur de vous, et la respiration pourra vous y aider. Ce n'est qu'un début, un simple début mais, déjà, si vous acceptez d'entreprendre ce voyage, nous pourrons élargir les frontières, vos frontières. Nous pourrons surtout vous aider à glisser sur les nouveaux concepts. Cela veut dire que, tout doucement, votre propre grille magnétique intérieure, cette vieille grille de votre corps, va elle aussi entrer en mutation et que moi, Soria, comme mon groupe, y travaillons déjà.

Voilà pourquoi je viens toujours après la transformation de la grille magnétique d'une planète. Je ne peux intervenir avant.

Et en cours de respiration, n'oubliez pas de dilater votre chakra solaire en élargissant vos épaules, en donnant de l'espace à votre corps, c'est très important. Nous allons agir sur cette grille magnétique humaine au fur et à mesure que vous nous le permettrez. Non, ce n'est pas moi qui agirai directement ; vous ouvrirez d'abord vos portes pour que j'intervienne ensuite.

Je n'appartiens pas au Service magnétique, je vous rassure, mon travail est différent. Kryeon a construit cette nouvelle grille planétaire ; quant à moi, je vais tout simplement induire des réactions afin que vous construisiez cette grille magnétique humaine. Voilà, les choses sont remises en place, pas d'égarements ! Pour les Créateurs, je suis Instructeur universel, et ma fonction actuelle consiste à vous donner des informations, à induire des mouvements de façon que vous, créateurs, entrepreniez le changement de votre propre grille magnétique. C'est différent. Voilà pourquoi j'endosse l'énergie masculine qui sert à vous bousculer. C'est tellement aisé de glisser dans ce que l'on connaît, même si cela se révèle inconfortable ! Alors, je vais bouger votre inconfort et vous montrer de temps en temps ce qui peut être vraiment confortable, ou j'installerai de l'inconfort dans votre confort, selon où vous me conduirez. Mais dans ce jeu d'échange entre vous et moi, un merveilleux outil est à notre disposition : la respiration. Ne l'oubliez jamais. Aujourd'hui, vous êtes appelés à respirer pas seulement avec votre corps physique ou vos corps subtils, mais avec votre planète Urantia Gaïa, avec son centre, avec votre Soleil et ce système solaire. Cette fluidité s'installe en vous par la respiration.

Vos respirations doivent maintenant être autant méditations que respirations. C'est cela qui doit changer.

Douceur ou fermeté, que souhaitez-vous aujourd'hui?

Car il s'agit bien de cela en fait, et c'est vous qui m'indiquerez le ton, la respiration. Oui, le ton, ou le son, représente également une respiration. Quand j'emploie une voix forte, j'utilise l'expansion, soit un inspir. Quand j'ai recours à la rondeur ou douceur à l'intérieur de mes tonalités, là je me retire doucement, je prends juste la respiration que je peux, je suis donc en expir, en contraction. Vous ne vous attendiez pas à retrouver la respiration à l'intérieur de la tonalité, du verbe! Eh oui, je vous réserve encore des surprises, comptez sur moi. Régulièrement, je viendrai soulever un peu vos poussières avec la respiration; je serai la petite fée du logis, si vous le voulez bien. Mais auparavant, il me faut vous instruire quelque peu sur la profondeur et les paliers de la respiration.

Oh, la respiration mécanique, vous la connaissez; c'est celle que vous pratiquez sans conscience. Puis il y a la respiration consciente dans laquelle se trouvent encore l'inspir et l'expir et, par conséquent, une infinité de degrés dans l'usage de ce mouvement. Savez-vous que celle-ci est reliée à chaque niveau de conscience? Et que chacun d'eux est quant à lui relié à un Être de lumière de la famille angélique? Ah, j'oubliais de préciser que dans le premier niveau de conscience, dans cette respiration reliée aux Anges, à l'intérieur de ce palier même, s'intercalent plusieurs paliers ou tonalités. Puis la respiration devant gagner d'autres consciences, à chaque pas que vous ferez sur cette échelle de conscience de la respiration, vous retrouverez la Terre, l'Eau, l'Air, le Feu, les Anges bien sûr, mais aussi tout le reste, soit la conscience christique, la conscience solaire, la conscience cristalline, la personnalité. Dans cette échelle, vous parviendrez à d'autres paliers encore, toutefois une marche importante se dessinera, celle qui vous amènera au-devant de tous ces Sages, de tous ces êtres ne s'incarnant jamais, en service depuis toujours et qui seront sans cesse là. Mais si, dans la respiration vous menant jusqu'à la conscience des Anges, vous aviez plusieurs portes à visiter, il en est de même à chaque pas. En d'autres mots, lorsque vous franchirez la conscience de la Terre et ouvrirez cette porte, vous découvrirez pareillement de nombreuses marches. Vous élèverez votre conscience degré par degré. Et durant ce voyage, vous rencontrerez tous ces êtres venus vous visiter par le passé et qui vous ont dit: «Mais regarde! je t'apporte cela, je t'offre cet enseignement, travaille avec et fais-en ce que tu pourras.» Vous les rencontrerez aussi sûrement et la respiration sera différente; au lieu de prendre, vous vous assoirez peut-être à côté d'eux en leur disant: «J'ouvre le cahier de ma vie, le livre de ma vie, et vois-tu, je viens te déposer, te rendre compte de ce que j'ai appris grâce à ton enseignement. Et j'aimerais bien, si tu le veux, que nous épousions nos inspirs et nos expirs afin de créer une harmonie dans cette respiration. Que ce que tu as donné il y a longtemps devienne enfin une respiration complète et achevée.»

Eh oui, mes amis, chaque enseignement descendu vers vous par le biais d'un être, réalisé ou non — un avatar, un maître, ou simplement un homme, une femme —, vous a proposé une respiration. On vous invite ainsi à une expansion de vous-mêmes avant de vous retirer à l'intérieur de vous et d'inscrire dans vos cellules un savoir que vous aurez acquis grâce aux mots transmis à un moment donné de votre évolution. Et le livre de vie de chacun, avant d'aborder une page vierge, a encore des choses à lui délivrer. En fait, il a envie de lui dire: «Regarde à cette page, retournons un petit peu en arrière. Tu te souviens d'avoir visité cette lumière, et que t'a-t-elle appris? Assieds-toi devant cette page; oh non, ce n'est pas en vue d'un bilan. Je veux simplement que tu ouvres ton cœur et que, dans cette ouverture, tu laisses passer la respiration acquise et qui est une marche vers ton envol. Cette page a simplement besoin de se nourrir de ce que tu as fait, puisqu'en toi elle a déposé son savoir, délivré ce qu'elle était. Et vois-tu, elle a maintenant besoin de se replier; n'étant plus en expansion, elle entre dans son expir. Alors tu dois lui expanser ton souffle, le lui offrir afin qu'elle lise la réalisation qu'elle a permise. Ainsi, la boucle sera bouclée, tu n'auras pas besoin d'y revenir et tu lui donneras la possibilité d'entrer en sommeil, de se reposer.»

Dans les instants si précieux que vous vivez présentement, le livre de votre vie appelle à tourner ces pages anciennes. Oh non, non, non! pas pour vous dire: «Tu as fait ceci, ou cela, tu n'as pas bien agi, gare à ton karma, il va t'arriver ci ou ça...!» Non, nous n'en sommes plus là. La Vie appelle simplement un peu de sagesse, comme savoir s'asseoir devant cette page du passé, reconnaître sa beauté et lui confier: «Tu vois, tu m'as apporté ceci. Partant, j'ai fait un grand tour mais avec ce que tu as déposé en moi, j'ai dû entrer dans une inspiration. Aujourd'hui, je vais expirer ce que j'ai acquis grâce à ton dépôt et je déposerai cet expir là, en toi, afin que ton cœur et le mien fusionnent et émettent de l'amour.» Car toute respiration est un mouvement d'Amour; c'est de l'Amour pur, liquide, aérien, dense et réconfortant. Vous avez beaucoup de respirations à observer. Il y a tellement eu de mouvements dans votre passé! Vous avez su parfois respirer entièrement, mais beaucoup d'entre vous ont induit une résistance dans ce mouvement. Ce n'est pas grave, mais regardez désormais tout cela avec les yeux de l'Amour. Il faut oser s'offrir ce paysage puisque c'est le vôtre, votre identité, celle que vous avez acquise grâce à votre personnalité.

«La personnalité, l'identité, je connais! mais que la personnalité engendre une identité et que cette dernière crée et revienne à la personnalité... Ah! tu m'embrouilles encore un peu!»

Non. Je viens vous rappeler que l'identité/personnalité est une respiration.

Décidément, dans cet atelier, je pose le doigt là où cela fait mal, au centre du mouvement, et à cet instant précis où vous êtes en apnée, où vous n'inspirez ni n'expirez, à ce moment où vous perdez pied, vous avez peur et ne savez plus. Parce que vous ignorez si vous devez parler d'identité ou de personnalité ; mais quelle importance ? Et là, justement, dans cet instant précis où tout s'arrête, où se révèle une grande richesse, il y a de l'amour et de la sagesse, même de la paix si vous acceptez de regarder ce point en paix. Oui, oui, je dis bien en paix. « Comment ? Tu veux que je regarde la paix, que je sois la paix ? » « Eh bien oui, la paix c'est aussi une respiration. D'un côté on est là, d'un autre on est là-bas, puis c'est amusant, car on peut être ici puis là, soit à l'opposé. »

Toutes les qualités du Grand Être, du Sans-Nom, se visitent sur une respiration. Aussi, vous explorerez cette qualité en dessinant une grande boucle par un inspir ; puis vous entamerez une autre boucle en sens contraire, soit par un expir, et là, juste au centre, apparaîtra un point de fusion ou de rencontre où l'expir et l'inspir auront à se parler, des choses à se dire, à échanger. Oh, cet instant sera fugace, mais bon, il reviendra souvent ; oui vraiment souvent. Et à chaque visite, qu'en ferez-vous ? D'ailleurs, aurez-vous seulement conscience de cet instant ? Peut-être que oui, peut-être que non. Mais sans doute que demain vous vous poserez à chaque instant à ce point de croisement merveilleux où tout est possible, où même l'impossible le devient. C'est un point de rencontre fort, fugace, riche et intense dans lequel les grandes décisions naissent, celles qui affectent votre vie, qui touchent la vie de l'humanité et tous les plans d'existence et, imaginez alors, ne serait-ce que dans le plan densifié de votre corps, combien d'instants vous sont ainsi offerts. Chaque jour, à chaque inspir, vous entrez forcément dans un point d'apnée avant d'expirer puis, de nouveau, vous êtes dans un point d'apnée avant d'inspirer.

J'ai essayé de vous décrire la multitude de paliers dans ce mouvement, que cela soit dans le corps densifié, dans la subtilité de vos êtres ou en accord avec les autres éléments. Mais là, j'ai poussé un peu plus loin le savoir en ajoutant: «Mais avec vos respirations dans ce point d'apnée que je viens de vous restituer, à ce moment précis, se crée un vide dans lequel toutes les réalités de votre être, toutes les réalités entre les mondes s'interpénètrent, où le tout possible devient réellement possible, où même l'impossible le devient.» Vous êtes appelés à revisiter la force de la respiration, à retrouver votre pouvoir créateur à l'intérieur de ce mouvement, car toute la Vie se meut sur un inspir et un expir.

Nous essayons de vous restituer la base primordiale de votre vie, le fondement et la profondeur de tous vos échanges, et la conscience de cet «impossible qui est possible». Ce mouvement n'est pas qu'un échange biologique. Il possède une profondeur qui vous dépasse encore, mais nous espérons que cette charge, cette connaissance reviendra doucement à votre conscience. Je vous ai invités dès le premier jour à respirer pleinement, à déposer les fardeaux imaginaires et pourtant bien réels qui sont sur vos épaules. Et si vous écartez vos épaules, si votre conscience se place là, à l'intérieur de votre corps, savez-vous où elle se situe? Dans votre cœur. Un simple mouvement vous positionne en votre cœur. Écartant pleinement vos épaules, là, de cœur à cœur, vous communiquerez avec la Vie sous toutes ses formes, toutes ses possibilités. Vous êtes pleinement vivants; vous avez été conçus vivants, vous ne pouvez qu'être vivants!

Mais qu'avez-vous fait de ce Vivant? Alors, écartez vos épaules, placez-vous dans votre cœur, asseyez-vous devant votre livre de vie et respirez avec celui-ci, devenez harmonie dans ce mouvement. Soyez la boucle qui se boucle, devenez l'air au service de l'Air, l'eau au service de l'Eau, le Feu créateur pour la création, devenez pleinement la Terre pour offrir le corps de la création. Cessez d'être mécaniques, devenez conscients de vous-mêmes et, en cela, vous serez chacun ce Je Suis qui appelle à rayonner au cœur de vous-mêmes. Donnez-lui donc de l'espace, écartez vos épaules, inspirez et expirez profondément, et lisez les pages de votre vie. C'est en cela qu'être sera la Lumière retrouvée, que vous conjuguerez le verbe aimer, et c'est par cela que votre Je Suis prendra sa place.

Ce Je Suis, celui que vous appelez tant, cet espoir d'être, est là au cœur même de votre espace intérieur, mais vous devez lui ouvrir les portes, et respirer pleinement! Oui, respirez pleinement et devenez la respiration, le mouvement, devenez l'Eau, l'Air et le Feu, car vous êtes déjà Terre. Vous avez déjà des ailes, vous possédez déjà des corps, vous accueillez déjà le Feu créateur et la présence de l'Eau en vous, mais soyez tout cela. Cessez d'être dans le mental, descendez toutes ces connaissances à l'intérieur de votre corps, incarnez-les, émettez-les, et devenez respiration.

Chacun d'entre vous a écouté, mais que ces mots soient des moteurs dans sa vie de tous les jours, car il est bien facile de recevoir des mots à un moment donné de son existence puis de revenir à ses vieux rails d'expression.

Notre engagement consiste à vous transmettre des mots afin qu'ils deviennent vivants à l'intérieur de vous et que vous émettiez la charge de lumière laissée derrière eux. Alors, devenez Lumière.

Derrière les mots, nous avons déposé beaucoup d'énergies de manière que la paix glisse en vous. Aussi, notre espoir réside-t-il dans ces énergies autour de vous et dans le fait que vous puissiez les respirer véritablement afin de devenir la paix et de l'engendrer.

Derrière tout cela, il y a la sagesse de Vie déposée là, au cœur de vous-mêmes. Alors, soyez cette sagesse. Devenez une respiration consciente, soyez conscients de cette respiration.

Mais notre sagesse souhaite entendre vos propres propos. Nous désirons partager nos mots avec vous afin que les mots que vous déposerez emplis de votre lumière, de votre sagesse, de votre paix et de votre amour viennent nous nourrir, car nous avons aussi besoin de recevoir un enseignement de votre part. Cette respiration commune engendre un mouvement commun, et tantôt le maître devient l'élève ou l'élève devient le maître, et nous nous posons maîtres et élèves ensemble. Quand nous nous regardons, nous savons parfaitement qu'il n'y a ni maîtres ni élèves, mais simplement des Êtres de lumière au service de la Lumière qu'ils aiment.

Aussi, je salue les lumières que vous êtes.

Je salue la sagesse que vous portez et je reconnais pleinement la paix que vous émettez, cet amour, et je me fais élève de votre lumière.

Que la paix des étoiles descende en vous.

Montréal

Québec

Troisième rencontre

Je vous salue tous; nous avions rendez-vous.

Les rendez-vous, voici un sujet intéressant. Oh, mais parlons un peu de votre langue, de ces mots que vous employez. Il y a le mot hasard, qui ne veut rien dire. Vous tentez de nous faire croire, ou plutôt vous essayez de croire que vos rencontres sont dues au hasard alors que vous avez soigneusement, parfois avec notre concours, décidé de celles-ci. Une rencontre, c'est un voyage à l'intérieur de soi. Oui, quel que soit le voyage extérieur que vous entreprenez, quels qu'en soient sa forme et son déroulement, c'est un rendez-vous que vous vous êtes fixé. «Comment ai-je pu décider de “rencontrer” une voiture et de me casser une jambe? Ou de me retrouver sans mes jambes?» C'est pourtant cela que vous avez choisi de faire, mais pourquoi? Eh bien, il y a plusieurs raisons à cela. D'abord, vous êtes têtus. Voilà un faible mot, juste un petit mot, traduisant en réalité votre obstination à ne pas entendre, à répéter «non, je ne vois pas». Vous le savez bien lorsque vous quittez votre corps la nuit, le laissant endormi après l'avoir regardé; vous partez et, dans cette élévation, vous examinez cette part d'entêtement qui vous empêche de regagner qui vous êtes. Et là commencent vos rendez-vous. C'est là que vous y réfléchissez, que vous essayez de comprendre ce qui vous empêche d'aller de l'avant, de démonter votre mécanisme intérieur. Puis, vous allez à la rencontre de vos guides, de vos anges et, parfois, vous vous rendez même plus loin et appelez un sage, un maître, vous asseyant là afin d'exposer votre cas. Vous dites généralement: «Tu sais, là-bas, dans ce corps que j'ai laissé et qui dort, j'ai bien du mal à permettre à mon esprit de se relier à mon âme et au besoin de mon corps.» Pourtant, dans ces moments-là, vous savez parfaitement lequel des trois n'est pas à l'écoute des deux autres, et vous demandez: «Peux-tu m'aider, m'enseigner? Voudrais-tu voir avec moi de quelle manière je pourrais régler ce problème et réaligner la volonté du corps avec mon âme et mon esprit, puisque tout seul je n'y arrive pas?»

Alors, avec l'Être que vous êtes allé solliciter, vous retournez au-dessus de ce corps, et les premières choses qu'il dira seront: «Petit, petit où es-tu? (Soria pointe du doigt par le biais de Régine.) Tu es là, aussi écoute-moi. Tu le vois ce corps là, en dessous, qui te fait souffrir. Est-ce que tu l'aimes? Et toi (s'adressant à une autre personne dans le cercle), ce corps laissé endormi, lui donnes-tu ce dont il a besoin? Et toi là-bas (à une autre encore), lui accordes-tu le repos réclamé?»

Vous allez tous, autant vous qui êtes ici que les autres ailleurs, recevoir de plein fouet un mot, juste un seul, et c'est le maître, le sage, votre guide ou votre ange, que ce soit l'Ange de la Lumière ou de l'Ombre, qui vous le donnera. Généralement, ce n'est pas tant votre âme ou votre esprit qui a besoin d'attention, mais ce corps, le vôtre, que vous méprisez. «Comment! Je méprise mon corps? Mais je suis à son écoute!» «Non, ce n'est pas vrai! Lui poses-tu la question là, dans la matière, quand ton esprit et ton âme connaissent un bien-être à l'intérieur: "Dis, mon corps, dans l'instant présent, de quoi as-tu besoin? de repos? de nourriture? d'amour? de recevoir de l'eau, de la bonne eau? Voyons, as-tu besoin de me parler?"» Non, vous ne le faites pas. Et vous me rétorquez: «Mais Soria, comment! le corps peut me parler?» «Bien sûr qu'il le peut!» Et vous ajouterez: «Mais ma bouche, ce sont surtout mon esprit et mon âme qui s'en servent pour me transmettre des choses; mon corps ne peut pas, lui, émettre de mots, ce n'est pas un être intelligent!» Tiens, ce n'est pas un être intelligent! Le corps, c'est l'intelligence même de la Vie, le maître d'orchestre; c'est lui qui décide à quel moment il pourra répondre à une sollicitation de l'âme ou de l'esprit. Oui, le corps, ce corps, qu'est-ce donc? Vous me répondrez: «Des os, des muscles, des nerfs, des cellules, des atomes, puis ceci et encore cela...» Mais c'est tellement plus, bien plus que tout ça! Le corps a une mémoire qui enregistre toutes les expériences de l'âme et de l'esprit. Il accueille toutes ces informations; cette mémoire est comme une grosse cellule devenue trop pleine et le corps vous déclare à un moment donné: «Stop! c'est fini! si tu souhaites encore me donner à enregistrer une expérience, il faut d'abord que j'épure les anciennes afin d'enlever les données qui ne correspondent plus à moi et qui, de toute manière, ne t'apporteront plus rien.»

Et c'est ainsi que la nuit, quand vous êtes allés voir l'être qui vous semblait approprié pour vous permettre d'avancer un peu plus loin, vous avez décidé quelle partie de cette mémoire devait être éliminée. Cela, encore, vous le ferez avec facilité, mais il faudra également déterminer comment, et c'est dans ce «comment» que vous fixerez vos rendez-vous. Vous irez donc voir d'autres Anges, d'autres guides ou d'autres sages et leur direz: «Voilà, j'ai cette mémoire à éliminer parce qu'elle m'encombre, ne me sert plus et que je dois apporter une harmonie puis une reconnaissance à mon corps, mais j'ai besoin d'aide.» L'un deux vous conseillera: «Tu peux t'y prendre de cette manière.» Un autre vous apportera une solution différente et, au cours de la nuit, vous recueillerez des indices, des encouragements, des possibilités en vue d'éliminer cette mémoire encombrante. Finalement, vous retournerez visiter cet être qui vous a accueilli au début de votre voyage, inconscient paraît-il. Et là, vous lui signalerez: «J'ai reçu ces indications, je sais maintenant que je dois me séparer de ceci, mais il reste tellement de possibilités que j'ai encore besoin d'un peu de ta sagesse, de ta vision. Peux-tu m'éclairer?» Et cet être répondra: «Bien, tu as compris que tu as de l'amour à donner à ton corps, soit du repos, soit une invitation à ne pas aller de l'avant et à cesser d'être un engrenage d'actions. Tu sais qu'il te faut éliminer telle portion, mais effectivement l'étude de la manière juste de le faire se présente et, pour cela, il me faut d'abord te montrer à quel point tu es têtu. Aussi, avant de te séparer de ce bagage qui t'encombre, je vais te demander d'expérimenter à quel point tu es entêté, afin de t'amener à comprendre comment tu t'es rendu sourd, aveugle et imperméable aux sollicitations de la Vie.»

Et ainsi, hors de votre corps, vous allez comprendre tout doucement que vous êtes allé un peu loin dans le reniement de votre personnalité. Là, vous vous assoirez en silence et accueillerez les suggestions, puisque vous avez demandé l'attitude juste. Puis l'être assis en face et sollicité par votre visite, votre appel, lira vos résistances à l'intérieur de vous et reprendra: «Tu sais, mon petit, il n'y a qu'une solution, qui consiste à faire appel à l'Amour, et vois-tu, l'Amour est un acte puissant, une force puissante. Quand le cœur ouvre ses portes et émane de l'amour que l'on reçoit ensuite, c'est un bain revitalisant. On se sent transporté vers les hauteurs de son esprit. Dans ton cas, quand le rayon d'Amour descendra jusqu'à toi, lui, étant Amour, ne changera pas; par contre, toi, de retour à ton quotidien, tu vas de nouveau épouser cette enveloppe que tu as mise au-dessus de toi. Et quand le rayon d'Amour te parviendra, que crois-tu qu'il se passera? Le rayon lui-même ne changera pas, mais tout ce que tu auras construit par ton mental, tes émotions et tes pensées erronées sur la vie le recevra. Et si, à l'instant où tu le reçois dans ton quotidien, venant te trouver afin de prendre cette part de bagage dont tu n'as plus besoin, ce rayon d'Amour rencontre des résistances, que crois-tu que cela engendrera? Eh bien, ces résistances reconnaîtront cette qualité d'amour mais, comme elles sont tenaces, elles se mettront à grossir en guise de défense, se sentant tout d'un coup mises à nu; et les résistances n'aiment pas du tout être dévoilées. Elles vont encore essayer de tricher un petit peu, mais l'Amour est quelque chose de constructif. Aussi, quand ce rayon viendra percuter tes propres résistances, quelque chose de concret se passera forcément. Et l'être te montrera également ce qui va se dérouler; tu vivras ainsi l'événement avant l'heure. Puis il conclura: "Dans cette rencontre avec toi-même, tu peux faire profiter quelqu'un d'autre de ton expérience; tu le peux, si tu veux accorder cette grande sagesse à l'un ou l'autre de tes frères et sœurs." Et là, ensemble, vous partirez à la rencontre d'un homme ou d'une femme qui acceptera de recevoir un peu de cet amour.»

Tu t'exclameras: «Comment? comment puis-je, moi, dans ce monde dense, recevoir de l'amour en déposant une jambe, en étant frappé par une voiture, ou en vivant un écrasement d'avion?» Pourtant, l'Amour répond à ta première demande, celle de t'aider à déposer un paquet, un lot encombrant de ta mémoire.

Cette mémoire étant inscrite dans tes cellules, forcément, c'est bien dans tes cellules que tu vivras cette expulsion. Et cela peut très bien se passer si tu n'émets pas de résistances. Si tu subis un choc dans ton monde physique, dis-toi bien qu'avant toute chose ce sont tes résistances que tu rencontres. Ce sont les murs que tu as construits et qui t'empêchent, tels des complices, de déposer tes valises en lâchant les poignées. Alors oui, de ton monde dense, tu prépares toutes les rencontres et les personnes qui participeront au partage de l'instant précis où le rayon d'Amour viendra te visiter. Ce sont des compagnons de voyage, et vous vous serez tous entendus sur la manière de vivre cet instant de partage, quelle que soit la forme prise.

Les rendez-vous ne sont pas des hasards. Le mot hasard, dépourvu de sens, tente de camoufler une grande vérité, une loi cosmique.

Vois-tu, mon petit, dans le hasard de tes moments, tu es le plus grand des créateurs, et lorsque tu ne veux pas déposer tes valises, quelqu'un doit t'inviter à lâcher les poignées. Parce que le corps, votre corps, est le plus grand des cadeaux; c'est lui le grand maître, et non pas l'esprit ou l'âme. Sur ce point, vous vous êtes tous trompés. Le grand maître cosmique est le corps dense, ce corps physique qui a accepté d'abriter dans son monde densifié toutes les lois universelles.

C'est dans ce corps que tout a été déposé, encodé, et régulièrement ce véhicule maltraité s'interroge sur ce qui est bon pour vous et quant à savoir à quel moment ce qui est bon pour vous sera encore meilleur. Combien d'entre vous ne s'activent-ils pas à tout prix, fonçant vers l'avant en déclarant: «Je suis fatigué mais ce n'est pas grave, je continue, je suis lancé et il ne faut surtout pas que je coupe cette énergie»? Et justement, vous vous coupez de vous-même, de votre source intelligente, de ce corps physique qui accepte de vivre toutes vos fantaisies. J'ai envie de mal manger, et mon corps va devoir accepter de digérer, transmuter ces mauvais aliments.

Je vais boire de l'eau, et quelle importance qu'elle sente le chlore, qu'elle soit dénaturée... et le corps physique d'accepter cette eau, avec cet agent, cette molécule qui ne peut s'intégrer à cette intelligence et qu'il faudra bien éliminer: les reins vont travailler à filtrer et à épurer, jusqu'au jour où ils vous crieront: «Stop!» Vous vous en étonnerez; vos reins ne fonctionneront plus!

Vous êtes toujours en train de martyriser votre corps.

Vous avez parlé d'esclavage, pensant que ce temps était révolu. Mais pourquoi croyez-vous avoir tous vécu, d'une manière ou d'une autre, une forme d'esclavage? Parce que vous avez asservi votre corps. Vous l'avez mis en esclavage. Il a donc fallu vous rappeler de quoi il en retournait. Oui, tous, d'une façon ou d'une autre, vous lui avez imposé une forme d'esclavage. Il vous fallait donc vivre, dans le monde dense, cette même force afin de vous rappeler ce que vous étiez en train de faire subir à votre corps physique, ce maître cosmique de la plus haute importance.

Vous savez que vous habitez un corps physique, toutefois, combien parmi vous accordent plus d'importance à leur âme ou à leur esprit? «Il faut que je libère mon esprit, que mon âme repose en paix...» et, tout ce temps, votre corps souffre, c'est le petit dernier de la charrette, puis, d'ailleurs, le petit clown, pff...

Étrange, vous parcourez le monde à la recherche d'un maître afin de pouvoir grandir et maîtriser votre esprit et votre âme. Moi, je vous trouve plutôt comiques! Cela m'amuse (et ça me repose parfois quand je décide que, finalement, j'ai du temps à m'accorder); je vous vois vous agiter comme des pantins. En effet, tant que vous courrez après votre esprit ou votre âme, vous n'aurez pas découvert la plus grande et plus belle des clés, le maître qui est là, à votre disposition. Ce grand maître silencieux qui, pourtant, a tant de choses à vous dire: le corps physique.

Le plus étrange est que vous cherchiez un maître éternel! Alors que le Sans-Nom vous a donné un corps physique pur, divin de par naissance, illimité dans sa vie, comme lui. Et qu'en avez-vous fait? Oh! à part un esclave (je ne reviendrai pas là-dessus), qu'en avez-vous fait?

Vous l'avez tellement épuisé, tellement contrarié que d'illimité et créé éternel, il est devenu temporel. Vous avez fait descendre sa réalité dans un espace-temps défini, étroit qui ne correspond pas à sa réalité.

Ce corps physique est conçu pour pénétrer à son gré toutes les dimensions. Quand l'esprit et le corps physique sont bien alignés, le premier peut demander à l'autre: «Élève tes vibrations, car je suis présentement dans la troisième dimension et je vais visiter la quatrième.» Alors ce corps, qui est un maître absolu, élèvera ses vibrations et permettra à l'esprit de voyager tranquillement en paix dans la quatrième dimension. Ce voyage sera peut-être de courte durée ou s'étendra sur plusieurs jours, mais quoi qu'il en soit, le corps, le plus grand maître à votre disposition, saura modifier sa structure moléculaire de façon à pénétrer l'espace, car les dimensions sont des espaces, des états d'être.

Et ainsi, vous pourrez dessiner d'autres rencontres intemporelles, informelles où le temps sera votre allié. Mais avant toute chose, vous devrez regarder ce que vous avez fait au plus grand maître qui vous accompagne de tout temps, celui que vous cherchez, que vous n'avez jamais trouvé et, pour cause, puisque vous ne regardez pas au bon endroit: le maître intérieur. Oui, vous vous êtes dit: «Le maître intérieur c'est mon âme, c'est mon esprit.» Et dans ce regard que vous commencez à diriger vers l'intérieur de vous, nous ne voulons aucune interruption juste à ce début de voyage. Nous espérons que tout doucement vous tournerez ce regard jusqu'au cœur même de vos cellules, là où reposent toutes les informations encodées ayant trait à qui vous êtes, à ce que vous avez vécu, au possible à être et à tout le reste, là où le Je Suis a déposé sa marque.

Vous amorcez à peine un grand voyage, un itinéraire qui va vous emmener au cœur de vos cellules, au cœur du cœur.

Vous me rétorquerez: «Mais nous ne sommes pas des scientifiques et je ne connais pas la différence entre un anion et un proton, entre ceci et cela, c'est compliqué! j'y perds mon latin!» Ah! laissez donc votre mental! Si vous voyagez avec lui, vous vous perdrez. Voyagez avec votre cœur, laissez l'amour vous guider, vous amener à connaître l'expérience de ce grand maître intérieur.

Vous souvenez-vous des conseils donnés par ces êtres venus vous visiter régulièrement, que vous appelez des maîtres, des bouddhas, des avatars ou autrement? Quelle importance vraiment! Quels étaient leurs propos? Ne vous ont-ils pas répété de méditer? Et qu'est-ce que ça veut dire? C'est avant tout vous poser à un endroit confortable, puis tourner votre regard à l'intérieur de vous, faire le silence dans vos pensées et demander à votre cœur, à l'amour qui vous anime, d'ouvrir les portes de vos cellules afin de recueillir une image, une expérience, un son, une couleur, un mot peut-être, mais en tout cas de vivre un instant de grâce, c'est-à-dire un instant où vous n'êtes plus accrochés à votre rythme quotidien.

Je m'entretenais, avec le groupe précédent, de ce point précis entre les deux mouvements de respiration, soit l'expir et l'inspir, un point d'apnée où le possible et l'impossible peuvent se réaliser. Dans le silence, si vous parvenez à voyager à l'intérieur de votre silence même, dans ce point d'apnée où le possible et l'impossible peuvent se réaliser, dans cet instant de grâce de courte durée, c'est la porte de tous les mondes qui s'ouvre. Et là vous est offert le plus beau de tous les rendez-vous, celui avec vous-même, avec le grand maître intérieur, c'est-à-dire avec vos cellules, la matrice de Vie, la Vie, avec le possible et l'impossible.

C'est cela la méditation : voyager dans le silence au cœur de Soi. Tous les rendez-vous que vous fixez avec la Vie, vous les prenez à l'extérieur de vous dans un seul but, celui de vous ramener chacun à l'intérieur de vous-même.

Et dans ce point d'apnée au cœur du silence, vous avez le moyen de défaire tous les nœuds que vous avez créés par le passé. Vous pouvez déposer toutes les valises encombrantes, et rayonner. Vous pouvez diriger votre pensée afin de créer la paix, l'abondance, la joie pour vous, votre famille, l'humanité, pour ce système solaire ou l'Univers. C'est dans ce point d'apnée qu'il vous est possible d'être le plus grand des maîtres.

Vous êtes tous venus me rencontrer, et savez-vous pourquoi ? Pourquoi moi ? Parce que vous n'osiez plus employer certains mots musclés, craignant de vous reconnaître dans cette réalité. Ainsi, vous avez demandé à quelqu'un de l'extérieur de vous transmettre ces mots. Vous saviez qu'il était temps de baisser les barrières, de cesser d'être têtus, aveugles ou sourds. Vous m'avez demandé de vous envoyer un rayon d'Amour non pas enveloppant et caressant, mais dynamique. C'est bien la rencontre que vous avez voulu créer avec vous-mêmes, c'est le visage que vous m'avez donné, mais je sais être l'amour enveloppant, caressant. Cependant, dans cette présente séquence de temps, vous m'avez priée d'être ce que vous n'osez pas être pour vous-mêmes. J'ai acquiescé, car je vous aime et je sais que la force que je vous envoie vous aidera à déposer ces valises encombrantes, à ouvrir ces mains crispées sur les poignées, car, à un moment donné, il faut savoir retrouver la beauté de ses mains et leur rayonnement.

Mais c'est d'abord vers le silence que je souhaite vous emmener voyager puisque, au-delà des mots et de l'expérience, vous devez retrouver le plus grand de vos amis, l'être qui vous aime le plus, qui vous accompagne, qui supporte toutes vos fantaisies: le corps humain, votre corps.

J'observe les lumières de tous et je lis vos peines, vos angoisses, vos questionnements, vos attentes; je recueille ainsi votre éloignement de vous-mêmes. Éloignement parce que je me pose une question?

Oui, dans l'itinéraire que nous entreprenons dès notre première naissance primordiale, nous voyageons. Nous avons commencé par recevoir une somme de connaissances, nous étions enfants divins de par notre naissance. Mais cela ne nous confère aucune autorité dans la grande Vie. Être divin de naissance, ce n'est pas être reconnu; aussi, avons-nous entrepris cette seule reconnaissance de nous-mêmes.

Un programme parsemé de petits points blancs et de points noirs. Parfois, ces points noirs devenaient des cailloux, mais comme dans ce voyage nous étions focalisés sur le Je Suis de naissance, nous les avons grossis davantage. Ils sont devenus rocs, montagnes puis toute une création. Et d'une simple exploration reposante, nous avons créé une tourmente, perdu ce regard sur le Je Suis de naissance, sur la qualité qui y était déposée, puis perdu jusqu'à la profondeur de notre personnalité. Parce qu'au bout du voyage, nous avons accepté d'aller là-bas dans la profondeur totale. Mais dans celle-ci, c'est bien à la rencontre de ce Je Suis de naissance que vous alliez, en vue de le transformer en Je Suis par expérience. Et dans l'expérience, vous avez tout expérimenté: ce qui était bien, ce qui l'était moins, ce qui était blanc ou noir, et puis vous avez ajouté une innovation, créé le noir du noir du noir. Oh là là! qu'est-ce donc? C'est justement quelque chose qui ne ressemble plus à l'Ombre; ce sont vos créations, lourdes et tellement denses que vous y avez tout perdu. Mais dans ce «j'ai tout perdu», vous avez néanmoins offert une nouvelle loi d'approche du Je Suis par expérience et, dans cet exercice, vous avez fait des concessions sur cet état d'être. Toutefois, comme vous ne saviez plus ce qu'était être, vous avez alors décrété que le corps était impur et, finalement, outil du mal. Que si on pouvait se débarrasser de lui, on en serait très content! Dès lors, vous avez entrepris un autre voyage, lourd de conséquences, de douleurs et de souffrances, et vous vous êtes demandé: «Quand vais-je pouvoir rencontrer à nouveau cette lumière qui m'appartient? Quand déposerai-je tous ces stigmates que j'ai imposés à ce corps qui a tant souffert?» Et puis, récemment, vous avez rencontré une lumière, une lumière qui vous ennuie un petit peu parce qu'elle vient déloger en vous justement des stigmates que vous avez autorisés sur un être, sur un grand maître. Par le biais de cette lumière qui vient vers vous et que vous aimez bien (car je sais que vous l'aimez même si elle vous dérange) et qui est MA lumière, MA vue, je vous offre des mots, des connaissances. Vous vous êtes dit: «Mais ce corps que j'ai tant fait souffrir et qui est mon maître, voilà qu'il va falloir que je le reconstruise, maintenant que j'ai décidé d'arriver au but, de déposer mes bagages. Soria, tu me le répètes, mais il faut tant d'années, tant de vies... jamais je n'y arriverai, je suis si fatigué!»

Ce matin, j'ai accueilli des larmes. Ô combien elles m'ont fait plaisir! Non pas que j'étais heureuse de vous voir pleurer, non, mais que dans ces larmes on pouvait lire: «Je suis fatigué, je veux rentrer à la maison, j'en ai marre, je veux bien réparer mais j'en ai marre, car c'est trop long.» Et là, ô combien je vous ai aimé! Combien mon cœur s'est empli d'allégresse! Je n'ai pas ri de vous, j'ai aimé vous entendre dire: «Je suis fatigué et je veux arriver là, chez moi; je désire retourner chez moi dans cette vie.» Alors, je vais vous livrer un grand secret que je n'ai pas encore divulgué, je vous le dévoile en toute confidence, depuis l'instant même où vous avez manifesté votre souhait de rentrer chez vous, de ne plus souffrir et de retrouver ce corps dans toute sa splendeur: vous y êtes déjà! Vous y êtes parvenus. Bien sûr, il y a encore des mémoires inscrites dans cette demeure mais, voyez-vous, nous sommes tellement heureux, tellement pleins de joie et d'amour devant cette décision, que nous allons vous prendre dans nos bras, vous consoler pour ce chemin que vous avez osé parcourir, puis nous ajouterons: «Mettez votre main dans la nôtre; nous allons réparer ce corps magnifique, c'est notre cadeau, car, dans la présente période, mes amis, tout est possible, même l'impossible.»

Mais pour cela, je vous le rappelle, il y a un grand pas à effectuer: déposez vos valises. Il y a des poignées? Lâchez-les, nous les cueillerons. Il y a eu de telles lourdeurs, de tels stigmates, mais si vous nous en donnez l'autorisation, nous les transformerons en bénédictions. Et savez-vous pourquoi? Parce que nous sommes presque rendus à un point essentiel dans la respiration, vous êtes presque parvenus à ce point d'apnée dans cet expir, ce point où tout s'arrête avant la reprise de votre souffle. Et dans ce grand voyage, cette rencontre, quand vous osez laisser vos lourdeurs, nous pouvons nous en saisir et les transmuter. Vous continuerez ainsi le voyage dans cet inspir de vous-mêmes, délestés de vos poids, de ces misères que vous avez faites à votre corps. À ce moment-là, toutes ces misères révéleront alors leur aspect divin.

«Attends, tu affirmes que ce n'est pas bien, pourtant tu me parles de l'aspect divin!» Oui, je vous instruis au sujet de la transmutation. Si, présentement, nous vous laissons tous et toutes cheminer selon votre processus, votre volonté, ces stigmates ou interventions sur le corps, ce maître, ce grand maître vous demanderont un long parcours de reconstitution. Cela représente le cheminement naturel lorsque nous sommes loin du point d'apnée, mais dans l'histoire de cette planète, nous approchons de ce point où tout est possible. Cela signifie que vous pourrez glisser d'un état d'être à un autre, que vous serez au rendez-vous où le Grand Constructeur s'offre comme le plus grand des amants et vous embrassera, vous entourera et vous emmènera au cœur de lui-même. Et dans ce Cœur de lui-même, de par sa Force, sa Lumière et son Amour, il ne regardera que ce que vous étiez au commencement, lorsqu'il vous a donné la première pulsion de qui vous pouviez être. Et là, dans cette communion avec celui qui ne porte pas de nom, il reconstruira ce qu'il a créé. Puis, dans cette extase, le créateur que vous êtes en potentiel participera, et le temps disparaîtra, s'effacera durant une fraction de seconde peut-être, mais cette fraction de seconde sera magique puisque, dans ce grand voyage entrepris pour devenir, le Je Suis par expérience épousera le Je Suis de naissance.

«Ahhhhhh! la valise me semble un peu plus légère!» C'est bien ce que vous ressentez, n'est-ce pas? Avez-vous assez d'humour pour comprendre à quel point votre expérience pouvait être plus facile? Mais quelle importance! Par contre, dans ce cheminement, dans l'expérience de qui vous avez été, de qui vous deviendrez, il est primordial de vous restituer la connaissance de votre responsabilité quant au corps humain. Vous ne pouvez parvenir à ce point d'apnée sans comprendre ce qui va se passer. J'aurais pu me dispenser de vous dire: «Oh, tu sais, si tu te laisses approcher par quelqu'un de l'extérieur, lui accordant le droit de visiter ton corps et tout ce qu'il réserve comme cadeau et comme magie, cela aura quand même une incidence.» Le cas échéant, vous seriez arrivé tranquillement à ce rendez-vous exceptionnel en lançant: «Fais le travail, subito presto, débrouille-toi!» En réalité, vous auriez perdu la chance de vous rendre à ce rendez-vous, mais parce que vous aurez désormais conscience du poids des actions sur votre corps, là, justement, dans ce point d'apnée, vous irez à la rencontre du but de votre voyage.

Alors, oui, laissez tous couler ces larmes; c'est un fleuve qui nettoiera vos inscriptions. Ces larmes apaiseront votre corps émotionnel et nous, nous accueillerons ces gouttes d'eau de Vie avec respect et amour en préparant un calice pour les recevoir. Ce calice, nous le ferons voyager et le déposerons à cet endroit, à ce moment précis où votre expir rencontrera le point d'apnée avant de vous engager vers une autre expérience de vous-mêmes.

Vous ne pouvez pas quitter la troisième dimension sans inscrire dans vos cellules la conscience de tous vos actes. On vous demande d'inscrire la conscience et non de retenir les stigmates, comprenez-vous la différence? Distinguerez-vous la force qui vous habite? Ce pouvoir de transmutation qui est là, présent à chacun de vos pas, dans chacun de vos gestes? Mais dans l'histoire d'un univers, d'une planète ou d'une humanité, des moments particuliers permettent à l'impossible de se réaliser, puis de longs parcours se tracent où le possible est réalisable puisque dans ce long développement il est nécessaire d'effectuer une boucle. Voyez-vous, toute matrice de Vie et d'expérience est une respiration. Quand vous inspirez, cela part d'un endroit précis de votre corps et y circule, mais dans cet inspir vous déposez tout ce que vous avez rencontré comme REconnaissance de vous-mêmes, le laissant dans le point où l'inspir a commencé.

Oui, je vous ai volontairement bousculés et je continuerai à vous donner des informations qui soulèveront des réactions en vous.

Voyez-vous, un de vos amis, ce matin, a décidé de ne pas aller plus loin. Alors moi, je suis allée lui dire: «Tu as raison, et ose l'affirmer! Je t'aime pour cette décision et t'aimerai encore quand tu reviendras me voir en m'implorant de t'aider à aller un peu plus loin.»

On ne peut que vous aimer, quels que soient vos actes et vos décisions dans cette densité de la Vie. Vous avez entrepris un voyage extraordinaire, d'une très grande puissance. Je vais revenir à un instant précis, celui où vous avez effectué un choix, le choix primordial de votre service. À un moment donné, vous vous êtes dit: «J'ai reçu beaucoup d'informations et, au fil de cette connaissance, j'ai décidé d'un cheminement. Toujours au cours de ce choix, de cette sélection de qui je vais devenir en service, j'ai retenu des sons, des couleurs et me suis promis de les amener à un degré de maturité tel que ces sélections deviendront — j'aime bien le mot que je vais employer — des autoroutes larges afin que d'autres frères et sœurs puissent venir s'y promener. Alors, ce cheminement qui m'appartiendra et qui sera forcément unique au vu de toutes les informations et de tous les choix qui m'ont été proposés, ce parcours unique, il me faut en devenir le maître et en reconnaître tous les aspects afin que ceux qui suivront puissent voyager avec plus d'aisance et l'offrir à un autre parterre de fleurs exceptionnelles.» Vous avez choisi d'aller jusqu'au bout et de venir là, dans la densité. Vous avez eu le vertige en voyant où cela vous entraînerait, mais vous êtes restés courageux, maintenant votre choix, votre décision, et avez entrepris allègrement de descendre, de voyager au cœur même de ce cheminement et d'aller au fin fond de son but, et cet objectif s'est ancré dans la densité. Vous qui étiez le Je Suis par naissance avez entrepris de façonner le Je Suis par expérience que vous alliez devenir, ici, dans la matière. Et nous, nous avons choisi de ne pas devenir ce Je Suis par expérience. Vous êtes nos maîtres d'expérience, comment voulez-vous que nous ne vous aimions? À l'instant précis où vous entrerez dans ce point d'apnée où l'impossible deviendra possible, ne doutez pas de notre aide. Comment pourriez-vous supposer qu'on vous laisserait derrière? Vous avez douté de notre amour, mais je vous aime aussi pour cela.

Mais vous tous, là, devant cette matrice de Vie, vous avez réagi: «Comment osent-ils faire du mal à notre matrice de Vie?» (Référence à l'enseignement du matin sur le continent africain.) Voilà pourquoi vous avez visité le ventre de cette planète (méditation). Voilà aussi pourquoi on vous a emmenés à l'extérieur afin de vous dire que ce ventre représente tous les germes, toutes les fleurs, tous les êtres en devenir, et que dans cette maturation intense, malgré l'extériorisation douloureuse de l'expérience, ce ventre sera un endroit exceptionnel.

Un peu de temps est nécessaire encore pour que vous-mêmes installiez la paix dans votre propre matrice de Vie. N'êtes-vous pas concernés directement par l'essence de ce lieu? N'êtes-vous pas issus directement de ce terroir, de cette profondeur? Quel regard portez-vous sur ce lieu magique, sur sa relation avec le monde des étoiles et le monde intérieur? N'avez-vous pas quelque peu perdu ce regard d'amour qui unit ce lieu magique aux forces intraterrestres et extra-terrestres? Quelque part, n'avez-vous pas abandonné le regard d'amour? «Comment nos frères peuvent-ils nous oublier à ce point?» Ne voyez-vous pas que tous les mots que vos frères des étoiles donnent à cette planète sont des mots d'amour visant à guérir ce lieu magique, cette terre qui nous a toujours accueillis de tout temps? Comment voulez-vous que nous oubliions notre lien avec ce lieu et ses habitants?

Mais nous vous aimons pour cet oubli parce qu'en lui vous forcez l'humanité à réagir comme un seul corps, l'obligeant à entreprendre un voyage non plus dispersé mais représentant un chemin uni où tout un chacun ose poser ses pas.

Je parle d'autoroutes, ce sont de grandes voies intérieures, et le Soleil ne se cache-t-il pas — oh! je vais me laisser aller à un jeu de mots — dans le noir? Il y a peut-être matière à réflexion, autant pour vous que pour nous. Eh oui, avant que le Soleil puisse sortir au grand jour, on dépose tous ses germes, tout son potentiel dans l'état d'Ombre.

Cette planète connaît un grand voyage, un voyage unique, exceptionnel, et on lui a demandé d'accueillir plusieurs races. Nous savions bien à quel point des divergences s'installeraient entre les unes et les autres. Aussi, nous avons caché l'essentiel d'un grand savoir chez votre peuple noir. Voilà pourquoi il a courbé l'échine et supporté des coups de bâton. Il a reçu beaucoup à l'origine, et tout autant lui a été demandé en retour. Mais votre grande responsabilité à tous, hommes et femmes blancs, consiste aujourd'hui à reconnaître le grand soleil caché dans ce peuple et à lui permettre de redresser enfin la tête, de déplier ses épaules puis de respirer à fond, afin qu'il puisse s'élever, marcher droit et délivrer ce qu'il maintient caché. C'est un peuple gardien et vous tous détenez une clé, celle de sa libération.

«Mais quelle est cette clé, Soria, que je la glisse dans la serrure, que je le délivre puisque je l'aime?»

Oui, vous l'aimez, mais à votre manière, car n'ai-je pas parfois enregistré des réactions un peu bizarres à son égard? Quand, à l'improviste, vous vous retrouvez assis à côté d'un homme de couleur, n'avez-vous pas de petites impulsions, des résidus qui vous disent: «Mais non, moi, je suis bien à ma place», ou d'autres du genre? Allez voyager à l'intérieur de votre regard-sentiment-pensée, dans une profondeur plus grande et plus puissante, et délogez-y vos schémas de supériorité. Car la race blanche a malheureusement ancré ce type de réaction à l'intérieur de ses cellules. Aussi, c'est à vous que je m'adresse, mes frères et sœurs présents déjà ouverts et conscients de beaucoup de choses. Faites un travail plus en profondeur, même si vous travaillez déjà pour l'Amour inconditionnel et que vous vous dites parés à tout cela. Je vous demande de plonger à l'intérieur de vous ce regard-sentiment-pensée, d'y enlever la poussière encore plus profondément et d'accepter que vous portez aussi un autre regard, celui de l'humanité. Oui, vous avez dépoussiéré certaines cellules vous appartenant, mais un autre travail s'avère nécessaire puisque, au cours de ce voyage, vous y avez aussi accumulé le regard-sentiment-pensée de l'humanité. Et je vous invite à ressentir la part de ce regard-sentiment-pensée qui est déposée à l'intérieur de vos cellules; je vous demande de les dépoussiérer de ce regard.

Ne vous étonnez pas si, à brûle-pourpoint, vous vous retrouvez lestés d'une valise encombrante. Si cela devenait le cas, ouvrez votre main, lâchez la poignée, c'est simple. Et puis, si votre amour inconditionnel est encore prêt à poursuivre, je vous emmènerai voyager davantage.

Vous pensez habiter une planète sur laquelle évoluent six milliards d'individus, un petit peu plus même maintenant. Vous croyez que ce nombre représente votre humanité, mais je vais induire une autre impulsion et ouvrir un peu plus votre compréhension. Oui, vous êtes une humanité incarnée avec un certain nombre d'hommes et de femmes dans la densité, mais ce nombre ne correspond qu'à un pourcentage limité de votre humanité d'appartenance. «Que m'apprends-tu là?»

Essayons d'abord de poser le regard sur ce système solaire où se trouvent plusieurs planètes, toutes habitées, mais dans plusieurs dimensions en réalité, étant des états d'être vibratoires. Vous-mêmes vous êtes incarnés au sein de la troisième dimension et, dans ce voyage, un certain nombre d'êtres sont venus vous accompagner.

Vos yeux physiques ne discernent pas de vie en apparence sur les autres planètes, et c'est là l'affirmation de vos scientifiques. Ils n'y ont pas rencontré d'êtres vivants à partir des études et des moyens utilisés, ce qui n'est pas tout à fait vrai d'ailleurs. Mais vos chercheurs n'ont pas voyagé dans la quatrième dimension de ce système solaire. Ils n'en ont pas l'accès, pour cette planète ou toute autre sphère résidente de ce système solaire où, pourtant, des êtres vivent dans la cinquième dimension et d'autres font leur entrée dans la sixième. Mais qu'ils vivent dans la troisième, quatrième, cinquième ou sixième dimension, tous les êtres vivants ne forment qu'une seule et même humanité résidente de ce système solaire, sous la juridiction d'un Soleil administré par deux Êtres, Hélios et Vesta. En réalité, votre humanité n'est pas telle que vous la concevez, car vous êtes un fragment de l'humanité résidentielle de ce système solaire.

Et Soria a envie aujourd'hui de vous emmener encore un peu plus loin dans ce voyage. «Oh! Soria, tu m'embêtes.» Eh bien oui! Et je vous demanderai d'ouvrir votre regard. Nous allons englober une juridiction un peu plus grande, notre univers local, qui contient un nombre impressionnant de systèmes solaires. Dans chaque système solaire vivent des humanités dans la quatrième ou cinquième dimension. Chose certaine, à l'intérieur de cet univers local, il y a très peu d'êtres dans la troisième dimension. Alors, imaginez de nombreuses petites cellules existant au sein d'une autre cellule et transposez cette vision des planètes au sein du système solaire. Je vous ai précisé qu'il n'y avait pas de séparativité entre l'humanité de cette planète vivant dans la troisième dimension et ces êtres, sur d'autres planètes, qui sont dans la cinquième dimension. Vous formez en somme une seule humanité. Entendez ceci: dans cet univers local qui est le vôtre, il n'y a qu'une seule et même humanité qui s'est fractionnée dans le but de pouvoir évoluer dans une cellule plutôt qu'une autre, et vous pouvez remonter ainsi cette vision jusqu'à intégrer ce Cercle atomique de Vie. On ne trouve donc pas une humanité par planète, univers ou Super-Univers. Il n'y a en somme qu'une seule humanité résidant dans ce Cercle atomique de Vie qui a accepté de se fractionner, de vivre séparée le temps de comprendre le cheminement qu'elle a choisi d'entreprendre. Mais il faudra bien qu'un jour cette humanité se reconstruise et devienne UNE. Ce jour-là, quand enfin votre vision englobera le UN pour devenir UN, nous devrons œuvrer ici afin de pouvoir aider chacun à reconstruire son corps de lumière, à s'y installer.

Mais ce corps de lumière n'est pas celui auquel vous pensez; il est d'une autre force et d'une autre dimension. Nous souhaitons donc vous voir aboutir à cette décision de vivre dans l'UN et d'être l'UN, mais pour cela, vous devez nous faire une place dans votre vie. Nous ne pouvons pas vous aider sans votre autorisation. Mon groupe est là pour vous amener à franchir une étape primordiale. Vous allez reconstruire votre propre grille magnétique intérieure mais, dans cette grille, il me faudra vous restituer l'endroit le plus important. Vous allez me lancer: «Vous m'avez dit le plexus solaire! Non? Alors c'est le cœur, je suis sûr que c'est le cœur, c'est dans l'amour!»

Pourtant, dans la reconstruction de votre grille magnétique, c'est vers le ventre que je vais vous emmener, celui-ci étant la matrice de Vie où toute chose est possible, où votre personnalité est déposée, où tout s'inscrit et se défait. Ce corps merveilleux a un espace de vie extraordinaire. La féminité n'engendre-t-elle pas la vie? N'est-ce pas à l'intérieur de son ventre qu'elle accueille la vie? Ne prête-t-elle pas ce ventre afin que la Vie œuvre à la construction d'une autre vie?

C'est bien par là que votre nouvelle grille magnétique se reconstruira, par le ventre.

Naturellement, vous retrouverez à un moment donné l'importance de votre Soleil intérieur et devrez dès lors resituer la place de votre cœur et de votre amour. Mais avant, tournez votre regard vers ce ventre; il est beau, n'est-ce pas? Il est très beau, tout plein, rond, il porte la vie, l'engendre, la reçoit.

Ahhhh! Voici encore des pleurs. Qu'est-ce qu'ils sont bons, comme je les accueille avec joie!

Ah, ce ventre, souci permanent tant qu'on n'a pas compris sa portée. Mais vous êtes-vous posé cette question: Pourquoi ce ventre bien rond contient-il un orifice que vous nommez le nombril? N'est-ce pas là que tout s'attache, que tout se noue ou se dénoue? Chose certaine, c'est par là que vous vous connecterez aux autres grilles, aux autres personnalités. Alors aimez-le, ce nombril. Il est comme il est, c'est un visage; mais s'il est là, c'est qu'il répond à une fonction, qu'il a une raison d'être, une profondeur.

En effet, votre nombril est rattaché au nombril de la Terre. Il est peut-être noir ou blanc, mais le nombril de la Terre, lui, est noir! Et dans ce noir, dans ce nombril qui vous paraît si noir se trouve le plus beau et le plus grand des cadeaux: la Vie. Il accueille la Vie, il cache la Vie et il restituera la Vie, soit ce que le Soleil Central a déposé il y a fort longtemps, à titre de potentiel pour cette planète.

Je sais, on a fait du nombril le centre de tous les défauts, de l'ego et de tout le reste. Mais l'ego ne cache-t-il pas autre chose, n'est-il pas l'ancrage de la personnalité? Oui, je bouscule encore certaines conceptions, mais comme je n'en ai pas fini, autant l'accepter. Et si vous osez chercher la Lumière par votre ventre, la Lumière de toute lumière, vous serez alors le bien le plus précieux de la Vie une fois encore, mais visité dans une expression plus élevée.

Oui, vos corps ont souffert sur le plan personnel ou planétaire et, par conséquent, le corps de ce système solaire a aussi souffert et doit se reconstruire. Mais dans ce grand voyage, il y a tellement d'amour, de force, une telle vision plus neutre que la vôtre, que vous allez désormais parvenir à ce point de rencontre avec vous-mêmes. L'impossible va devenir possible et les portes auxquelles vous n'aviez pas accès auparavant seront offertes à la grande découverte de la Lumière qui se cache là, à l'intérieur de votre ventre.

Respirez avec votre ventre et percevez comment cela dénoue vos appréhensions. Respirez avec votre nombril, donnez de l'air à votre matrice de Vie et déposez de l'amour dans ce ventre. Ne laissez pas votre amour uniquement dans ce «oh! mon Dieu que je t'aime!». Osez mettre vos mains sur ce ventre et dire: «Je t'aime; mon Dieu que je m'aime!» Vous ferez ainsi descendre l'amour qui est bloqué à l'intérieur de votre corps, et votre corps pourra enfin être Amour.

Et n'oubliez jamais! Vous êtes nos maîtres, des créateurs et nous avons cheminé ensemble. Par conséquent, aimez-vous, aimez votre ventre.

Je vais vous parler de voyage, le voyage de qui vous étiez, vers ce monde.

C'est vrai que nous avions prévu certaines difficultés au cours de celui-ci, mais pas toutes. Il est exact que la densité est un terrain d'expérience riche mais aussi douloureux. Cependant, qu'est-ce que la douleur au regard de ce qui s'en vient? Oui, c'est vrai, dans ce voyage vous avez choisi la souffrance de façon à faire sortir de vous le plus beau, le plus grand des faisceaux de lumière, le faisceau d'Amour. Oui, la friction s'est manifestée, et il y en a encore. Et tu as raison, les animaux ont besoin qu'on leur rende la grâce de leur existence (réponse à une remarque d'une participante sur ce sujet). Néanmoins, à vous tous, mes amis, quel que soit le visage que vous avez emprunté aujourd'hui – et j'insiste sur ce point –, j'aimerais préciser que vous n'avez pas toujours porté une enveloppe humaine. Je voulais vous signaler que vous ne portiez pas de peau noire, mais blanche. Je voulais aussi ajouter que vous avez eu, qui des racines, qui des épines, celles de la rose, et que toi, tu as été un grain de sable. Quant à toi, mon ami, rappelle-toi le temps où tu nageais agréablement dans les rivières de cette planète. Vous croyez souvent que vous n'avez épousé qu'une forme d'évolution. Poussez plus loin dans la reconnaissance de votre voyage et vous constaterez que vous n'avez pas toujours porté un habit de chair.

Nous savions combien, en cet endroit magnifique, la charge en devenir de ce vaisseau spatial était lourde et profonde. Aussi, vous avez tous accepté — quant à nous, bien sûr, nous sommes demeurés ici, de ce côté — de voyager dans ces quatre éléments. Comment vouliez-vous aider l'esprit humain à naître si vous n'aviez pas franchi le schéma de Vie porteur pour cette planète? Oh! cela ne signifie pas que vous avez passé des milliers et des milliers de vies dans un règne ou un autre; cela souligne simplement vos visites dans ces quatre règnes parce qu'il vous fallait — après avoir eu le courage d'accepter cette charge de faire émettre ce rayon d'Amour — l'ancrer dans toutes ses dimensions. Et comment créer un rayon d'Amour ou de Lumière si on n'a pas franchi toute la genèse d'un vaisseau spatial? Ç'aurait été une utopie et nous n'aurions pas pu arriver à cet instant précis puisqu'en vous, dans ce magnifique voyage, les forces de la Nature n'auraient pas été inscrites.

Tout voyage, mes amis, nécessite la pleine acceptation des lois d'évolution de l'endroit où nous nous rendons. Vous étiez Lumière, il vous fallait un corps dense et, pour ce faire, vous avez dû accepter d'aller vous poser à l'intérieur de ce vaisseau spatial. Puis, du cœur de cet endroit merveilleux, vous deviez remonter — rappelez-vous la chaîne de Vie que nous vous avons expliquée (cours du matin). En tant qu'esprits, il vous a fallu sortir du centre de cette planète, de son cœur, et remonter jusqu'à la surface. En d'autres mots, vous avez épousé un corps minéral afin de comprendre et d'aimer le corps de la Terre. Puis, il vous a été nécessaire de germer, soit de sortir de cet endroit, c'est-à-dire commencer à tendre vers la lumière et, pour cela, quoi de plus merveilleux que de prendre le corps d'un végétal? Mais du chemin restait encore à parcourir afin d'espérer devenir humains. Alors, souvenez-vous de ce temps de visite, de cette période peut-être brève chez le peuple animal. Oh! vous n'avez pas exploré toutes les espèces animales. Vous avez choisi un parcours qui fut bref comparativement à celui à accomplir dans un vêtement de chair en espérant devenir humains. Et c'est bien au cours de ce périple que vous avez déposé votre personnalité divine, votre lumière, ce Je Suis de naissance, et dans le règne humain que vous tentez de devenir le Je Suis par expérience. Et je vous ai rappelé que vous étiez les étudiants du règne humain, ou alors des préhumains, et cela révèle bien l'étape présente. Être humain, c'est vivre toutes ses qualités divines dans un corps humain. Vous ne pourrez pas remonter vers votre demeure primordiale si, ici, dans ce corps humain acquis par l'oubli, vous n'y installez pas les Lois divines.

Oui, vous êtes juste à l'étape avant de pouvoir dire: «Je suis humain.» Mais cette étape est importante puisqu'elle est issue des quatre autres règnes, des quatre autres forces — le Nord, le Sud, l'Est et l'Ouest — et que votre corps même est tiré du Feu, de la Terre, de l'Eau et de l'Air.

Dans ma vision intérieure je regarde, j'observe cette forme qui abrite le Sacré. Mais le Sacré doit s'enraciner par votre corps entier et non par vos racines, qu'elles soient en dessous de vos pieds ou au-dessus de votre tête.

Au cours du voyage, vous saviez que vous étiez dans un secteur universel ayant accepté l'expérience de la souffrance et de la douleur. Mais je tiens à vous le rappeler: même si vous avez dû déposer cette connaissance, vous étiez tous plus que volontaires. Vous étiez l'enthousiasme, l'espoir, vous étiez déjà le but et, dans cette force de qui vous étiez, vous n'alliez pas vers la souffrance, vous vous dirigiez vers votre but, votre réalisation. En somme, vous avez accepté à un moment donné de porter le plus grand des messages pour tout l'Univers, et ce message était: «Oui, on nous a dit que la souffrance ne pouvait engendrer la Lumière, mais nous relevons le défi, nous nous présentons à vous, concepteurs d'idées et vous disons à notre tour: "Cette idée est ce qu'elle est, vous n'y croyez même pas, mais nous qui ne sommes pas les créateurs de ce concept, nous allons vous prouver qu'au cœur même de la douleur, nous pourrons installer la Lumière, l'Amour et toutes les Lois universelles."» Voilà ce que vous avez exprimé quand vous vous êtes présentés et avez réclamé ce lieu. Rappelez-vous, vous n'étiez pas des victimes mais des Êtres de lumière droits et fiers d'eux. Vous étiez des guerriers de la lumière.

Et vous souvenez-vous de vos paroles, de celles que vous avez déposées dans notre mémoire de concepteurs d'idées? «Tu as pensé souffrance, et tu ne sais même pas ce que c'est. Mais nous, au cœur de cette souffrance, nous allons te donner l'expérience de la souffrance et nous y installerons le plus beau des cadeaux, l'Amour inconditionnel. Nous ferons ce que tu n'es pas capable de faire, nous te montrerons, à toi, concepteur d'idées, que nous, nous donnerons un visage à ce concept.» Et puis il a fallu vous retenir, car vous étiez pressés de vous engager tout de suite dans ce grand voyage. Heureusement qu'à l'intérieur de ce groupe il y eut des esprits venant voir quelques-uns d'entre nous pour leur proposer: «Vous savez, comme nous rencontrerons peut-être quelques difficultés, il nous faudrait des gardiens.» Et vous en avez désigné quelques-uns parmi nous qui vous ont promis d'être au rendez-vous.

Oui, vous avez souffert, mais quelle leçon vous avez donnée, quelle humilité vous avez démontrée à tous les concepteurs d'idées!

Dans le cœur de mon cœur je revois encore ces instants-là, et dans le cœur de mes oreilles résonnent encore ces paroles. Comme vous étiez beaux et combien mon désir personnel est de vous rendre cette beauté! Mais le voyage n'est pas achevé; oh! cela ne veut pas dire que vous allez encore souffrir. Non, tel n'est pas ce que j'entrevois. Je souligne simplement que dans l'instant présent, dans ces moments que vous vivez sur cette planète, sur ce vaisseau spatial, vous êtes parvenus au plus grand des rendez-vous.

Vous vous êtes réveillés de cet oubli et, au cœur de la souffrance, vous êtes en train de déposer le plus beau et le plus pur des amours jamais encore rencontrés ailleurs.

Aujourd'hui, j'ai entendu de belles paroles. Oh oui, nous allons vous aider, et plus vous nous demanderez du soutien, plus nous répondrons. Cette aide dépassera même le cadre de l'énergie SORIA puisque, au vu de tout ce que vous avez accompli, j'ai déjà demandé de l'aide pour vous. Aussi, nous arrivons nombreux. Certains ont déjà effectué un long voyage jusqu'à votre espace-temps, mais quelle importance, vraiment? Vous voilà à un rendez-vous unique où vous allez donner à l'état d'humain une dimension qu'il n'avait pas encore. Vous avez tenu votre engagement, un engagement qui ne vous était même pas demandé. Vous vous êtes présentés spontanément parce que dans votre cœur, à l'époque, il y avait une qualité d'amour d'une grande beauté déjà. Puis, vous êtes venus ici dans la profondeur des concepts d'idées, dans la matière, la densité et vous avez accueilli ces concepts que vous avez rendus à l'état de vie. Vous avez démontré que dans la lourdeur de ce concept, il était possible de déposer l'Amour et toutes les qualités divines.

Quelle grande leçon pour nous qui, au moment d'émettre ces concepts d'idées, avons été dénués d'amour profond.

Mais le grand voyage continue et je vous le dis, la souffrance est un concept. À vous de décider si cela reste valable pour d'autres expériences ou si ce concept doit rejoindre le néant afin d'être repolarisé. C'est à vous que revient ce droit d'expression, car il y a d'autres moyens d'expérimenter et d'ancrer les qualités divines.

C'est la raison pour laquelle votre système solaire s'engage dans un couronnement de toute beauté.

Voilà pourquoi aussi votre planète a reçu le droit, la charge et l'honneur d'administrer deux futurs Super-Univers. Rien n'est dû au hasard.

Voilà pourquoi certains d'entre vous seront les porteurs de flammes dans ces champs vierges.

Voilà pourquoi, dans cette humanité, des êtres se lèvent et essaient de tracer une voie afin de retourner dans cette demeure.

Voilà pourquoi vous arrivez maintenant à l'ouverture de cette porte unique: la réintégration de la grandeur, de la beauté de ce temple sacré qu'est votre corps, car lui seul vous permettra d'entrer dans le règne humain. C'est cela que vous avez décidé dans la nuit des temps en voulant que cette création merveilleuse et de toute beauté acquiert un statut à la hauteur de ses espérances.

Voilà pourquoi chacun de vos chakras a été relié à une famille de Créateurs qui, tous, y ont déposé une partie d'eux-mêmes. Chaque chakra est sous l'Essence de l'un deux et représente une sphère de Vie, comprenez-le bien. À l'intérieur se trouve lovée la personnalité du Créateur responsable, mais les six autres partenaires sont venus déposer également une petite parcelle afin d'enrichir ce dépôt. Il en a été ainsi de ces sept chakras.

Voilà pourquoi vous avez autant de portes à découvrir, autant de couleurs, de sons et de réalisations à l'intérieur d'une seule force.

Voilà pourquoi votre personnalité a autant de champs d'expérience, et comme vous êtes un diapason unique avec ces milliers de possibilités, vous avez donné une fleur exceptionnelle qui ne se retrouvera pas ailleurs. Tous, vous ne constituez qu'une seule et unique fleur et, si vous enlevez un des pétales, vous faites mourir l'ensemble.

Vous avez voyagé et voyagerez encore, et, là, vous emmènerez ce corps physique. Nous insistons donc grandement pour que vous compreniez à quel point vous devez vous réinstaller dans votre propre vaisseau spatial. Que vous en êtes à la fois le navigateur, le commandant et le mécanicien. On peut vous suggérer notre aide, mais vous seul détenez le plan de vie de ce vaisseau spatial. De notre côté, nous ne pouvons apporter que quelques éléments à ce commandant et, s'il a la sagesse suprême d'élever sa conscience à l'intérieur même de la Lumière de Vie, alors ce vaisseau spatial trouvera la bonne place, sa juste place. Il prendra enfin sa trajectoire et pourra allumer tous ses faisceaux. Il sera maître de l'espace en dessous comme de l'espace au-dessus, de l'espace du côté droit et de l'espace du côté gauche. Mais il sera également maître des inter-réactions et deviendra parfait.

Plus que jamais, votre devenir repose entre vos mains, vous médiateurs des Directions et des Forces alliées.

Plus que jamais, vos pieds vont nourrir l'espace d'en dessous. Plus que jamais, votre tête va nourrir l'espace du dessus.

Puisque, voyez-vous, pour trouver votre trajectoire juste, il vous faut recevoir de la nourriture et en donner, c'est-à-dire émettre de la lumière et laisser celle-ci vous pénétrer.

Vous avez effectué un long voyage et cherché ce qui pouvait donner vie à ce vaisseau spatial. Tantôt vous êtes allé voir l'Ombre, tantôt la Lumière, mais vous n'avez pas trouvé cet équilibre. Alors vous avez essayé de comprendre et de créer quelque chose qui était susceptible d'être soit de l'ombre, soit de la lumière, mais ça n'allait pas non plus et, à force de chercher ce qui pouvait être ou ne pas être, vous avez compris que là où vous n'aviez pas fouillé, pas osé regarder, reposait peut-être la clé du mystère. Mais plus ironique encore, c'est qu'il n'y a pas de clé puisqu'il n'y a pas de porte. En réalité, il n'y a pas de serrure, car vous êtes tout cela à la fois. Vous êtes la porte, la serrure, la clé, mais vous êtes aussi celui qui ferme et qui ouvre. C'est ainsi.

Alors, dans ta réalité de demain, tu chercheras peut-être à savoir quel geste poser, quelle pensée avoir, mais il n'y aura ni pensée à construire, ni geste à effectuer. Je viens d'expliquer que vous êtes un vaisseau spatial et que, pour l'acquérir, vous avez d'abord pénétré le cœur de cette planète pour remonter ensuite parmi la chaîne des éléments. Vous êtes donc tous passés par l'élément Terre, l'élément Feu, l'élément Eau, l'élément Air, recevant enfin l'autorisation de porter ce corps sacré. Vous en êtes rendus là, vous l'avez pénétré mais il va falloir que vous repassiez par les éléments à l'intérieur de ce vaisseau spatial. Et que votre lumière, votre sagesse, votre amour déposés là, au cœur, eh bien rayonnent dans l'élément Terre qui est en vous, puis dans le Feu, dans l'Air, dans l'Eau et que vous les laissiez ensuite voyager.

C'est le plus grand des secrets de la Création que je vous livre ici : il faut laisser remonter votre Lumière. On vous invite à vous installer à l'intérieur de vous, mais bien pour rayonner, pour être, car être suppose le rayonnement de sa Lumière retrouvée.

Ainsi être amour, c'est installer l'Amour à l'intérieur de soi puis le laisser rayonner.

Être sagesse, c'est installer la Sagesse à l'intérieur de soi et la laisser rayonner.

Je vous ai invités à parcourir un voyage au cœur de votre mémoire ancestrale. Désormais, je vous convie à mettre en place le rayonnement de votre Être dans votre mémoire de l'instant présent. Ce n'est pas une fin en soi mais le commencement de quelque chose, le début du règne humain.

Bon voyage.

Domme

la Dordogne

Deuxième rencontre

Année 2003

Bienvenue dans ce cercle. Voici une étude fort intéressante ; elle vise à équilibrer les énergies. Et durant cette communication, je souhaite que les énergies soient un petit peu plus équilibrées entre le masculin et le féminin, que la place de chacun dans la Vie soit aussi davantage équilibrée puisque la Vie est une matrice. C'est un cercle, grand certes, mais c'en est un, ce qui signifie que vous êtes tous à l'intérieur d'un cercle de Vie. Vous êtes placés à des endroits stratégiques. Et il est nécessaire d'équilibrer vos énergies.

De quoi ce secteur universel souffre-t-il autant? D'un déséquilibre d'énergies, mais lesquelles? De l'énergie masculine et de l'énergie féminine. «Oh, ça, à la limite me direz-vous, je n'ai pas besoin de venir m'asseoir dans ce cercle pour entendre parler de ce déséquilibre.» Bien sûr, mais j'irai plus loin car je descendrai à l'intérieur des cellules et dans l'intimité de chacun. Oh, lorsque nous vous regardons, assez vite nous pouvons identifier le pôle en déséquilibre et celui qui se manifeste comme un despote. Chacun de vous est en train de crier: «Je veux la paix pour Urantia! Il faut la paix.» C'est magnifique et nous vous en remercions, mais lorsque vous exprimez cela, avez-vous remarqué comme votre regard est tourné vers l'extérieur? Et que le temps où vous tournez ce regard vers l'extérieur, vous ne le tournez pas vers VOUS, en vous? Vous devez savoir que ce qui se passe sur votre planète est le miroir de votre déséquilibre intérieur. En ce moment, que se passe-t-il? On vous dit, par le biais de vos médias, que deux despotes s'agitent, l'un se manifestant d'une manière pas très subtile, l'autre prenant des airs de grand cavalier «Je vais libérer la planète!», mais se comportant exactement comme celui qu'il veut aller fustiger. C'est exactement ce qui se joue à l'intérieur de vous tous: il y a un despote. Oui, je sais, vous n'espériez pas entendre ces paroles, vous ne pensiez pas être des despotes. Pourtant si, il y en a un en chacun de vous, sous des formes que vous ne distinguez pas parfois ou sous d'autres qui ne sont même pas cachées. Regardez comment vous vous présentez à la Vie, comment vous vous comportez avec votre entourage, comment, sous prétexte de mettre de l'amour, vous cherchez avant toute chose à pénétrer l'intimité de l'autre. Regardez comment votre despote, situé sur le plan masculin ou féminin, agit sur son entourage. Vous me répondrez: «Soria, je suis rempli d'amour et de bonne volonté! Et je cherche, je cherche toujours du plus profond de mon cœur à devenir maître de moi.» Bien sûr, je le vois bien, toutefois j'observe aussi autre chose. Sous vos manières plus ou moins déguisées, vous cachez le despote qui est en vous derrière un visage ou un autre, en fait celui que vous voulez bien qu'il prenne. De plus, vous le masquez d'une manière magistrale. Par ailleurs, il est des êtres, dont certains membres de votre gouvernement mondial, qui ne cachent même plus leur envie d'aller donner des leçons de bienséance aux autres et qui, au fond, n'ont qu'un souhait, celui de voler les richesses du pays convoité. Ils ne le disent pas, pourtant, afin de voler en toute liberté, ils organisent des agressions ou en acceptent pour justifier celles qu'ils veulent commettre. Et puis, ils avancent: «Nous craignons que ces êtres, d'un tel pays, viennent et utilisent des armes chimiques.» Seulement, comment prévoient-ils, eux, faire cette guerre, sinon également avec un potentiel d'armes chimiques! Et, en fait, ceux qui allèguent vouloir se protéger de quelque chose vont agresser un partenaire avec les instruments mêmes dont ils ont peur. Qui est le despote, qui est la victime? Ni l'un ni l'autre, et les deux en même temps, car il y a une part de victime et de despote en chacun. Quelle est la part la plus conséquente? Cela n'est pas important puisque, de toute manière, les deux pôles sont déséquilibrés.

Ce qui se passe actuellement (guerre d'Irak du printemps 2003) vous renvoie l'image de ce qui se déroule à l'intérieur de vous. En effet, le despote en vous juge, cherche à analyser, à décortiquer, veut trouver un responsable et trangresser ce qui est en place. Voulant agir à tout prix, il aura des raisons qui, une fois exposées, seront légitimes, du moins en apparence. Il n'y a pourtant pas de légitimité quand, au sein d'une fratrie (je vous le rappelle, l'humanité est une fratrie), l'un des frères ou l'une des sœurs veut en disposer à sa guise et imposer son point de vue à l'autre. C'est purement et simplement du despotisme, une trahison envers son frère ou sa sœur. Actuellement, vous traversez une période trouble où tout ce qui n'a pas été réglé dans votre regard-sentiment-pensée se traduira par des actes quotidiens de trahison et de despotisme. Ce terme ne va peut-être pas plaire et je ne sais s'il sera accepté dans les livres; pourtant c'est le terme exact. Il correspond à ce qui se déroule à l'échelle de cette humanité. Alors, que vous soyez en réalité un frère et une sœur, des amis, des parents, quelle que soit votre position en somme, vous agissez ainsi. Nous savons de quoi vous souffrez, à quel point vous avez besoin de rayonner de la paix, de la lumière et de l'amour. Non pas à partir de votre mental, mais de votre cœur, de vos «tripes». Vous n'avez pas le droit, sous prétexte d'amitié, d'amour, de vous présenter à la personne concernée comme un tuteur ou un redresseur de torts; vous n'avez pas le droit d'envahir son intimité ni de prendre dans son cœur la place de quelqu'un d'autre.

Comprenez-vous que nous entrons dans une période de troubles, puisque tout ce qui vous apparaissait jusqu'ici bien en vue sera secoué? De quelle façon? Par les forces qui s'en viennent. Ces forces vont descendre en s'étalant sur quatre périodes, en débutant par les énergies du printemps 2003, puis viendront celles de l'été, de l'automne et de l'hiver, adombrant d'une énergie de reconstruction vos corps mentaux, émotionnels, éthériques et physiques. Comme cette dernière a besoin de se poser sur une base saine, ces forces expulseront ce qui vous gêne, c'est-à-dire cette incompréhension de l'Amour, cette manière de dire «j'aime, mais...», ce j'aime qui possède, qui fait place nette autour de la personne convoitée, quitte à briser un couple ou une amitié ou à séparer l'enfant de ses parents. Je vois que certains d'entre vous sont plombés par une amitié ou un amour débordant.

Voici, je suis une des quatre Forces primordiales en jeu et en action dans le monde fini.

Je vais poser un acte d'amour. J'envoie une énergie qui visitera chacun et coupera certains liens, car c'est l'heure. Ce que vous n'avez pas fait à ce jour, vous le ferez dorénavant et mettrez en action une spirale de lumière au mouvement lent au début mais qui, à chaque nouvelle spire, deviendra plus rapide. Vous serez happés dans un tourbillon et devrez en sortir, mais à cette issue vous aurez quitté ces travers. Savez-vous pourquoi? Parce que nous vous aimons de manière telle que nous voulons vous voir être liberté et vous asseoir dans votre maîtrise. Le temps, vous l'avez eu, car depuis des millénaires, sous une forme ou une autre, d'une façon claire ou cachée, nous vous instruisons. Désormais, nous disposons de trois années importantes — pas une de plus — afin de réaliser votre ancrage dans vos lumières.

Vous avez eu le libre choix de faire comme bon vous semblait avec le temps, mais cet extrême libre arbitre vous est retiré, c'est là la grande nouvelle. Elle ne va peut-être pas réjouir tout le monde, pourtant le libre arbitre quitte cette planète, car vous voilà maintenant sous l'autorité de l'énergie du Sans-Nom et on vous demande d'être responsables, ce qui signifie que chacun est appelé à devenir maître de lui-même, autonome dans ses énergies et leurs émissions. Que vous n'allez plus prendre sans compter, mais que vous le ferez à bon escient et, qu'en retour, vous offrirez quelque chose.

J'ai beaucoup parlé d'échanges dans mes livres. Certes, dans votre monde physique vous devrez réinstaurer l'échange, mais dans le monde subtil cet échange doit déjà s'installer. L'Amour lié au divin est dépourvu d'intentions intempestives. Il ouvre les portes et vous dit: «Va, deviens maître de toi-même et surtout ne sois pas dépendant de l'un ou de l'autre, ne te noie pas dans le regard de l'un ou de l'autre, ne sois pas piégé dans l'affection, l'amitié et l'amour humain. Sois l'amitié, sois l'amour, sois l'affection mais ne piège pas, laisse les autres libres, ne t'impose pas à quelqu'un. Que ton amour ou ton amitié ne vienne pas scléroser la vie de la personne à qui tu comptes l'offrir, et si l'un ou l'une d'entre vous se sent sclérosé et que son existence ne correspond pas à ce qu'il attendait, alors, qu'il ait le courage de couper. Vous devez pouvoir vivre et échanger, et si vous entrez en service, que ce soit avec votre cœur et votre volonté.»

Nous vous demandons certains sacrifices; acceptez-les par le cœur et la volonté et sachez que si nous vous les demandons, c'est qu'au bout du compte ce que nous avons à vous offrir est bien plus grand que ce que vous pouvez imaginer. Voyez, cette humanité souffre parce qu'elle est poings et pieds liés par des chaînes de fausse amitié, de faux amour, par des chaînes sociales, religieuses, politiques, médicales, par le regard de l'autre. Quand nous regardons à l'intérieur de votre corps, de vos cellules, nous voyons les dépôts effectués, toute cette somme d'informations qui est là, mais poings et pieds liés, étouffée par ce que vous vivez à l'extérieur. La guerre autour de vous est le reflet de celle qui se déroule en vous. S'il n'y avait pas de conflits en vous, il n'y en aurait pas à la surface de la Terre. Si vous aviez accès à toute l'abondance logée à l'intérieur de vos cellules, vous n'auriez aucun besoin d'en chercher dans la vie des autres. Si vous vous centrez dans la lumière qui règne en vous, vous n'aurez pas à parcourir cette planète à la recherche d'un maître, d'un gourou, et nous n'aurons pas à vous en envoyer. Et ce terme, gourou, a été galvaudé, car à l'origine il était d'ordre divin.

Je vous regarde et mon cœur saigne, car je sais les dépôts que j'ai effectués en vous pour vous permettre d'être heureux. Je les vois fermés, restés intacts, et lorsque l'un d'entre vous laisse son corps, quitte cette planète et que toutes ses particules se désintègrent, nous retrouvons intégralement ce cadeau offert lorsqu'il a revêtu son vêtement de chair. Ces dépôts sont vierges et, tels que nous les avons mis, nous les reprenons! Rares sont ceux qui ont entrouvert la porte, et un grand nombre l'ont même vite repoussée. Vous cherchez la paix, mais elle est à l'intérieur de vous, déposée dans votre ADN! Savez-vous ce qu'est LA PAIX? C'est tellement simple, que vous ne la voyez pas, préférant souffrir, vivre des situations innommables, ne pas être. Aussi, pour vous donner bonne constance, vous frapperez à des portes, étudierez la généalogie, la science des nombres, l'astrologie, vous vous dirigerez vers de nombreuses petites sciences puisque vous ne désirez pas regarder en vous.

Tout est à l'intérieur de vous et je ne cesserai de le répéter.

S'il le faut, je crierai: «Tournez vos regards à l'intérieur de vous! Soyez à l'écoute des messages de votre corps, de vos corps mental, émotionnel et des autres qui attendent de pouvoir s'exprimer.»

Vous me demanderez: «Comment mes corps s'expriment-ils?» Quand le corps mental en a assez de cette marée de pensées, il évacue tout et cela se traduit par du stress, par des maladies de peau, du système nerveux et bien d'autres encore. Quand il s'agit du corps émotionnel, tout ce qui se rapporte au cœur souffre. Et chaque fois que votre corps physique souffre à un endroit, cela signifie que l'un des corps subtils est en surcharge, que vous avez noué vos lignes de force intérieures, empêché les énergies de circuler. Car les énergies du Ciel devraient circuler dans votre corps avec fluidité et visiter la Terre, et celles de la Terre devraient honorer votre corps d'une manière solide et harmonieuse puis se fondre avec celles du Ciel. Une grande partie de l'humanité souffre de blocages par rapport aux énergies de la Terre ou du Ciel. Aussi, afin de lui éviter de perdre pied, nous avons envoyé des sages, des maîtres depuis la nuit des temps. Au fait, pourquoi sont-ils sages? Peut-être ont-ils tout simplement la connaissance des Lois divines, mais comme ils en sont les gardiens, ils sont sages puisqu'ils vivent en ces Lois divines. Et pourquoi des maîtres? Simplement en raison de la manifestation dans leur corps physique de la maîtrise de tous ces couloirs d'énergie vibrant à l'intérieur de tous les corps, et parce qu'il y a alors une relation équilibrée et maîtrisée avec l'extérieur et avec ces forces qui sont aussi vivantes à l'extérieur de leur corps qu'à l'intérieur. Vous avez beaucoup voyagé par le passé, et avez connu toutes les familles religieuses, tous les courants de pensée. Voilà pourquoi je vous dis aujourd'hui de vous arrêter et de vous rassembler. Je vous conseille de vous libérer de tous ces passages. Et savez-vous pourquoi? Eh bien, tant que vous demeurerez accrochés à l'un d'entre eux, vous ne pourrez entrer dans votre maîtrise. Nous ne vous demandons pas de nier ou de rejeter le parcours effectué, mais de comprendre, à ce jour, que cet itinéraire vous a menés à ce que vous êtes présentement, que vous n'avez plus besoin de ce chemin qui est derrière vous, qu'il ne vous apporte plus rien, qu'il est caduc et ne peut plus vous nourrir, car il a été créé sur l'ancienne grille magnétique. Il vous faut donc découvrir le chemin qui s'animera sur la nouvelle grille magnétique et qui sera forcément différent du précédent. Vos points de repère anciens ne vous seront plus d'aucune utilité, ni ce que vous connaissiez jusque-là, à moins d'en avoir engrangé la sagesse possible. Vous devrez avancer dans le vide, la tête vide et, si tel est le cas, il n'y aura plus qu'une seule ressource: habiter votre cœur, devenir l'Amour et révéler l'Amour. Mais d'aucune manière, votre mental ne pourra vous présenter la porte de ces couloirs d'énergie qui viennent. Il y a tout de même une bonne nouvelle, car ces lignes d'influence dans votre corps ne bougeront pas. Par contre, elles seront désormais reliées à de nouveaux réservoirs d'énergie. Vous devrez donc les reconnaître et y faire appel. Et je vous signale ici que votre passé ne sera plus utile dans la reconnaissance de ces forces.

Seul votre cœur vous aide et cela est chose naturelle, car vous êtes maintenant priés d'entrer dans la quatrième dimension, celle du cœur.

Ne vous laissez plus envahir par les émotions des autres, leur point de vue ou leur volonté, même si cela est présenté dans un moule d'une grande beauté. Soyez prudents, car beaucoup de pièges viennent en cette année. Voyez-vous, c'est l'année où j'entame la partie la plus importante de mon action, et le Maître Cristal se positionne à mes côtés; nous allons œuvrer ensemble. Ces deux forces vont bousculer tout ce qui est en vous, tout ce qui n'entre pas dans les énergies que nous véhiculons pour cette planète, et l'Amour venant vers vous est d'une telle exigence que vous ne pourrez plus vous présenter à la Vie avec vos anciennes manières d'être. Votre grille magnétique intérieure représente des lignes de vie et, à chaque croisement, se trouve un réservoir d'énergie auquel chacun de vos organes est relié. Et il y a des organes physiques et subtils, chacun étant une porte tridimensionnelle, quadridimensionnelle, et d'autres portes s'animent déjà, celles de la cinquième dimension. Vous disposerez des Services des Forces primordiales. Aussi, je vous annonce que les quatre Forces primordiales sont toutes venues vous visiter. La première est représentée par ce Service d'Êtres merveilleux (les Observateurs silencieux) qui visitent en permanence le monde fini, nous rapportant les informations ayant trait à l'évolution d'un secteur ou d'un autre et les remettant ensuite au Sans-Nom, qui nous invite alors à élaborer des actions.

La deuxième Force primordiale est le Service magnétique. Lorsque le Sans-Nom a reçu les informations des secteurs, il est en mesure de décider ou non d'une action. Le cas échéant, il fera appel au Service magnétique et déclarera: «Nous allons œuvrer afin de modifier la grille magnétique de cet endroit et nous déploierons dans ce but telle qualité, telle énergie ou telle autre.» Naturellement, cette Force primordiale se déplacera et fera le travail nécessaire, et Kryeon, avec son collectif, aura ainsi répondu à la demande du Sans-Nom.

La troisième Force primordiale reçoit ensuite la volonté du Sans-Nom. Là, une de mes sœurs, ou moi-même, entre en action, et il s'avère que c'est moi pour l'instant. J'ai commencé par les livres, vous donnant des manuels d'enseignement afin que vous puissiez comprendre qui vous étiez, les lois auxquelles votre corps est rattaché. Je vous ai demandé d'accepter d'être des étudiants.

Mais je rentre désormais en action, ce qui signifie que la grille magnétique planétaire étant maintenant opérationnelle, je viens travailler sur votre grille intérieure et exercerai donc des actions concrètes sur votre corps. Dans ce but, je voyagerai en France, comme ailleurs, et selon la demande, déposant ainsi des énergies à des endroits stratégiques. Puis, dans ces ateliers, je m'autorise à travailler directement sur la structure de votre nouvelle grille magnétique. J'œuvre également durant votre sommeil, déposant des énergies qui vous permettront d'intégrer cet enseignement que je continue à vous transmettre.

Mais la grille magnétique du corps humain est complexe, je ne peux y toucher sans la présence du Maître Cristal qui, lui, est le responsable de la grille magnétique cristalline du corps, c'est-à-dire ces cristaux liquides qui vivent, bougent dans votre corps.

Le plus terrible, ce sont ces expériences humaines faites sur cette grille cristalline, car, sous le couvert de vaccins, des cristaux liquides étrangers au corps y sont ainsi injectés. Ces cristaux liquides ne pouvant pas s'harmoniser à ceux du corps humain, ils créent des blocages et sont comme des virus ou une gangrène dans votre corps. Dès lors, sous couvert de bien vouloir faire et de vous aider à conserver votre santé ou à vous protéger, on vous empêche au contraire d'évoluer. Mais devant cela, vous avez une part de responsabilité, car votre corps vous appartient. Oh, je ne vous demande pas de partir en guerre mais de prendre conscience que vous êtes tous manipulés, que votre présente technologie agit à l'encontre de la personne. Elle vous rend un mauvais service et ne vous sert pas.

Actuellement, je travaille sur la grille magnétique humaine et la Maître Cristal réorganise la grille cristalline qui vous permet de bouger au cœur de la réception des énergies du Ciel et de la Terre. En d'autres mots, votre ADN reçoit de nouveaux dépôts, des fréquences nouvelles pour s'étirer doucement et être non plus une hélice mais un tube de lumière. Quand il en sera ainsi, eh bien vous pourrez entrer en pleine possession de tous vos pouvoirs.

Nous allons agir sur vos structures subtiles internes, certes, mais ces interventions auront des répercussions dans le monde physique. Pour cela, nous avons justement demandé aux forces de la Nature de nous accompagner; à chaque vortex d'énergie important de cette année représenté par le printemps, l'été, l'automne et l'hiver, une porte s'ouvrira à l'intérieur de votre personnalité, celle du Feu, de la Terre, de l'Air et de l'Eau. Ainsi, au fur et à mesure que cette année s'écoulera, lorsque vous parviendrez à ces solstices et équinoxes, un nouvel agencement à l'intérieur de vos corps subtils aura lieu. Quand cette année sera écoulée, nous pourrons faire glisser dans ces nouvelles ouvertures des quantités d'énergies qualifiées non pas par la volonté humaine, ou préhumaine, mais bien par celle du Sans-Nom. Ceci veut dire qu'à la fin de cette année, le Sans-Nom émettra dans votre corps un rayon de lumière qui irradiera directement de son Cœur. Voilà une grande nouvelle, car le Créateur des Créateurs vient vous visiter, déposer à l'intérieur de vous Sa réalité, qui grandira en vous, prendra place, et vous répondrez à ce dépôt. Cela étant, elle prendra alors une forme qui vous sera propre, non pas parce que vous en émettrez la volonté mais parce que le Sans-Nom, en déposant cette lumière en fin d'année, déposera par le fait même la forme que doit prendre cette lumière. Vous avez un an pour éliminer vos dépendances, reconnaître ce qui vous gêne et ce qui n'est pas juste, et ce juste n'englobe pas la vision humaine. En réalité, personne dans votre entourage ne sera en mesure de vous dire ce qui l'est ou non, et si quelqu'un ose prétendre que ceci ou cela est juste, souvenez-vous de mes propos et rappelez-lui qu'il ne peut savoir ce qui l'est pour vous.

Votre corps fut créé avec beaucoup d'amour. Lorsque vous êtes descendus ici-bas, vous aviez hâte de revêtir chacun ce corps de chair, vous l'aimiez tel qu'il était, vous auriez pris un corps sans jambes ou sans bras si on vous l'avait donné, et même un corps bossu s'il n'y avait eu que lui à votre disposition, l'aimant d'avance. Aujourd'hui, vous êtes à l'intérieur de celui-ci et vous osez le juger. Vous allez jusqu'à lui dire: «Tu n'es pas aussi beau que je le voudrais, et j'en ai même assez de toi, car je voudrais que tu sois autrement.» Vous vous reconnaîtrez tous ici à divers degrés mais, voyez-vous, dans cette approche, vous êtes en guerre contre vous-mêmes. Alors, comment voulez-vous qu'il n'y ait pas de guerre physique à un quelconque endroit de cette planète? Vous commencez à peine à aimer votre planète, mais il fut un temps, pas si lointain, où vous n'aviez que l'envie d'en partir, de la laisser vivre ce qu'elle avait à connaître puis de filer sur une autre planète, une sphère d'amour bien sûr! C'est un autre conflit, une autre guerre. Maintenant que nous vous informons peu à peu que d'autres univers et Super-Univers se créeront, nous enregistrons des «Oh la la! vivement que je file dans ces nouveaux univers!» et là encore, un nouveau conflit est engendré.

Mais que voulez-vous donc fuir?

Vous pouvez partir sur l'une ou l'autre des planètes de ce Cercle atomique de Vie ou dans le deuxième qui s'animera bientôt, mais savez-vous ce qui arrivera si vous partez dans ces conditions? Vous retrouverez les mêmes problèmes et serez confrontés aux mêmes face-à-face. Toutefois, il faudra les résoudre avec les lois en place dans ces lieux, et peut-être cela sera-t-il plus compliqué, plus difficile et pourriez-vous avoir encore moins de chance de vous en sortir.

Oui, cette planète a souffert! Oui, elle vit des désordres, des conflits et elle est défigurée, salie, souillée! Oui, vous habitez dessus et, oui, ce corps n'est pas un critère de beauté selon l'étalon actuel! Et fait intéressant à noter ici: il y a quelques millénaires, pour qu'une femme soit *belle*, il fallait qu'elle soit débordante de rondeurs. Quant à l'homme, il devait être ventru, rougeaud, déformé. Aujourd'hui, on vous impose une apparence filiforme, pourtant vous tentez par tous les moyens de ressembler à ce moule que l'on veut vous faire épouser. Ce n'est ni vous, ni votre identité, ni un critère de beauté! Cette beauté-là est un piège. Ce moule n'est que du paraître. Plus vous tenterez d'y rentrer, plus vous vous éloignerez de votre Être et plus vous créerez de souffrance en vous, plus vous vous déformerez et vous recroquevillerez puis irez même jusqu'à vous détruire.

Je vous demande de vous aimer tels que vous êtes, de faire la paix avec vous-mêmes et d'être, tout simplement.

Aujourd'hui, la seule chose que nous vous demandons afin de nous aider, c'est d'être; et d'être libres de vous mettre à table devant une bonne assiette et de déguster, libres de vous asseoir dans un fauteuil et de respirer tranquillement. Il n'est pas question d'être productifs mais de glisser dans la Vie, dans ce courant de Vie qui est fluidité.

Dès l'instant où vous consentez à entrer dans un moule, vous demeurez à côté de votre Être.

Ensuite, je vous dirai que les deux Forces primordiales actuellement en mouvement et œuvrant ensemble, le Maître Cristal et moi avec le Collectif, avons autorisé vos Anges et vos guides, les Maîtres ascensionnés, ces hommes et ces femmes incarnés tentant d'aider les membres de l'humanité à se diriger vers l'intérieur d'eux-mêmes, à vous tendre des pièges de façon à connaître à quel degré d'évolution, de maîtrise et de compréhension vous en êtes. Aussi, n'accusez pas l'ombre si vous vous faites piéger. Reconnaissez simplement ce fait et regardez comment et sous quelle forme vous vous êtes fait prendre puis tirez la leçon que nous essayons de vous donner; non pas que nous vous considérions comme des enfants mais bien parce que nous savons que vous êtes des maîtres en potentiel. Ainsi, cette année sera remplie de pièges, de troubles et d'espoir, de transformation. Vous devrez vous centrer en vous de manière autonome, sans chercher dans la présence de l'autre ou dans son regard, son amitié, son amour; vous serez incités à vivre sans ces points de repère puis à les lâcher et à les trouver en vous.

Je tiens également à vous préciser que pour parvenir à aujourd'hui, vous avez choisi de naître dans une famille, matrice de vie qui permet de véhiculer des forces et des faiblesses. En acceptant ce corps de chair, vous avez compris qu'il puisse se former par le biais d'un couple, vos parents, ayant eux-mêmes offert ce moule à la Vie. Mais vos parents sont des êtres comme vous, avec des qualités, des forces et des faiblesses, et assez d'amour pour donner un temps de leur existence à la préparation du corps que vous habitez. Ils sont nés également au sein d'une génération et vous avez déterminé cette lignée parce qu'elle vous apportait toutes les opportunités nécessaires à votre propre développement; vous étiez conscients de tout. Alors que vous tentez aujourd'hui de vous libérer et de devenir maîtres de vous-mêmes, ne jetez pas la pierre à ces parents vous ayant permis de prendre vie. Acceptez simplement qu'ils ne furent pas des dieux mais des esprits incarnés également à la recherche de leur propre maîtrise, qu'ils avaient le droit d'avoir des faiblesses comme des forces, et qu'au travers de celles-ci, vous avez pu vous nourrir afin de constituer votre propre réservoir de forces et de faiblesses.

Lorsque vous épousez un corps de chair, la Vie vous oblige à accueillir un réservoir de forces et un autre de faiblesses. Ainsi, comme nous allons vous aider désormais à devenir autonomes, donnez de l'amour à ces deux êtres vous ayant permis de prendre vie, remerciez votre lignée de grands-parents de l'avoir constituée; remerciez-les tous, car ils ont œuvré pour la Vie. Après, ils ont fait ce qu'ils ont pu pour eux-mêmes mais ceci ne vous regarde pas, vous n'avez nul droit de les juger car, si vous jugez vos parents terrestres, cela signifie que vous vous permettez de juger vos parents célestes, que vous vous octroyez ce droit. En tant qu'enfants divins, nous n'avons pas accès au jugement.

Je me retirerai doucement, ayant bousculé aujourd'hui vos forces intérieures, vos schémas concernant l'amitié, la fraternité, les liens familiaux. Et je continuerai dans ce sens afin que vous puissiez enfin trouver la paix et votre place dans cette immense fraternité.

Je ne vais pas souhaiter ici que la paix vous accompagne mais qu'elle s'incarne en vous ; et à chacun de vous, je dis : « Tu es mon frère, ma sœur, tu es mon père et ma mère. »

Et je me retire.

La conscience de l'amitié ; voici également un sujet à développer.

Qu'est-ce que l'amitié et cette conscience de l'amitié ?

L'amitié est un prolongement de l'amour un peu plus dilué vous amenant à ouvrir vos portes intérieures et à accepter la présence, dans votre intimité, d'une autre lumière.

L'amitié, c'est de l'amour.

L'amitié, c'est une force, une lumière, une couleur, un son, une odeur.

L'amitié, c'est une création de l'esprit afin de ressentir un frère ou une sœur dans son intimité. L'amitié, vous la connaissez en incarnation mais, pour beaucoup, c'est un jeu pris plutôt à la légère ; vous entrez en amitié et vous en sortez comme on change de vêtement, ou de *kleenex*, ces bouts de papier servant à vos évacuations et qui sont issus d'arbres, de vies détruites et jetés à la poubelle.

L'amitié, ce n'est pas un moule ni une forme; on ne peut créer une cellule qui enfermera une amitié. C'est un sentiment, une chimie volatile, alors comment voudriez-vous enfermer quelque chose qui ressemble à l'air?

Au nom de l'amitié, on se permettra d'aller jusqu'à détruire la vie intime d'un autre, de juger, d'émettre une sentence, et on voudra agir à l'intérieur de cette amitié. Et là, c'est le piège pour l'ego, pour la personnalité qui n'est pas divinisée.

Je vois déjà dans l'aura de cette terre des êtres, ayant fait ma connaissance grâce à cet enseignement, chercher à pénétrer mon intimité et tenter de me faire descendre à l'intérieur de leur volonté.

Je vous parle de cela parce que se révèlent ainsi les pièges de l'ego qui essaient de m'enfermer dans une expression qui n'est pas la mienne, sous prétexte que l'on a de l'amour pour moi, ou de l'amitié, de l'affection, que l'on accepte ma présence. Et on tente de m'empêcher de m'exprimer tel que je le souhaite, on interprète déjà mes paroles, on essaie même de créer des forces parallèles en mon nom.

Je vous relate une réalité que je suis en train de vivre. Cette réalité est également celle que vous vivez quand vous pénétrez l'intimité d'une personne; au nom de l'amitié, vous pouvez aller jusqu'à tuer, à retirer la vie à un autre être *pour son bien*. Au nom de l'amitié, on ira dire à cette personne dont on aura pénétré la force: «Tu dois te comporter ainsi, t'exprimer autrement, tu n'as pas le droit de penser cela, regarde comment tu agis.» Savez-vous qui est tombé dans le piège de l'intimité? Celui ou celle qui se permet de telles approches.

L'amitié est une autre forme d'amour. L'amour devrait être inconditionnel mais, puisque l'amitié en est une forme à peine atténuée, forcément elle rentre dans cette chaîne d'appartenance.

Et si l'on vous dit que le véritable amour est inconditionnel, l'amitié l'est aussi!

On ne doit pas, on n'a pas le droit de prendre cette force d'amour et de jouer avec. Ce jeu du non-amour, il s'agit bien de cela, vous l'avez visité et revisité. Vous vous êtes englués dans le non-amour, en avez souffert et vous vous êtes même brûlé les ailes jusqu'à oublier que vous en aviez!

Vous devez donc entrer aujourd'hui dans une phase de rééducation. Pourquoi? Vous avez tellement joué à ce non-amour que vous ne savez plus ce qu'est ***être amour***! Vous ne savez plus révéler l'amour; vous essayez, oui, parfois, mais cela ne représente que d'infimes moments de votre vie.

Mais aujourd'hui, c'est l'Amour inconditionnel qui vient visiter votre demeure, comme celle de l'humanité, de cette planète, de ce système solaire et de tous les autres univers! Le Sans-Nom émet un rayonnement qui vous touche désormais de l'intérieur et ce rayonnement est Amour, ne peut être qu'Amour et ne sera qu'Amour.

Et le Sans-Nom vous voit parfaits. Il sait qui vous êtes dans votre forme de naissance et dans votre forme réalisée; il ne voit que cela. En aucun cas, il ne regarde le reste; ceci ne veut pas dire qu'il ne s'instruit pas de votre parcours ni de votre devenir mais, lorsqu'il le fait, c'est uniquement afin de connaître la dose d'amour qu'il peut vous envoyer. Doit-il l'atténuer pour ne pas vous aveugler ou l'augmenter lorsque vous êtes prêts à le recevoir avec une intensité supplémentaire?

Votre non-amour, vécu selon des degrés plus ou moins prononcés, m'invite à me manifester d'une certaine manière. Qui a dit: «Dans ce livre, cette information vient de Soria, cette autre ne vient pas d'elle»? Qui a dit que Soria devait se présenter toujours avec un verbe fort et élevé? Et on s'étonne alors lorsque j'offre un partage de mots tout en douceur et avec amour. Et qui encore me refuse le droit d'entrer plus profondément à l'intérieur de ce corps qui s'offre? Qui m'interdit de visiter votre monde et de m'y mouvoir?

Oui, il m'arrive de faire de grands gestes et j'en ferai de plus en plus.

Oui, j'emploie la force afin de casser dans vos constructions mentales ces dépôts cristallisés vous empêchant d'être.

Et oui, de temps en temps, je me fais rondeur et douceur de façon à déposer de l'amour en vous, tout simplement.

En réalité, vous voulez bien accueillir la visite de grands frères de lumière, mais *à condition que...* et qu'ils entrent dans les moules que vous désirez leur construire. Ceux-là mêmes qui perdurent et que mes frères et sœurs ont dû épouser par le passé, devant alors se présenter aux humanités résidentes de cette planète sous une forme et pas sous une autre.

Mais voilà, je ne porte pas de vêtements que vous connaissez ; je peux en endosser un, comme je peux aussi venir sans, et si j'en ai besoin, je le crée moi-même. Je ne fais pas appel à des Créateurs puisque Je Suis l'Origine, l'ORIGINE.

Comprenez-vous ce que ce mot veut dire?

Pouvez-vous comprendre que le Sans-Nom a extériorisé quatre grandes Forces, issues de sa personnalité, de sa vision, de son cœur, de sa réalité?

À partir de cette création, les mondes finis ont pu être engendrés, ce qui signifie que toutes les chaînes d'appartenance sont issues de ces quatre Forces primordiales, de ces quatre extériorisations de la réalité du Sans-Nom, que je suis une de ces quatre parties du Sans-Nom et que je ne peux épouser aucun moule du monde fini. Et s'il m'en faut un afin de m'exprimer dans ce monde fini, je ne peux que me le créer moi-même.

Je ne peux visiter votre amour ni votre amitié parce qu'ils sont, comme votre vision et votre réalité, en expansion et en reconnaissance d'eux-mêmes alors que moi, je suis issue de l'Origine.

C'est donc l'ORIGINE qui vient visiter cette planète.

Pour pouvoir le faire, nous, Forces primordiales, avons extériorisé en un temps des esprits afin de les placer un jour au bon endroit et au bon moment pour servir l'Origine.

Ceci souligne que les forces venant vous visiter et déposer cet enseignement sont à l'origine de tous les enseignements, que tous les grands maîtres ayant foulé cette terre sont les enfants instruits de l'Origine.

Alors, je vous le dis: «Je suis l'enseignement passé, je suis l'enseignement présent, je suis l'enseignement futur. Mais en réalité, je suis l'Enseignement de l'Origine.»

Aussi, si votre conception limitée de l'amour inconditionnel et de l'amitié inconditionnelle vous permet de saisir ces quelques mots, je vous invite à déposer tout ce qui vous gêne, tout ce qui vous meut dans une expression qui n'est pas vôtre et vous empêche d'être l'expression de l'Origine.

Je vous bouscule; c'est nécessaire. Nous avons initialement envoyé des esprits afin de vous instruire dans la matière, nous avons créé ceux que vous appelez les Maîtres et qui, dans le passé, ont vécu et foulé cette planète. Voilà pourquoi j'ose vous dire que les maîtres du passé sont révolus, mais comprenez-vous pourquoi? Ils ont accepté d'entrer dans l'enseignement du présent afin de pouvoir revenir un jour et vous offrir celui du futur; ils sont en mutation et ne peuvent plus vous nourrir (en tout cas, pas de la manière dont vous prétendez). Aussi, libre à vous de vouloir perdurer dans le passé mais, si tel est votre choix, prenez conscience que vous vivez dans le passé. L'ancienne nourriture continuera d'apporter ce dépôt attendu pour un temps. Cependant, cette nourriture étant appelée à mourir, si vous demeurez ancrés dans ces énergies du passé, vous allez mourir. Mourir au présent développement des nouveaux concepts de l'amitié et de l'amour, mourir à cette nouvelle lumière qui vient, à cette nouvelle forme d'évolution au sein de la famille, et à vous-mêmes puisqu'une part de vous désire évoluer. Et votre choix sera encore respecté jusqu'à l'année 2012.

Mon amour est tel que même si j'ai beaucoup à vous offrir, je me retirerai alors de votre réalité intime et irai nourrir d'autres personnes que j'inviterai à quitter ces vieux fonctionnements de l'amour, de l'amitié, de la famille, des concepts déposés dans l'âme, de l'esprit et du corps. C'est ainsi.

Le présent ne peut se nourrir du passé, car il en est déjà issu. C'est bien le passé qui l'a engendré, mais le présent ne désire pas retourner en arrière mais avancer vers le futur.

Observez vos cristallisations, dues au manque de fluidité, de lumière, d'amour, de reconnaissance ; et ce n'est pas l'entourage qui en est la cause, mais vos concepts personnels de la Vie. C'est votre relation avec la Vie qui vous a entraînés dans cette manifestation. Vous êtes libres de continuer à expérimenter tous ces blocages, mais ils sont issus d'une mauvaise gestion de l'amour, de l'amitié, de la cellule fraternelle, de la cellule familiale universelle.

Vous devez savoir que les Forces de l'Origine viennent s'installer aux confins de ce présent Cercle atomique de Vie ; elles ne se voileront pas, venant intactes, et créeront une deuxième zone neutre afin d'y résider. Cela signifie que vous vous trouverez d'un coup à la périphérie de cette zone d'habitation des quatre Forces primordiales issues du Sans-Nom. Vous serez placés à côté de l'Origine, de l'extériorisation du Sans-Nom.

Vous côtoierez les forces l'accompagnant, comme ce rayonnement d'Amour inconditionnel ; par conséquent, vous êtes dans l'obligation de revisiter vos concepts de l'amour, de l'amitié, des cellules fraternelle et universelle. Vous reverrez les concepts de l'expansion de la Vie, les Lois en vigueur dans ce premier Cercle atomique de Vie et vous devrez revoir les lois en action dans votre corps physique et vos corps subtils.

Vous allez recevoir beaucoup mais on vous demandera beaucoup également, car vous serez placés dans une position de choix; et surtout, ne dites pas: «Je ne l'ai ni choisi ni voulu!»

Alors, dans ces concepts, ces amours humaines et ces amitiés que vous explorez, émergera l'origine de la Création.

Vous y êtes invités.

Peut-être vous installerez-vous à l'intérieur même de ce qui vient vous visiter; en tout cas, je vous le dis: les concepts déposés dans les Forces de l'Origine ne peuvent entrer dans les concepts étroits que vous connaissez en incarnation. Par contre, vous allez bien devoir rétablir le lien d'appartenance entre nos concepts et les vôtres, puis la fluidité afin que nos forces, notre lumière et notre compréhension vous visitent. Et je vous le signale: «Il n'y a aucune possession possible.» Il ne peut y avoir que partage, sentiment inconditionnel, respect et reconnaissance, sinon il est impossible de demeurer résident de cette planète alors qu'elle devient le relais des Forces de l'Origine.

Vous entendez bien: «Votre planète devient progressivement le relais de transmission des Forces de l'Origine.» Lorsque nous serons dans cette zone neutre qui s'installera à la périphérie du premier Cercle atomique de Vie et à laquelle vous vous trouvez accolés, votre sphère de Vie recevra nos forces et les rayonnera de cette périphérie vers l'intérieur du premier Cercle atomique de Vie afin que ce rayonnement revienne visiter notre demeure initiale située à la limite des sept cercles de Vie entourant l'Île Centrale.

Et cela n'est pas fini; ça va dans un sens mais aussi dans l'autre, et votre planète va rayonner vers l'intérieur du deuxième Cercle atomique de Vie. Elle sera placée juste à côté de notre lieu de résidence et, ainsi, les quatre Forces de l'Origine résideront sur la planète Urantia Gaïa!

Vos corps sont donc entrés en mutation; ils souffrent et sont fatigués en ce moment. Il n'y a point de repos ou, à peine parvenus à une compréhension, vous devez aller plus loin immédiatement. Et ce «plus loin», que signifie-t-il? Retrouver le rayonnement des quatre Forces primordiales installées dans votre corps, dans vos cellules.

C'est la raison pour laquelle j'ai construit ces trois jours, de façon à vous restituer les lignes et les forces en mouvement à l'intérieur de votre corps. Ce sont les lois qui régissent tout corps, que ce soit une cellule humaine, animale ou végétale, ou la cellule qu'est une planète, un soleil, un système solaire, et bien d'autres. Ce sont les mêmes lois, celles-là mêmes qui ont défini notre mouvement et notre présence à l'intérieur de la Vie dans ce premier Cercle atomique de Vie.

Cela veut dire que lorsque nous avons reçu le dépôt d'une partie du Sans-Nom, il nous fut demandé de créer des mouvements et nous avons donc mis en place les puissances du Nord, du Sud, de l'Est et de l'Ouest. Comme nous sommes nés du UN, ne pouvant être désunis, nous avons engendré une réalité secondaire et ces quatre forces issues des actions conjointes des quatre Forces primordiales. C'est ainsi que lorsque vous faites appel à ces maîtres, vous appelez l'une des quatre Forces de l'Origine.

Votre corps est régi par la présence des quatre Forces de l'Origine, et l'homme diamant, cet homme réalisé, est tout simplement le rayonnement de la réalité des quatre Forces de l'Origine, des inter-réactions communes qui se meuvent sur la loi du autour-sur-dedans.

L'amour inconditionnel prend le même chemin, et l'amitié est le calque parfait des interéactions entre les quatre premières Forces primordiales; elle ne peut se désunir de l'amour et l'amour a besoin de l'amitié.

Avec des mots qui vous appartiennent, j'essaie d'être la plus simple et la plus précise possible afin de vous expliquer la complexité des inter-réactions issues de la multitude des facettes du Sans-Nom dans le monde fini. Et vous portez en vous cette complexité, cela sous-entend que vous connaissez ces complexités au sein de vos expériences dans l'amour et l'amitié, et que l'amour et l'amitié de l'Origine sont en mutation à l'intérieur de vous. Soyez prudents, car vous vivez actuellement sur des sables mouvants et si vous n'avez pas su vous rapprocher des quatre Maîtres de l'Origine, vous pouvez vous laisser engloutir par ces sables mouvants.

Mais le Souffle de la Vie revient vous visiter et va vous cueillir dans ses bras, vous faisant glisser dans l'Eau de la Vie afin de vous nettoyer, de vous purifier. Les bras de l'Eau formeront un cocon vous soutenant pour vous amener jusqu'à la Terre qui, elle-même, offrira sa glaise transformatrice de façon à remodeler votre paysage intérieur. Quand ces trois paires de bras aimants vous auront soutenus, ils vous accompagneront ensemble vers le Feu. Oh, non pas pour vous y plonger mais pour vous poser juste en face afin que vous receviez son rayonnement. Ce feu ne vous brûlera pas, il apportera la dernière touche et déposera toute sa force d'amour, de paix et de lumière. Cette force deviendra votre amie et le cycle sera complet.

Aussi, dans ces temps de troubles que vous visitez, soyez attentifs à vos émissions, car vous serez forcément amenés rapidement à vous présenter devant le Feu sacré. Là, lorsque vous recevrez ce qu'il a à vous transmettre, que vous toucherez la profondeur de cette réalité, si vous n'avez pas effectué le travail correctement, vous risquez de vous brûler avec votre propre feu intérieur.

Ne tombez pas alors dans la culpabilisation, commencez à vous aimer, à faire la paix avec vous et à émettre de l'amitié envers vous. Puis, ce travail effectué, essayez de le faire rayonner autour de vous dans la simplicité, juste dans la simplicité. N'oubliez jamais que les quatre Forces primordiales, les quatre visages de l'Origine, du Sans-Nom, ont déposé dans vos cellules toute sa réalité. Et c'est cette réalité, ce dépôt qui va d'abord déployer ses ailes.

Je vous invite encore une fois à un voyage à l'intérieur de vous afin de découvrir le visage de la cosmogonie de ce Cercle atomique de Vie.

Soyez doux avec vous, avec votre entourage, et en paix avec vous comme avec votre entourage; aimez-vous et aimez votre entourage. Et puis, venez vous baigner à l'intérieur des quatre Forces de l'Origine, c'est-à-dire dans ce que vous êtes.

Je vais me retirer pour aujourd'hui et je vous laisse à cette nouvelle méditation, à cette invitation à vous retrouver. En effectuant ce cheminement intérieur, vous nous retrouverez et irez au-devant de nous-mêmes, qui sommes également vous-mêmes.

Nous pourrons alors mettre notre main dans votre main, et j'attends cet instant avec force et amour. Si je dois user de l'épée de lumière de façon à trancher les liens qui vous attachent au non-être, je le ferai. Si je dois vous entourer d'amour et de douceur afin de panser votre cœur blessé, je le ferai aussi. Mais je ne descendrai pas dans un moule que vous pourriez créer pour m'enfermer.

Je me retire.

Depuis deux jours, je vous parle d'amour inconditionnel et d'amitié.

Il est vrai qu'il est difficile de vous dire: «Quittez ces formes et ces moules!» sans vous rappeler ce qu'est l'amour tel que nous le voyons. Pourtant, si je vous parlais de notre conception, vous ne pourriez pas en saisir une partie même infime. Je vous dirai donc aujourd'hui que l'amour inconditionnel, la fraternité inconditionnelle, l'amitié inconditionnelle sont en évolution.

Vous vivez dans la densité, dans un monde évolutif et expérimental; vous avez dû accepter forcément les moules présents et en vigueur le jour de votre naissance. Vous avez donc épousé les moules appartenant à l'humanité présente, ceux de toute la lignée familiale, ceux de vos parents mais également la mémoire de la terre où vous êtes nés, puis accepter encore le moule qui vous est propre pour votre évolution. Cela fait beaucoup de moules à épouser, et vous avez dû, dans les mêmes proportions, prendre des voiles d'oubli de façon à ne plus savoir qui vous étiez réellement. Car vous êtes venus afin de participer à la guérison générale. Vous avez de nombreuses chaînes aux pieds; les unes vous ont été dévoilées, les autres se révéleront. Oh, je ne vous demande pas de partir en guerre mais de déposer ces chaînes qui vous entravent et vous empêchent d'être légers, de voir l'appel de la Vie. Quel est le chemin que la Vie vous propose pour découvrir une partie, un fragment de la vision de l'amour, l'amitié et la fraternité inconditionnelles? Savez-vous de quoi vous souffrez le plus? De vouloir agir plutôt que d'ouvrir votre cœur et de le laisser rayonner. Vous souffrez d'un manque de communication; vous n'osez pas parler ou alors vous ne prononcez pas les bons mots, car ils sont tellement retenus que vous les empêchez viscéralement de sortir ou pensez que vous allez lâcher un véritable fleuve de mots incontrôlés. Mais tout ceci n'est pas l'harmonie; si vous osiez vous installer dans votre lumière, vous seriez en harmonie, en paix et, ainsi, vous parviendriez à glisser dans le fleuve de la Vie, dans la fluidité.

Je vous ai signalé que j'allais couper toutes ces chaînes et les boulets que vous traînez. Et je le ferai, pas forcément dans ce cercle mais chez vous, dans votre intimité. Je viendrai vous voir, vous qui êtes présents ici, mais également les lecteurs, ceux qui me connaissent déjà comme ceux qui me découvriront, puis même ces personnes qui n'auront pas connaissance de ma présence. Je travaille non pas pour un petit groupe ou un nombre réduit, mais pour l'ensemble, et même pour ceux qui me repoussent.

Je sais de quoi vous souffrez; vous avez tellement peur de vous élever, de cette fluidité que l'on vous propose, qu'au fur et à mesure que l'on vous invite à vous alléger, vous reconstruisez des repères, des chemins afin de vous y blottir, vous protégeant de nous et de vous-mêmes.

Par la présence de Kryeon, cet Être merveilleux, il vous fut permis de prendre conscience de votre valeur. Il a fait un travail important qui permit d'éviter des crises douloureuses à cette humanité après les prises de conscience consécutives à son intervention. Ainsi, certaines probabilités se sont effacées, mais qu'avons-nous observé? Nous avons vu ces mêmes groupes d'humains rebâtir à une allure extraordinaire de nouveaux moules avec de nouvelles épreuves, parce qu'ils ont besoin de cela pour sentir qu'ils existent! Ces moules occasionnent de nouvelles probabilités, certes moins douloureuses que les précédentes, mais qui le demeurent malgré tout. Je me dois donc de travailler afin de vous permettre de vous alléger et de vous faire prendre conscience que vous venez de construire de nouveaux moules avec de nouvelles épreuves. J'aimerais que mon travail vous permette d'annuler ces probabilités. Certaines le seront très certainement, mais je crains d'en voir d'autres s'ancrer.

Je voulais vous dire qu'avant vous viviez dans la peur et, de ce fait, aviez besoin de vous accrocher à quelqu'un, au point de l'empêcher d'évoluer pour vous sentir à l'aise. Actuellement, les quatre Forces primordiales vont travailler ensemble à vous sevrer de ce fonctionnement. Vous serez incités à éprouver de l'amitié sans créer ce type de lien, et de l'amour sans obliger l'autre à entrer dans un moule. Vous pourrez aimer un partenaire en vous asseyant à côté de lui et en le respectant, puis communiquer et échanger. Oh, je sais, cela ne se fera pas du jour au lendemain! Vous aurez des soubresauts, ça, nous le savons, mais nous maintenant ce but et savons que vous pouvez y parvenir. Quand vous vous assoirez dans cette nouvelle forme d'amour sans dépendance et sans mettre les autres en dépendance, nous pourrons vous dévoiler un peu plus ce qu'est notre vision de l'amour, de la fraternité et de l'amitié.

Je déplore de vous voir entrer encore en crise. Elle ne sera peut-être pas d'ordre individuel, mais cette humanité même entre en crise. Je vous demande d'accepter cette crise d'identité, mais non pas de recevoir des gifles, de déposer vos pouvoirs et votre autorité ou de remettre tout cela entre les mains de quelqu'un d'autre. Vous devez être l'autorité de ce corps communautaire, en devenir le maître, l'amour, le frère ou la sœur, tout en étant son ami et confident. C'est ce qui vous attend, et comme vous êtes tous et toutes invités à cela, vous entrerez tout naturellement dans l'autonomie. Oui, vous partagerez votre vie avec un partenaire, vous engagerez des vœux et accepterez d'accueillir de nouvelles âmes, d'en être le guide temporel, mais vous aurez quitté ces dépendances.

Je ne peux vous expliquer ce qu'est l'amour inconditionnel, cela va beaucoup trop loin. Toutefois, si vous acceptez que ce concept soit évolutif et qu'à chaque nouveau pas vous en découvriez une partie, alors, déjà, vous vous glissez en lui.

Je suis parfois dure avec vous, j'emploie des mots qui ressemblent à s'y méprendre à une épée de lumière, et je viens trancher vos pensées, vos schémas et vos moules, libérer votre personnalité, mais si vous saviez à quel point je suis amour inconditionnel !

Dans l'état actuel de vos véhicules physiques et de vos ouvertures de conscience, je ne peux déposer cette force qui m'anime et je la voile en permanence. Il m'arrive de temps en temps d'avoir des réactions où je laisse couler ma force ; là, cette épée de lumière devient tranchante, je n'aurai pas le mot de vous dire que je ne contrôle pas ces ouvertures. Ce n'est pas le cas puisque je suis maître de moi et je sais toujours ce que je fais. Et si je m'autorise une réaction, c'est qu'à l'instant, il en faut une. Alors, je vous invite vous aussi à comprendre qu'il y a parfois nécessité d'avoir une réaction et que si tel est le cas, cela ne veut pas dire que vous ne maîtrisez pas votre vie ou que vous manquez d'amour. Par contre, nous, Forces primordiales, ne pouvons en aucun cas soutenir cet abus du pouvoir masculin lorsqu'il affirme aller guerroyer au nom de l'amour! Certains prétendent même que c'est au *nom de Dieu*, qu'ils en ont reçu le message, ou qu'ils s'octroient cette liberté mais, voyez-vous, il s'agit d'un abus de pouvoir.

Je voulais vous dire aujourd'hui que je vous aime tous et toutes pour avoir accepté d'épouser ces moules restrictifs de votre personnalité, de votre lumière et de ce Je Suis qui est votre manifestation. Nous vous respectons dans cette grande aventure que vous avez entreprise avec vous-mêmes. Nous vous honorons pour cela mais, tout en reconnaissant que vous avez choisi un chemin tracé pour les plus audacieux, cela ne vous autorise pas en incarnation à nous dicter notre conduite ou à vous exprimer en notre nom lorsque vous n'êtes pas mandatés.

Et puis, écoutez: la force qui m'anime est la force du Feu, de ce feu qui m'a donné vie, me nourrit et me soutient.

Ce Feu sacré est descendu sur votre planète, en provenance directe du *Soleil Central*.

Le Feu a toujours été présent sur votre sphère et s'est toujours incarné d'époque en époque, selon divers degrés de puissance.

Aujourd'hui, le Feu sacré, c'est-à-dire le Feu couronné, est descendu sur cette planète, en France, dans les Pyrénées.

Ceci signifie que le Sans-Nom a extériorisé une cellule de lui-même et l'a envoyée dans cette matrice importante (la chaîne pyrénéenne) qui révélera dans un temps futur son contrat envers l'humanité.

Lorsqu'il est en partie densifié, le Feu entre lui aussi dans le mouvement de l'évolution. Cette petite cellule expulsée du feu intérieur du Grand Créateur n'est ni voilée ni diminuée. Cela revient à dire que cette cellule déposée dans les Pyrénées va nourrir et illuminer toutes les autres, leur envoyant son identité, sa force, son rayonnement et son amour.

Le temps que cela prendra ne nous appartient pas, mais rien que par cette présence, vous ne pouvez plus regarder en arrière. C'est l'Amour inconditionnel qui est venu, aussi, tout doucement, de par sa présence, cette cellule réanimera la cellule d'amour inconditionnel présente en vous et, forcément, vous devrez déposer tous ces schémas vous encombrant, tous ces masques et ces attitudes qui ne correspondent pas au Je Suis que vous êtes.

Vous allez donc quitter cette attitude de victime, celle de fausse autorité, le vouloir agir à tout prix et tous les travers de la personnalité pour entrer progressivement à l'intérieur de cette cellule d'Amour inconditionnel. Voilà pourquoi, depuis le début de cet atelier, je vous ai envoyé l'énergie nécessaire afin de vous aider à vous libérer, à devenir autonomes et j'ai brisé par le biais de mes mots des schémas qui vous encombraient.

À ceux qui sont reliés en esprit avec un Être, avec la Vie, nous demandons d'avoir le courage de le dire car, nous aujourd'hui, avons le courage de partir, de nous éloigner de notre demeure initiale, de venir jusqu'ici et de reconstruire une nouvelle demeure. Alors, nous vous tendons la main et vous disons que si vous démontez pierre par pierre ces demeures du passé en mettant votre main dans la nôtre, vous allez construire celle du présent et, par conséquent, celle du futur. Mais si ces pierres étaient lourdes et épuisantes, aujourd'hui elles peuvent ne plus l'être et, demain, ne seront plus que rayonnement d'amour. Vous pouvez donc acquérir dans cette transmutation les ailes de la transformation et de la légèreté.

Nous vous aimons sans condition.

Nous vous aimons tout simplement. Même si notre vision est plus élevée que la vôtre, nous avons la sagesse de vous la voiler afin de ne pas vous aveugler et de ne vous présenter que l'ombre de cette lumière afin que vos yeux intérieurs s'habituent doucement à cette ombre et puissent envisager de regarder un jour en toute sérénité la lumière réelle de cet amour.

Allez maintenant dans votre quotidien et sachez que nous déposons tous les éléments, tous les germes qu'il vous faut pour cette transmutation de vous-mêmes. Et cela aussi représente une autre forme de l'Amour inconditionnel.

Je vais clôturer ce cercle, c'est-à-dire que ma voix va se taire. Et je vous invite à prendre la parole et à vous quitter en paix ; dans cette invitation, il y a un être qui, hier, n'a pas osé offrir sa voix et son propre partenariat. Peut-être le fera-t-il maintenant.

En attendant, allez en paix, car tel est notre souhait.

Domme

la Dordogne

Troisième rencontre

Bienvenue dans ce cercle de paroles que j'ai mis en place non pas pour vous faire plaisir, mais afin de vous inviter à glisser tout doucement dans mon enseignement, de l'approfondir et d'installer encore plus en profondeur les informations que vous trouvez dans les livres.

Comme vous avez pu vous en rendre compte durant cette journée, des énergies descendent et vous accompagnent, telles des vagues vous enveloppant. Selon les groupes, le processus est plus rapide ou plus lent ; cela n'a pas d'importance, car je sais qui vous êtes. Lorsque je vous accueille à l'intérieur du cercle, je connais exactement le travail qui doit être fait dans l'instant présent, ou retardé, et le temps qu'il vous faut pour pénétrer un autre espace initiatique. Et qui dit *initiation* entend tout simplement *reliance* avec une des forces en mouvement vous permettant de rétablir l'harmonie à l'intérieur de vos corps.

Il y a beaucoup de confusion dans votre mental. Oh oui ! Je sais, vous avez fait du beau travail mais il va falloir aller encore plus loin. Aujourd'hui, nous ne vivrons plus dans le mental, nous n'évoluerons plus dans ce rouage de l'esprit qui cherche, analyse, veut quantifier et finalement mouler. Nous descendrons d'un cran et passerons de cet état mental à l'état d'amour ! Alors, forcément, la descente sera un peu douloureuse, car ce lien d'énergie reliant le mental au cœur est détérioré. Détérioré parce que le mental a trop cogité, trop cherché, trop pensé, trop vécu sur lui-même et oublié d'ouvrir les portes du cœur. Et puis, des énergies s'en viennent qui ne seront pas faciles. Pourquoi ? Du fait que le mental s'est appuyé sur l'énergie masculine et, croyez-moi, il y est bien ! Il a une autorité, un pouvoir ; il en use et en abuse. Là, tout d'un coup, nous demandons à l'esprit masculin de reprendre sa place, celle qui lui était destinée, et nous l'invitons à déposer ses armes et ses jouets.

Le mental s'exprime sur une multitude de plans, du plus grossier au plus subtil, et ses rouages sont tellement délicats! Parfois, ils vous conduisent vers des impasses que vous devez vivre. Comment en sortir? Vous n'avez pas le choix; il ne vous reste qu'une solution à l'heure actuelle: déposer votre main dans nos mains, faire acte de foi, c'est-à-dire nous accorder votre confiance. Et, ici, nous entrons dans un domaine difficile, la confiance! Comment faire confiance à des êtres qui ne vivent pas sur le plan physique? Lorsqu'ils communiquent, ils nous parlent de métaphysique et, en plus, il y a un décalage entre leur temps et le nôtre, entre leur espace et le nôtre! Eh bien voilà, en quelques mots, je vous ai retournés à l'impasse de votre mental.

Comment nous, Créateurs de toutes choses, pourrions-nous être déconnectés de votre réalité?

Comment aurions-nous pu — créant le monde fini, déterminant ses lois, ses supports afin que les Forces primordiales puissent se mouvoir — ne pas connaître votre relation avec le temps et l'espace? Ne pas savoir justement qu'il y a une différence entre notre point de vue et le vôtre, entre notre vie et la vôtre? Cela aurait été un non-sens! Un des plus grands pièges de l'ego et du mental. Comment aurions-nous pu installer l'ego, cet être abusif, en vous? Cela est impossible! L'ego, c'est juste la personnalité! Il y a personnalité humaine et personnalité divine; toutefois, là aussi, comment aurions-nous pu créer les deux en les séparant? Nous aurions alors été dans la dualité dès l'origine. C'est également impossible!

Nous ne connaissons pas la dualité; par contre, nous vous avons demandé d'aller l'expérimenter, tout en sachant que vous y êtes déjà. Votre regard est erroné quant à notre présence, notre qualité, nos fonctions. Vous avez des attentes vis-à-vis de nous! Et cela étant, vous façonnez des moules; vous savez, ces formes à l'intérieur desquelles vous voulez absolument nous faire glisser! Et nous y trouvons vos limitations. Comment pouvez-vous nous limiter alors que nous sommes issus du Cœur du Sans-Nom, que nous sommes l'ORIGINE et que vous, vous avez pour mission d'offrir au Sans-Nom un présent, soit une réalisation?

Il faudra revoir un peu toutes ces notions que vous avez glanées à droite et à gauche dans vos recherches. Cela vous a éloignés plus que rapprochés. Oh, c'est vrai! Nous avons déposé sur cette terre des êtres venus vous illuminer, c'est-à-dire vous parler de cette Lumière Qui Est, qui sera toujours. Seulement, il n'a pas fallu longtemps pour que ceux qui s'assoient à côté de ces maîtres décident de créer des formes, des moules, des chemins. Alors que ces enseignants vous parlaient justement de cette extrême liberté lorsque chacun se place dans la Lumière de Vie, hors des moules humains ou préhumains, hors de ces sentiers tant visités qui vous sont propres mais ne peuvent appartenir à la Lumière de Vie.

Aujourd'hui, toutes les chaînes d'appartenance, tous ces grands Êtres qui ont eu une responsabilité un jour ou l'autre de votre passé, ici et ailleurs (car ne croyez pas que l'enseignement déposé en vous a été recueilli uniquement sur cette planète; des savoirs n'étant pas l'apanage d'Urantia ont en effet été déposés afin de vous offrir des livres dans lesquels vous pourriez puiser une connaissance), tous ces grands Êtres vont donc revenir puisque vous les avez appelés et qu'ils répondent. Mais quand tous se penchent et regardent cette magnifique planète, que rencontrent-ils? Les moules que vous avez créés, que vous leur offrez. Et vous attendez avec impatience qu'ils y glissent et s'en revêtent, mais comme il existe autant de moules que d'êtres incarnés cela fait beaucoup de moules à épouser pour un seul être!

Aussi, avant même qu'ils ne viennent et s'offrent encore pour l'ascension de l'esprit de cette planète, il ne nous reste qu'une seule chose à faire: détruire tous vos moules! Tous ces grands Êtres vont s'incarner, mais je vous arrête: aucun, aucune parmi eux ne prendra un corps physique! Ils ont donné! Par contre, en tout un chacun, ils glisseront une partie de leur énergie. Alors, ne confondez pas! Ne confondez plus! Vous accueillerez une partie des énergies de l'un ou de l'autre, mais ces maîtres ne s'incarneront pas. Qu'ils soient récents ou anciens, ils ne reprendront pas un corps physique. Par contre, ils vous demandent d'accueillir cette infime partie d'eux-mêmes, déposant peut-être un millionième de leur cellule, puisque leur action est limitée à l'intérieur du corps humain, qui ne peut recevoir davantage dans l'état actuel. Vous devez comprendre que, présentement, vos corps sont tellement blessés que si l'on déposait un peu plus d'énergie à l'intérieur de cette humanité, nous lui ferions beaucoup plus de mal que de bien.

Non, Jésus ne reprendra pas un corps physique! Pas plus qu'un des anciens maîtres de telle ou telle autre religion. Cela ne veut pas dire que ces Êtres ne fouleront pas cette planète, mais qu'ils vont attendre que votre esprit s'élève suffisamment afin de pouvoir, avec leur corps de lumière, abaisser leurs vibrations et venir ponctuellement marcher avec vous quelques secondes, quelques minutes, quelques heures, une journée peut-être. Cela signifie qu'ils attendent principalement que vous soyez bien installés dans cette transmutation de la troisième à la quatrième dimension. Cela sous-entend qu'il y a encore beaucoup de travail à réaliser en vous, beaucoup de maîtrise à acquérir, de tests à passer, d'épreuves à franchir, et qu'au cours de cette année 2004, il y aura beaucoup de troubles.

Et tout au long de ces troubles que vous allez vivre — puisqu'ils vous toucheront tous à des degrés plus ou moins grands — vous serez incités à vous positionner. Non pas envers nous, mais envers vous-mêmes et la Vie. Et là, nous vous attendrons. Puis, si vous voulez traverser avec plus d'aisance, vous devrez nous faire confiance car, vu tous les événements qui se déroulent sur terre, vous ne pouvez plus avoir une confiance intégrale dans les énergies humaines. Il est naturel qu'il en soit ainsi; cela est bien et bon. Pourquoi? Parce que vous n'êtes que dans la phase préhumaine et que nous œuvrons pour vous amener à glisser dans la phase humaine, dans cet état de conscience que nous appelons *humain*. Quand vous y serez parvenus, vous apprendrez à le reconnaître et à utiliser les énergies qui l'animent.

Finalement, dans cette phase de troubles vous devrez aussi apprendre à vous réapproprier vos identités féminine et masculine. Aucun de vous n'est équilibré! Vous pensez avoir atteint un certain équilibre, c'est vrai, mais ce n'est pas celui auquel nous souhaitons vous voir arriver. Il vous faut encore aller beaucoup plus loin, soit retrouver l'alchimiste que vous êtes et que vous n'avez encore jamais rencontré. Il n'y aura pas d'éléments physiques dans cette quête, car vous chercherez ces éléments à l'intérieur de vous-mêmes. Et je tiens à vous le dire, rien ne sera facile, puisque vous vous comportez depuis longtemps comme des orphelins ou des orphelines. En effet, vous agissez seuls, coupés de l'univers, de vos frères, de vos parents, de votre famille terrestre, de l'humanité, de la Terre, des Anges, enfin de tous les êtres animant les mondes subtils et le monde des quatre éléments. À force d'être ainsi, votre corps est coupé du reste; vous n'avez plus de racines et il vous faut tout reconstruire!

Quand j'ai reçu pour mission de me diriger vers votre planète, j'ai étudié ce qui se passait et observé ceci: vos énergies sont tronquées, bafouées, violées, elles ne sont pas aimées, et vous avez réussi à installer ou instaurer même un état de guerre permanente dans vos corps physiques et subtils. Vous avez laissé place à une confusion totale dans votre mental et êtes parvenus à galvauder toutes les notions essentielles de l'amour et de l'amitié. Vous êtes devenus intolérants. Naturellement, ce que j'affirme ici peut se décliner sur plusieurs expressions, de la plus grossière à la plus subtile.

Vous vous êtes coupés des énergies du haut et du bas. Et dans ce retour présent, dans cette émergence de reconnaissance à la Vie, vous n'avez travaillé qu'un pôle, vos racines avec le Ciel, niant vos racines avec la Terre, établissant également de faux rapports avec la Vie divine. De plus, vous avez réussi à constituer tout autour de cette planète une quantité extraordinaire de réservoirs d'énergie viciée ne pouvant plus nourrir correctement aucune particule de votre corps. J'ai dû composer avec cela et avec la demande de mon Père, le Sans-Nom, et choisir le type d'énergie à revêtir afin de vous transmettre cet enseignement. J'avais le choix. Faire appel aux énergies féminines était à mon avis le plus approprié puisque celles-ci reviennent vous visiter, s'installer et reprendre la direction de cette planète. Mais l'énergie masculine étant très déformée, très despote, j'ai finalement opté pour celle-ci afin d'être l'Épée de Lumière et de déraciner tous ces comportements erronés. Depuis que je peux communiquer l'enseignement, émettre des mots, couper toutes ces fausses racines, j'ai employé l'énergie masculine à tout va.

Pourtant, il vous faudra un jour rééquilibrer et utiliser les énergies féminines et, régulièrement, je teste votre acceptation. J'ai effectué quelques essais par des *channelings* publics très en rondeur, en douceur, et en profondeur, mais je dérange! J'ai aussi écrit quelques lignes très en rondeur, très en douceur, mais cela dérange également, car je ne donne pas suite à l'énergie masculine employée dans ma présentation. Et dans ces instants-là, vous voulez me glisser dans un moule, mais je ne peux me prêter à votre jeu, car il me faut garder ma liberté. Je peux comprendre ce qui vous anime puisque, à l'origine, j'ai donné de ma force pour la création de ce Super-Univers comme pour ce Cercle atomique de Vie, mais je ne peux accepter le moule, et cela je vous le déclare.

Alors, oui, régulièrement je viendrai vous déranger! Je me ferai rondeur, matrice, amour, je me ferai mère! Et même dans cet état, je me présenterai à vous avec mon Épée de Lumière, toujours prête à trancher en vous ce qui est faux, ce qui vous empêche de revêtir les ailes de la Transformation.

Mais je veux aussi vous parler de la confiance. C'est là un état d'être, et quand on s'y installe, on ouvre une porte, on établit un partenariat. À force d'observation, nous le constatons: très peu acceptent le partenariat que nous leur proposons. On entend plutôt: «*Je veux bien à condition que... ou si... Je veux bien, mais...*» En fait, vous ne voulez rien et n'avez pas confiance en nous! Cela veut dire que vous niez à l'intérieur de vous ces Forces primordiales que nous avons déposées. En somme, vous nous rejetez! Et dans les heures, les jours, les mois qui suivent, ce rejet peut encore revêtir des formes bien denses et vous devrez regarder cette partie qui vous appartient puisque vous êtes des créateurs et avez créé ce type d'énergie! Et nous allons, en énergie, nous rapprocher encore plus de votre planète, nous relierons vos cellules avec des cellules de lumière, de pureté, et d'une grande profondeur. Cette connexion vous bousculera, aussi je vous invite à nous faire vraiment confiance, non pas en perdant votre bon sens mais en comprenant que nous pouvons maîtriser le processus et que si vous n'interférez pas, vous ne vivrez pas de situations difficiles.

La Lumière du Sans-Nom est maintenant installée sur Urantia Gaïa et commence à rayonner faiblement, non pas que le Sans-Nom soit affaibli, mais il a tellement d'amour qu'il ne veut pas vous aveugler. Il émettra progressivement dans votre quotidien cette lumière qui lui appartient et, doucement, vous serez invités à déposer ces vieux vêtements qui vous gênent, ces fonctionnements caducs, ces vieilles réflexions et attitudes limitatives, tout ce qui vous empêche de respirer, en somme d'*être*. En fonction de vos ouvertures, vous recevrez en vous une lumière de plus en plus pure et éclatante. Et cette lumière vous parlera en un langage que vous ne connaissez pas; ce ne sera pas forcément des mots, des images, mais peut-être une perception, une impression. D'une manière ou d'une autre, vous sentirez ce qui est déposé dans vos cellules, dans votre corps. Je ne vous demande pas de quitter votre emploi ni de vous en remettre aveuglément à mon enseignement, mais de savoir discerner ce qui appartient au divin et à l'humain. Tel est mon enseignement! Je ne vous invite pas à séparer, mais à reconnaître afin de pouvoir identifier, puis à faire la paix et, enfin, la lumière.

Dès qu'un être, homme ou femme, se sent connecté à la Lumière il *entre en mission*. Laquelle? On ne sait pas, c'est un mystère, mais ce sont là ses mots! Il ne peut plus vivre dans le monde qu'il habite et nous le voyons prendre des décisions qui nous affolent, car elles ne correspondent pas au chemin que nous lui avons préparé! Nous le voyons se lancer dans une suite d'épreuves fatigantes, exténuantes, voire éprouvantes. Mais c'est un créateur, et nous devons respecter cette volonté de création; pourtant, dans celle-ci, il n'y a pas de partenariat avec nous ni de confiance en nous! Quand vous entrez dans la lumière, qu'elle soit petite ou grande, la seule chose qui vous est demandée consiste à tourner votre regard à l'intérieur de vous, à regarder ce qui vous gêne et à le transmuter. Rien d'autre! Et si certains d'entre vous sont vraiment appelés à entrer en mission, alors nous leur enverrons des messages d'une façon ou d'une autre. S'ils ne comprennent pas, nous fermerons des portes puis nous les pousserons tout doucement vers d'autres portes déjà grandes ouvertes. Si vous n'en voyez aucune, cela correspond au cheminement intérieur suivant: «Si je n'éprouve pas de difficultés dans mon corps, je ne suis pas sur le bon chemin! Que l'on me mette sur les épaules tout le poids de cette humanité, je suis assez grand pour le transmuter!» Et d'autres formules savantes que vous avez su créer entrent dans ce registre, mais en aucun cas cela ne relève d'un partenariat de confiance avec nous! Et c'est un abus de pouvoir envers la Vie!

Je vous exhorte à ressentir ce qui est faux et ce qui est juste! Ce qui est bon et bien pour vous! Mais vous direz: «Je ne vois rien, n'entends ni ne ressens rien!» C'est tout à fait faux! À tout instant de la vie, vous êtes reliés, et la Vie se charge de vous amener à ressentir, de vous parler et de vous instruire. C'est exact, vous avez fermé des portes et, pour certains, recevoir nos messages s'avère donc un peu plus compliqué. Mais dans ce cas, nous plaçons sur votre route une personne, un livre, un animal vous incitant à comprendre qu'il faut vous poser, ouvrir vos portes intérieures et accueillir ce qui vient. Vous vous exclamerez encore: «Oh, lâcher prise, comme c'est difficile, et on ne sait même pas ce que c'est!» C'est simplement avoir confiance en nous, vous asseoir à nos côtés, nous accepter comme des frères et sœurs, prier votre mental d'installer un peu de paix et d'éviter d'être en roue libre. C'est chercher de l'aide quand votre vie devient de plus en plus difficile, et accueillir la Lumière de Vie. Quand on vous envoie un rayon de lumière, qu'on le voile à l'extrême de façon à ne pas vous blesser, vous avez encore des réactions tellement démesurées que vous arrivez à nous étonner.

Aussi, vais-je vous entretenir un peu de cette confiance que nous avons en vous.

Ce vaisseau spatial qu'est la Terre représente un lieu un peu spécial. C'est un laboratoire d'expériences, un endroit où le tout possible est possible, qu'il soit noir, blanc, gris, ou bleu, peu importe! Nous savons que de telles planètes reçoivent dès l'origine des codes gènes bien particuliers et, qu'à un moment donné, elles auront besoin d'accueillir des frères et sœurs n'appartenant pas à l'humanité résidente du moment afin d'en être détachées et de servir de relais. Nous connaissons tout ce processus. Ne sommes-nous pas les Créateurs des créateurs, l'Origine de l'origine? Ainsi donc, nous prévoyons! Nous arrivons même à prévoir la période où le besoin se fera sentir. Nous pouvons la déterminer à quelques dizaines d'années près, la marge entre la réalité de votre monde et ce que nous avons prévu étant ténue. Et nous avons confiance! En silence, nous préparons donc tous ces êtres qui, un jour, visiteront cette humanité qui sera forcément en difficulté puisque, selon son programme, elle doit visiter un champ d'expériences où, déjà, de grands créateurs déposés dans les grands univers seront envoyés là, sur la planète non encore ancrée dans son couronnement. Il nous faut donc prévoir l'aide nécessaire et toutes les conséquences possibles. Et nous y parvenons!

Le seul «souci» rencontré avec votre planète réside dans le fait qu'elle est entrée dans une période où la succession normale des interventions a été bousculée. Nous l'avons donc été également, puisque c'était une expérience! Et comme nous savions que c'en était une, nous l'avons laissée se pousuivre. Puis cette humanité glissa dans une spirale tellement descendante que nous avons craint le pire! Mais des Êtres de lumière se sont alors levés et ont décidé de partir vers cette planète afin de l'aider à accueillir des fréquences plus élevées. Ils ont œuvré dans ce but, confiants en l'état préhumain.

Cette humanité ayant reçu une extrême liberté, elle a obtenu les autorisations d'effectuer toutes les *bêtises* possibles et inimaginables et, en supplément, d'utiliser toutes les inter-réactions et tous les germes remis par les grands créateurs. C'était beaucoup pour elle, mais un laboratoire unique! Unique, car les résultats recueillis ici sur votre planète serviront l'ensemble de ce Super-Univers et d'enseignements aux cinq autres à venir.

Nous avons fait confiance, car nous avions déposé, dès l'origine, des forces, une qualité de lumière, d'amour qui, nous le savions, pourraient émerger un jour. Le plus dur a été d'attendre le début de cette émergence, de ce rayonnement, car vous nous aviez promis de réussir! Et nous avions confiance en votre parole! Nous ne nous sommes pas trompés, vous avez réussi! Cela vous dépasse peut-être, car vous n'en avez pas la vision, mais ce n'est pas important. Vous avez toutefois été aidés, entourés. Et aujourd'hui, même si vous ne nous faites pas confiance, nous ne nous arrêtons pas à cela. Nous continuons à émettre cette qualité de rayonnement que nous possédons, à vous construire des énergies neuves, à vous aimer sans condition, et c'est ce qui importe.

Cependant, je vous le dis, je ne rencontre pas de confiance en vous regardant. Je croise peut-être de l'exaltation, de la déformation, du vouloir agir et des débordements ; oui, il y a de cela, mais de la confiance, non ! Vous tentez bien d'y arriver, mais vous n'avez pas installé correctement la confiance, vous ne savez pas ce que signifie ce partenariat. Et vous voilà en train d'osciller entre deux positions : je veux/je ne veux pas, j'ai confiance/je n'ai pas confiance, je crois/je ne crois pas, je doute/je ne doute pas, j'accepte/je n'accepte pas. Je Suis, oh, quand j'y pense ; les racines ? on verra demain ; la respiration ? on ne sait pas ce que cela veut dire ; les couleurs, c'est tout un programme, on y pensera peut-être dans cent ans ; les Anges, oui, bien sûr, mais ils sont bien là où ils sont ; les petits êtres de la nature, oh, c'est pas mon souci !...

Vous vous rangez tous dans l'une ou l'autre de ces descriptions. Aussi, soyez concernés par les paroles que je viens de prononcer !

Il me faut aller plus loin et vous parler de l'âme, cette création à laquelle vous avez donné vie le jour où la survie de votre corps physique et de votre esprit incarné était en danger, il y a de cela longtemps ! Mais cette âme est Vie et vous ne l'avez pas encore intégrée ! Oh ! de grandes notions existent, mais beaucoup d'entre vous espèrent toutefois que leur âme sortira de leur corps et les emmènera faire des voyages astraux extraordinaires ! Il y a confusion ! Votre âme souffre de non-reconnaissance, du peu de vie que vous lui accordez. Et elle manque cruellement d'amour et de paix! Cela souligne que vous avez créé un état d'être qui est désormais devenu permanent, et donc que vous la niez! Vous n'avez aucune confiance en elle! En réalité, vous n'avez confiance qu'en votre mental et en votre ego, cette partie de la personnalité basse, du premier degré. Je vous le répète, il y a beaucoup de travail à effectuer à l'intérieur de votre corps communautaire, de votre regard-sentiment-pensée et de votre mental, avant de pouvoir dire «J'aime!».

Vous devriez faire confiance à chacun de vos corps subtils, à votre âme, à votre esprit. Tous résident en vous, essayant d'orchestrer l'ensemble, de maintenir l'harmonie. Puis, élargissez davantage cette confiance en intégrant des Êtres de lumière, des êtres intraterrestres, de la nature, des esprits des animaux et des végétaux, de l'esprit de ce système solaire auquel vous n'avez pas confiance non plus! Sans compter que vous n'avez aucune confiance en votre planète! Voilà de quoi ils souffrent le plus.

Et laissez-moi vous dire ceci par rapport aux cristaux. Malgré ce manque de confiance total envers la Vie, vous allez devoir au moins faire confiance aux Cristaux et installer un partenariat avec eux. Car si vous les accueillez dans votre intimité sans les prier d'être doux et de vous apporter cette part de confiance qui vous manque, ils peuvent vous mener à une destruction! Car ils en ont assez! Il est temps de vous réveiller!

Mais n'oubliez pas, la confiance est un état d'être, une ouverture intérieure dans votre intimité, et nous ne vous demandons pas, en abordant cet état, de devenir des êtres béats. Nous ne vous conseillons pas de vous retirer dans une grotte et d'attendre le bon vouloir de la Vie pour vous nourrir et vivre! Nous vous invitons à un partenariat de confiance entre vous et nous! À vous poser enfin à nos côtés, à vous y asseoir, à prendre votre place. Ainsi, vous pourrez vivre en confiance avec les énergies du grand sidéral. Et quand vous traverserez une période difficile, n'oubliez pas cette confiance établie correctement. Ce partenariat actif vous protégera, vous guidera ; vous en sortirez grandis et non détruits. Soyez doux envers vous-mêmes et apprenez à maîtrisez vos paroles, le Verbe en action ! Chaque fois que vous prononcez un mot, vous l'inscrivez dans la matrice de Vie et, forcément, quand celle-ci reçoit un impact, elle engendre une réaction. C'est une grande loi cosmique.

Je ne vais pas bousculer plus longtemps votre corps communautaire. Vous avez besoin de digérer ces énergies. Mais rassurez-vous, elles sont déposées tout autour de vous et feront leur travail.

Et nous tenons à préciser que nous vous aimons et vous respectons.

Vous avez la joie dans le cœur. Et dans le ventre, votre matrice de Vie. Savez-vous pourquoi ? Parce que nous avons abordé le début de la confiance. Les mots que j'ai déjà émis ont cassé ces faux schémas de sécurité, car il s'agit bien de cela. Votre manque de confiance en vous a créé des bulles de pseudoprotection tellement denses que l'Amour cosmique (ou universel) ne peut plus vous visiter et demeure à l'extérieur de vous, incapable de franchir ces portes que vous avez fermées à triple tour. Car l'Amour circulant dans le grand sidéral épouse des manifestations plus ou moins subtiles, la dernière étant l'amour entre un homme et une femme. N'êtes-vous pas justement en conflit avec cette forme d'amour, ne sachant pas trop quoi en faire ni comment l'équilibrer, entretenant des rapports de force, de dominé/dominant ? Pas facile pour l'Amour sidéral de venir vous visiter ! Il n'y a pas de résonance, pas d'accueil, et les trois quarts du temps, sinon en permanence, vous le repoussez ! Cela vous effraie et vous aveugle ! Comment pouvez-vous, enfants de lumière, nés de la Lumière de Vie, repousser cette nourriture que la lumière vous envoie? *«Ce n'est pas pour moi, je n'ai pas assez travaillé; je ne suis rien, je ne le mérite pas!...»* En abordant la confiance, je faisais aussi allusion à cela! De votre approche de l'Amour, votre relation avec l'Amour! *«Vous ne pouvez pas recevoir de l'amour, car vous en êtes indignes!»* Ni les Êtres de lumière et les Fraternités de lumière, ni les Maîtres et les Êtres primordiaux n'ont émis ce type de pensée! Et ceux qui ont créé ce moule savaient fort bien qu'ils allaient progressivement vous éloigner de votre source de nourriture et vous plonger dans un désespoir, confrontés à une possible mainmise extraordinaire, et qu'en travaillant justement cette pensée, ils allaient vous fragiliser à un point tel qu'en entendant parler d'amour, vous iriez vous cacher!

Moi qui suis une des Forces de l'Origine, je me dirige déjà vers cette planète dont je ferai ma demeure. Voici pourquoi je suis en train de travailler progressivement toutes ses entraves. Ainsi, vous retrouverez doucement votre légèreté et pourrez accepter la présence de la lumière non pas dans sa forme actuelle dénaturée, mais bien avec cette force que nous véhiculons. Nous allons progressivement installer à nouveau le règne de l'Amour, pas cet amour défiguré et martyrisé, mais cet Amour rayonnant qui fut un jour déposé en moi.

L'Amour de l'Origine vient visiter chacun de vous! Vous allez donc recevoir, sous une forme ou une autre, les impulsions de mon cœur afin de déjouer ces pièges posés sur vos portes intérieures et qui verrouillent ce passage étroit jusqu'à votre demeure, ce Soleil rayonnant que représente votre cœur. Jusqu'ici, vous avez beaucoup cherché à l'extérieur, vous fourvoyant; vous êtes tombés dans ces pièges, mais nous étions là, dans le silence, dans l'ombre de vous-mêmes. Nous avons marché à vos côtés pour les déjouer, vous permettant de vous relever et de retrouver confiance en vous, puis de comprendre et de vous reposer dans la confiance même.

Le passage est étroit. Chaque humain sera invité à s'y placer devant et sera ainsi testé. Nous verrons alors si sa résonance intérieure lui permet d'ouvrir cette porte, s'il a compris que la clé était en lui-même. Personne, ni aucun chef religieux, ne vous accompagnera durant cette visite. Et les trois quarts qui se présenteront eux-mêmes à cette porte, à ce rendez-vous avec la Vie, se verront refuser l'accès à cet Amour rayonnant. Ils ont prêché pour leur paroisse, se sont repus de vos forces, enrichis sur votre dos, et lorsqu'on vit de ces travers de la personnalité, de cet abus de pouvoir sur l'autre puis que l'on est appelé à se présenter devant le visage de la Vie, on se retrouve nu et seul. Aussi, je vous invite à comprendre que les religions furent, un jour, une simple marche de l'escalier, parfois vermoulue, bancale, parfois un peu lumineuse ou très noire, mais ne représentant jamais qu'une marche. Et pour vous présenter à la lumière de l'Amour, vous avez dû marcher sur chacune de ces marches puis oser lever le pied pour le poser sur une autre. Vous avez dû oser visiter cet escalier sans savoir où il conduisait.

Je vous le dis, au sommet vous trouverez un espace de lumière où vous asseoir. Et là, nous vous présenterons à la Lumière rayonnante et seul votre cœur pourra tendre LA clé et actionner cette porte étroite.

Mais vous serez seuls à cet instant! Et si l'une de ces marches bancales vous retient encore un peu, elle risque de vous faire chuter au bas de l'escalier. Je ne vous demande pas de dénigrer ces marches ni de les rejeter, mais bien de les reconnaître pour ce qu'elles ont été. Je vous invite à remercier l'enseignement qui fut déposé en vous. Non pas forcément l'enseignement véhiculé par les mots, mais bien celui que vous avez recueilli lorsque vous avez osé vous libérer de paroles impies.

Je vous parlais de confiance. Quand vous serez là, assis devant cette porte de lumière, vous ne pourrez vous accrocher qu'à cette confiance en vous-mêmes, qu'à cette audace de votre être, à cette lumière qui brille en vous et à cet amour que vous aurez trouvé. Je ne serai pas à vos côtés. Par contre, je peux vous enseigner afin que cet instant puisse revêtir le plus beau des manteaux de la réussite. Toutefois, je ne me présenterai pas à cet acte d'amour et à cette manifestation très élevée de la maîtrise de vous-mêmes. Au contraire, je me retirerai afin de ne pas vous influencer et de vous laisser seuls dans cet acte. Durant ces instants, peut-être verrez-vous resurgir des visages de votre passé, et si vous n'avez pas fait la paix en vous-mêmes, vous vous enfuirez, vous cacherez, irez pleurer dans un coin et la porte se refermera. Et il faudra attendre un autre instant particulier pour, à nouveau, vous présenter devant cette porte, cette Lumière. On ne triche pas avec la Vie ni avec l'Amour. On ne fait pas semblant.

Aussi, si je pointe du doigt ces cicatrices de votre âme, de votre esprit et de votre corps, comprenez que c'est par amour pour vous, par désir de vous amener à franchir cette porte avec facilité.

Je tiens à mettre ma main dans la vôtre, à vous accompagner dans ce dernier cheminement à l'intérieur de vous-mêmes. Je tiens ausssi à déposer ma lumière afin d'éclairer cette reconnaissance de qui vous êtes. À tenir entre mes mains l'Épée de Lumière, coupant ainsi en vous ce qui retient cette élévation de votre esprit.

Il n'y a pas d'enfer ni de paradis! Cela n'est qu'illusion. Il n'y a que l'Amour, le pur Amour! Acceptez que ces dernières années de troubles qui viennent visiter encore votre si jolie planète vous offrent tous les outils requis pour vous alléger de ces liens encombrants, cicatriser ces plaies béantes en vous, combler ces trous affectifs, nourrir votre esprit, trouver une place légitime à votre corps physique mais aussi à votre âme, et comprendre qu'aucune religion n'a de pouvoir sur vous-mêmes, sauf celui que vous lui accordez. Et tant que vous accorderez du pouvoir à une religion temporelle, les portes de l'intemporel resteront fermées.

Je viens sustenter autant votre corps physique que votre âme et votre esprit. Je ne peux diviser cette trinité. Et si nous-mêmes reconnaissons la beauté de cette trinité, faites-nous confiance, elle est belle! Dans votre creuset intérieur, nous avons déployé la plus belle alchimie et déposé un Feu sacré. Et aujourd'hui, ce Feu sacré est prêt à terminer son travail. Tel un orfèvre, il va donc poser ses mains délicates pour façonner en mille facettes ce diamant pur que vous êtes chacun. Encore une fois, je ne peux que vous inciter à comprendre que la confiance est l'acte de foi par excellence, la foi couronnée. Je ne vous demande pas tant de nous faire confiance que de vous faire confiance, car tout ce qui vit dans le grand sidéral repose en vous. Vous êtes tous un grand sidéral à part entière et, comme lui, dans un inspir de vous-mêmes en train de créer un autre cercle, une expansion de vous-mêmes. Il faudra vous installer dans le premier cercle, mais c'est dans le deuxième que vous irez honorer la Vie, en acceptant encore de vous remettre en question et d'approfondir ces germes de Vie qui fleurissent là où vous êtes.

Comprenez-vous? Afin que la confiance s'installe, vous devez faire la paix avec les forces de l'Ombre et de la Lumière, la balance cosmique, la dualité. Vous devez être la main qui équilibre ces deux pôles. Et pour ce faire, vous devez être l'Épée de Lumière taillant les forces de l'ombre créées non pas par la divinité, mais par la densité de quelques membres d'une humanité jouant un rôle dangereux. À vous d'utiliser votre propre épée de lumière non dans le but de guerroyer contre eux, mais de couper en silence, dans votre fauteuil, ces liens qui vous encombrent. Nous serons nombreux à vos côtés à accueillir cette nouvelle libération afin qu'elle puisse grandir.

Cette année, il sera question de paix et de réalisations intérieures. Petit à petit, je vous amènerai à franchir un pas après l'autre, à trouver votre centre d'Amour.

Je Suis la Mère cosmique et j'ai engendré une lignée qui porte un autre nom, soit celle des ***ISIS***. Au-dessous de moi, je regarde toutes ces Mères divines qui sont à l'œuvre. La dernière à avoir pris le manteau est Marie, la mère bien-aimée du grand Maître. Depuis deux mille ans, là où elle est, de son poste sur votre planète dans une dimension plus éthérée que la vôtre, elle travaille sans relâche à cet Amour de Mère cosmique. Dernièrement, je l'ai revêtue de ce manteau de l'autorité, l'invitant à être en œuvre. En dessous d'elle-même, elle a créé de petits prolongements, des lumières infimes qu'elle a déposées dans le cœur de certains d'entre vous. Il y a donc plusieurs petites étincelles de cette Marie devenue ISIS, aussi bien dans la vie d'un homme que d'une femme! Et c'est bien par les dimensions éthérées de votre planète qu'elle régnera et fera dominer la puissance de l'énergie féminine.

Si la Mère cosmique a maintenant investi l'aura de la Terre, dites-vous bien qu'à l'intérieur de chacun et chacune d'entre vous la matrice de Vie va bouger.

Je Suis la Mère primordiale, la Mère de l'Origine.

Que cela soit clair. Ces quelques mots ne peuvent ouvrir votre mental puisque ce concept élevé que je vous révèle dépasse l'entendement humain. Votre mental, votre esprit n'a pas encore assez grandi pour pouvoir l'englober. Mais il me faut pourtant le déposer en ces heures afin que les voiles de l'oubli se lèvent encore un peu plus et vous apportent une liberté.

Je ne peux épouser un corps tel que vous le concevez, mais je peux me projeter dans un corps qui m'appartient, comme me créer tous les corps désirés. Cependant, je ne peux endosser le vêtement que vous portez.

Pourtant, dans ce vêtement que je vais créer par moi-même, pour moi-même, je marcherai sur cette planète. Tantôt, je passerai un moment dans la cinquième dimension, tantôt dans la quatrième, étant le plus souvent dans les septième et huitième dimensions de la réalité d'Urantia Gaïa.

Il vous faut travailler vos racines avec cette planète, son cœur même et son Soleil, mais aussi avec le Soleil de votre système solaire. Et quand vous serez bien enracinés dans ces deux pôles solaires, vous verrez votre soleil s'enflammer, rayonner à l'intérieur de vous et pourrez alors commencer à vous connecter aux autres réalités de la chaîne solaire. Voilà pourquoi je me charge de briser tous les schémas de pensée humains concernant l'amitié, l'amour, la confiance, la paix, la tolérance. Mes mots sont parfois durs, intransigeants, mais je suis venue vous conduire vers une telle hauteur de l'esprit que je ne peux m'attarder à vos états d'âme, à votre volonté de ceci, vos attentes de cela. Je dois rester au-delà.

La paix découle justement du regard que vous posez sur vous-mêmes. Dans ce regard, vous croiserez la confiance, l'amour, la fraternité, l'amitié, et bien d'autres choses encore. Et par le seul début de rayonnement de mon Être sur votre planète, je vois s'enflammer déjà ces faux schémas du mental et du corps affectif, s'agiter votre âme et votre corps, mais ce rayonnement, qui ne fait que poindre pour l'instant, va augmenter. Alors dans ces heures où, encore, ma présence ne vous aveugle pas, travaillez! Non pas à comprendre qui vous êtes mais à vous libérer de ce que vous n'êtes pas. Et dans ce travail, je vous le répète, vous n'êtes pas seuls, mais accompagnés, et pouvez demander de l'aide. Nous répondrons, car nous savons que par mon rayonnement j'agite tellement vos cellules qu'il faut vous soutenir chacun comme un être qui a oublié ce qu'est marcher. Pour l'instant vous ne faites que vous agiter; vous ne marchez pas, ne sachant même pas ce que c'est! S'il vous plaît, ne versez pas de larmes en entendant ces paroles. Réjouissez-vous plutôt que quelqu'un ose vous dire avec fermeté et sans détour ce qui vous fait souffrir et ce que vous devez faire pour retrouver cette dimension de l'Amour déposé en vous un jour. Réjouissez-vous, faites la fête! Enfin des paroles claires peuvent descendre!

Mais ces paroles claires ne visent pas à vous caresser «dans le sens du poil». Cette expression me plaît bien, car elle souligne cette dimension animale en vous que vous ignorez! Il est vrai que si je remontais ma main dans le sens contraire du poil, des réactions démesurées pourraient s'ensuivre. Mais je sais ce que vous pouvez supporter à l'instant présent et ce qu'il faut déposer en vous pour vous permettre de franchir toutes ces étapes décisives vers la reconnexion avec cet Amour. J'ai parlé d'Amour inconditionnel, et celui-ci est ce rayonnement qui fut un jour déposé dans ce creuset alchimique à l'intérieur de votre corps. Et l'alchimie est à nouveau en train de vivre un essor extraordinaire. Il fut un temps où cette terre accueillait de grands alchimistes, et, surtout, ne croyez pas que ces êtres ont disparu de cette planète. Ils vivent encore, mais à l'intérieur de votre sphère. Ils sont ces maîtres qui, aujourd'hui, travaillent avec les Cristaux. Oui, l'alchimie humaine est entrée en mutation.

Autrefois, une quête extraordinaire poussait les gens à prendre leur bâton de pèlerin et à s'en aller sur les chemins, ignorants de ce que la Vie leur réservait. Aujourd'hui, je vous dis déposez votre bâton de pèlerin, posez-le à l'intérieur de votre maison, à l'endroit qui vous plaît, mais posez-le. Asseyez-vous devant lui et écoutez ce qu'il a à vous dire. Car ce bâton est le chemin, et le chemin est ce bâton. Il est la quête, la lumière. Il est à la fois l'alchimiste et l'Alchimie! Il est l'errance du pèlerin, et si ce dernier s'en allait sur un chemin à la rencontre de lui-même, il risquerait plus de se perdre que de se rencontrer. En effet, ce n'est pas là que réside le Feu sacré, mais à l'intérieur de vous-mêmes. Et c'est là, dans votre fauteuil préféré (en écartant tout de même votre téléviseur), que vous ferez sa connaissance.

Je vais donc ici vous instruire davantage. L'Ombre est au service de la Lumière, mais elle est ausi la lumière de la Lumière. C'est un grand secret. Un jour, cependant, des êtres ont décidé de s'écarter de ces deux pôles et d'être, à eux seuls, le commandement. Ils se sont ainsi éloignés de la balance cosmique, mais cela ne leur suffit pas! S'étant rendu compte qu'ils étaient allés aussi loin, ils ont décidé d'entraîner un maximum de personnes avec eux. Ainsi, des êtres en provenance d'une autre dimension, d'un autre système, et qui étaient ancrés dans le non-amour sont venus s'établir. Puis ces deux factions se sont rencontrées. Le non-amour a trouvé une semence extraordinaire. Oui! Ces hommes et ces femmes en quête d'un pouvoir extraordinaire ont reçu cette visite avec joie! Ils se sont parlé, ont échangé, et ainsi, en très peu de temps, là où il n'y avait pas de technologie, une technologie avancée a pris place! Toutefois, votre humanité n'avait pas de recul, n'ayant pas eu l'occasion de franchir avec le temps l'évolution de cette technologie. Et comme celle-ci fut transmise par des êtres fondés sur le non-amour, sa base s'avérait viciée! Et cette technologie n'existe pas actuellement pour vous servir mais bien pour vous desservir! Dans sa forme présente, je le souligne, elle dessert votre divinité. Cela ne signifie pas que toute technologie est mauvaise en soi, mais que ce qui passe par celle-ci ne respecte pas la Vie divine présente en vous.

Je vous parle de tout cela, car vous êtes des créateurs, des maîtres de la pensée, des esprits pensants. Vous avez une âme, un corps; à vous de réfléchir!

Cependant, comme les décrets du Sans-Nom demandaient aux quatre Forces de l'Origine de s'installer sur terre, notre présence va déranger! Je ne veux pas vous déclarer que vous serez «attaqués», que vous traverserez forcément des passages difficiles, puisque cela n'est pas vrai. Par contre, des manifestations de cette technologie révéleront à votre humanité combien elle est dépourvue d'amour.

L'année 2003 a été décisive et, avec les forces du printemps, la roue du Temps a effectué un quart de tour afin que s'aligne, dans vos forces intérieures, la lumière véhiculée par les quatre Forces de l'Origine. Vous venez de passer les forces du printemps, et vous avez rendez-vous avec celles des autres saisons. Quand vous arriverez aux forces de l'hiver, vos corps physiques seront alignés sur les quatre Forces de l'Origine. Autrement dit, lorsque cette roue aura tourné quatre fois, les quatre forces de l'Origine pourront déverser leur présence dans votre réalité physique. Dès lors, tout sera permis quant à votre réalisation personnelle. Mais si, pour une raison ou une autre, un membre de cette humanité est fatigué, épuisé, alors qu'il dépose son corps en toute simplicité, car nous l'accueillerons et lui construirons le corps dont il a besoin pour ce rendez-vous majestueux, ce couronnement de votre planète. Certaines âmes, qui auront travaillé jusqu'au bout en vue de se nettoyer, n'auront pas ce petit déclic final visant à restaurer ce corps. Respectez-les!

Pourtant, au fur et à mesure que cette roue va rouvrir ces quatre portes importantes, chaque membre de l'humanité se positionnera. Ainsi, nous saurons qui souhaite partir, rester, revenir. Nous saurons tout cela dans le moindre détail. Disposant déjà d'une liste, nous allons maintenant accueillir l'élément souhaité par chacun.

Ayez confiance, car il y aura des moments de troubles, mais la Lumière de Vie sera présente. Faites-vous confiance dans ce processus d'autoguérison car, je vous l'assure, vous en avez la force, la lumière, l'amour, la paix. Et comme d'habitude, une part du travail nous revient et une autre vous revient. Vous ferez des choix et nous les respecterons.

Nous devons créer le sas qui permettra à cette planète de traverser un endroit neutre où les Forces primordiales s'installeront dans un deuxième temps. Ce sas se situe sur une ligne séparant deux Super-Univers. Cette limite dessinée, au-delà de notre propre volonté et de la vôtre, correspond à la volonté du Sans-Nom. Voici la seule planète relais qui offrira un sas de passage pour entrer dans un Super-Univers ou un autre. Alors, comprenez que cette double possibilité engage doublement votre responsabilité. Et voilà pourquoi il y a autant de mouvements et de forces en jeu, voilà pourquoi tout cela vous dépasse. Mais dans ce dépassement, dans cette non-compréhension des événements vécus, installez-vous dans votre cœur, rayonnez et ayez confiance. Non pas béatement, mais en toute connaissance.

Je dépose en vous une vision sur la Vie; elle sera différente selon les participants. Je rassure ici les lecteurs, ils ne seront pas oubliés. Je fais cadeau de cette vision afin que cette multitude de ma vision serve au grand Tout, et je me retire pour aujourd'hui.

Vous êtes aimés! Sans condition!

Les temps anciens vous ont trompés. Ils ont détruit votre confiance en la Mère. Ils vous ont obligés d'épouser une énergie faussée, pipée, tronquée. On vous a contraints à descendre dans une facette de la Vie appelée *énergie masculine*. Et je voulais vous préciser, afin de consolider le travail accompli dans les heures précédentes, que ce que vous avez vécu constitue l'errance de l'âme et de l'esprit. Mais réjouissez-vous, car, à nouveau, la flamme, la lumière de la matrice s'est allumée. Et dans cette matrice nouvelle, les enfants que vous êtes pourront venir se reposer tels des bébés. Vous allez pouvoir vous régénérer, vous ressourcer. Vous qui êtes assis à l'intérieur de ce cercle, mais également tous ces hommes et toutes ces femmes qui forment ce grand cercle que représente cette humanité, tous vous vivez présentement un accouchement d'une grande importance.

Oui, vous avez eu mal dans votre matrice et d'autres auront mal! Oui, votre cœur vous a fait souffrir et d'autres souffriront encore! Non, ne me lancez pas de nouveau ce cri «Quand cette souffrance va-t-elle donc s'arrêter!», car je tiens à vous le rappeler, ces souffrances ne nous appartiennent pas; elles ne relèvent pas de la matrice, de la Mère! Elles appartiennent à l'homme, du moins à ces entités qui se sont prétendues hommes et femmes. Aussi, dans ces heures cruciales, le bon grain sera séparé de l'ivraie. Mais quel est le sens de ces deux mots? Cela signifie simplement que ces énergies, qui sont le lot d'un groupe d'êtres ayant fait semblant d'*Être*, vont leur être retournées. Et que tous ceux qui, enfin, ont appelé la Mère, invoqué cette consolation, cet amour, vont reposer dans ses bras aimants.

Oui, j'ai secoué volontairement votre matrice et votre cœur afin que vous lâchiez ce qui vous encombrait, tout comme je le fais aussi actuellement autour de cette planète. Je ne travaille pas pour un petit groupe élu, j'œuvre pour l'ensemble. Mais si quelques-uns d'entre vous se détachent et m'appellent pour construire ce cercle où la parole circule, c'est bien qu'ils souhaitaient une guérison plus rapide. Parce qu'ils se sentaient prêts à servir la Vie d'une autre manière. Désormais, mon amour viendra vous visiter, j'apaiserai cette matrice en vous. Je lui permettrai d'être enfin cette lumière si attendue; cependant, elle ne viendra pas de l'extérieur mais de l'intérieur. Savez-vous à quel point votre personnalité a désiré vivre ces instants? Et d'autres m'appelleront pareillement ailleurs.

Mais il me faut vous entretenir encore un peu de la confiance.

Et cette confiance vous appelle à une émission encore plus haute d'elle-même. Vous allez devoir regarder ce qui appartient à ceux qui se prétendent hommes et femmes, ainsi que la confiance qui réside dans le regard d'âmes et d'esprits unis en leur corps et cherchant leur place. Nous ne nous trompons pas; nous savons, en vous observant, qui fait semblant et qui ose dépasser ses limites, déposer ses fardeaux, qui ne craint pas d'appeler la Mère.

Mais, voyez-vous, la Mère sera épaulée par le Père! Et là aussi, dans des temps pas si lointains, vous redécouvrirez la protection du Père.

Oui, vous avez erré! Oui, vous avez adhéré à de fausses croyances! Oui, vous avez porté une croix qui ne vous appartient pas! et cherché l'Amour! Oui, vous vous êtes trompés! Mais tout au long de ce cheminement extérieur à vous-mêmes, nous avons déposé de petits germes qui commencent maintenant à offrir un terreau intéressant. Vous allez découvrir ce qu'est la confiance. Vous ne la trouverez pas à l'extérieur mais à l'intérieur, elle aussi. Alors je vous le répète, ayez confiance en vous, en cette lumière qui vous habite, car mon Père, le Sans-Nom, celui qui a souhaité cette expérience de lui-même, a déposé en vous une partie de lui-même. Et en cela, il n'a pas pu se tromper, c'est chose impossible! Par contre, il a pu souhaiter que cette partie de lui-même aille visiter une facette d'une expérience. Mais puisqu'il s'expérimente grâce à vous, tout est bien!

Oui, nous vous avons cachés dans l'ombre et placés dans des matrices où la lumière ne régnait pas en apparence! Oui, vous avez souffert! Oui, vous en avez pleuré! Et avez éprouvé des sentiments vous éloignant au premier abord de votre identité divine. Cela vous pèse? Alors déposez ces fardeaux qui vous encombrent au sein de cette matrice (le cercle) et de celle que j'ai créée tout autour de la Terre. Vous n'arrivez pas à parler? Appelez le Verbe; il fera son chemin jusqu'à vous et pourra alors s'exprimer. Pour vous, le Verbe se manifeste d'une certaine manière, mais il a mille et une facettes. Il peut animer un regard, un simple geste. Il suffira peut-être d'aller vers ces parents qui ne vous ont pas apporté ce que vous attendiez, et de déposer une caresse sur leur visage fatigué. Cela suffira! Si ce geste est accompagné du Verbe intérieur, le Verbe qui se sera fait chair en l'espace d'une fraction de seconde pourra y déposer une réconciliation. Pas besoin de grands discours; accompagnez seulement l'instant privilégié du Verbe dans sa forme, dans sa chair.

Oui, nous vous avons cachés dans des familles où l'harmonie ne régnait pas! Oui, ces parents ont su qu'en vous accueillant, ils allaient devoir se sacrifier et sacrifier leur vie, et c'est pour cette raison qu'ils vous en ont voulu de venir au monde! Ils espéraient la paix, vivre une existence tranquille, mais ont dû offrir leur vie parce que la Vie l'a demandé. Chacun de vous, dans son quotidien d'enfant, n'a pas reçu l'amour espéré! Peut-être vous ont-ils frappé ou vous ont-ils dit: «Je t'ai mis au monde, je devrais avoir le droit de te tuer!» Comprenez qu'en réalité ils exprimaient leur malaise envers la Vie, qu'ils voulaient vous faire comprendre leur incapacité à être vos parents. C'était en somme un cri de douleur, la leur! La lumière la plus belle ayant alors besoin d'accoucher dans cette souffrance, ils l'ont donc acceptée. Remerciez-les et n'attendez rien d'autre! La paix viendra à ce prix, en reconnaissant leur douleur; vous la leur offrirez comme vous l'accueillerez en vous. Demain sera autre chose, et le modèle parental pourra s'alléger de ce fardeau. Mais vous devez faire confiance à la Vie et à ces instants de souffrance. Vous devez accepter que la Lumière puisse descendre dans la noirceur la plus totale afin d'ancrer ses racines et, à partir de là, dans l'ombre de l'Ombre, les fortifier puis devenir l'Arbre couronné!

Maintenant, je fais descendre en vous la paix, j'apaiserai votre matrice et la soignerai. Il ne sera pas question de la guérir car, en fait, elle n'est pas malade. Elle a simplement besoin d'un peu de repos et, cela, je peux éventuellement l'amorcer. Ce qui vient vers vous est d'une telle puissance, d'une telle beauté, qu'il a fallu que l'on cache cette lumière qui descendait en profondeur afin de ne pas la fragiliser.

Aujourd'hui, je peux vous le confier, cette forte lumière devient l'Arbre de la connaissance, et on peut progressivement retirer votre coque de protection puisque cette lumière, qui a mûri dans le silence et l'ombre, est devenue de gigantesques bras d'Amour. Nous allons ainsi déposer les ailes de la Paix autour de vous, sur vous, et en vous.

Vous êtes mes enfants bien-aimés et je vous invite à être en paix dans ce silence que je vous offre.
Car telle est ma volonté, telle est la volonté d'ISIS.

Et la Mère cosmique devient le Verbe.

Paris

France

Dans le silence, cette matrice si importante, nous venons vous visiter. Que vous soyez conscients ou non de notre présence, nous agissons, nous œuvrons. Notre tâche consiste surtout à rétablir vos champs d'énergie, tous perturbés. Votre grille magnétique étant en mutation, je travaille à restaurer une nouvelle grille magnétique humaine. Nous devons être présents dans votre silence et déjouer les pièges de la personnalité.

La personnalité! Voilà un mot qui n'est pas toujours compris. Qui suis-je? Qu'est-ce que je fais ici? Quel est mon lieu d'origine? Où vais-je? Quelle est ma place? La personnalité engendre bien toutes ces questions, car il y eut un moment dans votre passé où l'on vous a coupés de tout cet enseignement et privés de cette nourriture. En coupant ce lien avec le Ciel, un désordre s'est créé qui n'a pas cessé d'exister depuis. Et aujourd'hui, si vos personnalités souffrent, c'est bien à cause de ces racines inconnues. Mais je ne suis pas venue faire le procès du passé, mais plutôt vous instruire sur vous-mêmes, sur cette part de la personnalité en mal d'elle-même.

Hier, je vous ai dit que nous étions en train de vider ces sacs de mémoire, ces moules construits que vous avez installés dans le plateau Lumière de la balance. Le plateau Ombre, vous l'avez déjà visité et travaillé. Seulement, à force de le solliciter, de descendre dans ses racines ancrées, vous avez créé un nouveau désquilibre. Aussi, il faut alléger maintenant votre processus. Nous allons donc déplacer vos pôles d'intérêt et vous inviter à glisser dans ce côté de la personnalité que vous n'avez pas visité depuis longtemps: la Lumière! Vous pensiez que la Lumière était indemne de l'Ombre? Eh bien non, pas du tout!

L'Ombre s'est glissée dans la Lumière parce qu'on vous a distillé une nourriture viciée et, ainsi, voilé la réalité. On a oublié de vous préciser que l'Ombre était une matrice protégeant la Lumière jusqu'à ce que cette dernière puisse se tenir droite, sans béquilles. Dans la Lumière il y a forcément de l'Ombre, mais cette Lumière n'a pas une tonalité humaine mais bien plutôt universelle.

Alors, on vous a dit: «Coupez-vous de votre ego! Encore et encore! Coupez-vous de ceci puis de cela!...» Plus on vous a amenés à travailler sur l'ego, plus on vous a coupés de votre personnalité! Car il ne faut pas renier votre ego, qui représente un outil! Sans lui, vous ne pouvez ni travailler ni rentrer à la maison. Il est vrai que lui aussi est entré en dysharmonie, mais pourquoi? Tout simplement parce qu'il a été invité à quitter sa demeure et à glisser vers une ombre qui ne lui appartenait pas. Sans compter qu'au bout du chemin on l'a sommé d'épouser cette ombre! En définitive, on vous a dit: «Coupe-toi de cet ego qui t'empêche d'être, élève-toi, écrase-le!» Mais comment peut-on écraser sa personnalité?

La balance cosmique est ainsi créée. Il y a la personnalité de Lumière et celle de l'Ombre, car toutes deux sont les outils nécessaires pour ciseler votre personnalité universelle; c'est bien afin de faire descendre cette réalité et de l'ancrer dans ce plan. Aujourd'hui je vous dis donc: «L'ego est présent en vous? C'est très bien! Il est démesuré? C'est très bien aussi! Aimez-le!»

Vous n'êtes pas habitués à entendre de telles paroles! Je sais, je suis dérangeante et continuerai à l'être, car tant que vous partirez en guerre contre votre ego, vous serez en guerre contre votre personnalité et, dans la réalité, eh bien, il y aura des guerres physiques! Alors, acceptez la globalité de votre personnalité, soit à la fois l'Ombre et la Lumière. Et acceptez aussi que la matrice de l'Ombre porte les germes de la Lumière et que dans ces germes il y ait de l'Ombre! Vous n'allez pas quitter la matrice Ombre du jour au lendemain sans emporter derrière vous l'identité de l'Ombre, car celle-ci vous a offert une matrice pour vous construire! Reconnaissez au moins cette matrice, honorez-la! Honorez tous vos faux pas, tous ces instants où vous pensiez être décentrés. Honorez cette vie que vous avez maltraitée. Si vous honorez, vous commencez à comprendre la grande leçon de la Vie!

On vous a invités un jour à descendre loin de chez vous, de votre demeure. À chacun on a rappelé ceci: «Tu es un être de pure lumière; pourtant, nous te demandons de descendre dans un lieu où tu ne reconnaîtras pas ta nourriture ni ta demeure, où tu ne sauras plus qui tu es. Tu vas jouer au non-être puis, un jour, nous viendrons te chercher. Le temps venu, on te reparlera de qui tu es. Fais-nous confiance, nous ne t'abandonnons pas. Nous te prions simplement de jouer un jeu dans lequel se trouvent des éléments qui serviront au Tout!» Et vous êtes tous partis en confiance. Une fois parvenus aux portes de cette réalité dense, vous nous avez montré votre vraie personnalité, votre identité, votre vêtement de Lumière. Sans regrets, vous avez glissé dans ce monde difficile où vous n'avez rien reconnu! Le monde merveilleux de l'harmonie n'était plus. Mais vous aviez accepté, et vous avez honoré votre parole. Alors oui, vous avez épousé des moules, des moules si étroits que vous ne pouviez vous exprimer pleinement. Mais si vous les avez épousés, si vous avez accepté de revêtir un vêtement où vous étiez à l'étroit, c'était bien justement pour permettre l'éclosion d'une grandeur qui devait naître à l'intérieur de cette rectitude.

Aujourd'hui, nous sommes venus en nombre afin d'accoucher cette humanité d'elle-même. Et avant d'assister à cette naissance, nous devons lui dire: «AIME CE QUE TU AS RENCONTRÉ! AIME ce visage noir qui est venu te visiter! AIME cette part d'ego qui n'est pas encore établie dans la Lumière car, au cours de ce long voyage, cet ego t'a servi de chemin, t'a aidée à trouver la porte que tu es en train de découvrir en ce moment même! Tu ne peux pas renier ce chemin, car si tu renies ce lieu où tes pas se sont posés, tu désavoues ton expérience même, qui tu es et cette parole que tu as déposée un jour dans la matrice de Vie. Tu rejettes ce jeu que tu as accepté de vivre pour le bien de la communauté universelle.» Par conséquent, aujourd'hui, je ne peux dire à chacun: «Débarrasse-toi de ton ego» mais plutôt: «Assieds-toi dans un fauteuil et reconnais ces ombres, remercie-les puis, tout doucement, deviens le maître de toi-même et détache-toi de ces ombres. Mais ne le fais pas en brusquant les choses, glisse-toi sur le fil de ta vie qui va t'amener justement à visiter la Lumière. Toutefois, je t'avertis, quand tu visiteras la Lumière, cette partie de toi qui commence à émerger, tu retrouveras toute cette part d'Ombre! Alors, si tu as renié l'Ombre qui t'a porté, avec tous ces travers de personnalité, lorsque tu arriveras dans la Lumière, celle-ci te rejettera! Cela va se passer là, dans ton quotidien! Non pas dans dix ans, mais maintenant! Les énergies qui viennent tout doucement, en nourrissant cette planète, vont t'obliger à quitter ce plateau de ta balance cosmique que tu as nommé "Ombre"! Nous allons te déposer dans ce plateau de la balance que tu nommes "Lumière". Mais ces deux plateaux sont reliés en dessous par un bras qui forme l'équilibre! Autrement dit, les énergies d'un plateau passent par lui et sont communiquées à l'autre plateau! Mais que vas-tu peser? Ton regard! Ce regard que tu as posé sur l'Ombre, comme celui que tu déposes sur la Lumière! Et il n'y aura pas de demi-mesure! Quand on te placera sur ton plateau Lumière, si tu refuses la réalité, cette Ombre que tu n'auras pas regardée et que tu auras rejetée viendra te visiter avec une force décuplée! Et cette force pourra te déstabiliser et t'éjecter de ce plateau de Lumière puisque tu ne seras pas axé sur la spirale d'élévation. Que crois-tu que la spirale d'élévation fera? Elle prendra l'Ombre et la placera au centre de la Lumière, car tout vit selon un cercle. En étant mis au centre de ce cercle, le rayonnement de la Lumière fera imploser les limitations de cette Ombre que tu n'as pas encore sublimée malgré tout ton travail. Si tu acceptes dès à présent l'idée que tu portes en toi une part d'Ombre, alors, tu glisseras sur ce rayonnement qui t'amènera sur une spirale d'élévation.»

C'est ça *l'Ascension*, c'est aussi cela! Alors oui, je vous le redis: «Aimez votre ego! Aimez vos travers! Aimez cette part d'Ombre que vous avez nourrie et qui vous a nourris! Aimez la Vie sans condition et ne lui demandez pas d'épouser un moule, car il n'y en a plus.»

Le cercle est une matrice, c'est la plus grande Loi cosmique; vous appartenez toujours à un cercle! Lequel? Votre part d'Ombre peut vous l'apprendre, vous renseigner, alors écoutez-la! Voyez-vous, une grande Lumière se cache en celle-ci mais vous ne l'avez pas encore vue! Par conséquent, cette Lumière dissimulée dans l'Ombre ne peut vous nourrir puisqu'elle attend; elle n'a pas été reconnue, vous n'avez pas poussé sa porte. Voilà pourquoi vous êtes déstabilisés!

La Vie est un mouvement perpétuel. À ce moment précis, vous êtes qui vous êtes, mais, à l'instant qui suit, vous serez autrement. Et ce que vous êtes aujourd'hui n'est pas ce que vous serez demain, car tout au long de ces instants qui s'égrènent, votre compréhension s'active sur son fil d'Ariane.

Je sais combien une partie de cette humanité souhaite établir la paix et travailler pour elle. Mais la paix se situe dans l'Ombre avant d'être dans la Lumière. Quand vous regardez la balance cosmique, elle illustre la Vie universelle. Et la Vie universelle s'expanse; c'est étonnant puisque la balance cosmique a deux plateaux, soit un cercle d'Ombre et un autre, de Lumière. Vous passez de l'un à l'autre, et tant que vous visitez ces deux plateaux, vous n'êtes pas dans la Lumière de Vie, mais toujours à l'extérieur de celle-ci. En d'autres mots, vous naviguez pour l'instant de moule en moule, de structure en structure, d'intention en intention, de vouloir en vouloir, et il faut démolir vos constructions mentales à chaque moment de votre existence. Voilà pourquoi nous vous invitons à vous installer au centre de vous, dans votre cœur. Et ceci est en rapport avec la balance cosmique puisque la porte de la liberté se situe au centre de cette balance.

C'est votre intention qui vous permettra de glisser de l'un à l'autre de ces deux plateaux, à l'intérieur de la flèche au centre. Mais pour pouvoir parvenir jusqu'à cette flèche, vous allez descendre en dessous de ces deux plateaux, glisser dans ce bras d'équilibre puis trouver au centre de ce bras la petite porte qui vous conduira à la flèche. Et une fois au centre de cette flèche, il vous faudra déterminer si oui ou non vous allez plus loin, vous glisser à l'intérieur de la Lumière de Vie, c'est-à-dire là où il n'y a aucun point de repère ni aucun moule, ni cette volonté d'ancrer le besoin de posséder, ou cloner la réalité de l'un ou l'autre des membres de cette humanité! Si vous franchissez cette petite porte, c'est vers la maîtrise de ces deux plateaux Ombre et Lumière que vous vous dirigez.

Les plus grands secrets universels se cachent dans les petits schémas simples de la vie de tous les jours!

Oui, votre âme sera soupesée! Pourquoi? Parce qu'elle est la grande médiatrice entre votre corps qui souffre et votre esprit qui attend votre bon vouloir. On lui demandera: «Tu es là! Quel a été ton rôle? Est-ce que tu as su intervenir quand ton corps a lancé "je souffre"? Ou quand l'esprit, à l'intérieur de sa petite cellule sans air, a dit: "Il faudrait s'engager dans une autre direction"? Tu as reçu toutes les impulsions, qu'en as-tu fait? Qu'as-tu réalisé avec elles?» Et cette âme, construction nouvelle créée par vous dans la densité, s'avère chargée d'une responsabilité que d'ailleurs vous n'assumez pas dans votre quotidien! Et la voilà qui s'épuise et se fatigue. Car, au bout de ce temps de création, elle finit par ne plus savoir quand elle doit parler ou se taire. Et vos trois pôles, le corps, l'âme et l'esprit, en sont à se regarder et à ne plus pouvoir communiquer les uns avec les autres! C'est la raison pour laquelle, en ces temps précieux, je vous conseille d'accepter la part de vie de votre ego dans ce passé de qui vous fûtes vous permettant d'arriver à ce jour, à cet instant où vous êtes assis dans un cercle de paroles créé par une Énergie primordiale.

Si vous êtes invités aujourd'hui, c'est pour rétablir la paix entre votre corps, votre âme et votre esprit. «Regardez la balance cosmique. C'est le reflet du corps, de l'esprit et de l'âme, mais le bras intermédiaire est représenté par cet ego que vous cherchez en permanence à détruire. Cet ego est l'outil qui vous a été donné de manière à reconnaître, dans le temps, que vous êtes Lumière, mais vous n'avez pas encore exprimé cette Lumière par l'expérience, dans la matière.»

Il n'est pas question pour nous de juger votre ego ni de vous envoyer en enfer! Tout juste irez-vous effectuer un petit séjour dans un endroit particulier où vous pourrez seuls regarder vos travers de personnalité, sans personne pour vous juger. Mais en fonction de ce regard que vous aurez acquis sur vos agissements dans la matière, on vous proposera une autre expérience.

La Vie est sagesse et amour. Elle vous a envoyés au fin fond de ce Cercle atomique de Vie en ayant une idée bien précise: faire fleurir des germes de conscience. Ces germes seront transportés dans le deuxième Cercle atomique de Vie et serviront de base à ces esprits de Lumière qui seront créés en temps voulu afin d'expérimenter ces germes que vous êtes en train d'extérioriser maintenant parce que vous avez accepté d'utiliser cet outil merveilleux qu'est l'ego. Oh! Vous n'êtes pas habitués à entendre que l'ego est un outil merveilleux! C'est vrai que dans sa phase noire de perception, il vous a éloignés de votre centre. Mais si tel n'avait pas été le cas, vous n'auriez pas compris que vous étiez dans une phase d'éloignement! Vous avez donc acquis la compréhension de l'éloignement, et c'est cela la leçon, l'acquisition d'un savoir dans l'expérience! Vous savez désormais ce que ce mot *éloignement* signifie. Mais toujours grâce à l'ego, par sa présence, vous serez ramenés vers votre demeure, tout doucement vous vous reconstruirez, car il ouvrira la porte à votre regard-sentiment-pensée et laissera couler cette chimie extraordinaire. Et lorsqu'elle s'écoulera dans votre corps, ce petit être à l'intérieur de votre cœur se dira: «Enfin! Le voilà qui accepte de retrouver sa demeure, sa personnalité, son habit de Lumière, ce qu'il était à l'origine! Enfin, il va vers son couronnement!»

Oui, vous avez tous un ego, et celui-ci sert de tremplin, de matrice d'expérience, et c'est bel et bien par l'expérience que vous serez couronnés! Si vous reniez cette matrice, jamais vous ne serez couronnés! Alors, vous pouvez continuer à vous mutiler si ça vous chante, mais sachez qu'au bout du compte votre vêtement de lumière ne vous sera pas rendu. Vous pouvez vous dénier et renier votre ego, mais cela revient à dire que vous renoncez tout simplement à ce vêtement de lumière qui vous attend et à la sagesse universelle.

Ne croyez pas que l'on vous a invités au départ à renier votre ego sans raison. Cela faisait partie de cette volonté de vous éloigner encore un peu plus de votre réconciliation et du retour à votre Lumière. Car en vous privant de votre ego, une porte vous était fermée, vous empêchant d'atteindre votre demeure malgré toute tentative.

Le Grand Constructeur a créé votre ego et vous a demandé de l'employer. Si lui a eu la sagesse de concevoir cet outil, peut-être serait-il sage à votre tour de l'utiliser. Bien sûr, c'est l'heure de déposer tout ce qui vous gêne, mais si votre ego n'avait pas travaillé, vous n'identifieriez pas ces choses qui vous embarrassent, vous auriez été incapables de mettre un nom et un visage dessus.

Je vous invite à descendre à l'intérieur de votre personnalité, à pénétrer la matrice de Vie, votre ventre. Je vous invite à reconnaître votre ego, ce qui ne va pas puisque, naturellement, certaines choses ne sont pas alignées dans votre comportement. Aussi, je vous demande de plonger votre regard-sentiment-pensée à l'intérieur de votre ventre, d'aller y chercher la lumière qui s'y cache. Je vous enjoins de descendre en silence dans votre ventre, de l'aimer, d'aimer ses troubles puis, tout doucement, de faire la paix avec lui. Parlez à votre ego de la même manière qu'à votre mental. «Tu t'agites trop, j'ai besoin que tu te taises afin que je puisse penser autrement.» Ainsi, vous pouvez lui dire: «Tu as beaucoup travaillé, tu m'as amené sur de nombreux chemins, mais je te demande aujourd'hui de m'accorder une pause et de te reposer à ton tour. Comme j'aspire à trouver la Lumière, si tu veux bien, ne me parle pas pendant un moment, car je désire écouter le silence. Mais tu sais, nous sommes amis tous les deux et je mets ma main dans la tienne, je t'accepte et je t'aime, car toi qui vis en moi, tu es moi, et moi, je suis toi. Puisque nous ne faisons qu'Un, il ne peut y avoir de dualité entre nous, nous pouvons travailler ensemble!» Comprenez-vous la différence? *Travailler ensemble*, c'est enfin donner de l'importance à l'ego que vous avez maltraité parce qu'on vous avait laissé croire que c'était *mauvais*. Il n'existe rien de *mauvais* dans la Création! Il y a des espaces où l'expérience vous éloigne d'une réalité, puis il y a d'autres instants où la Vie vous ramène à la réalité, et il faut savoir se glisser sur le fil conducteur, car, dans ce qui vous attend au cours des millénaires à venir, vous aurez encore à cheminer et peut-être encore à faire l'expérience de l'éloignement d'un concept pour en trouver le centre.

Vous êtes tous des créateurs ayant accepté de descendre à l'intérieur de cette matrice qu'est le monde fini. Vous avez retenu des concepts en des temps et des lieux, puis vous êtes venus les expérimenter en tant que créateurs. Et dans ce but, il vous fallait un outil: l'ego.

«Dommage! On ne va jamais pouvoir s'en défaire!» Eh bien, non! L'ego va entrer en mutation mais vous ne vous séparerez jamais de lui! Il est votre meilleur ami, votre complice, votre lumière. Oh! Cette lumière ne brille peut-être pas d'une couleur blanche, mais elle est là, et c'est bien! Les temps à venir ne seront pas faciles. En effet, vous avez tellement renié votre ego depuis des années qu'il nous faut vous amener dans des énergies un peu étroites afin de vous faire comprendre qu'à force de le mutiler, quelque chose vous manque. Néanmoins, au bout du compte vous l'accueillerez, et cette naissance représentera votre acceptation de sa présence, lui qui a été le plus grand des initiateurs, le plus grand des maîtres, toujours là dans l'ombre. Ce maître a constamment eu un pouvoir, une force, une lumière qu'il a tenus en réserve pour vous. Et il est prêt à les déverser. Êtes-vous prêts à les accepter? Oserez-vous vous regarder, vous aimer au travers de ce cheminement, puis y découvrir la Lumière? De notre côté, nous avons toujours vu cette lumière que vous dégagez à l'intérieur de votre ventre.

La grille magnétique humaine va se modifier; elle correspond à des endroits bien spécifiques du corps. Une foule de lignes traversent la réalité physique de votre enveloppe extérieure. Cette grille est donc entrée en mutation.

Je travaille à la restaurer, puis une fois rétablie cette lumière vacillante, je pourrai vous conduire vers de nouveaux réservoirs. Mais ici, je vais m'attacher à vous faire revisiter la réalité de votre corps, car vous ne pourrez vous élever sans amener ce dernier à la guérison totale. Je vous le dis, dans les heures, les jours, les mois, les années qui viennent, cette humanité entrera en crise puisqu'elle doit pleinement redécouvrir la valeur de son ego. Naturellement, il y aura ceux qui refuseront tout, ou qui refuseront aux trois quarts ou à demi, puis ceux qui accepteront pratiquement la totalité de cet enseignement. Mais cet enseignement prendra le visage que vous aurez appelé, sans plus!

Car cet ego a trop souffert, et il est la porte de votre ascension. Bien sûr, cette ascension vous conduira jusqu'à la porte de votre cœur. Mais avant d'arriver en ce lieu, il faudra regarder là où, justement, vous n'avez pas envie de regarder. Puis, quand cette petite lumière atteindra la porte du cœur, celui-ci vous renverra toute cette part d'ombre que vous n'avez pas comprise. Ainsi, avant de pénétrer sa réalité de plus en plus englobée dans sa lumière, il vous faudra travailler encore. Il n'y a pas de repos! Pas maintenant, car les énergies qui descendent sur cette planète, particulièrement en France, sont chargées d'une réalisation. Et vous êtes appelés, vous qui vivez en France, à devenir les racines de ces énergies, de cette lumière. Comme ce sont des énergies nouvelles, tout ce qui était en vous, tous ces points de repère sont en train de s'effriter afin de faire une place à une lumière inconnue de vous encore.

Je vous invite à faire l'union entre ce que vous avez été par le passé et qui vous êtes en ce moment avec vos difficultés, puis avec l'être que vous êtes en potentiel.

Votre corps devra digérer tout ce qui va se passer avant que cette union ait lieu. Aussi, vos intestins vont-ils se manifester puisque nous devrons laisser s'écouler toutes les scories que vous avez accumulées. Les intestins représentent également une entité à part entière, une intelligence. Ils vous parlent de qui vous êtes car, voyez-vous, en accueillant vos aliments, ils savent comment vous avez reçu cette nourriture dans votre bouche, quelles étaient vos pensées au moment où vous avez mâché puis avalé, et même ce qui vous a gêné. Ils vont agir en fonction de ces informations. Si vous éprouvez des troubles avec l'un ou l'autre des aliments ingurgités, eh bien écoutez pourquoi.

Ne trouvez-vous pas incroyable que dans le retour de la conscience de la Nature, beaucoup d'êtres, hommes ou femmes, aient de plus en plus de mal à digérer les légumes tirés du sol? Si vous êtes confrontés à cette réalité, regardez ce qui vous gêne dans l'élément Terre. D'autres réagissent à l'iode et à tous ses dérivés. Et pourquoi êtes-vous fragiles devant la présence de l'Eau? D'autres encore ne supportent pas ce qui est véhiculé par l'Air. Quels sont ces travers de la personnalité qui font que l'Air vous révèle qu'il n'y a pas d'union entre lui et vous? Et puis, si vous vous brûlez souvent, pourquoi n'avez-vous pas fait la paix avec le Feu? Vous savez, ce Feu qui brûle au bas de votre colonne vertébrale! Comme *par hasard*, l'expulsion du reste de la chaîne alimentaire se situe juste là; étrange, non? Pourquoi cette fin de chaîne alimentaire passe-t-elle dans le Feu sacré déposé dans votre corps, si ce n'est pour une transmutation?

Votre communication avec la Vie s'inscrit au quotidien. Les forces de la Vie coulent en vous. Pourquoi acceptez-vous que votre planète soit si polluée? Parce que vous acceptez qu'on pollue l'ego, cet outil merveilleux déposé dans votre matrice. Vous parlez de paix, mais dans cette paix, avez-vous laissé une place à l'ego? Avez-vous reconnu la force de travail qui en émane? Avez-vous fait la paix avec les quatre éléments qui vivent en permanence dans votre corps? Telles sont les questions primordiales à se poser. Et quand, en vous, ces interrogations essentielles auront trouvé une réponse, un début de paix et de lumière, alors vous pourrez vous diriger vers la porte du cœur. Cela voudra dire que dans votre regard-sentiment-pensée, vous aurez enfin émis un peu d'amour envers cette création merveilleuse du Sans-Nom.

Tant que vous rejetez une part de manifestation de ce grand théâtre de Vie que le Grand Constructeur a construit, vous n'êtes pas axés dans la Vie et cela se traduira par des excès de comportement. Si vous n'arrivez pas à vous placer dans la Lumière, vous chercherez à lui imposer un moule. Quand celle-ci s'adressera à vous en vous disant: «C'est ainsi que je veux que tu agisses», vous ne l'écouterez pas! Et vous essaierez d'éteindre ce rayonnement. Si, au contraire, vous faites ce travail d'acceptation de l'ensemble des outils mis à votre disposition et replacez au bon endroit les Forces primordiales, vous obtiendrez ce que vous recherchez, la paix, car vous aurez su alors l'installer dans votre vécu.

Vous avez beaucoup voyagé avec le mental, mais celui-ci doit transmettre son acquis au cœur, puis à la personnalité, à l'ego! Il n'y a pas d'autre secret.

Tout ce que vous vivez, le Grand Constructeur l'a autorisé. Toutefois, il est venu lui-même recueillir les informations, à savoir si vous acceptez ou non sa création. Si vous niez ou rejetez une part des outils, il ne pourra vous intégrer à cette Lumière de Vie qui s'installe maintenant. Dans les tests à venir, il n'y aura pas de demi-mesure. Quand le test de l'intégration de l'obéissance se présentera à vous, si pour une raison ou une autre vous ne l'acceptez pas ou le reniez, la Lumière de Vie vous expulsera vers un autre lieu. Et si, auparavant, on vous a offert une place au sein de la Lumière, si on vous a proposé un rôle important, immédiatement les portes se fermeront.

Ce qui vient vers vous est sans nuage, sans voile, et vous devrez vous présenter à cette force de la même manière. Aussi, y aura-t-il plusieurs tests d'obéissance. Cependant, si vous échouez une première fois, vous aurez droit à un deuxième essai, sans plus. Car, aujourd'hui, je vous le dis, c'est bien dans l'obéissance que vous rentrez. On ne vous demande pas si cela vous convient ou non! On vous rappelle simplement la volonté du Grand Constructeur, à laquelle chacun doit s'aligner! Intégrez les forces cosmiques à l'œuvre autant à l'intérieur de votre corps qu'à l'extérieur, dans la planète et dans l'éther. Acceptez ce qui vient, dont les outils qui vous ont été donnés pour traverser tous ces tests, car si vous voulez déposer ces derniers, il faudra d'abord les accepter, les aimer, puis reconnaître qu'ils ont été des outils. C'est à ce prix que vous trouverez la paix, que vous l'installerez en vous!

Je vais ici me retirer et vous laisser la parole, mais je vous écouterai.

Tout est bien!

Hier, je vous ai invités à accueillir tout doucement un outil précieux, l'ego, ce début de personnalité en sa phase préhumaine. Je vous ai invités à l'aimer, à le respecter parce que notre vision englobe le Tout, dont cet ego préhumain. Dans les jours, les semaines et les mois qui vont se profiler, vous aurez encore besoin de lui. Bien sûr, il a suivi des chemins détournés et il faut le ramener au centre de sa réalité de façon à lui faire prendre le chemin de la Lumière, que vous n'auriez pas trouvé autrement. Alors, remerciez-le de vous avoir conduits dans des impasses de votre personnalité, de vous avoir permis de ressentir la noirceur, la puanteur. Sans lui, vous n'auriez pas intégré ces notions, vous ne pourriez dire: «Ce chemin qui doit me ramener au centre de moi-même et dans ma demeure en est un de Lumière qui englobe à la fois le Noir et le Blanc.» Et dans ce retour, vous deviez connaître le parfum, d'où votre expérience de la puanteur. D'accord, cela ne sent pas bon, mais reconnaissez-le, puis tournez la page, intégrez! Car, à vouloir vous défaire de cette puanteur, vous rejetez tout le travail d'approche effectué en vue de reconnaître le parfum.

Jusqu'ici, vous avez parcouru des chemins vous ayant amenés à reconnaître la partie je dirais la plus grossière d'une réalité. Aujourd'hui, vous allez glisser dans un domaine plus subtil de cette réalité. Ce qui était noir ne prendra pas forcément le visage de ce noir auquel vous faites référence; cette puanteur n'aura peut-être pas une odeur si désagréable. Et la lumière du Blanc ne sera pas forcément d'un blanc pur. Voilà pourquoi, avec beaucoup d'amour et de sagesse, je vous demande d'accepter le travail fait dans votre passé et ces chemins empruntés qui vous ont éloignés de votre réalité. Cet éloignement vous ramène justement dans la dimension de votre être que vous avez déposée. Et lorsque vous revêtirez ce vêtement que vous nous avez confié, vous lui apporterez toute cette connaissance que ce vêtement de lumière, créé parfait, n'a pas reçu dans cet acte. C'est bien parce que vous avez accepté de cheminer dans l'inacceptable que vous enrichissez cette naissance. Voilà pourquoi vous serez couronnés par l'expérience, car pour l'être, vous ne pouvez rejeter ce chemin qui vous a conduits jusqu'à ce rendez-vous avec vous-mêmes. Si vous vous coupiez de lui, vous vous couperiez de cet instant où vous avez rendez-vous avec le plus bel acte d'amour de la création. Vous devez accepter que ce chemin boueux, caillouteux qui vous a écorchés, laisse des bleus sur votre âme, des plaies dans votre aura, voire des trous parfois! Combien il était beau, ce chemin! Combien il vous a servis!

Des êtres descendent actuellement autour de vous; ce sont les Médecins du Ciel. Ils viennent effectuer un travail sur votre réalité, sur votre corps communautaire. Ce dernier est tellement fatigué, bosselé, troué, déchiré, qu'il faut d'abord le recoudre, le réparer, le retisser avec des fils d'or et de lumière, puis l'apaiser avec des fils chargés d'amour. Pourtant, ce travail ne peut être tant que vous n'acceptez pas de vous asseoir pleinement sur ce chemin du passé et de vous dire: «C'est entendu! Pendant cette visite, j'ai prononcé des mots qui n'ont pas forcément été emplis d'amour! J'ai posé des actes dont je ne me glorifie nullement, puis je me suis permis des interventions qui ont éloigné des frères et sœurs de ces retrouvailles, j'ai flâné aussi, ou fait demi-tour, et parfois je me suis mis en colère!»

Acceptez de regarder tout cela. Cependant, dans ce regard, mettez-y de la paix et de l'amour. Ne vous plongez pas dans les relents de cette mémoire passée! En toute simplicité, voyez vos actions et votre vécu. Et dites-vous que c'est par ce cheminement que vous arrivez aujourd'hui à vous présenter à cette porte de Lumière. Alors, ô combien ce chemin noir fut un chemin de lumière! Ô combien cette noirceur fut une protection! Ô combien ce manque d'amour était en fait empli d'amour et de compassion! Et puis, surtout, quand vous oserez vous asseoir et vous regarder, ne vous jugez pas! Comment le pourriez-vous, puisque nous-mêmes acceptons tous ces travers de la personnalité comme le terreau nécessaire à l'éclosion de la plus belle et magnifique fleur universelle? C'est dans la décomposition que l'on retrace les éléments nutritifs qui ont permis à votre corps de chair, à votre âme et à votre esprit de se retrouver en ces instants et de pouvoir faire la paix. Bien sûr, cet ego tel que vous le concevez, enflé, ne doit pas perdurer. Mais si vous osez le regarder présentement et lui attribuer sa juste place, alors observez bien ce qui va se passer! Il se dégonflera comme un ballon de baudruche, puis reprendra sa place initiale, et ainsi vous alignerez l'ego sur cette unité que vous êtes, que vous avez toujours été! Vous avez fait semblant d'être divisés, mais en réalité, cela n'a jamais été!

À force de visiter cette noirceur, cette puanteur, vous avez décalé vos corps subtils. Et comme chaque corps a de nombreuses portes, aujourd'hui, celles des corps subtils ne sont pas alignées. Autrement dit, ces ouvertures n'étant pas en face les unes des autres, quand vous passez une porte, vous vous heurtez à la paroi du corps subtil. Vous êtes en train de travailler à ramener chaque porte l'une devant l'autre. Lorsque toutes seront alignées, la lumière de votre cœur, de votre chakra solaire et de tous les chakras et sous-chakras pourra sortir de votre corps physique! Cette lumière retrouvée, ***être***, c'est tout simplement la lumière intérieure ayant trouvé les bonnes portes pour éclairer l'extérieur! En définitive, le seul *travail* à faire consiste à aligner ces portes!

Voilà pourquoi les respirations sont tellement importantes. Ce sont des clés majeures dans vos retrouvailles. Par ailleurs, de plus en plus d'informations vont descendre et davantage d'exercices seront proposés. Cependant, comme ce qui vient vous visiter n'est pas forcément que Lumière de Vie, des instructeurs auront alors mission de vous emmener visiter une autre impasse afin de voir si vous l'acceptez.

Dans tous les exercices qui viendront, essayez de voir s'il se trouve de la simplicité et si vous arrivez à vous emplir de bien-être et de paix. Je vous livre aujourd'hui un grand secret: dans les heures troubles à venir, tellement de chemins vous seront proposés encore! Que ferez-vous? De notre côté, nous observerons.

Beaucoup d'êtres, sur votre planète, ne sont absolument pas centrés dans le pouvoir de l'Amour. Axés uniquement sur la technologie, le profit, la rentabilité, et ne pouvant imaginer que cela, ils sont à la source du clonage, des déviations de tous les sens, ils font circuler la drogue, l'alcool et tout le reste. Tous ces êtres auront également une parole à vous faire partager! Il faudra déceler le bon sens dans tout ce qui viendra vous visiter! Et savoir où vous ancrer, identifier votre but, reconnaître vos besoins, évaluer si vous éprouvez encore la nécessité d'asseoir du pouvoir sur l'autre. Vous apprendrez à vous connaître, et nous avons très peu de temps pour vous amener à vous re-connaître puisque, dès à présent, les portes sont ouvertes à tous les possibles! Ainsi, dans vos schémas mentaux, le Blanc et le Noir vont se côtoyer d'une façon toujours plus grande, et l'égarement reste possible dans cette action. Ce sera à vous de choisir votre place et d'en offrir une au Noir, au Blanc ou à la Lumière de Vie.

Alors oui, l'ego, cet outil merveilleux, doit retrouver son apparence réelle, car s'il est trop défiguré, vous risquez de vous fourvoyer! Mais soyez indulgents si c'est le cas; cela souligne que vous avez besoin d'un peu de temps! Aussi, si dans le sas qui vous mène de la troisième dimension à la quatrième, vous éprouvez le besoin de faire demi-tour pour vous accorder une, deux, ou trois naissances dans cette matrice qu'est la troisième dimension, tout sera bien ainsi puisque vous l'aurez décidé! Il n'y aura pas de jugement mais un accompagnement et, partant, on vous conduira là où le meilleur sera possible afin de parfaire votre connaissance de vous-mêmes. Cela requerra encore un petit détour, mais ce sera le vôtre!

Cette planète tente également d'ouvrir ses portes intérieures. Nous avons fait quelques expériences préalables en offrant à vos gouvernements et à vos militaires la possibilité d'explorer quelques portes plus subtiles de la réalité de cette planète. Nous avons tenté de voir jusqu'où ils iraient. Et ils ont pillé ces portes! Ne croyez pas que cela se soit déroulé dans le monde subtil, puisque c'était dans votre réalité. Nous leur avons même fourni les clés d'accès à ces bulles intemporelles pour voir, et nous avons vu! Ils ont tout pillé, tout pris, puis tout mis sous clé de façon que cette humanité n'ait pas accès à ces bulles et ne puisse connaître ce qui y était caché ou plutôt ce qui avait été déposé justement pour l'aider à s'ancrer dans ce passage de conscience de la troisième à la quatrième dimension, qui se résume à un cercle de compréhension. Ainsi, vous devez quitter le troisième cercle de compréhension pour pénétrer le quatrième. Tout est donc en lieu clos, dans des endroits bien cachés sous les glaces. Et ces individus se disent que personne n'ira jamais là-bas, puisqu'ils vont mettre en place des unités qui auront le devoir de s'assurer que tout reste bien scellé... Mais voilà, ce n'étaient que des tests!

Aujourd'hui encore, nous avons laissé faire afin de savoir si nos trois larrons du passé allaient se retrouver — ces mêmes êtres de l'Atlantide, qui avaient su instaurer une période de troubles et amener une population entière à la décadence. Et ils ont recommencé! Oh, vous n'êtes pas étonnés! Ils ont pris trois visages et sont à l'œuvre en ce moment (avril 2003). En fonction de leur accord, de leurs buts et du fait qu'ils soient passés à l'acte, nous nous devons maintenant de prendre position. Nous sommes amenés à couper certains circuits d'énergie alimentant les pays, aussi ne vous étonnez pas si ces trois nations entrent en crise très profonde.

Et ne vous étonnez pas non plus si les quatre éléments se mettent à leur parler, puisqu'ils n'ont pas écouté la voie de la sagesse! Ils se sont reposés sur les énergies partagées par le passé et ont simplement recommencé. Cela aussi est pris en compte et, aujourd'hui, nous allons leur «présenter l'addition». Seulement, cette addition n'est pas de nous; elle est constituée de l'accumulation d'énergies bafouées réclamant réparation. Par conséquent, ce cumul grossissant sans cesse, nous ne pouvons plus retarder la descente de ces énergies. Tout est bien, là aussi!

Ces êtres ont utilisé leur ego! Mais contrairement au passé, la population est aujourd'hui descendue dans la rue et a prononcé ses vœux: «Nous voulons la paix, nous refusons la guerre!» Cela a été enregistré à de nombreux endroits de cette planète. Ainsi, d'un côté il y aura une forte addition, mais de l'autre, du fait qu'il y eut ces appels, toutes ces démonstrations publiques et intérieures, le rayon de Paix est descendu et s'est ancré, et alors la Paix va venir vous visiter.

Voilà pourquoi je vous demande à ce jour de cesser de vous en vouloir de votre ego trop extériorisé et plutôt de vous recentrer, de comprendre que votre mental, votre corps physique, votre ego, votre corps émotionnel et tous les autres corps vous ont permis d'appeler cette paix, de faire la paix en vous, de vous conduire à la construction de cette paix en vous. Pour ces raisons, déposez les armes, car je vous le dis, vous êtes encore en guerre contre vous-mêmes! Tant que vous ne replacez pas chaque outil donné par le Sans-Nom, vous êtes en guerre contre la Vie universelle! Et comme vous demeurez la Vie universelle, vous êtes en guerre contre vous-mêmes.

Bien, vous avez appelé la paix extérieure, maintenant appelez la paix intérieure!

Et toutes les manifestations de l'Esprit, quelle que soit leur forme, viendront vous visiter afin de favoriser cette reconstitution, de vous accompagner plus profondément dans l'unification de votre identité. Je m'applique justement à replacer les portes intérieures les unes en face des autres. Si, pour certains d'entre vous, cette action ne nécessite pas beaucoup de temps, pour d'autres, au contraire, notre effort requiert un temps plus long. Nous avons estimé notre action à dix ans de grand travail, mais nous sommes déjà à l'œuvre depuis plusieurs années.

J'ai dit précédemment que les années qui se présentent sont faites de troubles, et je vais m'en expliquer.

En travaillant sur les grilles magnétiques, précisément sur la grille cristalline de l'homme, je remue forcément de vieilles mémoires et déloge des sacs mémoriels qui ne devaient pas être ouverts! Je le répète ici, dans ces instants, ne vous attardez pas sur ce qui remonte. Sachez que ces remontées de mémoires ancestrales, d'images ou de sensations sont dues au travail sur les cristaux liquides de votre personnalité. Laissez évacuer, prenez de grandes inspirations et expulsez ces images, ces relents; ne vous y attardez pas, sinon vous allez à l'encontre de mon travail! Servez-vous de la respiration, ce mouvement de l'Air en vous, et devenez-en conscients et complices! Appelez-le, il fera le travail. Demandez lui d'évacuer tout cela, et il le fera. Appelez la Terre également et demandez-lui de vous aimer, de vous protéger, et elle le fera! Demandez au Feu d'être douceur et non de vous brûler, et ô combien il sera heureux de vous écouter! Demandez à l'Eau dans sa forme subtile de nettoyer votre aura, et elle répondra en une pluie de petites étincelles de lumière qui viendront laver votre propre lumière!

Dans les temps troubles qui s'annoncent, quatre éléments sont prêts à venir vous aider, à déposer de l'Amour et à œuvrer en vous, sans compter l'Esprit des Animaux, des Cristaux, des Végétaux, du Soleil et de la Lune. Tellement de forces en mouvement attendent de vous offrir leur aide dans ce passage douloureux qu'est l'accouchement de vous-mêmes ! Faites appel ! Le travail se fera à coup sûr ! Si vous êtes conscients et mettez votre main dans la nôtre, nous irons deux fois plus vite ! Les barrières du temps et de l'espace tomberont. Par contre, si votre mental ou votre ego ont encore trop d'emprise et que cela vous pousse à nous rejeter, nous devrons mettre en place des épreuves en vue de vous rappeler ces facettes de vous-mêmes qui attendent de vous venir en aide.

Je vois poindre une lumière unique à l'horizon ! Bien sûr, il y a maintenant le rayon du *Soleil Central*. Pourquoi «*Central*» ? Parce qu'il est au centre de toute Vie, le mouvement Premier ayant initié tous les autres. Naturellement, ce grand Père/Mère des Forces primordiales est en train de s'activer ici. Mais je vois poindre désormais une autre lumière ; c'est la vôtre, elle est unique ! Et quand chacun de vous l'aura trouvée, puis viendra se placer dans ce petit rayon du *Soleil Central*, alors il aidera ce *Soleil Central* à s'expanser !

Vous avez permis au Sans-Nom d'envoyer une partie de son rayonnement et de s'ancrer à l'intérieur de cette planète.

Ses rayonnements vous appellent et vous attirent. Il vous attend, mais travaillera dans cette attente. Ce sera là une amplification de votre propre lumière, de votre propre réalité. Dans cette amplification, il faudra choisir une place où vous asseoir : plateau Ombre ou plateau Lumière ? Ou au centre, dans l'équilibre, devant cette porte unique qui s'ouvrira et qui est la Lumière de Vie ? Le Sans-Nom agira selon le choix de chacun. Si vous avez décidé de glisser dans cette porte étroite qui vous mènera à la Lumière de Vie, il vous prendra et vous placera à l'intérieur de son rayon. Dans les dix ans à venir, il vous installera au bon endroit, selon le positionnement retenu par chacun.

Une fois cela fait, il enverra d'autres rayons depuis son Cœur, son Île, sa Demeure. Un premier rayon viendra toucher tous les êtres du plateau Ombre, emmenant ce plateau Ombre. Un deuxième rayon viendra chercher tous les êtres du plateau Lumière, emmenant celui-ci où il doit aller. Puis, il restera ceux qui auront franchi cette petite porte étroite en confiance et qui auront osé. Ceux-là, le Sans-Nom les prendra tous et les placera au centre de lui-même, au cœur de son amour et, à partir de là, il amplifiera graduellement un troisième rayon qui finira par englober entièrement cette terre. Toutefois, son rayonnement ne s'arrêtera pas à cette seule planète, car il continuera, progressera, puis englobera entièrement ce système solaire. Telle est l'étape qui se présente à vous!

Oui, vous êtes devant des choix! Faites-les! Mais surtout, voyez en vous ce que vous voulez emmener!

À tous ceux qui diront vouloir laisser leur ego, quitter leur mental, je répondrai: «Dans ce cas, vous fermez la porte de la Lumière de Vie!» Et combien de femmes et d'hommes se croyant installés au milieu de la spiritualité, ou pensant y vivre, se verront ainsi refuser cette porte d'accès! Et dans la multitude se trouvent aussi des hommes et des femmes qui n'auront jamais pensé à cette spiritualité mais qui, au quotidien, se seront essayés et auront, à un moment ou l'autre, su prononcer la formule magique: «Mon Dieu, j'ai besoin d'être entier et à l'intérieur de toi!» Ainsi, comme par miracle, vous verrez ceux-là passer devant puisqu'ils n'auront rejeté ni leur mental ni leur ego et auront su, à un instant précis, s'asseoir au centre de leur cœur. Et voilà que les paroles du Maître Jésus prononcées il y a deux mille ans prendront alors toute leur importance: «Laissez venir à moi les petits enfants.»

Je vais ici vous entretenir d'une guerre plus subtile encore à laquelle vous ne pensez pas forcément. Cette guerre est celle des «lui, il n'est pas spirituel; elle, elle l'est». C'est là la première des grandes guerres de votre planète! Et du fait que cette guerre s'est installée dans sa forme subtile à l'intérieur de vous, les guerres de religion sont nées. Quand les grands Êtres du passé sont venus déposer une part de connaissance, ils savaient fort bien que cet enseignement n'était adapté qu'à l'ouverture d'esprit des hommes et des femmes vivant à cette époque et qu'ils ne pouvaient pas déposer davantage de lumière. Dès lors, ils ont accepté que cet enseignement soit limité, tout en apportant une nourriture au moment où ils déposaient les mots correspondants dans l'éther de cette planète. Ils le savaient parfaitement et étaient en paix, ayant conscience de ne donner qu'une fraction de l'enseignement de la Lumière et de l'Amour du Sans-Nom, et que la population n'irait pas au-delà de cette petite fraction.

Mais voilà, les maîtres sont partis et, après ce départ, les adeptes se sont déchiré l'enseignement et même entre-déchirés pour prendre la place du maître! Et celui qui fut le plus fort et qui a fait reculer le plus grand nombre s'est approprié d'office l'enseignement du maître puis en a conçu un autre à partir de celui-ci! Partant, ce sont élaborées des religions qui n'ont rien à voir avec l'enseignement originel! Beaucoup d'hommes et de femmes sont encore aujourd'hui à la recherche de ces enseignements premiers. Voilà pourquoi, au fur et à mesure que j'écris mes livres, que je parle avec les gens et que j'anime des ateliers, j'essaie de vous faire comprendre que ces enseignements du passé ne sont plus d'actualité. D'abord, ils ont été remaniés par l'un ou l'autre des disciples, qui y a déposé sa compréhension, laquelle ne correspondait pas forcément à la vision du maître. Et vous voulez vous accrocher à cette vison étroite! Alors oui, je détruis tout ce qui a été construit, mais quand j'aurai achevé ce travail, j'aurai épuré, rendu la grandeur et la beauté des enseignements. À partir de là, vous pourrez vous envoler à nouveau et un enseignement complémentaire descendra afin de vous emmener plus loin dans cette lumière et cette compréhension.

Non, je ne veux pas détruire les maîtres ni accuser les disciples! Ils ont cru bien agir. Mais aujourd'hui, on me demande de démolir et d'enlever, pierre par pierre, ces constructions. Je le fais pour qu'au bout du compte vous retrouviez cette lumière qui, elle, n'a pas bougé. Comprenez que je vous restitue la pureté, la beauté des enseignements du passé dans le but de vous entraîner vers une spirale plus élevée de cette lumière.

Sachez aussi qu'une majeure partie de ces enseignements provient de l'essence de SORIA, qu'une grande partie des Bouddhas et la Mère cosmique sont issus de l'énergie SORIA.

L'énergie SORIA est portée par huit Filles primordiales qui travaillent comme une seule et même fille. Et en dessous de celle-ci se déploie tout un collectif d'Êtres œuvrant pour cette énergie.

Je ne peux renier ce que j'ai créé, puisque toute la lignée des Bouddhas relève de ma création! Je ne peux renier l'enseignement de la Mère puisque j'ai créé cette Mère, comme j'ai créé la lignée du père, que vous allez redécouvrir!

J'ai bien d'autres révélations pour vous, mais il vous suffit dès à présent de comprendre que l'énergie SORIA ne peut entrer dans aucun moule puisqu'elle les a tous construits. Et que ces moules sont des vaisseaux de lumière par lesquels la pensée et les outils du Père sont à l'œuvre. Observez aussi que ces moules sont bien différents des vôtres et que lorsque vous essayez d'en former un, vous tentez de m'imiter, ce que je conçois. Je dirais même que cela est bien. Mais ne comptez surtout pas que je vienne me glisser dans ces conceptions un peu étroites, puisque je suis le Père et la Mère de tout ce qui vit et de tout ce qui a été créé par l'énergie SORIA!

En définitive, je suis en mesure d'affirmer que cet ego et ce mental que vous essayez de rejeter sont deux outils extraordinaires si vous savez les utiliser correctement et avec amour.

Soyez en paix par rapport à tout ce que vous avez fait par le passé, à tout ce que vous faites et créez dans ce présent. De la sorte, vous rencontrerez la paix dans votre futur. Voilà pourquoi je vous incite à intégrer chaque élément de votre personnalité. Réunissez tous vos outils et commencez à les polir avec amour et respect. Vous deviendrez les plus grands des artisans, et votre plus belle œuvre sera vous-mêmes!

J'ai foi en vous, et dans ce cas vous pouvez avoir foi en vous-mêmes! JE VOUS AIME! Et si je vous aime, vous pouvez vous aimer! Si je vous dis que vous méritez la paix, alors accueillez-la car vous la méritez vraiment!

Vous êtes lumière et la lumière ne peut vivre qu'en Paix et dans la Paix.

Vous êtes lumière et la lumière ne peut vivre que dans l'Amour et par l'Amour! Retrouvez simplement votre lumière, sans condition.

Il y a plusieurs manières de recevoir un enseignement, et là également nous accueillons la loi du autour-sur-dedans. J'ai demandé de ne pas fournir de photocopies du contenu de l'atelier, car je voulais que vous puissiez toucher du doigt la profondeur à laquelle vous l'aviez reçu. Cela fait partie de la rééducation du mental et de l'ego.

Qui, ici, a craint de louper un seul mot? Qui s'est attaché à noter à grande vitesse les phrases transmises? Qui a osé se dire *je vais en retenir l'essentiel?* Et qui a osé déposer son cahier et son crayon? Eh bien, voyez-vous, par ce simple acte de prise de possession de cet enseignement, vous pouvez mettre un doigt sur vos peurs, l'activation du mental et les réactions de l'ego. Je ne vous dis pas cela dans le but de vous culpabiliser. Je vous donne ces mots afin de vous faire comprendre que l'enseignement se glisse au-delà des mots et que, parfois, pour tarir les débordements du mental et de l'ego, il suffit de tout déposer, de s'asseoir en silence et d'accueillir ce que l'on peut, de faire confiance, de lâcher prise sur le vouloir agir.

Qui a osé accueillir tous ces mots dans le silence et dans sa lumière, aussi faible soit-elle pour lui?

Oui, volontairement, je joue sur bien des registres afin de dénouer ces vieux rails d'expression, ces anciens sillons obligeant l'âme et l'esprit à agir d'une certaine manière et non selon leurs inspirations. Mais je vous rassure, j'ai tout déposé dans vos lumières, votre cœur, votre âme et votre esprit. Aussi, vous revient-il de laisser grandir ces semences à partir de maintenant. Certaines vont lever immédiatement et cela sera beau, mais ne vous y trompez pas, certaines ne lèveront pas tout de suite puisqu'elles ont besoin d'un temps pour s'ancrer à l'intérieur de vos réalités. En outre, comme vous n'avez pas réussi jusqu'à présent à bien aligner la volonté de votre corps, de votre âme et de votre esprit, ils agiront encore l'un sans l'autre et des phénomènes réactifs apparaîtront en fonction du moment où l'âme laissera sortir une graine, comme le corps ou l'esprit. Mais si vous acceptez que tout est bien, que nous sommes là à vous épauler dans ce lourd travail de cicatrisation de la mémoire, alors ne doutez pas qu'à un moment donné le corps, l'âme et l'esprit feront jaillir dans votre réalité, votre conscience, un bouquet d'idées, un feu d'artifice de couleurs, de réalisations. Et là, sachez que ce sera la germination après ces moments présents.

Je ne peux dupliquer ces ateliers et je vais vous expliquer pourquoi. Je n'ai pas déterminé d'autre canal que ma partenaire puisqu'il me fallait la préparer pendant de longs, de très longs temps afin qu'elle soit prête en cette vie présente, dans votre réalité, à laisser couler en elle les mots à transmettre.

D'ailleurs, pendant les cercles de paroles, je fais aussi appel à bien des Fraternités. Pendant ces instants, nous concentrons nos énergies, nos lumières en vue d'un travail en profondeur nécessitant une attention, une présence très forte. Cela étant, nous avons volontairement choisi d'agir en un petit nombre, privilégiant la qualité. Tous ceux et celles qui visiteront ces instants que nous créons et iront en silence dans leur vie verront tout ce que nous avons déposé en eux, par l'effet de résonance, solliciter les lumières qu'ils rencontreront dans leur existence.

Chose intéressante ces ateliers vont faire en sorte que vous déboucherez sur votre contrat de Vie, celui pour lequel vous êtes venus. Et dans chaque cercle de paroles, je mettrai ce contrat en résonance. En son temps, il aboutira à une forme, une réalité, et vous pourrez glisser sur votre contrat sans mal. Soyez donc à l'écoute de ce qui va se passer en vous.

Sachez que durant ces trois jours vous avez reçu la qualité, la quantité et la forme requises par la lumière pour votre propre réalisation. Dans ce présent atelier, j'ai insisté sur l'ego comme outil primordial en cette vie. Je vous ai demandé de lui faire une place, et c'est bien cette intégration que vous devrez poursuivre en dehors de l'atelier. Ne croyez surtout pas que le travail prendra fin en quittant cette pièce! Et sachez que l'exercice pratiqué pendant ces trois jours servira d'une autre manière à l'humanité, car les lecteurs, en recevant la charge de ces mots, accueilleront les mêmes qualités et quantités de lumière. Peut-être n'auront-ils pas autour d'eux tous ces êtres venus durant ces trois jours, mais selon leur ouverture, leur progression, ils auront également des visites. Vous pensiez avoir travaillé uniquement sur vous pendant ces trois jours, détrompez-vous! L'humanité entière a profité de vos paroles, et je vous en remercie.

Soyez tous bénis pour ce que vous avez osé déposer!

Oui, toutes ces émotions qui vous encombraient, toutes ces révoltes, ces colères, ces violences ou ces indifférences, vous les avez déposées. Et ne trouvez-vous pas étrange qu'au moment où la vieille mémoire atlante est en train de refaire ce qu'elle a déjà fait, au nom de *«je vais aider à libérer»*, vous, dans cette pièce, ayez retrouvé une partie de votre propre mémoire atlante et ayez osé exprimer cette souffrance, boutant ceux qui furent dans ce temps-là des bourreaux ou des victimes?

Mais s'il n'y avait pas de victimes, il n'y aurait pas de bourreaux, et inversement. Chacun était donc à sa place dans les temps lointains. Aujourd'hui, vous avez déposé une compréhension qui est le germe de la guérison de cette énergie. Vous avez osé demander pardon et pardonner, soyez-en remerciés. La Vie attendait simplement ces paroles.

Ce que vous vivez dépasse toujours le cadre de votre personne. En expérimentant au quotidien, vous digérez une partie des énergies viciées de l'humanité, mais également une partie de ces énergies polluées déposées dans la Terre et ce système solaire.

Ne l'oubliez jamais, vous faites partie d'une grande famille, d'une seule humanité universelle. Bien sûr, cette grande famille fut divisée afin de pouvoir expérimenter des impressions en petits groupes. Bientôt, tous ces petits groupes vont à nouveau se rencontrer, se reconnecter, puisque la grande famille universelle doit devenir UN, c'est-à-dire l'UNITÉ. Et vous avez aussi travaillé à cela.

Dans ce retour, il me fallait restituer la place de tous vos outils. Et si, au début, dès votre création, on ne vous avait pas donné un mental inférieur, votre mental supérieur aurait été brûlé, détruit et vous ne pourriez pas à ce jour avancer vers la réunification de vous-mêmes. Si, dans cette expérience de la densité, la personnalité n'avait pas choisi un corps, un outil par lequel elle pourrait s'expérimenter en partie, elle aussi aurait été endommagée.

L'ego est l'outil de la personnalité; le mental inférieur ou préhumain est l'outil choisi par le mental supérieur. En réalité, le corps physique, l'ego et le mental inférieur sont une trinité indissociable! Et je peux vous garantir que lorsque nous pensons à cette trinité, nous employons toujours «cette sainte trinité»! Cela pourra peut-être choquer certains lecteurs, les déranger, voire les affoler. Si tel est le cas, remercions ce cercle d'avoir pu engendrer cet aparté, puisque ces gens verront ainsi le travail qu'il leur reste à accomplir. Quant à moi, pendant cet atelier, j'ai choisi de restituer la grande place, la grande beauté de ces deux outils [l'ego et le mental inférieur]. Je vous invite à en faire autant. Bon, ça ne veut pas dire que vous êtes libres de tout! Qu'il faut continuer à polluer, à tuer, ou je ne sais quoi encore! Cela signifie qu'il faut reconnaître la grandeur de ces outils, puis intégrer votre demeure divine. Il ne faut pas regarder derrière mais aller de l'avant!

Vous êtes tous beaux! Certains ont demandé: «On dit que nous sommes des anges! Alors quelle différence y a-t-il entre nous et les autres anges?» C'est là une question intéressante. Vous êtes des anges dans le sens où pour nous et l'Esprit divin, toute entité créée reçoit le nom d'ange à sa naissance. Et nous savions que, dans ce grand cheminement, il nous fallait permettre à un groupe de ne jamais s'incarner afin de garder cette mémoire ancestrale pure et inaltérée. Cependant, cette notion est très complexe et je ne peux l'expliciter en quelques mots. Sachez simplement qu'il y a une part d'entités créées parfaites et intégrées à la famille des anges que vous êtes, et que vous ne serez jamais celles-ci, car vous avez choisi de vous aventurer dans la densité en vue d'expérimenter et d'ancrer l'état de l'humain! Vous n'êtes donc plus des anges, sans être encore des humains! Situation parfois inconfortable quand on a besoin de savoir qui est sa famille! Aussi, je vais vous le dire, votre famille c'est vous, votre voisin, votre chat, votre chien, votre porte-monnaie puisqu'il est issu d'une vibration, d'une partie d'un être vivant. C'est aussi l'arbre, le soleil, l'air, l'eau, la Terre, le cristal, mais également la paire de chaussures que vous portez, la maison qui vous abrite, la voiture que vous conduisez et, bien sûr, tous les êtres vivant dans ce monde subtil que vous ne voyez pas, car tout est issu du Vivant, sous une forme ou une autre!

Pour l'instant je vous invite encore une fois, vous ici présents et vous qui me lirez, à vous asseoir en silence et à observer de quelle manière vous abordez la Vie. Je ne vous demande pas de vous juger ou de vous culpabiliser, ni de partir en pleurs, mais simplement de regarder et d'accueillir cette compréhension qui vous manque afin de changer votre approche de la Vie. Et si vous parvenez à changer, ne vous attardez pas à savoir si cela plaît à votre voisin, à votre famille, à votre mari et à vos enfants. Changez! Ainsi, vous régulerez les excès de l'ego et du mental. C'est aussi un grand lâcher-prise, un acte profond d'amour envers vous-même et la Vie.

Vous cherchez de grandes recettes miracles, mais il n'y en a pas! Les recettes sont d'une extrême simplicité, au point qu'elles ne vous conviennent pas, car vous n'avez pas à souffrir assez pour les mettre en pratique. Mais aujourd'hui, vous pouvez déposer la souffrance; vous n'avez plus besoin d'évoluer par elle! On vous demande d'affirmer qui vous êtes, de comprendre vos relations avec la Vie, puis d'appeler votre famille, l'invisible comme la visible, et d'accueillir l'un de ses membres afin de recevoir la guidance nécessaire pour permettre à cet enfant nouveau d'effectuer ses premiers pas. Mais cette simplicité vous convient-elle? À vous de me le dire!

Laissez-moi vous rappeler que nous vous aimons tels que vous êtes, sans nous attarder aux travers de votre personnalité. Par contre, nous nous attachons à vous donner les clés vous garantissant d'entrer dans votre véritable personnalité, celle que nous voyons chaque instant de votre vie. Vous êtes Lumière, nés de la Lumière; vous l'avez toujours été et le serez toujours dans le futur!

D'accord, votre lumière a revêtu un habit particulier, mais ce vêtement est entré en mutation, en transformation, et pourra bientôt laisser passer ce rayonnement jadis enfermé, cadenassé à l'intérieur de vous. Nous travaillerons encore et toujours à votre guérison, sachant qu'en fait vous ne souffrez que d'une seule maladie: celle d'avoir cru que vous étiez éloignés de votre vraie personnalité! Voilà notre unique but. Alors, à vous dans la simplicité des instants de cette salle, et aux lecteurs, je dis: «Cessez de croire à toutes ces illusions que vous avez projetées autour de vous, et de vous y plonger, car la plus belle des réalités est déjà déposée en vous. Vous pouvez courir, chercher, faire le tour du monde plusieurs fois, monter dans une navette et aller de planète en planète, vous serez constamment en fuite tant que vous n'aurez pas tourné votre regard à l'intérieur de votre cœur et, surtout, tant que ce regard ne cessera pas de remarquer uniquement ces travers de personnalité qui vous ont servi de tremplin pour rentrer dans votre demeure.»

Le groupe SORIA étant à l'œuvre sur votre grille magnétique, la grille cristalline, bien des changements vont rapidement survenir dans votre quotidien et votre pensée. Ne vous étonnez pas si votre présent mode de fonctionnement, c'est-à-dire votre pensée, ne persiste plus demain ni même dans cinq minutes. Ne cherchez pas à comprendre, mais plutôt à reconnaître notre travail en sourdine. De toute manière, les jours, les semaines, les mois, les années à venir vous obligeront à glisser de cette vieille réalité vers celle proposée par le Sans-Nom.

Je fais en sorte que cette réalité prenne corps et c'est bien ainsi.

Je vous l'assure, vous êtes à votre place, ne courez plus; vous avez gagné votre pari, votre engagement envers la Vie! Vous aviez décidé de vivre dans la noirceur et d'émettre les premières manifestations de vos rayonnements. Cela est fait, vous avez réussi. Alors, ces prémices, ces rayonnements débutants vont grandir et, au fur et à mesure, ils balayeront la surface de cette planète. Ainsi, la Lumière aura pris demeure sur la surface extérieure d'Urantia Gaïa.

Soyez bénis pour tous les efforts fournis, tous ces pas indécis, ces instants où vous avez trébuché puis êtes tombés, pour ces paroles qui n'accueillaient pas l'amour, ces gestes qui heurtaient la Lumière, car vous avez permis au Sans-Nom d'ancrer son propre rayonnement. Voilà pourquoi je vous dis, à vous ici présents et à tous les lecteurs, comme à tous ces hommes et ces femmes qui ne me liront pas, vous avez réussi! Et en cela, vous êtes bénis!

Permettez-moi maintenant de me retirer, car il est un temps où mes énergies doivent couler et un autre où je dois les retenir afin que ce qui fut fait puisse grandir.

De toute manière, nous ne vous quittons pas. Soyez assurés que vous êtes et vivez dans notre cœur comme dans notre esprit et que par cette présence en nous, nous vous accompagnons.

Cheminez en paix, car la Paix peut enfin descendre et tout est bien ainsi.

Montréal

Québec

Quatrième rencontre

Je me présente à vous d'une manière que vous n'attendez pas. Aujourd'hui, je vais tenter de déjouer votre mental et de vous faire descendre au niveau du cœur, porte de votre monde mais aussi des mondes.

Le mental est un agent perturbateur s'il n'est pas maîtrisé, devenant bavard et couvrant de bruit les autres voix. Dans votre corps communautaire, chaque corps subtil a sa propre voix. Le corps le plus bruyant et le plus bavard demeure certes le corps mental, surtout dans sa partie dite inférieure. Dans sa partie dite supérieure, il est plus discipliné, plus à l'écoute de ses partenaires et des petites voix qui se font entendre avec douceur. Car, en réalité, vos autres corps subtils ne cherchent pas à parler à voix haute. Par conséquent, dans le brouhaha permanent de votre mental, vous avez oublié d'écouter tous ces autres partenaires qui cherchent à se faire entendre.

Le mental s'avère une source bien encombrante. Quand celle-ci est sans retenue, elle est aussi tumultueuse qu'un torrent, aussi dévastatrice qu'une vague de fond et aussi envahissante qu'un raz-de-marée. Cette force mentale débridée reste la source de vos désagréments dans l'harmonie du corps communautaire. Pourtant, contrairement à ce qui est dit, le mental est nécessaire en tant que force. On ne peut annihiler une force déposée volontairement à l'intérieur d'un tout. Alors, comment passer du mental inférieur au mental supérieur? Eh bien, là aussi réside la dualité et, à l'éveil de la conscience, vous cherchez souvent à flageller le mental inférieur. C'est un agent qui vous a servis au-delà du possible en essayant de vous faire comprendre la vie des voies (voix) subtiles et de vous amener à dialoguer avec celles-ci. Quand vous commencez à prendre conscience de la vie intérieure, vous voulez abolir la voie du mental, mais tant que vous persisterez dans cette volonté, vous demeurerez dans l'erreur. Car, si cette voix cherche à vous parler en permanence, elle souligne ainsi votre manque d'écoute du langage subtil. Devant cette attitude erronée, le mental vous dit: «Écoute-moi... et puisque tu ne le veux pas, je vais constamment parler; ainsi, tu ne pourras plus t'entendre penser et, par la force des choses, tu devras m'écouter.» En retournant vers la maîtrise, voici une voix bien encombrante qu'il faudra écouter raisonnablement. Vous devrez en faire un partenaire, car il s'agit bien ici d'un partenariat. Le mental a le devoir de vous rappeler sans cesse qu'au-delà de la voix physique, du son, du verbe que vous utilisez sans maîtrise, il y a la voix (voie) intérieure. Le mental a ordre de vous la rappeler et de vous conduire à sa forme et à son expression supérieure.

Comme il se donne du mal pour se faire entendre! Aussi, je vous en prie, dans le retour de la maîtrise de Soi, du Verbe, écoutez-le raisonnablement, écoutez également ces sources intérieures qui seront différentes selon l'expression du corps. Ainsi, tantôt la voix du corps mental, du corps émotionnel ou des autres corps résonnera en vous.

Chaque corps subtil possède sa voix, sa contrepartie; il faudra vous asseoir dans un fauteuil et l'entendre. Là aussi, le corps mental peut vous aider. Pour ce faire, installez un partenariat: parlez-lui, aimez-le, respectez-le, rendez-lui sa grandeur, reconnaissez son action, acceptez sa présence et travaillez main dans la main avec lui. Puis, dites-lui: «Je reconnais ta force, ta nécessité mais, de temps en temps, j'ai besoin de penser. Aussi, offre-moi des plages de silence intérieur afin que je puisse conduire moi-même ma pensée et prendre des décisions en accord avec les forces universelles. À l'occasion, il me faut accorder une place à cette autre voix, de manière à reconnaître les expressions de tous ces corps.»

Vous devez être des partenaires; sentez-vous la différence entre ce partenariat et la façon radicale de vouloir supprimer votre mental inférieur? Si la Création vous en donne un, c'est qu'il a un rôle à jouer dans cet équilibre et le retour à votre source universelle. Vous ne pouvez vous avancer plus avant dans cette réunion de qui vous êtes sans faire une place au mental inférieur.

Ce partenariat ouvrira la porte de votre mental supérieur du seul fait d'accepter sa forme amoindrie, car cette dernière en est la densification, rien d'autre. Naturellement, il demeure nécessaire d'en devenir le maître, sans l'abolir, sans *le tuer*.

La grande élévation de la conscience se cache derrière ces petits gestes du quotidien, et comprenez bien que la forme supérieure du mental ne s'exprime qu'à partir de la forme inférieure. Reconnaissez qu'il existe une porte de lumière entre les deux. Ainsi, la source élevée glisse dans son expression densifiée et vous conduit dans cette voie hautement universelle qui demeure en vous. On vous a invités à vous départir de cet ego humain, à déposer le mental inférieur durant ce cheminement vers votre source. Cette fois, on vous exhorte à vous départir d'une réalité qui vous habite. Cela revient à vous demander de renier une partie de votre corps communautaire, de vous en séparer et, finalement, d'arriver amputés vers votre source de lumière. Cela est inconcevable.

En ces jours présents, les énergies qui descendent vers vous cherchent à vous aider à réunifier tous les aspects de vous-mêmes, de votre personnalité. Au sein de cette dernière, il y a une place honorable pour l'ego humain et le mental inférieur. Au fur et à mesure, vous allez vous immerger dans ce flux lumineux universel, les conduire, les unir dans cette expression plus élevée d'eux-mêmes. Là réside la grande différence.

Il en est de même pour la planète. Elle vit en vous. Le corps humain porte ses atomes, ceux-ci étant à l'origine de la construction de ce véhicule; de ce fait, elle joue le rôle de miroir où se reflète l'image de chacun d'entre vous. Ainsi, vous l'emmènerez dans l'ascension de la conscience humaine et, par cet acte, vous serez dans le bon mouvement. Au fil de cette élévation, vous entraînerez l'expression physique des quatre éléments, soit la partie densifiée de la Terre, de l'Air, de l'Eau et du Feu. Ne vous y trompez pas, vous ne laisserez pas cette planète derrière vous. Si vous comptiez la déposer, vous en aller sans lui offrir une contrepartie de son sacrifice d'accueil, vous feriez preuve d'un manque d'amour à son égard et envers le plan universel.

Vous ignorez la signification de l'ascension, vous en parlez certes, pourtant il s'agit bien d'emmener les quatre éléments, ou plutôt leur forme densifiée en vous, dans la trajectoire d'élévation. Durant ce moment si particulier où je m'exprime, je dépose dans les quatre éléments une force, une nourriture, qui vous accompagnera en vue de ce retour à la pleine conscience de vous-mêmes.

Dans la forme dysharmonieuse du mental, vous rencontrez la peur, le doute; nous retrouvons ces contractions dans chaque corps subtil. Toutefois, ces mécanismes ne sont pas identiques d'un corps à l'autre. Par exemple, vous pouvez vous refermer par une peur sur le corps mental ou émotionnel, sans toucher l'un ou l'autre des autres corps. Les forces qui viennent jouent quant à elles sur chaque corps subtil. Voilà ce qui explique nos efforts pour contourner le mental et cette manière si particulière de transmettre les informations dans mes livres, vous obligeant à les étudier. Ne vous étonnez donc pas de rencontrer tant de difficulté à retenir plus de deux phrases sans avoir déjà oublié les précédentes! À chaque relecture, vos corps subtils enregistreront la géométrie déposée. À un moment donné, sans savoir pourquoi, vous aurez une compréhension totale de cet enseignement, non pas par l'approche du mental mais par le vécu intérieur, et je vous conduis à cela. Bien sûr, mon enseignement est théorique, mais il vous mène à un vécu intérieur qui délivrera la véritable grandeur de cette transmission. Cette construction n'est pas évidente car, chaque fois, je dois étudier vos codes mentaux afin de déposer d'autres codes d'accès dans tous vos corps subtils.

Vous pouvez intervenir en travaillant avec votre corps mental inférieur, lui demandant de devenir plus harmonieux, de moins envahir vos journées et de vous offrir des plages d'écoute pour les autres corps.

Ne vous inquiétez pas si vous ne réussissez pas du jour au lendemain. Il existe un moyen simple, efficace. Dès le réveil, placez-vous en tant qu'observateurs du vécu ; écoutez vos propos, non pas dans le but de vous glorifier, mais bien d'entraîner votre regard à capter la profondeur des mots employés. Là aussi, le regard peut agir sur toutes les structures énergétiques. Et je vous rappelle que la parole demeure une structure énergétique.

Comme vous êtes toujours en mouvement, observez vos réactions. Tentez cette expérience et, bientôt, vous prendrez conscience de réagir de la même façon dans les mêmes situations, d'utiliser *des automatismes*. Si votre regard devient un maître d'observation, vous saurez déjouer vos rails d'expression mécaniques. Je ne vous invite pas à partir en guerre mais à sourire de ces fonctionnements, à en rire, à devenir plus légers. Tout se rééduque. Avec l'écoute des besoins de chaque corps subtil, vous comprendrez ce corps communautaire et prendrez conscience de cet ensemble au quotidien. Je parle souvent du regard-sentiment-pensée ; ainsi, si vous occupez cette place d'observateur, vous saisirez à quel moment le regard engendre le sentiment et comment la pensée se met en mouvement. Si la peur s'est glissée dans ce regard, vous enregistrerez la rétraction générée. Par contre, si le bon plaisir s'y loge, observez la dilatation qui survient.

La position d'observateur s'avère très efficace ; cet exercice reste simple, il suffit d'être assidu, rien de plus (juste un peu fatigant au début). Naturellement, il peut y avoir des pièges si, en amont, vous n'avez pas travaillé *l'ego* suffisamment en lui rappelant que la partie inférieure, c'est bien, mais que le moment est venu de s'intéresser à la partie supérieure. C'est à cela que vous devez maintenant vous exercer.

Certes, je vous restitue votre identité au fil des livres ; je vous rends votre place universelle. De manière à la prendre, tournez votre regard, votre sentiment, votre pensée à l'intérieur de vous-mêmes, vous y décèlerez la bonne porte. Au lieu de vous flageller en permanence, commencez par vous aimer un peu plus et vous progresserez grandement. Vous êtes passés maîtres dans l'art de vous faire du mal ! En réalité, vous n'avez besoin de personne pour ça, je vous le garantis. Vous avez acquis cet art en passant, pour beaucoup, en Chine ou au Japon. On a la possibilité de déposer un acquis quand celui-ci devient trop encombrant, comme d'une énergie ayant longuement servi. Avec cette nouvelle période, l'ère des Poissons, les écailles vont se retirer les unes après les autres. Si vous n'étiez pas passés dans cette ère, vous ne connaîtriez pas sa fluidification. N'oubliez pas, le poisson est un élément de l'eau. Afin de passer dans l'aisance du verseur d'eau, il vous a fallu revêtir les écailles de l'ère des Poissons, puis vous immerger dans les profondeurs de l'eau. Cette fois, la douceur, l'amour du verseur d'eau vous appelle. De manière à laisser aller les écailles, vous devez les reconnaître et les nommer. Je vous en prie, ne partez pas en guerre, car ces écailles vous ont servi de manteau et de protection.

Au cours de ce dépôt proposé, remerciez la Vie avec amour de vous avoir ainsi revêtus afin de pouvoir nager dans les eaux troubles jusqu'à ce que vous trouviez la beauté de l'eau subtile qui peu à peu vous nourrit. Il était également nécessaire de visiter la forme masculine de l'Eau avant de pénétrer la légèreté de son énergie féminine. Ici, je vous livre une grande vérité : quels que soient les passages, vous visiterez d'abord la forme masculine puis la forme féminine. Savez-vous pourquoi ? Parce que la forme masculine apporte la protection. Vous ne pouvez vous immerger dans le flux subtil de la féminité sans ce manteau de protection.

La déception de cette visite dans l'élément Eau est due à l'entraînement de l'énergie masculine dans une forme de dépravation, car toute guerre est la dépravation de l'énergie masculine. Au moment où vous avez quitté l'énergie masculine de l'Eau, vous auriez pu être entourés d'un manteau de toute beauté. Hélas, pour cette humanité, ce passage n'a pas rempli sa pleine fonction et le vêtement reçu ressemble à une carapace à l'intérieur de laquelle se dégagent des odeurs nauséabondes et se trouvent des attitudes erronées et une densité perverse vous empêchant de découvrir le bon fil pour vous glisser du côté aérien de l'Eau. Le moment est venu de quitter ces écailles, de laisser l'énergie masculine de l'Eau s'en aller.

Vous voici alors confrontés à des séquelles, des cicatrices, des blessures, et il vous faut travailler plus que d'habitude pour que l'harmonie revienne et installe une base assez solide de façon à vous y appuyer et à pénétrer dans l'énergie féminine de l'Eau. Dans ces heures qui auraient dû être d'une grande beauté, de joie, vous entrez dans un enfantement de grande douleur.

Tous les médecins du Ciel sont là afin de réparer ce manteau unique. Ce manteau et cette aura qui devraient être sur vos épaules, vêtements d'harmonie. Ici encore, le mental peut vous aider ; il a énormément à vous dire. Au lieu de le rejeter, asseyez-vous et écoutez. Car lui aussi se sent maltraité, mal aimé, voire martyrisé. C'est un écorché vif, il a besoin d'amour, de pansement, de douceur. Dans les années futures, plus vous exprimerez d'amour à votre mental inférieur, plus vous reconnaîtrez son utilité, plus il s'apaisera. Nous ne vous demandons nullement de vous immerger en lui, mais d'effectuer simplement une *reconnaissance* de son travail, d'en accepter les limitations, sa source de nourriture moins élevée que celle du mental supérieur. N'exigez pas davantage de lui et acceptez son travail pour ce qu'il est, ce qu'il a été. Et je vous l'assure, il vous a servis en permanence, tel un bon ouvrier. Ces mots ne vous plairont peut-être pas, mais c'est la vérité. Cependant, on ne demande pas à un ouvrier d'avoir la connaissance d'un ingénieur, à un malade d'être un médecin, à l'Ombre de remplir le rôle de la Lumière. Aussi, acceptez la différenciation impartie à chacun et, avant de prendre votre envol, aimez ces acteurs actifs (le mental, l'ego) qui vous ont permis de construire ce que vous êtes puis de vous amener à ce point où vous pouvez justement reconnaître que vous êtes sur la piste d'envol, prêts à déployer vos ailes.

Afin de parvenir à cette compréhension, vous avez besoin d'eux; alors, s'il vous plaît, cessez de piétiner les outils que le Grand Créateur vous a offerts en vue de ce voyage et ayez un peu de respect pour ces portes interdimensionnelles qui vous ont permis de descendre dans la densité. À l'intérieur de cette dernière, vous avez créé des germes d'une grande qualité pour d'autres humanités. Si nous reconnaissons la beauté de ces outils, faites-nous la grâce de reconnaître le bien-fondé de notre attitude.

Il est vrai que je dérange encore en accordant du respect à cette partie de vous-mêmes tant décriée, flagellée. Rien de mieux en fait pour fermer des portes d'une importance immense; cela empêche d'être *UN*. Ainsi, la dualité a pris une ampleur si terrible qu'elle a engendré des guerres intestines qui se répercutent, par la loi de résonance, sur le corps de l'humanité et de cette planète. Comme cette résonance pouvait s'étendre en dehors d'Urantia Gaïa, nous avons dû poser une barrière d'énergie afin de contenir cette guerre intestine dans les limites du possible. Il était impossible d'en envisager une extension jusqu'aux planètes voisines, voire jusqu'aux systèmes solaires les plus proches: le cas échéant, la descente de dimension se serait étendue à ces cellules de Vie. Au contraire, nous cherchons à vous élever d'une ou plusieurs dimensions et de vous y associer. Voilà pourquoi, je le répète, des ouvriers attentifs et aimants sont là pour vous guider dans la hauteur de leur lumière jusqu'à ces portes, de manière à pouvoir en tourner les poignées et découvrir ainsi la magnificence de la lumière qui vous est réservée. Dans les jours à venir, aimez votre mental pour ce qu'il a été dans sa forme limitative et remerciez cette dernière, car elle vous a permis de prendre conscience d'être contenus alors qu'en réalité vous êtes illimités. Remerciez, aimez, respectez et devenez partenaires. Cessez d'être votre propre ennemi, d'alimenter vos peurs intestines par des regards erronés, des pensées déplacées, des sentiments qui ne vous honorent pas.

Ainsi, nous pourrons redéplier sur vos épaules ce manteau de lumière en dépôt. L'heure sonne à la réunion de toutes vos manifestations, du plan le plus dense au plus subtil. Ne l'oubliez jamais, la forme dense reste le reflet de la plus lumineuse. L'amour ne divise pas, il unifie.

La qualité de la mère demeure l'ouverture de ses bras; en eux, elle peut serrer tous ses enfants et leur dire combien elle les aime. La fonction de la mère reste de cajoler, d'entourer, de remplir ses enfants de cette nourriture qu'elle seule peut distribuer. Vous êtes de grands enfants. Non, je ne dis pas que *vous êtes des bébés* (certains s'exclameront *«à notre âge!»*), pourtant, au regard de la Vie, vous n'êtes guère plus vieux. D'accord, il n'y a plus de couches-culottes, malgré tout nous tenons toujours la cuillère en vous invitant à manger cette bonne nourriture pour votre corps! Peut-être le bébé comprendra-t-il qu'il peut tenir la cuillère tout seul? Nous vous menons doucement à cette indépendance sans chercher à dévaloriser votre état, car ce bébé qui naît à lui-même en est un de lumière. C'est véritablement un être de lumière. Il naît dans une forme qui nécessite encore un développement. À la naissance, l'enfant sait qui il est. Les enfants que vous accueillez savent d'où ils viennent, où ils vont, ce qu'ils doivent faire. C'est seulement à l'âge de trois ans que les voiles de l'oubli se déposent sur eux. À cet âge, ils se détachent de l'énergie de la mère et nous les dirigeons progressivement vers l'esprit de l'humanité. Dès ces instants, le mental inférieur commence à faire des siennes; comprenez-vous la place occupée par les parents? Plus ils penseront de leurs enfants qu'ils sont des êtres inconscients, innocents, plus ils induiront une chimie limitative qui les accompagnera tout au long de leur vie. Cette chimie nourrira le mental inférieur, donnera naissance à la dévalorisation et à la nécessité d'apprendre sans cesse, car l'être oubliera lentement qui il est, d'où il vient, ce qu'il doit faire.

Si les parents ont conscience d'accueillir une entité de lumière, de transmettre leur savoir, leur ouverture de conscience dans ce monde de la densité, l'enfant ne sera pas limité par son mental inférieur ni dans des moules auxquels il devra se conformer. Comme il n'aura pas à se départir de ces moules, il gagnera du temps sur sa propre réalisation.

De l'âge de trois ans à vingt et un ans, l'esprit habitant le corps reconnaîtra les limitations déposées dans son mental inférieur par ses parents et cherchera le moyen de les rejeter puisqu'elles ne lui appartiennent pas. Seulement, dans le contexte actuel, le mental inférieur a été tellement figé dans un moule d'expression rigide que l'entité âgée de vingt et un ans attendra l'opportunité d'un alignement de planètes induit vers l'âge de quarante ans pour rencontrer la possibilité de se défaire de ces moules, avant de regarder les siens. C'est la raison pour laquelle la crise dite *de la quarantaine* demeure cruciale dans l'évolution du mental humain. Si vous en profitez pour tout remettre en cause, vous bénéficiez d'une ouverture *spirituelle*. Dans le cas contraire, vous serez entraînés dans un autre cycle jusqu'à la prochaine crise, vers la cinquantaine, puis à la soixantaine. Si, à cette période, cela reste encore à acquérir, les énergies du Ciel chercheront simplement l'apaisement de l'être en souffrance, reconnaîtront son incapacité à se libérer et essayeront de lui offrir un temps de paix, d'harmonie afin de guérir les cicatrices accumulées pendant ces crises.

Vous rendez-vous compte que les trois premières années suivant la naissance peuvent conditionner toute l'évolution de la personne? Cependant, rien n'est irréversible, sinon à quoi bon toute cette guidance autour de vous? Certains détours semblent insurmontables dans une incarnation? Néanmoins, ils seront dénoués tôt ou tard dans la suivante. Si les parents ne viennent pas surcharger les sphères mentale et affective de l'enfant, celui-ci sera solidement armé pour aider efficacement l'humanité.

Rassurez-vous, si vos proches sont concernés par la difficulté de dépasser leur crise intérieure d'identité, cela leur servira tout de même. Dans cette présente période, des énergies particulières descendent en vue de nourrir tous les aspects de votre personnalité. Aussi, j'insiste sur ce point et je me dois de choisir une autre forme d'enseignement placée dans les blancs entre les mots, ou dans les silences, et ce, pour accompagner ces énergies.

Mes premiers livres se sont construits d'après ce choix, de manière à donner de la hauteur à l'ouverture sur la compréhension des Lois administratives universelles et de vos relations avec la Vie. Comme votre mental n'a pas reçu de schéma humain réactif en ce qui a trait à ces relations, je peux travailler en profondeur la réharmonisation de votre identité, et ce, autant sur le corps physique que sur l'âme ou l'esprit, sans laisser derrière la dualité ou une parcelle de vos expressions. Je cherche en somme à unifier ce que vous avez individualisé à outrance.

Dans cette re-connaissance de la reconnexion, j'œuvre en réalité sur la grille cristalline de votre corps. Là, je remets vos portes subtiles en vis-à-vis afin d'assurer l'aisance du passage du flux de lumière en ligne directe et non plus par ricochets. Ceci représente une grande réalisation et je suis heureuse de cette activité nouvelle sur cette humanité. Nous sommes toujours emplis de bonheur en vous appelant frères et sœurs, en affirmant que vous êtes issus de nous-mêmes, car les quatre Forces primordiales ont engendré toutes les lignées de Père/Mère créateurs. Par conséquent, vous êtes issus de l'une ou l'autre de ces lignées.

J'aime vous le dire, car cela est la réalité. Vous n'êtes pas ce moule épousé lors de l'incarnation, mais bien autre chose, soit *une expansion de notre réalité,* et nous nous complaisons à l'intérieur de votre réalité.

Ce vaisseau nommé Urantia par nous, et Gaïa par vous, est en train de prendre une nouvelle direction. Cela signifie que cette planète accepte tout doucement sa dimension supérieure, d'émaner une lumière plus intense, plus pure, et vous n'y êtes pas étrangers.

Par conséquent, ces moules limitatifs revêtus sous la forme densifiée comme ceux transmis par vos parents, vos grands-parents, vous ont permis de déjouer malgré tout des pièges du mental humain et d'offrir des germes de réalisation possibles dans les champs vierges. Oserai-je ajouter ceci : grâce à ces limitations, vous avez créé une trajectoire exceptionnelle d'expansion de la conscience. Voici la raison de ma volonté de vous instruire sur la forme divine du mental inférieur.

Mais pour l'instant, revenons sur l'entité prête à s'incarner. Elle sait que la famille d'accueil possède des limitations et des ouvertures, qu'elle devra équilibrer ces deux pôles et trouver sa propre voie afin d'exprimer sa divinité, soit l'extériorisation de son être dans son expression. En vous rapportant l'inconscience des parents quant à leur responsabilité, je vous révèle la glissade progressive de l'enfant dans un moule limitatif qui devient son carcan, surtout si cet enfant vit des maltraitances physiques qui s'imprimeront obligatoirement sur le corps émotionnel. Et si des manipulations sont exercées sur sa santé, les portes seront souvent cadenassées par des dizaines de verrous. Imaginez-vous chacun tel un ange de lumière universelle libre de se déployer dans tout l'éther comme un oiseau et descendant dans un cercueil plombé, car il s'agit presque de cela. Comment peut-on retrouver sa liberté, son fonctionnement universel ? C'est ici que le mental inférieur intervient ; il devient parfois votre imaginaire quand il peut s'exprimer. Plus vous serez *plombés, enfermés, séquestrés* dans des énergies lourdes, plus vous appellerez à l'aide votre imaginaire, les rêves, l'utopie. Ce sont les ailes que vous chercherez afin de vous envoler.

Imaginez cette fois une entité s'incarnant au sein d'une famille ayant la parfaite conscience d'accueillir un être universel venu voyager un temps dans la densité. Imaginez toujours les parents revêtant le vêtement de la responsabilité en conscience et celui de guide vis-à-vis de cet enfant. Que va-t-il se passer? L'entité fraîchement descendue en ce corps dense, de chair, va profiter des trois premières années pleinement ouvertes de l'enfant et du monde qu'elle a récemment quitté. Cet enfant pourra ainsi se nourrir totalement des énergies de sa famille «d'en haut» et avoir accès aux esprits de la Terre, de l'Eau, de l'Air, du Feu gérant les forces en mouvement dans le monde de la densité. Il voyagera vers les humanités intraterrestres et gardera en conscience tout son potentiel. En conservant pleinement cette conscience, il saura où il va.

Après les trois premières années de vie terrestre, les voiles de l'oubli descendront malgré tout, mais avec moins d'opacité. Il y a toujours des nuances dans l'intensité de ces voiles d'oubli déposés sur les enfants de lumière participant à l'adombrement de lumière sur la planète d'accueil. Le nouveau-né est loin d'être *innocent*, ayant longuement voyagé avant de venir ici. Tous ses corps sont passés par des expériences, et il arrive quelquefois avec un corps éthérique déformé, il le sait. Parfois, il s'agit d'entités d'une très grande pureté; celles-là sont fragiles dans ce monde, n'ayant pas revêtu de carapace trop lourde afin de garder leur fluidité, leur lumière. Ainsi, le mental humain dit inférieur leur servira de véhicule d'exploration. Leur activité sera donc différente du fait d'avoir gardé la conscience de qui ils sont et de leur tâche envers l'humanité. Leur corps émotionnel sera souvent appelé à résoudre des problèmes. Comment ces enfants peuvent-ils réagir au quotidien? Il leur faut une grande force intérieure et ils auront besoin des parents, porteurs d'une lourde charge d'une responsabilité importante en ce qui les concerne. Les parents devant les aider à se protéger, ils les éduqueront sur la famille humaine et leur apprendront à garder et à utiliser le lien avec la famille universelle.

Vous ne pouvez approcher les enfants qui viennent avec votre mental humain. Vous, humanité, devez absolument vous éveiller, progresser à l'intérieur de votre mental et vous ouvrir à cette dimension plus élevée de vous-même. C'est là que vous trouverez les germes de réponse en vue d'accueillir ces enfants, de reconnaître les attitudes à épouser afin d'être pour eux ces tuteurs, cette force d'amour et d'accompagnement depuis leur naissance jusqu'au moment où ils prendront leur envol afin de vous apporter leurs dépôts intérieurs.

Il va falloir — vous, fils, filles, parents en potentiel — vous asseoir au sein de votre centre d'amour, de votre lumière pour puiser au quotidien dans ce lien qui vous unit aux humanités d'en haut et d'en bas.

La pensée humaine s'ouvre à la pensée divine. Vous allez perdre tous les points de repère acquis dans le passé sans avoir encore ceux des années à venir. Pourtant, le seul fait de vous asseoir sur les vieux repères vous permettra de prendre votre envol et d'ouvrir des voies nouvelles de responsabilité. Nous vous y aiderons graduellement.

Avant toute chose, faites la paix en vous et réappropriez-vous votre corps communautaire car, pour un grand nombre, vous n'êtes pas centrés dans cette réalité, et pour un nombre encore plus grand, vous ne vous nourrissez pas de vos lumières, et là réside un danger réel.

Les enfants à venir n'épouseront pas les mêmes voiles d'oubli. Leur lumière étant à peine atténuée, ils parleront de leurs mères universelles qui les auront amenés ici. Vous vous sentirez démunis lorsqu'ils évoqueront leurs jeux avec des copains habitant sur Saturne, par exemple, où un voyage prévu sur Alcyone ou sur

Sirius, quand ils décideront d'assister à un conseil des Sages. C'est vrai, les paroles prononcées par ces *petits* induiront des réflexions dérangeantes. Je n'affirme pas cela uniquement dans le but de vous faire sourire ou pour vous amuser; je parle d'une réalité proche. L'un d'entre eux pourra tout aussi bien demander à ses parents de parcourir mille kilomètres afin de rendre visite à un copain incarné dans un arbre. Aussi, ces parents s'interrogeront-ils sur la santé psychologique de leur progéniture. Et si, un autre jour, l'enfant discute avec un ver de terre, cela ne sera pas évident; autant vous avertir de ces changements! Les enfants arrivant dans cette séquence de temps ne mettront aucune barrière entre les diverses familles. Leur notion de la famille englobera toutes les formes d'esprits. Ceci vous confrontera à vos limitations. Actuellement, pour vous, le mot famille renvoie au père, à la mère, aux enfants, parfois aux oncles et aux tantes. Si vous intégrez la vie sur la planète, c'est déjà un exploit. Alors, entendre de telles paroles vous bousculera. Comme le jour où ils annonceront: «Ce soir, je rentre chez moi.» Que de questions en perspective!

Toute une vague d'enfants à venir s'instruit présentement des réalités traversées par les dernières générations, les enfants de vingt ans et plus, maltraités dans leur corps. Et vous n'êtes pas étonnés de voir qu'un nombre croissant d'entre eux choisit le suicide. Cet acte traduit un mal-être. Cette génération a accepté de connaître l'extinction des vieux schémas familiaux de cette société en phase décadente et d'en ouvrir de nouveaux non pas pour eux mais pour les jeunes à venir.

Voilà pourquoi, à ces êtres fatigués, parfois même en bout de course, nous rappelons le beau travail effectué. Quand nous sommes certains de leur incapacité à aller plus loin, nous acceptons même de ne pas leur en tenir rigueur. Attention, ces mots ne vous encouragent nullement à mettre un terme à votre vie!

Pourtant, dans cette période, nous reconnaissons les difficultés de maintenir le cap et de passer outre à ces vagues intérieures semblables à des ouragans balayant tout sur leur passage. Cela s'applique à cette génération d'enfants qui souffre au-delà de ce que vous pouvez imaginer. Ces entités effectuent un acte de sacrifice pour le bien-être de l'autre vague d'enfants prête à descendre. Ces derniers devraient se poser sur une lumière plus grande, une ouverture de conscience élargie, offerte par la souffrance des enfants actuels. Vos progénitures ont travaillé plus que vous jusqu'ici. Malgré l'amplitude de désagréments dans leurs attitudes, sachez qu'à l'intérieur d'eux-mêmes, ils sont souvent très lumineux. Il leur fallait détourner certaines forces et ils l'ont fait, tout comme vous aviez également agi ainsi dans un lointain passé.

Aujourd'hui, vous recevez l'autorisation de prendre votre envol et, un jour, ces enfants en recevront une identique.

Revenons à ces entités à naître qui refuseront de manger vos aliments non vitalisés, de répondre aux attentes des autres, d'étudier certaines matières, de parcourir un chemin n'étant pas le leur, ou qui diront simplement: «Ceci n'est pas bon pour moi.» Les parents de demain ne sont pas préparés à ces attitudes. Vous êtes les grands-parents de ces enfants à naître, leurs aînés; aussi, nous nous appuyons sur votre bonne volonté. Et voici une nouvelle raison de déjouer le mental humain. Nous aurons besoin de tous les aînés afin de reconnecter le lien entre ces enfants. Vous ne serez peut-être pas les parents ni les grands-parents de chair et de sang de ces entités, mais attendez-vous à les voir venir dans votre entourage en vue de votre devenir de parents ou de grands-parents spirituels si nécessaire dans cette éducation à faire.

Alors, travaillez à ne plus penser inutilement, à être en paix, à vous asseoir dans un fauteuil si vous êtes trop actifs. Centrez-vous, reprenez conscience de votre corps, de votre lien avec la lumière, de votre place dans cette chaîne de Vie. Le jour venu, un enfant frappera à votre porte, car lui saura devant laquelle se rendre. Inutile de parcourir des kilomètres pour le rencontrer! Ces enfants seront connectés à la Source en permanence et recevront les informations nécessaires à ces rencontres.

Aujourd'hui, j'ai besoin de vous trouver chez vous en paix, en silence, sans toutes ces questions du genre: «Quelle route dois-je prendre ou éviter? Quelle pensée dois-je avoir ou pas? Quelle nourriture dois-je absorber ou pas?» Centrez-vous dans votre lumière, relaxez-vous, cessez d'être si nerveux, fébriles, et nous pourrons agir. Nous n'attendons rien d'autre.

Les temps futurs seront bien différents de tout ce que vous avez connu. Aussi, nous réactivons la conscience amérindienne, détentrice d'une manière d'être et de se présenter à la Vie qui sera confortable pour la culture blanche en mal d'être, une véritable source de bien-être et de réconciliation avec la Vie.

Quand les cercles amérindiens refleuriront, allez donc y faire un tour. Vous y apprendrez la richesse du silence et de leur approche de la Vie. Apprenez à écouter, à vous asseoir dans une autre culture, à échanger, à reconnaître la sagesse en vous, à accueillir celle qui vous sera offerte par une voie ou une autre, à vous déconnecter de tout ce qui est projeté sous la forme actuelle par les médias, et par la mode qui n'encourage que le paraître. Cherchez simplement ce qui demeure bon pour vous dans l'instant présent. Par exemple, acceptez de porter du vert ou du bleu si votre corps le réclame, même si la mode vous propulse vers une couleur sombre, comme le noir tant prisé actuellement. Sachez accorder la couleur de vos vêtements à vos états intérieurs, non pas par l'analyse mentale mais par l'acceptation de votre ressenti. Osez faire une place à ce ressenti jamais écouté, ou si peu. Au début, cette voix semblera lointaine; exercez-vous et elle deviendra très présente. Elle remplira son rôle le jour où l'on frappera à votre porte en vous disant: «Je te connais, nous devons parler!» Le côté rationnel du mental ne vous aidera pas, mais le ressenti, oui. Si cela devait se présenter, sachez que cet échange suscitera un mouvement d'énergie. Attention, là encore, que ces mots n'incitent pas certains d'entre vous à créer volontairement une telle situation pour s'amuser. Cela doit monter avec force de l'intérieur.

La vie de demain sera plus simple que celle d'aujourd'hui. Actuellement, vous demeurez enfermés dans un carcan de bonnes attitudes sociales: *il ne faut pas déranger l'autre, on doit se comporter de telle manière par souci des bonnes manières,* etc. Examinons cela. Selon votre code sociétal, avoir de bonnes manières correspond à la projection d'une image de soi, donc du paraître et non de l'être. D'accord, vous pouvez tenir les cuillères et les fourchettes en levant le petit doigt! Cependant, je vous invite plutôt à prendre un fruit par exemple et à le porter à votre cœur. Là, un échange d'énergie passera qui n'aura rien à voir avec vos *bonnes manières* et apportera une nourriture bien différente à votre corps. L'image reflétée émet un langage à part entière. Regardez l'image transmise à partir des incitations extérieures, la mode, les médias, la société, puis cherchez celle qui vous correspond viscéralement. Elle émergera de vous. Donnez-lui vie et observez le changement d'attitude autour de vous.

Avez-vous remarqué comme les sages sont éloignés de toutes les images à la mode? *Ils sont*, quels que soient les vêtements portés, et leur noblesse, leur lumière occultent leurs habits. Devant ces êtres, vous ne vous trompez pas; leurs forces viennent vous chercher au plus profond de vous-mêmes. Si j'aborde ce sujet, c'est pour souligner votre volonté encore bien ancrée dans le besoin de paraître, qui nourrit aisément le mental inférieur. Lui veut être reconnu en permanence et se repaît au sein de ces images toutes faites par les autres et que vous ingurgitez comme une panacée extraordinaire.

Ces jours-ci, asseyez-vous honnêtement dans vos fauteuils, regardez défiler vos attitudes quotidiennes ; vous observerez que vous êtes mus davantage par le paraître que par l'être. Voilà pourquoi, je le répète encore et encore, vous devez adopter l'attitude de l'observateur. Petit à petit, vous regagnerez de la force, vous glisserez à l'intérieur de l'être et réveillerez la lumière contenue en lui. À ce moment-là, vous serez revêtus des plus beaux attributs, de superbes vêtements, et ceux-ci ne sortiront pas de boutiques affichant des noms pas possibles pour attiser le besoin de paraître !

En établissant un lien entre le paraître, l'être et les enfants à venir, je souligne ou révèle le fait que ces derniers rechercheront tout homme et toute femme installés dans la lumière de l'être intérieur et la rayonnant, ou du moins installés dans cette volonté. Leur instinct et leur connexion indiqueront qui ils ont en vis-à-vis, et ils s'écarteront de ceux qui désirent paraître. Les années immédiates traiteront de ces changements, de l'amplitude énorme sur la vie qu'auront ces entités venant vers vous. Sachez également que la personne installée au centre de son être fait rayonner sa lumière et ouvre donc les portes de la sagesse. Tout cela grâce à la place accordée par le mental humain inférieur au flux de lumière provenant du mental supérieur. Tout est relié ; toute action engendre une réaction sur une autre.

Dans les temps futurs, je parlerai de paix. Vous le savez maintenant, quand je visite une expression, vous ne recevez pas les mots attendus ; je vous entraîne toujours vers une hauteur de l'être encore non explorée ou mal comprise. Pour cela, je déjoue sans cesse les limitations ou les fausses croyances préhumaines, donc du mental inférieur qui cherche à me faire épouser une expression assurant le maintien de son existence.

Constamment, je contourne vos constructions. C'est un jeu et je l'accepte. Cela ne me fatigue pas, mais il n'en est pas de même pour vous. Quand cet état de fatigue vous pèsera, alors nous irons directement au but et vers les informations tenues en réserve.

N'ayez pas d'illusions. Aujourd'hui, je vous prépare uniquement à côtoyer des étudiants déjà installés dans l'approfondissement de la conscience universelle. Ce que je tiens caché est d'une autre grandeur.

Nous sommes dans un passage obligé et le mental préhumain sera déjoué, je vous le promets.

Cette planète sort de l'état préhumain. Elle accueillera une somme d'informations qui servira non pas ce Cercle atomique de Vie mais le second. Le rôle d'Urantia Gaïa demeure sa fonction de planète relais entre ce Cercle et celui qui s'anime, tels une porte ou un sas de communication entre les deux. Aussi, les étudiants souhaitant un jour vivre dans le deuxième Cercle atomique de Vie viendront-ils étudier dans les écoles construites par nous sur cette terre. Certains d'entre vous décideront de les accompagner.

Nécessairement, vous recevrez l'information adéquate afin de correspondre aux germes émis ici et ailleurs. Ces germes se développeront dans le futur Cercle atomique de Vie. Pour cela, nous vous instruirons des lois qui régneront dans ce nouveau secteur ; elles seront différentes. Nous aborderons de la géométrie sacrée qui y prendra naissance, également différente de la vôtre. Par conséquent, vous devrez vous asseoir aux côtés d'entités qui auront souvent revêtu des vêtements de chair bien éloignés du vôtre. Ainsi, vous vous mêlerez aux autres formes d'humanités vivant dans ce Super-Univers et, plus tard, à celles des Super-Univers voisins.

Sachez que les animaux totems reprendront une place dans votre existence. Ces forces de Vie aideront à dévier le cours inférieur du mental, qui ne profitera pas d'une dominance dans ce qui vient vers vous.

Nous appelons donc toutes les formes de Vie à servir plus que jamais le grand dessein de cette planète en vue de favoriser l'installation permanente du mental dit supérieur de l'humain en élévation dans les énergies d'expansion de ce Cercle atomique de Vie.

Le deuxième cercle attirant une force exponentielle de réalisation induite par les germes de Vie développés sur cette planète et sur les autres planètes relais également soumises à un test, il vous faut donc vous aligner dès à présent sur la volonté du Grand Constructeur et accepter le fonctionnement prévu par lui.

Vous quittez une attitude et un jeu de basse fréquence et pénétrez un jeu d'une fréquence élevée. Naturellement, commencez par le b.a.-ba des études. Autrement dit, cessez de vouloir paraître, centrez-vous dans l'être, reposez-vous au sein de la lumière et quittez tous ces jeux limitatifs qui appartiennent à la troisième dimension.

Tout doucement, nous vous aiderons à couper ces chaînes et à prendre votre envol vers la quatrième dimension. Et plus vous vous installerez dans votre cœur, plus cela deviendra facile. Comprenez que le cœur ouvre toutes les portes de cette dimension nouvelle à venir. Cependant, celles-ci s'entrouvrent toujours à des moments déterminés, lors d'un passage précis. Vous voici devant cette porte d'évolution de l'être, mais vous ne pourrez franchir son seuil avec les attitudes erronées ayant cours (ou acquises) dans la dimension que vous quittez.

Par conséquent, je vous le demande: «Cessez de vouloir agir à tout prix, de construire un moule d'expression qui ne vous correspond pas, de paraître, de vous agiter dans tous les sens, et comprenez que pour ascensionner de la troisième à la quatrième dimension, il suffit de vous installer à l'intérieur de vos énergies et, en toute volonté, d'accompagner les énergies qui se présentent. Ressentez la dilatation ou la rétraction de celles-ci, demeurez attentifs à tous les changements, et le poste d'observation favorisera le départ de tous ces fonctionnements égotiques de la troisième dimension puis l'arrivée au bon endroit, au bon moment, dans la lumière et la conscience, de la quatrième dimension.»

Vous êtes tous invités à pénétrer cet espace, tous attendus par les Guides, les Anges, les élémentaux. Si vous maintenez suffisamment le désir d'ascensionner, d'autres êtres encore vous attendent et vous soutiendront dans l'émergence de cette haute fréquence.

Je nourris autant le corps que l'âme et l'esprit. Au stade où nous en sommes, nous ne pouvons nourrir qu'un seul pôle de l'être. Nous devons déposer des énergies au sein de ces trois points de Vie et déjouer le mental de manière à les aligner, car ce sont vos vêtements les plus précieux. Quand vous serez bien installés dans l'unicité de ces trois sources, remerciez votre mental préhumain de vous avoir amenés de la conscience primaire inférieure de la troisième dimension à l'expansion de la conscience de la quatrième.

Profitez de quelques instants de silence, car les énergies qui descendent pendant les cercles sont très intenses; en parallèle, nous offrons une grande nourriture pour l'âme et l'esprit. Nous travaillons autant avec la forme verbale exprimée qu'avec la forme non exprimée dans votre monde. Chaque fois, nous déposons des informations qui s'engramment dans vos corps. Nous sommes attentifs à ne pas léser l'un ou l'autre des corps subtils, car il nous faut nourrir de l'intérieur ce corps physique si maltraité. Nous souhaitons vous voir reprendre conscience de la place de chaque corps au sein du quotidien. Les corps subtils sont fragilisés, actuellement en hyperréaction à cause de votre mésécoute. Ils cherchent le moyen de retenir votre attention, aggravant ainsi leur fragilité en s'exprimant en permanence d'une manière ou d'une autre.

Les êtres de l'ombre connaissent parfaitement les rouages intimes des corps. Voilà pourquoi ils vous ont amenés à cheminer vers une spirale d'énergie descendante. C'est la raison de tout ce verbiage, des bruits dissonants autour de vous, de la sollicitation affective de premier degré, et de votre plongée dans des sentiments communs (non pas que les sentiments communs sont dépourvus de noblesse, mais à trop les visiter, on oublie les sentiments plus élevés qui nous attendent). Voici la réalité cachée de toutes ces fréquences émises de façon à vous empêcher de vous installer dans les réalités supérieures, car cela ne ferait pas l'affaire de ces êtres de l'ombre si vous étiez ancrés dans les vibrations et les émotions ascendantes de l'être. Ils ne pourraient plus vous atteindre par toutes ces images d'horreur diffusées à longueur de journée. Vos porte-monnaie ne s'ouvriraient plus aussi aisément à la moindre sollicitation ; plus question d'être des consommateurs de leurs énergies ni de vous culpabiliser.

Pour l'instant, consommer ces énergies vous ancre dans une partie non divinisée de vos corps, une affaire excellente pour ceux de l'obscur, car vous restez ainsi des malades fidèles et assidus auprès de vos médecins préférés qui — certains d'entre eux du moins — recherchent une clientèle stable en vue d'assurer leurs revenus. En définitive, il faut entretenir la maladie et non la guérir.

Oui, ces mots dérangent. Pourtant, cet aspect vous conduira à une confrontation assurée dans les années à venir. Vous constaterez cette dure réalité. Présentement, on fait de vous des consommateurs de la santé et on endort toute velléité de prendre en charge votre santé. En l'occurrence, vous devez consommer, encore et encore, et vous en remettre à un avis extérieur de manière à accentuer ce déséquilibre physique.

L'ombre a créé toute une série d'aliments ayant pour effet de vous ancrer dans les énergies de basse fréquence. Vos corps ne reçoivent plus la nourriture essentielle à leur bon fonctionnement. N'oubliez jamais que les aliments, en dehors de leur chimie physique, possèdent également une chimie subtile. Par conséquent, ils nourrissent à la fois le corps physique et les corps subtils, rien de plus logique. La nécessité d'intégrer cette réalité devient vitale au maintien de la vie dans vos corps.

Dans un même ordre d'idées, vous contraindre à demeurer dans un mental agité favorise l'éloignement de la paix. Ainsi, sans paix intérieure, vous ne trouvez pas de silence. Dans ce brouhaha, le langage subtil ne peut converser avec vous ni vous donner ces informations, son enseignement; il est dans l'impossibilité de vous inviter à l'accompagner sur ce chemin. Comme vous ne captez pas ses signaux au bon moment, vous restez sur des chemins prédigérés par les entités de l'ombre, assurant leur confort.

Par le passé, les religions cherchèrent à créer un chemin visant à mettre la population sous leur joug. Puis elles s'assurèrent d'un apport d'énergie en donnant de l'importance à leur création et *en allant à la pêche* d'hommes et de femmes un peu faibles, leur disant: «Tu n'es pas sur le bon chemin, viens sur le mien.» C'est ainsi que nous avons vu des vagues d'hommes et de femmes affaiblis s'engager sur ces voies ne servant pas le retour à la Lumière de Vie. Sur ce chemin construit par la volonté de l'ombre, des êtres furent martyrisés au nom de Dieu, de la lumière, de la repentance. Se repentir de quoi? D'être un enfant divin? D'avoir accepté une expérience, même limitée, en incarnation?

Tant bien que mal, les énergies déployées par les frères et sœurs d'en haut vous poussèrent sur des sentiers parallèles. Quand les religions officielles comprirent qu'une partie de leurs ouailles se détournait, elles en vinrent à vous fustiger. Elles retirèrent même souvent la vie dans des conditions atroces, sachant pertinemment que cela serait inscrit dans vos cellules et que, lors de la prochaine incarnation, vous ne bougeriez plus de cette route construite de toutes pièces. Ces conditions (nées de la bassesse de ces esprits) détournèrent la voie créée par l'Esprit universel. Sans l'intervention du Ciel contre ces abus de pouvoir, sans les réactions suscitées chez nos frères et sœurs incarnés, nous serions peut-être dans une situation irréversible.

Nous avons envoyé dans cette humanité des êtres déjà sur la voie d'un grand cheminement, de la reconnaissance de la Lumière de Vie. Nous leur avons demandé un nouveau sacrifice, soit de revêtir un corps de chair limité, de façon à extérioriser dans cette ombre intense une lumière appelant le retour des lois, des eaux pures et nourrissantes des Univers.

Réussite effective avec le changement de la grille magnétique! Tout ce qui fut construit dans l'intention d'asservir l'âme, l'esprit (et ainsi le corps) et de les empêcher d'émettre leur divinité devient caduc. Progressivement, nous déconnectons leurs réservoirs d'énergie. Aussi, au fur et à mesure de ce travail, le mental humain exacerbant le besoin d'instaurer un pouvoir sur l'autre sera agité, ces entités sachant le peu de temps à vivre sur cette fréquence d'être.

Nous vous invitons à regarder toute cette agitation, à prendre conscience de sa raison réelle, et à vous en détacher. Pourquoi ces êtres cherchent-ils à vous redominer? Ils connaissent parfaitement le déclin de leur influence sur vous, la descente de la nouvelle source de lumière et leur impossibilité à l'asservir. Dans cette période de troubles qui vient (où tous les pouvoirs en poste jusqu'ici seront déconnectés), installez-vous en paix au centre de vous-mêmes.

Pour un temps, ils essayeront de conserver leur joug sur la population. Aussi, écoutez-nous: prenez conscience que la paix instaurée en vous se reflétera sur la planète entière. Au fur et à mesure de l'immersion de l'esprit préhumain dans la famille universelle unifiée, l'esprit humain reprendra sa place sur cette sphère de Vie.

Il n'y aura jamais de différence entre une vie dans la densité et une autre évoluant dans la fluidité de Vie.

Ce mouvement se décline simplement selon une autre facette de l'être, un visage différent du Sans-Nom.

Il est vrai que vous n'avez pas encore maîtrisé cette forme d'évolution, mais cela approche rapidement, sauf pour les personnes désireuses de poursuivre leur cheminement dans la troisième dimension.

Le devenir des habitants d'Urantia Gaïa préfigure la plongée dans la félicité de la fluidité et la maîtrise du mouvement universel. Dans l'immédiat, le plus urgent se limite à prendre votre place, celle qui vous a été attribuée depuis le commencement de la création de ce Cercle atomique de Vie.

Un ange, un frère stellaire, une sœur intraterrestre n'ont pas plus d'importance que vous. Il en est de même pour le poste de chacun. La seule différence, c'est qu'eux ont une pleine conscience de leur rôle alors que vous l'avez oublié.

Retrouvez simplement cette mémoire graduellement effacée. Aujourd'hui, vous suivez le chemin inverse. Les portes sont ouvertes à ce possible et à la reprise de la juste place de chacun.

Nous parlons souvent de chaîne d'appartenance. En songeant au maillon au-dessus de vous, sachez son importance liée uniquement au fait de votre vie dans la densité. Par cela, vous devenez le maillon installé dans la matière, engendrant le suivant, une nouvelle chaîne assurant dès lors la continuité de la même force se déclinant (mais pas forcément) selon une intensité un peu moindre dans un premier temps.

Au vu de cette réalité, cessez chacun de combattre qui vous êtes, de vous présenter comme une victime, de dire même: «Je ne suis rien.» En vérité, vous émanez le Tout, notre contrepartie. En évoquant cette réalité, je ne cherche pas à vous donner du pouvoir ou des ailes. Je souligne seulement le pouvoir déjà en vous et les ailes à votre disposition.

Toute la Création s'expanse, et vous aussi. Vous vous inscrivez dans ce mouvement ainsi que votre mental. Vivez donc cette expansion sans former des *nœuds* dans votre cerveau! Actuellement, une partie de l'humanité vit une meilleure connexion avec ses pouvoirs intérieurs. Cela ne veut nullement dire que cette situation durera ou cessera; cela signifie que l'ensemble de l'humanité va retrouver ses pouvoirs. Ainsi, tout reprendra l'ordre divin naturel. Cette apparente supériorité chez les premiers traduit la reconnaissance de leur travail déjà réalisé et du vôtre à exécuter. Replacez les éléments dans le bon contexte.

Les temps présents suppriment les notions d'inférieur ou de supérieur, de négatif ou de positif, de non-spiritualité ou de spiritualité. Tant que vous utiliserez ces contraires, vous ferez perdurer la dualité. Nos souhaits visent justement à vous la faire quitter. Dès à présent, adoptez la bonne attitude, ne dites plus «mon mental s'agite», mais plutôt «je parle à mon mental agité afin de l'apaiser et de le connecter à sa forme divinisée». À ce moment-là, l'énoncé sera juste. En déclarant «j'ai perdu ma lumière», vous descendrez un peu plus dans l'ombre! Par contre, en affirmant «j'ai déposé ma lumière afin de cheminer dans la matière pour la retrouver grandie», ces paroles seront justes.

Dans ce présent, nous vous invitons à reconnaître la forme de négativité cachée derrière chaque phrase verbalisée, chaque pensée et chaque action, les vôtres, puis celles des autres ayant pour but de couper les ailes de l'humanité et de la maintenir dans une lourdeur excessive. En vous attachant à ce fait, vous ne lui donnerez plus de poids ou de force supplémentaire et acquerrez une vision intérieure plus grande.

Quand vous employez les mots «j'ai mal à cet endroit de mon corps», changez-les en «j'ai mal à cet endroit car, dans le passé, j'ai engendré une pensée favorisant ce terrain». Vous aurez une vision élargie du problème et une fenêtre de compréhension s'ouvrira, restituant la pensée créatrice du désordre corporel. La pensée génératrice de dysharmonie se connectera certainement à la pensée du présent, bouclant la boucle et offrant ainsi la guérison de la mémoire. Puis la guérison physique pourra s'installer.

Les créateurs se forgent de cette façon, en reconnaissant la pensée engendrant telle réaction. Le moment est venu de chercher ces pensées du passé et d'en voir le résultat. Vous en êtes la somme. Après, allez plus loin, car vous n'êtes pas cette pensée mais avez seulement choisi de l'expérimenter.

La Vie éduque de mille et une façons. À vous d'accepter qu'elle se sert du Tout dans le but de vous instruire.

En intégrant la multitude d'expressions possibles et disponibles, le mental préhumain s'apaisera et vous vous glisserez vers les portes où règne la paix. De cette hauteur, vous créerez le silence là où il y a du bruit, vous engendrerez la lumière là où l'ombre réside, vous mettrez de l'amour où il n'y en a pas, vous vous ancrerez dans la confiance quand la peur dominera votre entourage. De la sorte, vous deviendrez les témoins vivants du retour en la personnalité divine, de la reprise des vêtements de lumière.

Présentement, vous recevez beaucoup. Ce beaucoup sera exigeant, vous poussant à l'installation dans la paix. De ce fait, il devient urgent d'identifier vos résistances à vous immerger au cœur de cette plénitude revenant vers vous ; celles qui restent feront que le chemin devant vous sera douloureux ou non. Inutile de vivre l'extrême. Cette démonstration n'est plus nécessaire. Laissez-vous couler dans les nouvelles énergies, ayez confiance en vous comme nous avons confiance en vous.

Dans les extrêmes, nous reconnaissons votre capacité à retrouver votre lumière ; vous nous avez offert des résultats grandioses à l'état subtil. Dorènavant, ils vont s'ancrer et devenir concrets. La dernière partie de ce travail consiste à faciliter ce passage des énergies du monde subtil vers la densité. Pour cela, je continue à vous instruire la nuit, à donner des informations dérangeantes, à me déplacer dans votre monde, à contourner votre mental et, dans l'ombre, à travailler à l'émergence subtile dans la matière.

Durant cet atelier, vous avez quelque peu touché la paix; vous serez capables de la retrouver dans votre quotidien et de l'agrandir.

Nous sommes autour de vous. Aussi, à chaque pas effectué vers votre réunification, nous vous aiderons à l'ancrer.

Vous êtes honorés pour tout ce que vous avez vécu, pour avoir osé déposer votre vêtement de lumière et revêtir celui de la densité, pour avoir forcé le blocus autour de cette planète, pour nous avoir épaulés dans le retour de l'essor d'Urantia Gaïa.

Vous êtes honorés *d'être* tout simplement.

Qu'à chaque pas posé ici, la Grâce vous habite.

Montréal

Québec

Cinquième rencontre

Vous êtes déjà tous installés dans l'énergie, celle de votre cœur, de votre être.

Qu'est-ce que l'Esprit, sinon de l'énergie? Une manifestation? Oui! Un état d'être, mais lequel? C'est être à l'intérieur de l'énergie qui est Mouvement, qui est Vie.

Le mouvement, c'est intéressant, mais que signifie ce terme? Dans ce simple mot est résumée l'histoire de ce Cercle atomique de Vie.

Par exemple, peut-on l'interrompre? Si nous le faisions, nous entrerions dans un état de stagnation, de blocage extrême et cela entraînerait une sorte de compilation de l'énergie qui nécessiterait forcément un autre mouvement afin de rétablir le mouvement initial.

Eh bien, c'est à cela que vous êtes appelés en ce moment sur cette planète puisque le mouvement initial de sa vie a été stoppé dans son élan et incité à rentrer dans un moule restrictif. Ce moule est en train de gonfler, de s'enfler, comme ces ballons de caoutchouc que vous appelez *baudruches*. Et ce moule qui essaie toujours de se maintenir, de contenir le mouvement va éclater, car on ne peut retenir le Mouvement de Vie. Ce serait un non-sens et ne s'inscrirait pas dans la fluidité et la volonté de la Vie.

Ce que vous êtes en train d'observer sur cette planète, c'est justement cette retenue, ce moule limitatif dans lequel votre énergie première est descendue. Aussi, vous sentez-vous à l'étroit, et c'est normal, puisque cela n'est pas vous. Vous êtes Expansion et Mouvement, deux mots résumant bien votre nature.

Mouvement, parce qu'à chaque instant vous n'êtes pas le même qu'à l'instant d'avant, sans être encore ce que vous serez l'instant d'après. Vous êtes mouvement ondulatoire à l'intérieur de ce Cercle atomique de Vie, mais comme vous allez l'apprendre, le cercle est la base, la référence de ce Cercle atomique de Vie. Ce mouvement ondulatoire a pris la forme du cercle, mais ne pouvant pas tourner sur lui-même il s'élève, créant ainsi la spirale d'évolution qui vous amène à une expansion de votre réalité. Tout, à l'intérieur de ce Cercle atomique de Vie, est en mouvement, car justement **ce Cercle atomique de Vie est la référence** de tout ce qui va naître dans l'espace-temps qui se profile. Partant, nous avons demandé à tous les esprits naissants et devant servir cet espace, cette matrice, d'explorer tous les germes d'idées en voie de surgir afin de pouvoir sélectionner des idées fortes (des germes forts) à implanter dans les espaces-temps à venir. Car, ne vous y trompez pas, les Cercles atomiques de Vie sont avant tout des espaces-temps. Cette notion s'inscrit également dans le mouvement ondulatoire, dans l'expansion, et ne revêt pas la même importance d'un endroit à l'autre. De cette différence naît la multiplicité de l'expérience puisqu'un germe de connaissance à acquérir ne va pas se travailler de la même manière à chaque endroit du grand sidéral, où les lois de l'espace-temps seront également différentes.

Ce que vous êtes en train d'explorer dans votre espace-temps, d'autres l'explorent dans le leur. Mais leur cheminement est tout à fait à l'opposé du vôtre puisque ne s'y trouvent pas tout à fait les mêmes lois et que celles-ci ne sont que des lois d'inter-réaction de la pensée avec l'espace-temps. Pourtant, il fut décrété que dans cet espace-temps des endroits précis pourraient compiler toutes les données recueillies pendant les expériences; il s'agit de bibliothèques vivantes. Ces bibliothèques ne sont que des compilations d'informations, des recueils de tous les chemins possibles pour l'esprit en expérience qui souhaite les examiner. Ainsi, dans ces références, l'esprit peut accéder à toutes les informations inhérentes à l'un ou l'autre de ces chemins entrepris par les humanités visiteuses. Car ne vous leurrez pas, pour l'instant vous êtes l'humanité résidente de cette planète mais, avant vous, il y en a eu d'autres et après vous il en sera encore ainsi. Des écoles vont naître à des endroits bien précis du maître Univers, dans ce grand sidéral. C'est ce que nous appelons planètes relais ou relais de l'information. Et nous vous l'avons précisé, il n'y aura qu'une seule planète relais par Super-Univers. Cela signifie que sur la vôtre, toutes les informations inhérentes à l'expérience dans ce Super-Univers descendront dans les registres et pourront être examinées par toutes les entités souhaitant améliorer leur compréhension de la Connaissance.

Comme vous allez l'étudier, il y a plusieurs chaînes d'appartenance, dont une constituée des bibliothèques vivantes. Urantia Gaïa en est le dernier maillon et, à ce titre, elle représente le plus important puisqu'elle recueillera toutes les informations transitant par cette chaîne d'appartenance. Elle est majeure par son emplacement stratégique à la frontière entre deux Super-Univers à naître dans le prochain Cercle atomique de Vie. En définitive, cette bibliothèque vivante sera la compilation de toutes les expériences ayant eu cours dans ce Super-Univers, la porte par laquelle devront passer toutes les âmes, tous les esprits souhaitant aller vivre dans le deuxième Cercle atomique. Imaginez! Tous les futurs étudiants désireux d'aller en expérience dans le deuxième Cercle atomique de Vie transiteront par votre planète! Et là, ils passeront par les écoles établies à sa surface et acquerront la connaissance ou, du moins, la compréhension des expériences qui ont eu lieu dans ce secteur, ce Super-Univers.

Aujourd'hui, la Terre vous semble le théâtre *nauséabond* de la forme la plus noire de l'égoïsme humain. Et vous vous dites: «Ce n'est pas possible, jamais nous n'allons pouvoir renverser cette tendance!» Mais savez-vous pourquoi vous pensez cela? Parce que, pour l'instant, vous ne vous êtes pas centrés dans le mouvement de la Vie. Et dans cette action qui vous fait défaut, vous n'avez pas encore accueilli les informations selon lesquelles «cette planète est l'école pilote de tous les étudiants à venir souhaitant tenter l'expérience dans le deuxième Cercle atomique de Vie». Cela vous paraît énorme et vous supposez que cela se produira peut-être seulement dans des millions d'années! Détrompez-vous! La transformation a lieu maintenant! Et si tous les grands Maîtres se bousculent pour venir s'installer dans l'aura de votre planète, il y a certainement une raison majeure. C'est bien parce que les Énergies primordiales qui sont pour l'instant en demeure autour de l'espace réunissant les sept cercles de Vie et l'Île Centrale, ces Forces primordiales mêmes vont venir pour un temps s'installer sur votre terre et sur les autres planètes relais. À partir de là, elles créeront une zone neutre qui, installée à cette périphérie du premier Cercle atomique de Vie, sera investie de leur Essence, et elles engendreront ainsi une autre famille qui accueillera les lois, les forces en mouvement des quatre Forces primordiales.

Vous allez donc pénétrer un espace-temps où tout se bouscule, où tout ce qui était éloigné se rapproche étroitement de votre réalité.

Vous étiez dans un espace-temps qui nécessitait un long temps d'intégration des lois en mouvement. Cependant, avec la venue de tous ces Êtres, vous n'avez plus besoin de ce mouvement passé et voici que cet espace-temps qui était long et étiré devient comprimé, compilé. Lorsque vous émettrez une pensée, vous en ressentirez l'effet immédiat. Ce sera dû à la visite des quatre Forces primordiales sur cette planète, de tous les Maîtres réalisés en poste et qui se dépêchent de vous aider dans cette naissance. Et c'est ainsi que vous verrez le mouvement ondulatoire de l'espace-temps changer de direction. Cela induira des changements très importants dans le monde physique de la compréhension de l'identité, dans le quotidien de chaque être, puisque vous, votre mouvement ondulatoire, soit votre spirale, recevrez également des modifications afin de vous aligner sur les forces qui s'installent. Voilà pourquoi, par amour, tous les hommes et les femmes qui ont encore envie de jouer avec l'ancienne énergie seront dirigés vers un espace-temps correspondant à la compréhension qu'ils souhaitent acquérir.

Alors soyez heureux pour eux, car eux sont heureux d'échapper à votre transformation et de pouvoir continuer un temps leurs jeux d'esprit et d'âme à l'intérieur d'un corps dense et en harmonie avec l'espace-temps qu'ils connaissent, parce qu'ils n'ont pas terminé l'étude d'une des lois de la Vie. Mais vous qui êtes dans cette pièce ou qui allez me lire, ou que je vais atteindre la nuit, vous qui avez choisi de demeurer dans cette transformation de l'espace-temps et des lois qui s'y rattachent, vous verrez votre quotidien changer radicalement. Vous n'en serez plus les maîtres, car il vous faudra déjouer les rails d'expression que le mental inférieur aura créés. Les événements qui vont venir vous visiter seront d'une telle nature que vous ne saurez plus quoi en faire. Vous n'aurez pour les aborder qu'une seule approche : celle du cœur, et non du mental. Et si nous créons justement une spirale d'événements visant à déjouer votre mental, c'est pour vous permettre de glisser sur les nouvelles lois du mouvement, de l'espace et du temps. Quand vous serez devant ces nouvelles lois, le mental dit inférieur vous servira encore pour examiner, étudier, ouvrir ou fermer des secteurs de votre corps selon les influences qu'il souhaitera expérimenter ou non. Je disais que le mental inférieur n'était pas à bannir mais à unir. Combien d'entre vous ont maltraité la dimension densifiée des réalités divines? Car il y a bien une personnalité divine et une personnalité humaine, un mental supérieur et un mental inférieur, des sentiments supérieurs et des sentiments inférieurs. Et pour pouvoir, dans la matière, vous glisser dans les lois supérieures, il vous fallait d'abord épouser des lois inférieures afin d'offrir des racines permettant de nourrir les réalités des mondes supérieurs. Et là, sur votre planète, vous aurez encore besoin de ces réalités densifiées de la contrepartie universelle puisque, dans l'espace-temps nouveau qui se profile, il vous faudra reconnaître ou étudier ses lois, et ce n'est pas du tout la réalité universelle supérieure de votre être qui le fera, mais bien encore sa partie densifiée. Vous ne pouvez donc pas vous départir du monde du mental inférieur ni de l'ego inférieur et du reste. Vous devez être les amis de ces réalités densifiées pour accueillir les lois qui vont descendre, des lois universelles que vous ne connaissez pas encore et qu'il faudra découvrir.

J'ai dit et répété que cette sphère sera une planète d'étude qui accueillera tous les étudiants universels. Cela signifie que cette terre extériorisera, vivra dans toutes les lois universelles ayant cours dans le grand sidéral. Dans un premier temps, les étudiants qui viendront vous rendre visite appartiendront à ce Super-Univers mais, dans un temps pas très lointain, ce seront les étudiants de tous les Super-Univers. Dès lors, vous verrez une multitude de formes corporelles, c'est-à-dire d'expressions densifiées, car les Créateurs ont pris énormément de plaisir à inventer des formes. Toutes répondaient à des critères, des choix précis afin de véhiculer divers types d'esprits en étude. Vous observerez donc des milliers de corps différents et verrez des étudiants très taciturnes ou très bruyants, et d'autres irradiant un type de lumière ou un autre. Et vous devrez vous y faire, car votre modèle de corps n'est pas courant ni répandu. Il est toujours *en cours de rodage*, susceptible de connaître des transformations! C'est la réalité universelle! Et vous glisserez sur toutes les formes d'esprit possibles, car les étudiants de la Lumière ne sont pas des maîtres réalisés... Voilà pourquoi, sur votre planète, nous aurons de grandes exigences envers les hommes et les femmes qui se seront inscrits dans le mouvement de la transformation, désireux d'incarner la transformation, la mutation. Votre corps ne changera pas de forme, je vous rassure, mais vos cellules et vos rayonnements atomiques, solaire et cristallin entreront en mutation afin d'accumuler en eux une somme assez grande des connaissances que nous allons déposer sur Urantia Gaïa.

Vous serez donc, dans votre spécialité, les professeurs de ces étudiants. Mais je vous en avise, dans un premier temps, quand ils arriveront, vous n'aurez pas assimilé *ce doctorat de la conscience!* Aussi, dans ces écoles, des maîtres vous accompagneront au début. Ils entoureront une entité choisie pour l'amener à être compétente dans son domaine. Dans ce cas aussi, vous devez savoir que votre horloge biologique sera totalement déconnectée, car il nous faudra du temps pour vous former et vous permettre d'intégrer les connaissances qui seront nécessaires à chacun. Cela exigera un temps non négligeable et nous ne pourrons pas recommencer à former une entité tous les vingt ou trente ans. Autrement dit, si l'horloge biologique n'était pas arrêtée durant la formation, cette entité aurait à déposer son corps et il faudrait recommencer. Il n'y aurait jamais d'instructeur correct. En définitive, nous allons sélectionner tout un groupe d'hommes et de femmes et progressivement arrêter l'horloge biologique. Une fois cette sélection achevée à l'intérieur de la cellule humaine, nous enverrons de grands professeurs universels. Ils se tiendront à vos côtés puis commenceront cette instruction et vous accompagneront en un premier temps dans ces écoles, guidant vos premiers pas d'instructeurs. Quand ils seront sûrs de l'intégration des Lois divines et que vous aurez toutes les connaissances requises pour professer, ils se retireront.

Nous voici donc dans une séquence-temps très intéressante. Si nous observons l'impulsion présente, nous voyons le premier mouvement, qui consiste en la scission de cette humanité en plusieurs groupes, dont un groupe d'hommes et de femmes ayant émis la volonté de rester sur cette planète et un autre refusant d'y rester. Dans ce premier mouvement, nous verrons également plusieurs groupes se détacher où des directions différentes seront prises tout en ayant comme but l'enseignement dans les écoles d'une spécificité de la connaissance acquise lors des expériences connues dans ce Super-Univers. Puis un autre groupe cherchera simplement à résider à l'intérieur de ce nouveau mouvement d'espace-temps et à émettre une qualité de lumière pour entretenir cette planète.

Dans le deuxième mouvement, des groupes vont se former par affinité de conscience. Une fois formés, ils se dirigeront vers un secteur-temps précis qui leur correspondra.

Tel est le mouvement général que nous sommes en train d'observer. Quand tout sera bien défini, et cela très rapidement, puisque c'est l'expérience de ces neuf années à venir qui nous permettra de savoir où placer chaque homme et chaque femme de cette humanité.

Au-delà de ceci, tout sera défini et définitif, et une autre période commencera, qui verra grandir les rayons de lumière du Sans-Nom et induira un mouvement de Vie où le nouvel espace-temps s'installera correctement et définitivement.

Ensuite, il y aura le troisième mouvement, la troisième séquence si vous préférez, et là, vous allez voir dans votre quotidien, dans le monde physique, et non plus dans les réalités subtiles. Soyons clairs! Dans cette troisième séquence, dans le monde de la densité, dans votre quotidien, vous verrez arriver les instructeurs qui accompagneront chaque homme, chaque femme destinés à enseigner dans les écoles à venir. En même temps, vous accueillerez les vaisseaux, car dans cette expérience du troisième mouvement, ou séquence, il vous faudra regarder la réalité en face. Cependant, avant de pouvoir voyager avec la lumière, vous devrez vous déplacer avec votre corps physique. Et pour que celui-ci puisse voyager dans l'univers, vous pénétrerez des vaisseaux spatiaux correspondant à une qualité de l'Esprit.

Et là, je vous ai déjà mis en garde, comme il y a beaucoup de confréries, vous devrez discerner celles qui ne travaillent qu'avec les lois supérieures et les autres, qui travaillent avec l'évolution. Soyez donc attentifs! Et puis, des pièges seront tendus par votre humanité. Soyez prudents!

Quand tous les grands instructeurs seront descendus, nous entrerons dans la quatrième séquence, celle de la construction de toutes les écoles universelles.

Puis la cinquième séquence s'ensuivra, où vous verrez arriver tous les étudiants universels.

Voilà vers quoi nous vous conduisons. Il n'y a là rien d'exceptionnel. Il s'agit seulement d'un mouvement de Vie à l'intérieur duquel vous êtes progressivement amenés à descendre, à vous inscrire dans sa réalité, car telle a été votre volonté. Et c'est pourquoi nous descendrons dans votre quotidien afin d'y installer toutes ces séquences de temps, d'espace et de réalisation.

Alors soyez honnêtes envers la Vie, et lorsque vous rencontrerez un blocage — en vue de le dépasser —, ne dites pas: «Mais je n'ai rien demandé!» Car, voyez-vous, une grande loi universelle existe selon laquelle nous ne pouvons faire descendre une telle qualité d'énergie et de conscience sur une planète dense sans son accord. Oh! Nous avons tenté par le passé de faire descendre ce grand Plan cosmique! Dans ce but, nous sommes allés voir vos dirigeants, mais ils ont préféré jouer avec l'ombre et nous ont repoussés. Nous avons donc choisi de vous instruire, et de vous interroger. Vous avez été nombreux à nous accueillir à l'intérieur de votre intimité, et c'est pour cette raison que le grand Plan cosmique descend finalement.

La Vie est mouvement et, dans ce mouvement, il y a la chaîne d'appartenance. Et afin de vous nourrir, le Grand Constructeur a créé sa chaîne solaire. De Soleil en Soleil, il a extériorisé une de ses facettes. Sachez aussi que c'est par cette chaîne qu'il a envoyé un rayon indirect agissant jusqu'à vous par ricochet, de Soleil en Soleil.

Mais désormais, un rayon descend directement du Sans-Nom

jusqu'au cœur même de cette planète, en passant par votre plexus solaire. Cela signifie que vous êtes nourris par ce rayon directement! N'est-ce pas amusant? Et qu'il va grandir et englober votre réalité au point où vous allez devenir la réalité de ce rayon. Et si vous êtes immergés à l'intérieur de ce rayon, c'est bien dans un but de service à la multitude. Et si ce rayon est maintenant bien ancré, c'est parce que votre Terre s'ouvre ainsi à la multitude en tant que planète relais dans ce premier Cercle atomique de Vie. Puis elle fera la même chose pour la multitude qui partira en expérience dans le deuxième Cercle atomique de Vie.

Il faut dorénavant placer votre conscience à la bonne place. Vous n'êtes pas ici pour jouer mais pour entrer dans votre mouvement ascensionnel au service de la multitude d'expressions que le Sans-Nom souhaite voir mettre en mouvement dans les champs vierges.

Cela étant, cette petite planète insignifiante va trouver sa grandeur en étant le dépôt d'un savoir vécu au cours de l'expérience, sous forme d'écoles, d'études. Elle instruira tous les êtres qui passeront par les portes, par le sas qui conduira du premier Cercle atomique de Vie au deuxième, tous ces étudiants bien décidés à un moment donné à s'immerger dans ces champs vierges.

Vous serez dès lors une école pilote guidant tous ces étudiants vers un nouveau secteur de connaissance. Et votre planète est située, puisque cela est défini, à une frontière entre deux sections du Cercle atomique de Vie à venir. En définitive, les étudiants passant par Urantia Gaïa auront à choisir entre deux directions possibles, deux secteurs universels nouveaux. Et je peux vous assurer qu'ils vont se bousculer à votre porte puisque les autres planètes relais n'offriront pas cette possibilité. Elles ouvriront la porte sur un secteur et, parfois même, deux planètes relais seront nécessaires pour une même section.

Vous êtes placés juste à une frontière. Quelle merveille! Mais quelle responsabilité!

Il vous est demandé beaucoup, comme par le passé. En ce moment, on semble presque exiger que vous émettiez une qualité de lumière que vous ne connaissez pas! Et dans le futur, cette requête sera énorme! Voilà pourquoi vous ne comprenez plus du tout parfois. En fait, plus rien ne correspond à vos points de repère familiers, ce qui est naturel puisque nous sommes déjà en train de faire glisser dans votre subconscient des réalités inconnues de vous. Des lumières, des lois nouvelles sont déposées là, dans votre subconscient, qui sera travaillé de manière à les faire descendre dans la conscience. En somme, vous n'avez pas encore fini de travailler! Mais *travailler* n'est pas le bon terme! Disons plutôt que vous n'avez pas fini de souhaiter faire émerger la conscience. Vous serez plus que jamais installés au cœur du mouvement, de l'ondulation, de la fluidité.

Plus que jamais, vos esprits seront sollicités, vous serez invités à faire de votre esprit un terrain de pure lumière. Il a été demandé beaucoup à ces maîtres du passé qui ont visité votre terre, mais à vous, les futurs maîtres de cette planète, il sera demandé encore plus. Surtout, ne vous affolez pas, car vous recevrez toute l'aide nécessaire. Et vous aurez également tout le temps souhaité pour incarner cette grandeur qui vient vers vous.

Cela signifie aussi que toutes les fraternités, réalisées ou non, vont se connecter à la vôtre. Vous sentirez parfois des lourdeurs non identifiées ou, au contraire, des émergences de lumière qui vous éblouiront, et vous vous exclamerez: «Mais je ne me sentais pas capable d'avoir une telle envolée d'esprit!» Les connexions entre toutes les cellules fraternelles à l'intérieur de ce Super-Univers en seront la cause. Car avant que ces fraternités puissent venir sur votre sol, il faut bien qu'en énergie il y ait des connexions. Une grande responsabilité va descendre sur vos épaules et, afin de pouvoir l'assumer, vous recevrez autant, si ce n'est plus, que ce dont vous aurez besoin.

Ne vous inquiétez donc pas si je dépose aujourd'hui des mots qui révèlent l'importance de votre futur. Au contraire, cherchez à vous centrer dans ce quotidien que vous connaissez, qui vous semble petit, et sachez qu'il ne correspond nullement à cette impression, **car il est grandiose**. Mais je reparlerai de cela en temps voulu.

Je tiens à préciser qu'il y a déjà au sein de cette humanité des esprits qui appartiennent à plusieurs fraternités. Tout est bien et juste, et depuis longtemps préparé. Ne croyez pas que cela basculera et que vous serez dans le chaos total. Nous avons préparé cette planète à son devenir et si nous avons laissé place à cette forme de négativité intense depuis le siècle dernier, c'est qu'en l'étudiant nous savions accueillir ainsi un terrain expérimental inédit. Toutefois, nous sommes en train de clôturer tout cela. Ne vous attachez pas à ce que vous allez voir dans les mois à venir. Quand vous verrez un système, une cellule de vie sociale se désagréger, sachez tout simplement que l'Esprit du Grand Constructeur est à l'œuvre et nettoie tout ce qui ne s'inscrit plus dans sa réalité. Aussi, ces mainmises apparemment indestructibles vont-elles se morceler en moins de temps qu'il n'en faut pour le dire. Et je tiens à vous citer un exemple: le mur de Berlin! Rappelez-vous avec quelle rapidité il est tombé! Gardez cela en mémoire! Ce qui vous paraît être aujourd'hui un mur insurmontable n'existera plus demain; à la place, vous verrez des champs de fleurs, des champs d'esprits s'épanouissant et se réalisant. Car si au siècle dernier on a refusé notre écoute et notre sagesse, aujourd'hui, c'est toute la masse fraternelle humaine qui nous appelle, nous réclame et nous invite.

Et la poignée d'êtres qui essaient de maintenir une dictature sur cette planète ne pourra pas résister aux raz-de-marée qui viennent. Ayez confiance et soyez assurés que vous êtes inscrits dans un mouvement de Vie qui appelle l'expansion, la plénitude et la joie de vivre.

Nous sommes en train de former tous ces hommes et ces femmes, en silence, dans leur quotidien qui leur paraît anodin, parfois triste. Nous les formons à ce qu'ils vont être demain, pour les placer devant cette multitude d'étudiants universels qui viendront visiter ces écoles de la Vie. Et vous allez en grand nombre vous inscrire à titre d'enseignants.

Alors respirez et devenez la joie, ayez la certitude d'être à la bonne place au bon moment. Vous n'êtes pas privilégiés, puisque vous avez choisi d'être là présentement pour vivre cette transformation, vous inscrire dans ce mouvement. Sur ces paroles je vais me retirer. Je vous laisse intégrer toutes les énergies que j'ai déposées dans vos auras et dans les auras des lecteurs qui découvriront ce partage, comme dans les auras des hommes et des femmes qui n'auront peut-être pas la chance d'assister à ces réunions ni de lire mes livres mais qui, pourtant, s'engageront dans ce grand mouvement.

Soyez donc en paix et vivez par cette paix.

Devenir une école pilote nécessite un apport considérable de force, de lumière. Car, voyez-vous, cette école sera avant tout la bibliothèque vivante non pas des mondes présents, cela n'est pas d'une grande importance, mais des mondes à venir, de ces champs vierges qui vont commencer à s'animer, à prendre vie, car il faut bien qu'il y ait une compilation du savoir et des énergies différenciées du grand Tout. Voilà pourquoi les quatre Forces primordiales viennent résider un temps dans la structure moléculaire, cristalline, atomique, solaire de cette planète. Mais comme ces grands Êtres habiteront sur Urantia Gaïa, leur radiance sera telle que tout corps ne pouvant osciller à la même fréquence ne pourra y rester. C'est la raison pour laquelle nous sommes en train de préparer vos structures moléculaires à cohabiter avec ces entités. Je vous l'ai précisé hier, des maîtres d'instruction vont également descendre et parrainer des membres de cette humanité qui demeureront sur cette sphère de Vie. Ces instructeurs ayant également une charge, une radiance très importante, il nous faut préparer votre structure moléculaire pour que vous puissiez les côtoyer, simplement vivre et évoluer au quotidien auprès d'eux. Puis, comme vous allez à votre tour devenir des instructeurs, il faut bien que nous déposions à l'intérieur de votre structure moléculaire les charges inhérentes aux postes que vous occuperez.

Pourquoi une si grande élévation en un espace de temps très court, très limité? Eh bien, parce que chacun devra être assis à son poste, affermi dans son autorité, pour l'ouverture du sas qui reliera cette planète à ces deux futurs Super-Univers. Parce que vous, futurs maîtres et instructeurs, accueillerez un nombre considérable d'étudiants et d'entités se préparant à devenir des résidents de l'un ou l'autre de ces Super-Univers, il faudra les instruire sur ces compréhensions que vous allez encore acquérir et que vous avez acquises pendant des incarnations. Car si je vous emmène, si j'élève votre regard jusqu'à l'Île Centrale et tous ces temples installés sur les sept cercles de Vie, c'est que vous avez reçu des instructions concernant le potentiel, le possible; et là, les sept planètes relais vont instruire sur les inter-réactions rencontrées lors de l'expérience dans la densité. En somme, il y a eu un pôle théorique mais, dès à présent, il va y avoir des pôles pratiques. Voilà la grande différence. L'un complétera l'autre, car le savoir déposé pendant ce passage dans les sept cercles de Vie sera amplifié, enrichi par la connaissance acquise en raison de toutes ces inter-réactions. C'est un moment très important dans l'histoire de l'évolution des Super-Univers.

Ce qui se produit dépasse le cadre même de l'évolution humaine, car si vous étiez simplement restés dans la fréquence de l'évolution de l'étudiant humain à l'état d'humain, vous ne connaîtriez pas toutes ces perturbations. C'est bien justement parce que vous allez vous élever vers une autre conscience que vous êtes confrontés, dans ce quotidien, à une foule d'inconforts qui revêtent tout un éventail de visages possibles. Et si vous êtes présents sur cette planète au moment où on élève sa fréquence pour *la faire entrer dans son contrat de vie*, il n'y a pas de hasard!

Une partie de l'humanité a accepté de venir afin de recevoir des germes à développer dans l'avenir. Ces êtres n'en souhaitent pas davantage. Aussi, ne leur en demandez pas plus, car ils sont incapables d'aller plus loin. Puis, à partir de là, il y a tout un dégradé de consciences, de responsabilités; vous avez dans cette humanité une multitude d'hommes et de femmes qui répondent à une fréquence totalement différente des autres groupes, et tout est juste ainsi. Quelques-uns ont accepté, dans tout ce remue-ménage interstellaire, de trouver leur place et d'élargir leur contrat de vie au service universel. Là aussi, il est intéressant de souligner que les contrats de vie sont également à niveaux multiples. Vous pouvez avoir un contrat de vie visant à rendre service à une poignée d'individus seulement, mais d'autres auront un rôle à jouer à l'échelle planétaire, pour un ensemble de planètes ou même de systèmes solaires, ou plus encore.

Chacun de vous s'inscrit dans ce possible, dans cette fréquence à plusieurs visages. Il est intéressant de savoir où vous vous placez. Vous positionnez-vous pour épauler un groupe d'hommes et de femmes face à un réveil, ou votre contrat de vie vous invite-t-il au contraire à un service plus large? Essayez d'accueillir votre contrat de vie en sachant qu'il peut avoir tel ou tel visage, et sachez que quel que soit ce visage, il n'a pas plus d'importance qu'un autre. Pour nous, cela ne représente aucun intérêt; c'est juste une démonstration un peu plus grande de la maîtrise de soi envers la Vie. C'est votre manière de vous présenter à la Vie, de vous y intégrer, qui décidera du service où vous vous retrouverez. Toutefois, aux yeux de la Vie, vous aurez autant d'importance, que votre contrat de vie stipule que vous devez aider une seule personne à franchir un palier, ou la multitude. Je veux que cette notion soit bien comprise, car je vois déjà se soulever des formes égotiques. Il y a ceux qui souhaitent s'inscrire dans un schéma élevé tout simplement par confort égotique, et les autres qui renieront au contraire ce possible de la multitude d'expressions d'un contrat de vie. Cela ne m'importune nullement, sachez-le! Ce sera votre appréciation de vous-même envers la Vie et je respecterai le total dénigrement que vous exprimerez si tel est votre choix, mais je veux que cela soit clair. Ce n'est pas parce que vous dénigrez que mes paroles ne sont pas exactes!

Vous voici donc devant un autre regard de la Vie multiple. Où allez-vous vous placer? C'est une des questions que le mental va poser puisqu'il sert à vous inviter à réfléchir. Seulement, je vous ai mentionné que j'essayais de détourner ce mental trop actif. Si je soulève justement cette reconnaissance de la plurialité, je vous invite donc à ne pas poser de questions, à plutôt glisser à l'intérieur de l'énergie en demandant à connaître le visage de votre contrat de vie. Voilà tout! C'est le seul acte à faire en sachant parfaitement que vous aurez la réponse. Cette réponse, suivant les personnes et les cas, sera immédiate ou bien reportée dans le temps afin de correspondre au moment précis de leur ouverture. Ainsi, le temps est votre ami et non votre ennemi! Manifestez votre intention et oubliez-la. Vivez votre quotidien comme si vous ne l'aviez jamais eue. Cela suscitera une nouvelle chimie, c'est-à-dire qu'en agissant de la sorte, vous entrerez totalement dans un partenariat actif. Vous demandez à connaître, mais vous adoptez une attitude d'attente. Ainsi, la réponse est différée. C'est une loi en mouvement. Tant que vous attendez, rien ne se passe; quand vous renoncez à cela, la loi du mouvement commence à se mouvoir et à induire la réponse à votre demande. Un grand nombre d'hommes et de femmes ayant émis un souhait, une demande à la Vie se révoltent contre celle-ci, car elle n'a pas répondu après quelque temps. Ils ne cherchent pas à savoir si leur attitude intérieure était bonne ni à se remettre en cause. Ils accusent la Vie, la rejettent, alors qu'elle est simplement en attente de cette chimie particulière que vous devez émettre, puisque tout est chimie!

Tout est mouvement et tout mouvement est véhiculé par la géométrie sacrée. Mais cette dernière n'est pas encore stabilisée, car elle n'est pas déclarée sacrée puisque vous n'êtes pas couronnés ni reconnus comme des êtres réalisés. Chaque instant, au fur et à mesure de vos pensées, votre géométrie bouge, s'articule en fonction de ce que vous appelez énergies négatives ou positives. Dans l'ère qui se présente à vous, nous vous invitons à vous installer dans votre géométrie, à la reconnaître et, pour un temps, à cesser de la modifier. Comment peut-on cesser de modifier une géométrie alors qu'elle est en mutation permanente? Eh bien, en conviant le mental à une période de repos, en se plaçant dans son cœur, en vivant tout bonnement, en cessant de blâmer qui de droite ou de gauche agit de telle ou telle façon, en ayant parfaitement confiance en la Vie, en ses réponses, en sachant que l'on *est* de naissance et que, dans cette matière, il suffit de rayonner cet être pour être reconnu. Si vous appliquez ces étapes, alors le temps deviendra un grand allié et vous serez vite reconnus comme des êtres réalisés.

Dans le quotidien, exhortez votre mental à être moins actif et à vous offrir des plages de repos. Et dès que vous les aurez, descendez à l'intérieur de votre cœur, ressentez par votre cœur, cherchez la réponse en lui, écoutez-le. Puisque vous — dans cette pièce ou ailleurs — serez les futurs instructeurs de tous ces étudiants du futur, vous les instruirez du ressenti éprouvé dans cette matière et parlerez des lois en mouvement dans la matière. Vous pourrez décrire ce que l'on éprouve dans telle ou telle situation. Il ne s'agira pas d'un enseignement théorique mais d'une restitution du vécu. Je peux même ajouter que des travaux pratiques auront cours dans ces écoles.

Pour franchir le pas, le seuil de ces écoles, il faut intégrer le vécu dans la densité, ne plus en faire un ennemi, car ce vécu dans la matière est la matière que vous allez enseigner! Vous permettrez aux entités qui viendront visiter cette planète, bibliothèque vivante, de ressentir certains effets. Ce sont en quelque sorte les travaux pratiques que vous leur transmettrez. Ne croyez pas que le mental sera actif, sinon vous ne seriez pas sur cette planète mais dans les sept cercles de Vie, dans l'un ou l'autre des temples. Alors, je vous le dis, les sept cercles de Vie ont permis de donner, de structurer le mental supérieur. Tout au long de la descente dans ce premier Cercle atomique de Vie, vous avez acquis ce que vous appelez le mental inférieur. Mais ce mental inférieur, votre instructeur, vous a permis, et vous permettra encore, d'acquérir cette connaissance de la matière, de l'éprouver et de restituer cet acquis. Aussi, essayez de placer votre esprit à l'intérieur des sept cercles de Vie; dans ces temples, vous avez reçu un enseignement théorique puis avez glissé dans le monde fini et, au fur et à mesure de votre descente, vous avez acquis le mental inférieur. Vous êtes maintenant sur une planète au fin fond de ce premier Cercle atomique de Vie, sur une toute petite sphère qui paraissait insignifiante. On vous y a envoyés, et vous avez accepté. Vous vous apercevez toutefois que vous êtes encore en phase d'étude puisque vous devez faire ressortir tout un savoir déposé à l'intérieur de vos cellules, l'extérioriser en vue de le rendre vivant et d'instruire afin d'assurer une continuité. Ainsi, les élèves, les entités, les étincelles de Vie qui viendront résider sur votre terre ne serait-ce que quelques années recevront l'enseignement grâce à des cours pratiques. Puis, ils poursuivront leur chemin car, dans le prochain Cercle atomique de Vie, forts de tout le dépôt théorique et pratique qu'ils auront accumulé, ils devront à leur tour faire sortir une nouvelle fleur de Vie. Et au moment venu se révéleront des planètes relais ayant une nouvelle compilation de tout ce qui a été fait.

En somme, ces élèves, ces étudiants, deviendront des instructeurs et perpétueront ce mouvement, cette chaîne d'instruction. Chaque maillon est très important et, comme l'aspect pratique du vécu dans la matière l'est aussi, nous avons dernièrement relié en énergie les sept planètes relais. Désormais circule un courant de lumière qui, avec le temps, prendra de l'ampleur. C'est ainsi que naîtra un nouveau cercle de Vie d'étude. Mû par le cœur de chaque planète relais et la prolongation des sept cercles de Vie.

Les informations que je vous restitue en ce moment sont capitales.

Elles vous dépassent, je le comprends. Vous pensez ne pas en avoir besoin, mais c'est faux. Si aujourd'hui, dans cette matrice, cette planète, je dépose ces mots, c'est pour qu'ils fructifient en leur temps et apportent un éventail de possibilités nouvelles pour une chaîne d'étincelles de Vie qui formera la seule et unique humanité résidente du deuxième Cercle atomique de Vie, même si dans un premier temps cinq barrières d'énergie sépareront cette seule et même humanité en cinq groupes principaux.

Vous ne travaillez pas uniquement pour vous, mais pour un ensemble de réalités universelles. Comme il vous sera donné énormément, une restitution de prises de position et de conscience égale aux dépôts faits en vous est attendue en retour.

Surtout, ne commencez pas chacun à paniquer, à avoir peur et à vous dire: «Je ne suis pas à la hauteur!» Sachez que si vous êtes là, vous avez le potentiel requis en vue de vous inscrire dans ce mouvement.

Aussi, je vous invite à aimer votre réalité et ce corps physique qui abrite et protège cette réalité, cette déclinaison de l'Esprit.

Je vous invite à vous immerger à l'intérieur de votre esprit, mais pareillement à aimer votre âme et votre corps, car vous ne pourrez avancer sans les aimer tous les trois. Vous ne pourrez progresser si vous martyrisez votre mental inférieur!

Si vous ne vous aimez pas tels que vous êtes!

Aujourd'hui, nous travaillons à la création d'une nouvelle chaîne d'appartenance. Le maillon qui va se dessiner est constitué d'un groupe d'hommes et de femmes incarnés dans la densité de cette planète. Seulement, pour que cette chaîne d'appartenance soit active, il faut retrouver la quatrième dimension de cette planète puis passer aussitôt dans la cinquième. Cela suggère une préparation active de vos cellules, de façon que ce passage s'effectue en douceur et en sécurité. Voilà pourquoi les événements actuels qui vous interpellent de toute part ont pour mission de vous préparer à vous dégager des contingences matérielles telles que vous les concevez pour entrer dans les contingences matérielles telles que nous les concevons.

Sachez que tout ce que vous vivez est énergie, à chaque instant, quel que soit votre geste. Cela signifie qu'à chaque seconde, vous ponctionnez une partie des énergies de l'Univers! Que vous avez une responsabilité dans cet acte et dans la manière dont vous restituez cette énergie. Si vous prenez conscience d'avoir utilisé une dose d'énergie et de l'avoir mal qualifiée, surtout ne vous culpabilisez pas et interrogez-vous quant à votre potentiel. Quel est-il? Vous êtes un être divin, un être universel qui vit par l'énergie et rend de l'énergie; aussi, placez-vous dans cette conscience d'enfant universel puis questionnez-vous: «Quels sont les pouvoirs dont je dispose afin de restituer avec harmonie cette énergie que je viens de prendre?» Forcément, vous aurez la réponse mais si vous n'êtes pas encore assez calme en vous pour entendre la réponse, sachez qu'il suffit d'inviter les quatre Forces en mouvement dans le grand Univers et de demander à l'une ou à l'autre de vous aider d'ici à ce que vous soyez capable d'employer l'une des quatre forces installées dans votre corps communautaire. Déjà, aurez-vous quitté l'état de victime et serez-vous devenu un être conscient. Vous aurez posé un acte en conscience dans ce mouvement respiratoire qui est: *je prends de l'énergie et j'en restitue*. Vos poumons vous parlent en permanence de votre action envers les énergies.

Au fur et à mesure que vous allez vous centrer, essayez de travailler avec ces quatre aspects qui sont le Sud, le Nord, l'Est et l'Ouest. Ce sont là quatre forces actives à l'intérieur de votre corps. Si, dans un premier temps, vous ne savez pas à quelle force faire appel, demandez à la contrepartie universelle, les Maîtres du Nord, du Sud, de l'Est et de l'Ouest, de vous aider dans cette transmutation afin que ces énergies mal qualifiées retournent à l'universel dégagées de cette mauvaise polarisation.

Ce sont des actes simples et efficaces; seulement voilà, la Vie universelle est d'une grande modestie mais ne convient pas au pouvoir égotique humain qui, lui, souhaite de grandes actions compliquées pour avoir l'impression de vivre et d'être.

Tout pouvoir déposé à l'intérieur de votre corps, de votre corps communautaire, ou d'un corps de nature terrestre, solaire ou universelle, agit dans la simplicité. Il suffit en réalité de connaître les mouvements dans l'Univers et de vous inscrire comme partenaires. À ce moment-là tout est mis en branle, puisque chacun de vous est un être universel descendu dans la matière pour réapprendre à utiliser les forces subtiles du grand Univers. Votre incarnation, c'est cela, rien d'autre! Alors, je vous le répète, faites appel à ces grands Maîtres si vous vous perdez un peu à l'intérieur de vous-mêmes dans un premier temps. Effectuez ce pas; ainsi, une grande réconciliation s'établira et, tout doucement, vous verrez que vous allez à nouveau vous centrer et que tous vos corps subtils qui, pour l'instant, ont bien du mal à être en place, se repositionneront selon le schéma harmonieux déposé lors de votre création.

Tout maître reconnu et couronné agit dans la simplicité. Il sait à quel moment il doit faire appel à telle ou telle force alliée, telle couleur ou tel son, et à quelle fréquence. Il reconnaît que s'il appliquait un soin, cela induirait d'abord une réaction contraire. Sachez que plus vous vous élèverez dans la reconnaissance de votre conscience, plus vous simplifierez votre approche et votre immersion dans la Vie. Plus vous ferez cela, plus les grandes connaissances universelles descendront en vous et s'y ancreront.

Nous vous aimons tellement que nous ne pouvons vous voir que par cet amour. Nous n'enregistrons pas l'image que vous renvoyez à l'universel, ayant toujours devant nos yeux celle de l'être que nous avons créé parfait, installé dans sa dignité, dans son rayonnement. On vous a envoyés uniquement chercher votre couronnement par l'expérience. Rien de plus, rien de moins! Et c'est bien vers ce couronnement que nous vous emmenons.

Cela aura lieu progressivement puisque vos cellules et vos corps subtils ont subi beaucoup de dégâts par l'excès de souffrances affectives rencontrées. Mais ne vous inquiétez pas, nous vous ferons franchir chaque palier avec sécurité si vous acceptez de nous donner la main, que le temps soit votre ami, votre allié. L'espace alors desserrera son étau et il n'y aura plus de frontière entre ce que vous êtes aujourd'hui et l'être né divin et parfait dès sa conception.

Plus vous vous perdrez dans le partenariat avec la Vie, plus vous retrouverez l'Être parfait que vous étiez.

Plus vous vous perdrez et plus vous vous trouverez. Mais en réalité, il n'y aura aucune perte et vous n'allez pas vous trouver. Quand vous oserez devenir partenaires avec la Vie, vous lâcherez tout bonnement ces expressions terrestres qui vous encombrent et rayonnerez la Lumière, l'Amour, la Paix, la Simplicité. C'est vers ces quatre pôles de rayonnement que tous les Êtres de lumière qui viennent vous visiter vous emmèneront. À vous de décider s'ils vous intéressent ou si, au contraire, vous voulez encore connaître le jeu de la dualité.

Je vous laisse à vos réflexions, à votre ressenti, à vos souhaits. Ne soyez pas impatients, nous viendrons dans votre intimité à notre heure et recueillerons votre réponse.

Paix à vous, car elle seule peut vous aider dans cette transmutation actuelle.

Vous êtes tous beaux et toutes belles! Au-delà de l'apparence physique, nous percevons ce rayonnement en vous qui n'attend qu'une chose: l'autorisation de s'expanser pour devenir visible.

Je vous ai expliqué ce qui allait advenir dans le futur et peut-être vous demandez-vous pourquoi je vous livre autant d'éléments non rencontrés apparemment dans cette incarnation. Vous pouvez être troublés, songeant que, finalement, vous n'avez que faire de ces enseignements. Et à la limite, je vous donnerais raison, puisque cette place si privilégiée qui vous attend, vous la prendrez en vivant pleinement au quotidien, à chaque instant, toutes les situations que vous allez rencontrer.

J'ai mentionné dans un de mes enseignements que les épreuves que nous avions décidé pour vous, dans ce plan d'incarnation, ne représentaient en fait que huit jours de votre vie terrestre. Comment est-ce possible? Comment les situations difficiles que l'on a mis en place ne peuvent-elles représenter que huit petites journées de votre vie terrestre? C'est simple! Il faut se placer dans le regard-sentiment-pensée.

Je vous ai signalé qu'il n'y avait rien à travailler, qu'il suffisait d'être et de laisser rayonner cet être. Partant, il faut comprendre que lorsque nous vous confrontons à une situation, c'est dans le but d'induire une nouvelle chimie, c'est-à-dire un nouveau regard ou une expansion de celui-ci. Si, à cet instant, vous vous placez dans votre être, dans ce rayonnement, que va-t-il se passer? Vous allez recevoir des impulsions, car votre être enregistrera votre volonté de vous ancrer, de vous installer bien au centre de son identité. Ainsi placé dans votre être et votre rayonnement, vous recevrez l'information propre à la situation rencontrée. Alors, quel que soit le visage de celle-ci, vous pourrez aussitôt enclencher une réaction chimique attendue. Cela correspond au schéma idéal, naturellement. Et qui ne représente que huit jours de vie terrestre. Seulement, il y a des pièges. Lesquels? Ce sont ces forces et ces faiblesses que nous avons déposées dans votre personnalité afin de rééquilibrer la balance cosmique. Dès lors, si dans la situation qui se présente vous vous positionnez dans vos faiblesses, au lieu de vivre quelques secondes ou quelques heures la structure de cette situation, vous glisserez à l'intérieur d'un sentiment restrictif et, plutôt que de passer rapidement à la conclusion, à la compréhension dont toute situation est porteuse, vous glisserez encore, pataugerez, y resterez même, et c'est là que vous vous enliserez dans un marécage affectif.

Si, au contraire, vous allez visiter le plateau de la force, vous commencerez chacun à juger, à émettre des sentences, à devenir un dictateur et vous croirez sans doute à votre bon droit d'annuler ou de railler la situation!

Je vous ai dit que vous deviendriez des professeurs du vécu. Dans ce but, il vous faut absolument recueillir toutes les informations que détiennent le plateau de la force et le plateau de la faiblesse, car en réalité vous n'êtes ni l'une ni l'autre puisque vous **êtes**, tout simplement. Ainsi, au cours d'une incarnation, vous visitez, consultez, intégrez et dépassez autant les deux plateaux, que vous pouvez également nommer Ombre ou Lumière.

Alors, où en êtes-vous dans ce schéma? À quel stade de la compréhension êtes-vous rendus? Car si je vous conduis vers votre place et votre identité, si je vous restitue votre contrat de vie non pas de cette présente existence mais du grand Plan, c'est bien parce que vous allez glisser très rapidement dans celui-ci. Aussi, il vous reste peu de temps pour acquérir la vision des plateaux de la faiblesse et de la force.

Même si je vous emmène voyager vers de grandes hauteurs, sachez qu'en réalité je vous fais glisser de plus en plus à l'intérieur de vous-mêmes, à la rencontre de votre être, de ce petit Être qui vit dans cette cellule sans air. Au fur et à mesure que je vous étire pour toucher les grands concepts universels, j'en profite pour déverrouiller ces portes intérieures que vous avez murées pour oublier qu'elles existent. Comme votre mental a besoin d'être nourri, je le nourris en premier. Je lui donne ces concepts qu'il attend, qu'il ne peut toucher du doigt ni intégrer immédiatement; ainsi, il se met en fonction d'apprendre et de reconnaître. Et pendant qu'il est déjoué par cette nourriture qui l'induit sur un chemin, tous les Maîtres des forces travaillent à rétablir l'harmonie en vous, suivant votre autorisation, car nous n'irons jamais au-delà de celle-ci. Puis nous vous mènerons vers cet état de vacuité au-delà des sentiments préhumains, vers ces sentiments humains qui englobent la vision de sentiments universels. Ce faisant, nous vous inviterons également à ressentir la cause de vos blocages. Comme nous vous permettons ce ressenti, votre corps éthérique bouge et enregistre ces changements de perception, de vision intérieure et c'est ainsi que votre corps physique est restructuré dans sa globalité.

Mais pour cela, je me dois toujours de déjouer le mental humain et de le canaliser. Alors, quel autre moyen plus grandiose que de vous livrer une somme d'informations vous restituant votre place et votre identité dans le grand Plan? Votre mental inférieur se trouve ainsi déconnecté de sa réalité et entraîné à visiter son mental supérieur pour tenter de reconnaître les informations transmises. Tout est bien!

Voilà peut-être pourquoi vous connaissez peu à peu une plénitude, une satisfaction. En effet, les nourritures sont également des champs d'énergie, et il vous faut recevoir plusieurs champs d'expression, ou nourritures, pour combler votre corps communautaire et vous permettre ainsi d'unir tous vos corps.

Chemin faisant, je conduis vers leur place d'instructeurs ceux qui auront choisi ce service envers la Vie universelle. Tout doucement, je vous engage vers une chimie en résonance avec ce contrat de vie. Puis, il me faut aussi vous instruire sur la raison pour laquelle, aujourd'hui, un certains nombre d'hommes et de femmes de cette humanité sont invités à recevoir une vue plus grande. C'est en réponse à un autre groupe d'hommes et de femmes cherchant à rétrécir votre vue intérieure et votre vue extérieure. Plus ce dernier groupe cherchera à avoir une mainmise sur votre évolution, plus nous ouvrirons de nouveaux champs d'expériences, de nouvelles visions de vous-mêmes au sein du Tout. Plus l'état de paix intérieure sera menacé, plus nous chercherons à établir en vous une paix intérieure de haute qualité. En définitive, il nous faut contrebalancer les excès d'un petit nombre et nourrir la multitude.

Nous savons parfaitement que nos enseignements, même s'ils sont accueillis avec enthousiasme, ne pourront être mis en pratique du jour au lendemain. Mais sachez que toutes ces petites flammes, ces petits flambeaux de lumière déposés à l'intérieur même de chacun de vos corps pourront — au fur et à mesure que nous de l'autre côté du voile les entretiendrons et les ferons grandir — s'unir, se rencontrer, vous permettant finalement d'être ce grand flambeau tant souhaité.

Alors, il vous faut vivre ces enseignements sur plusieurs plans. Chaque jour d'abord, puisque votre trame quotidienne est la base par laquelle vous êtes venus acquérir une compréhension dans cette expérience de vie. Puis en acceptant que nous effectuions un travail avec vous, à l'intérieur de vos corps subtils, afin que vous puissiez en temps voulu devenir la réalisation, l'image que renferment ces germes nouveaux.

Même Jésus, il y a deux mille ans, a pratiqué de la même manière. Il savait très bien qu'en venant à cette époque là, il ne constaterait aucun résultat concret. Je ne m'attends pas à plus ni à moins! Et pourtant, je m'attends au tout possible, car tout l'est aujourd'hui!

Présentement, tous les champs d'énergie sont en train d'être repolarisés pour assurer à ces êtres que vous êtes de profiter pleinement de tout ce qui est en eux.

Pour l'instant, vous êtes en recherche. Bientôt, vous serez sollicités pour rentrer à l'intérieur de vous-mêmes et cesser de tant courir. Dès lors, vous serez prêts à vous nourrir de tous ces dépôts qui auront pris naissance dans votre aura ou dans l'un ou l'autre de vos corps subtils. Vous êtes les plus grands maîtres à venir par votre état futur de maîtres du vécu. Nous, et je m'englobe ici, ne serons que les maîtres de la théorie. Alors, je vous rassure, il y a tout de même des êtres qui, dans la matière, ont déjà réussi à s'élever à l'état de maîtrise, et vous glisserez à l'intérieur de ce groupe d'êtres réalisés.

Mais il nous faut un certain nombre d'êtres réalisés pour enseigner et préparer les terrains des champs vierges. Donc, cette bulle d'êtres n'est pas complète et vous avez la possibilité de l'intégrer si tel est votre désir.

Et nous aurons aussi besoin d'une autre bulle, constituée d'êtres bien assis à l'intérieur d'eux-mêmes et qui prendront d'autres chemins.

Certains se destineront à être les futurs jardiniers des terres à venir, préférant s'occuper du monde végétal. D'autres prendront soin du monde animal, et d'autres encore chercheront tout simplement à *être* et à maintenir cet être à un degré de lumière afin que les planètes concernées restent ancrées à l'intérieur de leur couronnement.

Il y a de la place pour chacun, mais dans le vécu et non dans le plan du mental.

Il y a de la place pour chacun, mais pas dans le plan de l'affectif.

Il y a de la place pour chacun, mais il faut cesser de vouloir à titre individuel et comprendre que nous sommes une cellule du grand Tout et que pour servir le Plan, il faut nous immerger dans la volonté de ce Plan et dans les lois inhérentes à celui-ci.

C'est à cette vision que je travaille afin que vous intégriez cette notion d'être au quotidien, inscrits et immergés dans la volonté et les lois d'expression du grand Tout. On ne s'y perd pas ; au contraire, on y trouve une plénitude et une grande joie de service. Notre individualité sert, à ce moment-là, à maintenir la volonté du service.

Dans votre quotidien, cette trame de tous les jours, nous cherchons à vous atteindre afin que la conscience et la connaissance de cet état d'être vous gagnent progressivement.

Je connais le chemin de chacun, et je sais où il va. Tout est bien et juste.

Ne cherchez pas à être ce que l'autre émane, ni à ressembler à votre voisin ou à votre voisine, sinon son chemin aurait été le vôtre et non le sien. Il est temps que vous vous asseyiez dans cette individualité et que vous compreniez que vous êtes uniques parce que vous êtes une cellule du grand Tout et que cette cellule immergée reçoit et se nourrit de l'ensemble de toutes les cellules. Elle se perd en se trouvant, elle reçoit et elle donne. Elle reçoit puisque le rayonnement arrive de toute part et elle donne parce qu'elle a trouvé son rayonnement. Elle l'émet et nourrit ainsi toutes les autres cellules.

Je tiens à vous dire que votre présence dans cet atelier découle de vous seuls, comme pour tous ceux qui viendront s'y asseoir afin de recevoir des enseignements. Nous ne vous choisissons pas, attendant que vous vous désigniez, ce qui sous-entend déjà de votre part un engagement intime dans lequel vous allez forcément trouver votre compte d'une manière ou d'une autre.

Et si, pour une raison ou l'autre, un être décide de ne pas pénétrer ce cercle, alors un autre cercle d'enseignement l'attend quelque part, et il sera nourri selon sa volonté.

Aujourd'hui, vous êtes placés devant votre volonté de savoir si vous vous engagez envers le Tout ou si, pour un temps encore, vous restez à l'état individuel, c'est-à-dire non rayonnant.

Les Lois divines sont très simples. Il est vrai que les interréactions commencent à induire des chimies particulières, mais ne vous inquiétez pas, laissez ces chimies de côté et attachez-vous à celle du quotidien, à vos choix! Quelle est la musique que j'écoute? Le livre que je vais découvrir? Quel type de nourriture vais-je favoriser? Comment suis-je devant la Vie? Quelles sont mes pensées? Est-ce que je laisse mon mental courir sans brides? Va-t-il encore ressembler à un cheval fou qui ne sait pas où est sa demeure? C'est cela votre trame au quotidien! Vous cherchez des choses compliquées dans le but de parvenir à votre état ascensionnel! Si vous saviez à quoi cela tient, vous penseriez: «Ce n'est pas possible! Je ne les crois pas!» Quand vous serez prêts à nous écouter, nous pourrons vous en dire davantage! Mais comme nous venons de le souligner, il est question de chimie, et vous pourrez reconnaître le début de votre ascension dans celle que vous induirez à l'intérieur de votre corps. Je vous livre dans des mots à peine voilés la plus grande vérité universelle, le plus grand pouvoir que vous avez sur vous-mêmes! Mais, puisque vous êtes invités à reconnaître aujourd'hui cet état chimique, rappelez-vous ceci: tant que vous remettrez cette reconnaissance entre les mains d'un tiers, vous perdrez tout pouvoir de réalisation et de maîtrise sur cette chimie.

Sachez aussi que vous disposez d'agents très intéressants: le rire et son sourire. Si le rire engendre une réharmonisation naturelle de la chimie intérieure, le sourire agit aussi mais moindrement. D'ailleurs, ne dites-vous pas *«sous» rire?* De grandes lois sont cachées derrière de petits mots!

Vous êtes tous beaux et toutes belles! C'est étrange, n'est-ce pas, d'affirmer cela alors que vous, devant une glace, ne le pensez pas! Si vous choisissiez les bons mots pour vous RE-connaître, peut-être permettriez-vous à votre chimie intérieure de rétablir un cycle normal d'évolution!

Soyez attentifs à vos gestes au quotidien! N'allez pas jeter un œil chez votre voisin. Lorsque vous avez besoin d'un reflet, d'un miroir, tous les êtres qui sont de l'autre côté du voile s'empressent d'aller chercher la bonne personne à mettre en vis-à-vis de façon à vous faire comprendre que là, franchement, il y a nécessité de revoir ce regard que vous portez sur la Vie.

Si je vous demande d'entrer en vous, ce n'est pas pour vous isoler! Ni pour passer un baume sur votre ego. C'est simplement pour vous dire: «Aimez-vous!», car c'est là le grand secret. Et par là, je n'entends pas qu'il faille négliger les autres! Vous allez devoir faire la différence entre tous ces concepts. Et si nous commençons à vous les restituer et à vous interpeller quant à leurs lois d'expression et leurs pouvoirs d'intervention sur votre chimie intérieure, c'est pour une raison majeure que vous trouverez en regardant la place que vous occupez dans le grand Plan.

J'aime ce calme parce que votre mental est déjoué. Et dans ce calme, vous pouvez toucher la profondeur de la Paix, de l'Amour inconditionnel, puisque là, justement, il n'y a plus de condition à aimer.

IN-conditionnel! Au-delà de la condition! Votre cœur est ouvert, il est dilaté, il rayonne. Vous comprenez? ***Il rayonne!***

Votre mental est apaisé et il rayonne! Il n'y a plus de peur ni de crainte, par conséquent vous n'êtes plus recroquevillés sur vous-mêmes. Vous êtes en expansion au même titre que ce grand sidéral. Curieux, non? Vous voilà à nouveau en synchronicité avec lui. Sentez, dans ce bien-être, comme votre respiration est plus profonde, apportant à votre corps, à votre biologie une dose plus importante d'oxygène. Ainsi, votre chimie intérieure peut se réaligner sur son schéma originel. Dans cette paix intérieure, vous n'avez ni froid ni besoin d'un apport extérieur et votre chimie intérieure, elle, n'a pas besoin de répondre à cet apport extérieur. Et comme vous êtes bien, vos fluides intérieurs travaillent moins, n'ayant plus cette nécessité de véhiculer toutes ces toxines et de voir à les éliminer. Vous vous fatiguez moins, n'étant pas en déperdition d'énergie ; *vous êtes installés dans votre énergie.* C'est là un autre grand secret.

Sentez quand votre tête est prête à capter tous les signaux, les petits messages que l'universel pourrait transmettre. En ce moment, vous êtes reliés ; chacun est l'œil qui observe la Vie, prêt à discerner le moindre changement qui viendra l'instruire sur une nouvelle connaissance.

Tout ça parce que nous avons déconnecté le mental inférieur, que nous l'avons nourri, apaisé. Dans cet apaisement, il ne ferme plus les portes intérieures de votre corps, de vos corps subtils et votre chimie intérieure, et du fait de cette ouverture, il peut également s'élever pour visiter les corps subtils.

La méditation permet de retrouver temporairement cet état. Voilà pourquoi nous vous incitons souvent à méditer, ce qui vous assure, à des moments précis, de connaître à nouveau cet état de bien-être en un laps de temps rapide.

C'est aussi la raison pour laquelle je m'attache toujours à nourrir chaque partie du corps communautaire quand je viens vous rendre visite. Dans un premier temps, vous ne pourrez pas maîtriser tous ces processus, mais si vous acceptez de faire un pas vers cette reconnaissance, vers cette maîtrise, nous vous aiderons. Sachez que nous serons à vos côtés durant ces pas hésitants, prêts à intervenir afin de vous protéger au besoin.

Vous êtes sur un chemin initiatique depuis votre naissance. Et que signifie *initiatique,* sinon *initier*, soit introduire à la connaissance! Et je vous rappelle que vous n'avez pas besoin de partir de chez vous puisque, dans votre trame quotidienne, vous avez rencontré les plus grands maîtres que l'Univers pouvait vous dépêcher. Ils ont pris la forme nécessaire à chaque instant de votre vie.

Les plus grands maîtres de l'Univers ont toujours été devant vous!

Essayez, dans votre quotidien, d'intégrer ces grandes valeurs, ces grands secrets que je viens de vous délivrer, et nous irons encore plus loin. Mais il est bien question dans l'immédiat de savoir à quel type de chimie vous en êtes rendus. Derrière cette petite phrase se cache le plus grand secret des univers.

Allez en paix car, dans le monde subtil, dans ce monde voilé, nous sommes toujours à vos côtés pour manifester la connaissance que vous recherchez à l'instant précis dans votre quotidien.

Papeete

Polynésie française

Avez-vous remarqué combien vous êtes sollicités dans vos retranchements?

La Vie vous met davantage à nu, car il n'est plus question aujourd'hui de vous cacher sous ces vêtements de chair que vous utilisez au fil des incarnations, vêtements que vous maltraitez puisque vous les dénaturez à une vitesse inimaginable.

Savez-vous que chaque corps physique habité a la possibilité de s'autorégénérer et donc de vivre à l'infini?

À force de vous voir vous battre contre ce corps physique, d'enregistrer cet acharnement contre vous-mêmes, nous avons décidé de vous envoyer la plus grande des leçons. Ainsi, de plus en plus de membres de cette humanité sont maltraités, car il vous faut comprendre que cette maltraitance est une hérésie. Mais par celle-ci, combien d'entre vous fuient la réalité? Combien voudraient reconstruire leur existence, car celle qu'ils vivent ne leur convient pas: «Pas assez bien, pas assez riche, pas assez beau, pas assez en vue»?

Croyez-vous que devenir un mannequin célèbre, un roi ou une reine, ou d'être un membre éminent d'une société secrète (je parle ici de celles qui n'ont guère de poids mais manipulent les pouvoirs matériels tels que l'argent, la vie sociale) vous assurerait un bien-être? Non, soyez-en assurés.

Il faut arrêter de vous maltraiter et, pour cela, il faut cesser de fuir la Vie. Combien de vêtements de chair vous faut-il encore pour parvenir à poser un regard d'amour sur vous-mêmes?

Combien de vêtements de chair voulez-vous user et maltraiter avant d'accepter d'aimer la Vie?

Quand nous regardons cette planète et que nous interrogeons les hommes et les femmes, toutes races confondues, ils ont tous envie de partir, de quitter quelque chose, de reconstruire. Mais reconstruire quoi?

Il n'y a rien à reconstruire, rien! Vous devez *être*, justement dans ces instants si difficiles où vous n'êtes pas aimés, où vous êtes peut-être même battus, où vous ne savez pas de qui vous êtes issus. Vous voulez partir à l'autre bout du monde, mais sachez que vous rencontrerez là-bas la seule personne qui vous apportera la réponse: vous-même.

Vous aurez beau vous planquer sur une île isolée, dans le désert ou les grottes profondes de la Terre, nous vous retrouverons et délogerons toutes ces peurs qui vous empêchent d'être. Nous irons toujours déblayer votre regard, votre sentiment et votre pensée. Inutile de fuir, car on ne fuit pas la Vie, on l'incarne, on devient la Vie, on devient l'Amour, on devient la Paix.

Vous pouvez tenter d'échapper à toutes les guerres du monde, qu'elles soient physiques ou intérieures. Vous pouvez espérer trouver la paix dans une nouvelle famille, mais sachez que tout cela n'est qu'illusion, car vos pas sont dirigés d'en haut et nous savons ce dont vous avez réellement besoin. Et si vous fuyez un endroit, nous reconstruirons une matrice de vie sur cet autre lieu qui vous obligera à regarder ce que vous avez fui.

Vos corps sont fatigués, maltraités. Vous croyez que nous ne connaissons pas la manière dont vous vivez intérieurement? Que nous ne savons pas tout ce que vous faites à votre corps, de quoi vous le nourrissez? Les aliments que vous absorbez ont à voir avec votre ouverture de conscience, et tous vos faits et gestes sont enregistrés.

Oh, nous n'intervenons pas sans votre demande, mais nous savons.

Ce n'est pas parce que nous vous regardons en silence que nous ignorons qui vous êtes, où vous en êtes et comment vous vivez dans votre corps. Nous n'ignorons rien de vos fuites ni de ces blessures que vous vous infligez.

Et vous croyez toujours, en retrouvant la conscience, qu'il vous faudra être exigeants par rapport à tout ce que vous allez penser ou faire. Il est vrai que, durant un laps de temps, cela peut vous aider à vous restructurer, mais c'est d'abord une étape importante pour éviter la fuite, redevenir responsables de votre corps et de ses lois.

Actuellement, sur cette planète, tout ce qu'il faut pour vous éloigner de votre plénitude, de votre santé physique, mentale, affective et même spirituelle, existe.

Il fut un temps où certaines cellules secrètes colportaient *la parole divine*; c'était secret et très peu d'hommes et de femmes y avaient accès. Toutes sortes de rituels furent alors mis en place laissant croire à celui qui pénétrait une de ces cellules qu'il était choisi, élu, et qu'au moyen de ces rituels, il appartenait à une famille.

Croyez-vous qu'en portant un quelconque manteau de bête ou toute autre chose encore, cela vous confère une autorité? Quelle illusion!

Voilà pourquoi nous avons décidé d'ouvrir l'enseignement à la multitude, il n'y aura pas de rituel sauf le respect aux quatre Éléments, qui sont la base fondamentale de la Vie universelle, et pourquoi également j'accueillerai tout homme et toute femme cherchant à ne plus fuir la vie de tous les jours.

Écoutez-moi bien: tous, ici, vous avez choisi une fuite. Elle a pris un visage, une consistance qui vous éloigne de votre responsabilité et vous dispense de vous investir dans la fraternité universelle.

Il y a autant de fuites que de personnes sur cette planète. Autrement dit, vous avez construit, entretenu toutes les fuites d'énergie possibles, car la Vie n'est qu'énergie et si vos corps sont fatigués, c'est qu'ils en manquent.

Alors, comment remédier à ces fuites? En en prenant d'abord conscience et en identifiant leur visage, puis en vous interrogeant: «Que puis-je faire? Quelle attitude dois-je engendrer pour stopper cette hémorragie de lumière qui m'empêche d'être?»

Plusieurs voies s'offrent à vous, toutes complémentaires, mais il faut d'abord vous arrêter et cesser d'avoir des prétextes, tel le manque.

Puis commencez à sentir la Vie qui palpite en vous. Oh, vous ne sentirez peut-être rien au début, mais persévérez. Au fur et à mesure, vous capterez une flamme vacillante, la vôtre, et vous l'aimerez sans condition! Elle est ce qu'elle est, mais c'est VOTRE flamme. Ne lui en demandez pas plus pour l'instant; elle est incapable de vous apporter autre chose.

Lorsque vous aurez établi ce contact, appelez vos Anges gardiens; selon les cultures, ils portent des noms différents. Appelez chacun cet être présent autour de vous et dites-lui: «Toi qui m'accompagnes, je t'avais oublié, mais il est temps que l'on travaille ensemble. J'aimerais que tu donnes une impulsion à cette flamme en moi pour qu'elle se tienne droite.» C'est la première étape. Il faut vous nourrir de tous les côtés, par les énergies du Ciel et de la Terre, et aussi en absorbant des aliments sains et de qualité. Puis effectuez un autre pas, cessez de vouloir être mince, à l'image d'un mannequin par exemple. Il est nécessaire de s'accepter tel que l'on est à l'heure présente, d'oublier son image déformée puisqu'elle correspond à une idée déformée que l'on a de soi-même.

Les fruits et les légumes représentent une nourriture dont votre corps a besoin. S'ils font défaut, vous maltraitez votre corps et restez dans la fuite. La Vie a placé des réservoirs d'énergie tout autour de vous, certains sont tenus par des Êtres de lumière. Et il est bon d'émettre une volonté d'entrer à l'intérieur de vous-mêmes, votre maison, le plus beau palais qui soit et capable de voyager. Demandez aux gardiens d'ouvrir ces réservoirs et de vous diffuser cette énergie, et cela se fera. Mais il s'agit d'une énergie subtile et votre corps physique a besoin d'une nourriture dense. Aussi, sachez naviguer avec toutes les formes de nourriture mises à votre disposition ici-bas.

Il n'est pas encore l'heure de vous nourrir de prana, de l'air. On vous invite plutôt à vous réconcilier avec la nourriture de la Terre, à cesser de fuir cette réalité.

Oh, vous pouvez manger du fast-food ou des substituts de repas, mais sachez que tout ça, ce n'est pas la Vie, que vous êtes alors hors de la Vie.

Chacun doit redevenir responsable de lui et de son corps communautaire. Alors, il pourra toujours pointer du doigt les autres et dire: «Oh, c'est leur faute, ils ne savent pas ce dont j'ai besoin.» Et son corps physique s'exclamera: «Ça y est, il me joue encore des tours celui-là, il a oublié que j'existe. Que va-t-il encore me *refiler*? Voilà, c'est dénaturé, il n'y a ni substance ni énergie là-dedans.» Puis il va se rebeller, rejetant tout ça. Comme il est intelligent et sait ce dont vous avez besoin afin de grandir à l'intérieur de vous-mêmes, il déclenchera une réponse appropriée.

Vous êtes des créateurs et tout ce que vous créez vous revient. Un corps est une intelligence pure, de l'énergie densifiée, encodée afin de répondre à un plan de vie.

Ce plan de vie est illimité; il vous parle de qui vous êtes, de ce que vous devez réaliser pour vous-mêmes, l'humanité et l'Univers. Vous vous débattez contre des problèmes de personnalité? C'est naturel puisque vous avez maltraité celle-ci. Mais vous devez savoir que la fatigue est un moyen visant à vous rappeler qu'il est temps de faire la paix avec votre personnalité, et vos pensées.

Vous pouvez continuer à vivre seuls, isolés, tels des automates, puisque pour l'instant vous vivez ainsi. Vous êtes un tant soit peu aveugles, sourds, têtus et coléreux, et j'en passe. Derrière ces défauts de la personnalité se cache en réalité un trésor inestimable logé dans votre cœur, mais sans la pensée, une volonté de le posséder ou toute autre manifestation mentale, ce trésor ne délivrera pas sa charge.

Il est bon de vous poser et de libérer votre cœur qui étouffe dans sa gangue bien épaisse: «J'aime à condition que..., je veux bien si..., oui mais...» Combien de fois prononcez-vous ces mots qui n'en sont pas? Combien de fois utilisez-vous ces énergies restrictives pour vous cacher et fuir la Vie? Dans toute fuite, vous n'échappez qu'à une seule chose: le regard de l'amour que vous posez sur vous-même, ce regard qui refuse d'embrasser l'identité, l'esprit, l'âme, la personnalité qui sont à l'intérieur de votre cœur.

C'est si beau que vous préférez la laideur, si merveilleux que vous préférez la petitesse, et tellement sans condition que vous préférez en imposer à la Vie.

Oh, je ne suis pas venue vous juger, et si je vous parle ainsi, ce n'est pas dans le but de vous mettre mal à l'aise, mais bien parce que l'esprit de votre cercle appelle ces paroles afin d'apaiser votre regard de groupe; mais ce dernier permettra à un enseignement particulier de descendre et, dès lors, vous offrirez une leçon à cette humanité.

Mes propos sont enregistrés et constitueront des livres. Mais comme ces manuels ne seront pas lus par six milliards d'êtres, les mots prononcés maintenant s'inscrivent dans l'éther, où ils circuleront et toucheront chaque membre de cette humanité. Et tous ses membres ne pourront fuir ce dépôt puisque, par votre biais, l'humanité a appelé cet enseignement.

La fuite, en avant ou en arrière! Beaucoup sont dans la fuite en avant, mais énormément sont dans celle du passé. «Ah, dans une vie antérieure, j'ai été ceci puis encore cela», ou alors, dans cette présente vie, ils restent attachés à ce qu'ils ont vécu dans les années précédentes et se complaisent dans cette énergie dysharmonieuse, car ils savent qu'en s'en détachant, ils seront amenés à reprendre les rênes de leur avenir. Et l'avenir se situant dans l'instant présent, il faut **cesser de fuir**. Aujourd'hui, tous les membres de cette humanité appellent les hommes et les femmes ayant déjà fait un travail d'ouverture en conscience sur eux-mêmes, à aller plus loin dans le service. Ils savent qu'eux-mêmes, en leur état actuel, sont incapables de le faire, mais que tout l'enseignement émergeant de cette minorité d'individus leur servira.

Il vous faut comprendre aujourd'hui que je ne peux tolérer que vous alliez vivre comme des ermites, dans une grotte ou ailleurs. J'ai besoin de toutes les bonnes volontés, de tous les hommes et les femmes sincèrement épris de la Vie; je leur demande au nom de leurs frères humains de rester là où ils sont, malgré les contrariétés. Mais surtout, ne vous retirez pas, ne vous isolez pas, car nous ne pourrions plus compter sur vous. Il est nécessaire que vos auras pénètrent celles d'autres personnes qui, pour l'instant, semblent ne pas s'éveiller. Cependant, toute cette connaissance en vous est inscrite dans votre aura, et lorsque vous marchez dans la rue, quand vous souriez ou posez votre main sur quelqu'un, vous communiquez, un échange se produit, tout un savoir est véhiculé de votre conscience aux autres. Naturellement, cela va au-delà des apparences; vous pouvez simplement dire bonjour ou effleurer les êtres sans vous arrêter, mais dans ce frôlement, un échange d'énergies a lieu pour le bien de cette humanité.

Vous avez vécu dans le passé beaucoup de vies monastiques ou d'ermite; comprenez que désormais ce n'est plus là que nous vous attendons. Nous avons besoin de vous là où vous êtes dans la multitude, où cela fait mal, où vous semblez vous perdre. Nous avons besoin de votre lumière, même encore vacillante. Puis, quand l'un d'entre vous est plus ouvert, nous l'amenons à assumer d'autres responsabilités. Nous ne pouvons vous laisser fuir la réalité de la Vie. Cela peut vous procurer du bien-être pendant un temps, mais sachez que si vous choisissez cela, nous irons vous déloger, et très vite, car nous ne pouvons perdre un seul membre de cette humanité en voie de s'éveiller, de se mettre au service des autres.

Il faut donc tarir toutes ces fuites qui vous empêchent d'être. Et, là aussi, c'est dans la multitude que cela se fera. Aujourd'hui, vous êtes peut-être en forme, offrant un geste, un mot, un sourire, un échange quel qu'il soit, mais demain celui qui était en détresse vous apportera à son tour un mot qui viendra se répercuter à l'intérieur de votre forteresse.

Restez dans la multitude, où nous avons besoin de vous et de toutes les bonnes volontés. Ceux qui manifesteront leur envie de servir la Vie seront soutenus et, comme nous entrons dans une période de bouleversements, une aide supplémentaire vous sera accordée pour acquérir une base un peu plus solide afin que cette flamme vacillante en vous redevienne un flambeau se mirant à l'intérieur de vos yeux de façon à interpeller tous ceux qui croiseront votre regard. Des hommes et des femmes ont en effet une lumière plus grande, plus pétillante. C'est le langage de leur personnalité intime et divine que nous souhaitons vous voir reprendre à un autre niveau. Voilà pourquoi votre fuite doit cesser; vous devez redevenir des êtres responsables, ne plus vous en remettre aux autres. Lorsque l'on est faible, on a besoin d'une béquille, et celle-ci remplit alors son rôle, mais quand on est fort à nouveau, on la dépose. Son rôle n'a pas lieu d'être. Si on la garde toute notre existence, on devient un assisté de la Vie.

Le regard que vous posez sur vous est en conflit, comme toute cette planète sollicitée pour aller chercher le meilleur à l'intérieur d'elle-même, la lumière qu'elle n'a encore jamais émise.

La vie d'Urantia Gaïa va beaucoup changer et, par conséquent, vous accompagnerez ce changement puisque tout entre en mutation. Son cœur est appelé à s'unir avec votre cœur humain puis avec le cœur vibrant et palpitant de ce système solaire et, enfin, avec ceux d'autres sections universelles qui, elles aussi, doivent s'aligner sur cette réalité du Cœur.

Voilà pourquoi vos sentiments sont très perturbés, car il vous faut faire le tri entre ceux qui vous ont beaucoup contrariés dans vos vies passées et ceux du cœur qui appartiennent à la Vie universelle, à la Vie divine.

Je ne vous promets pas un avenir aisé dans les premiers temps, car on sait combien les sentiments sont des marécages.

Vous comprendrez aisément que lorsque vous traverserez votre propre marécage, des moments d'incertitude se présenteront. Et si vous y plongez, sachez en ressortir la tête haute, sans vous juger ni vous condamner, en acceptant d'avoir fait cette plongée pour un temps.

Accepter de regarder ce qui gêne en soi permet d'éviter d'autres fuites.

Quand on pense que vous avez été créés parfaits à l'image de votre Père/Mère parfait et que vous avez réussi au fil du temps à limiter l'expression corporelle, à la réduire au point que ce corps n'arrive même pas à dépasser un siècle de vie alors qu'il est prévu pour des milliers et des milliers d'années...

Je souhaite vous inciter à vous poser des questions essentielles. Quel intérêt ai-je à réduire l'expression de mon corps? Pourquoi en suis-je à fuir la vie éternelle? Pourquoi les sentiments de premier niveau de cette humanité me plaisent-ils au point de ne pas penser à qui je suis? Pourquoi ce désir de toujours tout changer? Pourquoi, pourquoi?

Pourquoi maltraiter mon corps physique? Et quand je suis fatigué de le malmener, pourquoi aller chercher un de mes frères, ou une de mes sœurs, pour le maltraiter à son tour? Craignez-vous la grandeur de qui vous êtes, ou votre potentiel?

Je vous pose toutes ces questions afin que vous répondiez dans le silence de votre être. Ainsi, lorsque vous y parviendrez honnêtement, vous arriverez à fermer le robinet de ces fuites qui vous arrangent tant, puisque n'ayant pas d'énergie vous pouvez continuer à vous leurrer, à dire «Je ne peux pas».

Songez à ce que je viens d'exprimer. Mais regardez avec honnêteté ce manque d'amour envers vous-mêmes.

Nous allons nous arrêter ici pour ce soir; les sentiments sont déjà bien bousculés et vous avez été repoussés dans vos retranchements. Demain, j'espère que vous continuerez à les visiter et que vous en profiterez pour déposer ces énergies qui vous encombrent.

Nous demeurons à votre écoute durant ces trois jours, actifs et travaillant à vous guérir.

Allez en paix et sachez combien nous vous aimons.

Tout au long de votre descente dans la densité, vous êtes parfaitement conscients du rôle que vous allez jouer.

Vous l'abordez tel un enfant qui reçoit un nouveau jeu de cartes ou un de ces récents jeux électroniques (c'est la mode actuelle), et rien ne vous effraie. Cette personnalité sait parfaitement qu'elle descend dans la matière et y rencontrera des difficultés.

Mais voilà, tant que l'on se trouve de l'autre côté, tout semble simple et ces difficultés paraissent irréelles. Seulement, au fur et à mesure que cette personnalité plonge vers le monde fini tel que vous le percevez, elle prend conscience de ses choix, car depuis l'instant où elle a quitté l'Île Centrale, elle a dû en faire. Tout au long de cette descente, ces choix se sont amplifiés et sont devenus très spécifiques.

La voici donc parvenue aux portes du monde physique, regardant ce bagage emporté avec elle, composé de tous ses choix de service puisqu'il ne s'agit que de cela. Parfois, quand cette personnalité prend conscience de ses choix, elle peut paniquer un peu: «Mon dieu, je commence à saisir les lois de la densité et tout ce que cela sous-entend!» Ce sentiment ne dure jamais longtemps, car son enthousiasme à servir la Vie revient vite. Mais durant cette fraction de seconde où elle a eu peur en quittant l'infini et en entrant dans le monde fini, les réactions liées à ce dernier ont eu lieu. On commence à sentir et à comprendre le sens de tout cela. Ces instants toujours minimes s'inscrivent pourtant dans la personnalité. C'est la raison pour laquelle, dans le monde fini, se trouvent des êtres qui auront tendance à se rétracter, à se mettre en repli et d'autres qui, au contraire, enfonceront les portes. Tout ça parce qu'au moment où ces étincelles de Vie infinies ont pénétré le fini, il y eut une réaction face aux choix.

Au début, dans ce monde, ceci n'entraîne pas de conséquences majeures. Pourtant, au fil des incarnations, cette cristallisation s'amplifiera et engendrera des réactions intermédiaires qui se traduiront bien souvent par des fuites, une irresponsabilité ou une envie de se cacher. Plus subtil encore, ces personnalités provoqueront elles-mêmes des réactions les incitant à se cacher.

Elles évolueront dans la multitude, mais porteront des masques. Puisque, finalement, elles n'auront pas été heureuses de voir telle création, sachant que cela les conditionne, elles ne voudront pas le montrer. Plus les incarnations se suivent, plus les masques adoptés entraînent d'autres réactions, d'autres fuites.

Aussi, lorsque je regarde aujourd'hui cette humanité, j'observe des frères et des sœurs repliés sur eux-mêmes, certains recroquevillés et n'osant même plus lever les yeux; ils ont peur de la lumière, de leur ombre et, en somme, de tout. Ils se sont tellement cachés qu'ils ne le peuvent davantage. D'autres frères et sœurs en difficulté ne veulent plus rien dire ni rien faire. D'autres encore font semblant de rire pour un oui ou un non, car c'est tellement plus facile de laisser croire que l'on est bien et heureux. Ils cachent ainsi leur misère intérieure. Et d'autres ont besoin d'avoir une mainmise sur un groupe d'êtres et eux aussi ont besoin de se cacher; ils ont trouvé une facade: «Je vais me mettre en évidence, ainsi on ne verra pas que je me dissimule puisque je m'expose au regard de chacun.»

Toutefois, vous êtes tous transparents quelle que soit l'attitude adoptée. Nous voyons la cause de vos réactions. Je sais pourquoi votre personnalité a replié ses ailes et engendré ses fuites d'énergie, pourquoi vous avez éteint votre lumière. Vous êtes tous malades de cette cause première, à des degrés différents.

Voyez-vous, dans cette maladie, lorsque certains voyageurs ont découvert des endroits où régnait davantage d'amour, où la simplicité et les lois universelles étaient là, en évidence, ils ont été tellement éblouis qu'ils sont entrés dans une colère monstrueuse, sachant parfaitement qu'ils avaient perdu cet amour et cette identité. Ils avaient le choix; ils auraient pu s'asseoir et dire: «Je vais m'instruire, me retrouver, me guérir et redevenir cet amour que j'étais.» Mais l'histoire est telle sur cette planète que ce choix ne fut pas retenu. Ces êtres ont préféré tuer, détruire ce qui les aveuglait, supprimer l'image d'un amour qui les renvoyait à l'universel. Mais ce qu'ils ignoraient, tant ils avaient oublié qui ils étaient, c'est qu'on ne peut détruire ni l'amour universel, ni une personnalité, ni une loi universelle.

Certes, ce qui brillait à la surface de cette terre semblait vraiment avoir été maltraité et pratiquement détruit, mais c'était sans compter sur les interventions des Maîtres des Univers et des lois cosmiques qui ont alors envoyé des gardiens de cette mémoire et tenu en réserve la majesté de cet amour et de cette lumière. Rien n'est perdu à la surface de cette planète. Tout est simplement gardé dans des endroits spécifiques jusqu'à l'heure où, enfin, des hommes et des femmes décideront de capter cette sagesse ancestrale et de redonner vie et des racines dans le quotidien à cette sagesse, cet amour, cette lumière universelle.

Nous avons donc convenu d'intervenir et d'endiguer ces pertes d'énergie, ces fuites, et de nourrir de l'intérieur les hommes et les femmes sérieux, conscients et désireux de faire quelque chose pour leur fraternité, cette cellule familiale qu'est l'humanité résidente. Lorsqu'ils ont émis cette volonté, nous les avons instruits puis testés afin de nous assurer de leur volonté sans faille. Aujourd'hui, nous les envoyons vers vous; certains sont déjà incarnés, d'autres reviennent puisque le fil de lumière universelle doit retisser son cocon tout autour de cette planète. Oh, au début ce fil est fragile et certains diront: «C'est de l'utopie, ils n'y arriveront jamais. Regardez donc ce qui se passe!»

Aussi, je vous le rappelle, tant que vous donnerez de l'importance aux éléments négatifs qui s'agitent à la surface de votre Terre, vous serez encore avec ce groupe qui nourrit cette négativité. Acceptez plutôt de dire: «D'accord, une part de l'humanité se démène parce qu'elle ne sait pas encore qui elle est; je reconnais ces êtres comme des enfants de l'Esprit», gardez un espace ouvert, et demandez à la Vie d'être la main, l'amour qui viendra apaiser et guérir leur cœur blessé.

Acceptez de vous détacher des apparences et d'être à l'écoute de toutes ces possibilités qui ont bien du mal à transparaître, mais qui vous annoncent déjà que cette lumière, cet amour et cette sagesse sont de retour.

Je vous le répète, si vous ne parvenez pas à accorder de l'importance à ces possibilités, vous ne pourrez faire partie de ce groupe de guérisseurs de la mémoire ancestrale. Sachez que tous ceux qui se prononceront face à la Vie en disant: «D'accord, je me détache des apparences et je me fixe sur l'émergence de cette identité qui revient vers nous», qui se seront ouverts ainsi, seront aidés; nous les placerons là où ils doivent être, car nous avons besoin de toutes les bonnes volontés. Par contre, pour un temps, leurs désirs personnels seront mis de côté et il leur semblera que leur vie ne leur appartient plus, mais ce sera de courte durée.

Si vous consentez à entrer dans le service de la guérison de la mémoire ancestrale, je ne vous garantis pas que tous vos jours seront empreints de paix, de tranquillité, car l'heure est à l'urgence. Il faut guérir toutes les mémoires, particulièrement la mémoire ancestrale, autant celle de cette planète que celle véhiculée par ce système solaire, et cette mémoire que vous avez cristallisée en quittant le monde de l'infini pour celui de la densité.

Nous allons jouer sur plusieurs plans et, selon où vous en serez dans vos vies, cela vous dépassera peut-être et vous ne comprendrez rien, mais vous serez assurément à la bonne place! Le mental ne vous sera pas d'un grand secours, mais le cœur, oui. Peut-être enverons-nous sur un autre continent, par exemple, un être tout désigné. Cela sera de notre ressort, car nous saurons à quel moment cela sera juste ou non pour vous. Aussi, si une porte ne s'ouvre pas maintenant ou si votre vision des choses tarde à donner des effets dans la matière, peut-être en sommes-nous la cause si nous avons besoin de vous à un autre endroit avant cette réalisation.

Servir cette cause — rebâtir l'amour universel dans le cœur de chacun — pourra paraître difficile quand, sur cette planète, vous n'arrivez pas à savoir ce qu'est l'amour fraternel, l'amour entre hommes et femmes, l'amour entre parents et enfants. Vous êtes tous encore dans l'amour conditionnel. Oh, vous déployez des efforts afin d'en sortir, mais il vous reste encore du chemin à parcourir pouvant s'accomplir en quelques minutes, sinon plusieurs années ou vies, en fonction surtout de vos attachements, de vos résistances, de votre besoin d'agir à tout prix.

Pour les heures qui viennent, nous sommes face à deux urgences; installer la paix dans le mental humain et à l'intérieur du cœur était la première.

Quant à la deuxième, elle a trait aux couloirs de l'espace qui s'ouvriront. Nous devons ici vous préparer psychologiquement au choc que vous aurez. En ce moment, vous avez de la difficulté à accorder de l'importance à un être d'une autre couleur de peau ou culture, alors imaginez d'un autre système stellaire.

Et à tout cela s'ajoute une autre urgence, car il ne nous reste plus de temps. Il y a encore un an nous en avions et il nous était encore possible de travailler à rééquilibrer votre balance intérieure. Aujourd'hui, le Père en a décidé autrement: vous n'avez plus de temps nouveau accordé à cette fin.

Ceci signifie que nous sommes dans l'urgence de l'urgence, que nous devons désormais activer les dépôts d'énergie stockés dans vos cellules ainsi que ces informations, ces mémoires encodées dans toutes les cellules de cette terre. Il y aura donc des réactions en chaîne; elles dépendront de vos résistances avant toute chose, de votre besoin d'agir à tout prix, des conditions que vous mettrez pour émaner de l'amour, de votre mental humain.

Là, nous ne pouvons plus agir; à partir de maintenant, il nous est impossible de rectifier votre trajectoire pour vous permettre une plus grande aisance. Elle demeurera la même, quoique vous avez encore une certaine marge en prenant conscience de cette lumière en vous, de cette grandeur. Ne perdez plus de temps; vous n'en avez plus! L'éternité est bien l'éternité, mais elle est séquençable et nous sommes à la fin d'une de ces séquences: tous les compteurs doivent être remis à zéro afin de favoriser l'envol vers une hauteur plus grande de vous-mêmes.

On nous a donc priés de respecter ce qui a été fait et de ne plus intervenir individuellement, sauf pour tous ceux qui se proposent d'entrer en service dans le but de guérir la mémoire ancestrale universelle. Dans cette condition, ceux qui en feront la demande seront rattachés à un nouveau réservoir d'énergie et à des êtres qui agiront conjointement avec leur personnalité, et placés là où la Vie les attend. Dans cette intervention, pas de facilité; pourtant, vous ressentirez une plénitude par la force et la clarté des énergies qui descendront en vous, oubliées depuis si longtemps. Vous recevrez une nourriture qui vous fera plaisir et grâce à laquelle vous serez bien. Mais au-delà de ceci, pour un temps court, vous n'aurez pas d'aisance du fait que nous sommes dans l'urgence, que tout ce qui doit être fait le sera, que tout ce qui n'a pas été désamorcé en vous trouvera un reflet dans le chaos qui vient. Oh, je sais, vous n'appréciez pas ce mot, mais sachez que c'est le bon, car une période de chaos s'avère nécessaire pour que renaisse des cendres une nouvelle vie fortifiante, belle et apaisante.

Dans l'urgence, mon travail doit porter sur la mémoire ancestrale, et tous ceux qui ont tenté de la détruire verront leurs créations s'effondrer. Vous constaterez que les hommes et les femmes qui se croyaient les maîtres seront désormais assis par terre, les mains vides. Lorsqu'ils essaieront de commander, personne ne leur obéira, et vous, qu'on a tenté de réduire en esclavage d'une manière ou d'une autre, retrouverez le sourire et la joie de glisser sur la Vie et toutes ses expressions.

Ce matin, j'ai invité les esprits ancestraux de cette île à vous accompagner afin d'amorcer une guérison de votre mémoire ancestrale. Cela ne veut pas dire que vous allez voir se détruire toutes les créations que la race blanche a amenées ici. Cela signifie que lorsque cette mémoire ancestrale s'apaisera, toutes les connaissances universelles détenues en ce lieu réémergeront, nourrissant la fraternité entière installée sur cette île. Sachez que ce qui se passera ici se déroulera également ailleurs, qu'il n'y a aucun peuple élu — ni blanc, ni noir, ni jaune, ni rouge, ni métis — mais une humanité, une fraternité. Que vous devrez vous donner la main les uns les autres et vous asseoir devant toutes ces formes de sagesse déposées, ici comme ailleurs, dans le but de recueillir des mots, des énergies, des lumières tenues jusque-là en réserve et de les poser les unes à côté des autres puisqu'il y a bien d'autres énergies et d'autres mots de sagesse. Puis vous direz: «Nous déposons ici des paquets constitués de la multitude de formes d'expression de la sagesse et de l'amour. Toutes ces expressions ont été gardées secrètes par des groupes d'hommes et de femmes. Nous voilà maintenant avec tout cela, mais qu'en faisons-nous? Le jeter? Mais c'est impossible!» Aussi, en regardant en vous, vous constaterez que ces fameux paquets de mots restitués ont en fait déjà été déposés dans vos cellules, et votre regard quittera la salle où auront été déposés ces paquets. Dès lors, vous commencerez à lire à l'intérieur de vous ce livre vivant qui parle de cette sagesse acquise en voyageant de pays en pays, de culture en culture, de race en race, car aucun homme ni aucune femme de cette humanité ne pourra affirmer: «Je suis de telle ou telle autre race.» Chacun devra voir ce qu'il est, soit cette personnalité universelle qui, afin de parvenir à aujourd'hui, a revêtu une multitude de vêtements de couleurs variées. Oh, on pourra déclarer qu'à son arrivée sur cette planète, le premier vêtement de chair endossé a appartenu à telle cellule humaine, telle race, mais sans plus, car tous vous accéderez de nouveau à cette mémoire qui vous parlera de tous ces passages et de ces visites dans ces formes de sagesse. Vous serez amenés à unir en vous ces multiples visages de vous-mêmes, à reconstituer votre personnalité universelle, à comprendre qu'au fil de la descente, à un moment précis, vous avez vécu un déchirement. Et vous devrez observer cette première cristallisation, l'aimer, dissoudre cet amas de cristaux soudés les uns aux autres et formant un dessin dysharmonieux dans votre personnalité. Il est vrai que vous êtes en train de vous éveiller progressivement à l'amour, du moins à cette vision de l'amour que vous possédez. Pourtant, vous devez entreprendre un long chemin de réconciliation. Aussi, je vous le dis, vous êtes nés d'un père et d'une mère physiques, vous avez peut-être eu *la chance* d'être aimés, ou *la malchance* d'avoir été rejetés, ou vécu peut-être l'expérience de ne pas savoir qui étaient vos parents. Mais sachez que cela n'est qu'un pas et que vous devez vous élever en conscience et dépasser cette notion restrictive d'appartenance à un groupe lié à la cellule familiale humaine. (Ne l'oubliez pas: lorsque je m'exprime dans les cercles de paroles, j'instruis l'humanité entière.)

Vous êtes invités à élargir cette conscience et cette reconnaissance à la fraternité universelle. Vous devrez voyager sur tous les concepts, et ceux-ci ne devront pas demeurer à l'état mental mais bien glisser avec aisance dans votre cœur.

Même ici, dans votre vie de tous les jours, il n'y aura pas d'aisance puisque les années qui viennent vous ôteront peut-être le confort matériel et verront tout s'effondrer autour de vous, et vous souffrirez si vous n'avez pas créé en vous ces espaces, cette aisance.

Mais peut-être faut-il que tout s'écroule, que vous perdiez tout, pour comprendre que vous n'êtes pas seuls, que votre identité va au-delà de vos possessions! Peut-être devrez-vous passer par là pour retrouver cet amour et ce respect de vous-mêmes!

Je crois aujourd'hui, en lisant le cœur, l'esprit et les pensées émises par vous, que vous avez besoin de saisir qu'en ce chaos résident la plus belle des lumières, le plus bel amour. Et que cette expression magnifiée se rit des apparences.

Il vous faut acquérir de la paix dans votre vécu, une paix non conditionnée par vos désirs exaucés ou non, des comptes en banque remplis ou non, l'acquisition ou non d'une belle maison. Vous devez comprendre que le plus beau de vous-même loge en vous et qu'il se moque de votre apparence, de votre identité, de votre nom, de votre appartenance à une famille ou l'autre. Lui sait qui il est et qui est l'être caché derrière ces grimaces, ce masque. Il sait combien vous souffrez mais que vous seul créez ces souffrances et pouvez donc y mettre un terme en une fraction de seconde.

Lorsque nos yeux se posent sur vous, nous ne retenons pas l'apparence revêtue et voyons plutôt vos lumières et votre rayonnement en mutation qui redeviendra cette magnifique fontaine de lumière. Nous savons quel est votre couronnement dans le service et quand, enfin, toutes ces fontaines jailliront.

Ainsi, ce matin, j'ai demandé aux esprits de cette île de venir travailler en silence autour de vous afin de raviver cette paix ancestrale, cet amour qui circula sur cette île durant l'âge d'or.

Il y a un être derrière chacun. Je vous signale que dans ce cercle se trouvent des hommes et des femmes issus de l'énergie polynésienne, du peuple blanc ou chinois et que nous leur restituons certains gestes sans différence ni condition.

Nous aimerions que toutes les blessures qui vous habitent encore se désagrègent rapidement, et formulons ce vœu pour l'humanité entière. Si vous, ici présents, parvenez à déposer ces blessures, sachez que vous participez à la guérison de la mémoire de cette humanité. Si vous pouvez absorber puis intégrer cette sagesse tahitienne et cet amour au plus profond de vous, sachez que par résonance ceci se produira chez les autres membres de cette humanité. Nous vous invitons à l'intégration de cette sagesse, sachant qu'une fois qu'elle sera réalisée en vous, consciemment ou non, vous ensemencerez un frère ou une sœur de cette lumière nouvelle portée en vous.

Ce qui se passe actuellement sur le sol tahitien se déroule également dans les autres cultures. Nous sommes en train de raviver cette mémoire ancestrale afin que la paix et l'amour viennent s'y installer et que ces blessures soient déposées, puis qu'ensemble vous vous donniez la main et osiez dire à l'autre: «Je t'aime sans condition, sans réfléchir, simplement en ouvrant mon cœur, en te faisant une place dans ta différence, dans ton expression.»

L'heure n'est plus aux additions. Il n'est plus temps d'affirmer: «Un tel m'a fait ceci, un autre m'a fait cela, et je vais comptabiliser tout cela.» Au contraire, l'heure est venue d'effacer ces colonnes, ces mémoires. Il est temps d'offrir des sourires, de mettre la main dans celle de l'autre, d'être à l'écoute de ses besoins. Oh, il s'agira peut-être de le laisser parler et de ne rien dire, ou encore de le prendre dans vos bras et d'accueillir toutes les larmes qui remonteront.

Chose certaine, c'est l'heure pour tous les frères et sœurs de cette humanité de reprendre conscience qu'ils sont issus du même Père/Mère primordial. Vous devez comprendre que vous travaillez non pas pour vous ou cette humanité, cette planète, ce système solaire, mais bien pour l'Humanité universelle, celle qui vit au sein de ce premier Cercle atomique de Vie, et pour ces humanités que vous ne connaissez pas puisqu'elles ne sont pas encore créées. Pourtant, vous œuvrez déjà pour elles. Vous êtes un maillon, ce qui signifie qu'il s'en trouve un autre au-dessus et au-dessous ; votre maillon est important, car *il est maillon,* et vous devez le comprendre.

Dans cette période d'urgence, sachez que tout est déposé en vous et qu'une foule d'êtres sont autour de vous ; il suffira de les appeler, ils répondront. Pour un seul membre de votre fraternité humaine, cent Êtres de lumière attendent donc votre appel !

Je terminerai aujourd'hui sur ces mots.

Que la paix descende en vous et s'installe sur votre planète afin que vous deveniez cette paix.

La sagesse appelle l'apaisement du cœur et de l'esprit.

Le sage est un esprit qui accepte de vivre là où la Vie lui demande d'être.

Il sera peut-être assis sur un tas d'ordures, dans une grotte, il portera peut-être des haillons, ou, encore, il ira s'installer au pied d'un arbre sur le bord d'une rivière ou ira bêcher la terre. Mais le sage se moque éperdument de son aspect comme de sa vie extérieure ; il a une connaissance parfaite de qui il est au moment où il est, il sait pourquoi il évolue dans les conditions présentes et ne se fait pas de souci. Demain sera peut-être sa dernière journée, si telle est la volonté du Grand Constructeur, et le corps qu'il entretient avec amour et du mieux qu'il le peut cessera alors de vivre. Il devra retourner d'où il vient et un frère des étoiles viendra le chercher. Mais tout cela ne l'intéresse pas, car il sait combien chaque seconde est précieuse pour le bien de l'ensemble, de la fraternité.

Le sage ne parlera qu'avec parcimonie au milieu de la multitude, regardant chacun avec amour. Il attendra que l'un ou l'autre vienne à lui avec la plus grande lumière dans les yeux et le cœur et lui demande: «Frère, toi qui sais, quel est le mot qui peut m'aider à grandir, à aller vers ce lieu où réside ma propre sagesse?» Que fera le sage? Il le regardera et étudiera à quel rendez-vous cet être se présente avec lui-même et avec la Vie, puis lui répondra: «Donne-moi un peu de temps afin de recueillir ce mot, et je te le transmettrai.» Et il continuera à faire ce qu'il sait, c'est-à-dire méditer au pied de l'arbre, s'occuper de son champ, rester assis sur les ordures ou dans sa grotte. Il ne bougera pas, ne demandera rien, car *il sait*!

À un moment donné, il reconnaîtra l'appel de l'Esprit de Vie. Oh, il ne fera pas de bruit mais demeurera discret devant l'impulsion reçue d'accueillir le mot attendu depuis un jour ou des années. Il sera alors ce qu'il a toujours été, sage, en paix, le cœur débordant d'amour, et accueillera ce mot en remerciant l'Esprit de Vie de l'avoir fait coupe pour recevoir ce don si précieux. Puis, sans bruit, il se mettra en route à la recherche de l'être qui l'a sollicité, le trouvera et lui dira: «Voilà ce que je peux te répondre en cet instant.» Il délivrera ce qu'il aura reçu puis repartira sans s'occuper de savoir ce que cette personne fera du cadeau. Il rentrera chez lui, continuant d'être lui-même.

Que fera celui qui aura reçu ce cadeau? En général, il ira frapper à toutes les portes en s'exclamant: «Voilà, j'ai reçu; *le Vieux* est venu me le dire!» Il fera beaucoup de tapage puis, enfin, songera à ce qu'il a reçu et se posera beaucoup de questions. S'il a déjà cheminé en lui-même, il s'assoira dans le silence et s'interrogera en profondeur dans son cœur, dans son esprit sur ce qu'il doit faire de ce mot. Peut-être le demandera-t-il à son mental, se prenant la tête entre les mains: «Je ne sais qu'en faire! Quelqu'un doit m'expliquer.»

Quand la sagesse qui habite un humain n'est pas assez forte et que ce dernier en vient à solliciter un autre être, une part en lui sera satisfaite de l'aide apportée mais, bien souvent, sa personnalité n'étant pas bien ancrée, il aura des réactions secondaires. En d'autres mots, tout ce qui manque à sa sagesse et à sa lumière se mettra en mouvement puisqu'il lui est difficile d'admettre qu'il n'est pas sage et que, finalement, une aide extérieure lui a indiqué la porte qu'il aurait dû trouver seul. Pourtant, il emploiera encore des mots pour faire du bruit et masquer tout ce qui le gêne ou l'aura blessé dans le passé. Et du fait qu'il a dû recevoir une aide extérieure, il masquera sa honte de lui-même, cet orgueil qui le ronge et, tant bien que mal, son manque d'amour pour lui-même.

Et voici qu'agit la sagesse de l'ancien qui, lui, s'est fait silence et coupe pour recevoir et transmettre ce cadeau aux yeux de la Vie, car, par son attitude dépouillée de gestes et de paroles, il a montré que lui, qui portait peut-être des haillons, vivant de rien, avait une attitude noble et respectueuse.

Voilà comment la résonance de la sagesse provoque des tumultes à l'intérieur de ceux qui prétendent être mais ne font que paraître.

Si je vous raconte ce jeu, c'est que vous serez confrontés à une multitude d'hommes et de femmes en souffrance qui refuseront de l'admettre et, forcément, réagiront. Naturellement, leur réaction sera à l'opposé de ce que vous attendiez; vous souhaiteriez que vos frères et sœurs s'ouvrent aux énergies dispensées, à cette lumière qui commence à couler sur votre Terre. Mais justement, en arrivant, elle soulèvera des réactions qui vont certainement vous surprendre. Je le dis et le répète encore, il ne faut pas vous attarder à cela. Travaillez plutôt à canaliser de plus en plus la sagesse universelle, à recevoir la lumière, à être éclairés, puis devenez chacun ce sage, attendez que l'on vienne vous voir, que l'on vous pose une question, que l'on vous demande un mot, et répondez non pas à l'instant où la question sera formulée, mais au moment choisi par la Vie. Là réside toute la différence.

La vie n'a pas été facile sur cette planète, mais les premières humanités ayant foulé le sol d'Urantia Gaïa n'ont pas rencontré tous les problèmes que vous avez connus.

La sagesse, l'amour, la lumière et la plénitude régnaient. Il y eut déjà un âge d'or sur cette Urantia puis, doucement, de nouvelles entités envoyées ici dans le but d'y recevoir l'enseignement des êtres installés dans la plénitude de la Vie ont au contraire semé le trouble et la confusion dans les esprits. Ainsi, l'harmonie présente fut tout doucement fissurée. Progressivement, ce qui existait s'est effacé, l'âge d'or s'en est allé et l'humanité a quitté son état humain pour adopter une attitude en deçà des manifestations animales. Nous avons alors assisté à des scènes à faire frémir où l'horreur du non-amour se révélait. Pourtant, la sagesse ancestrale était là, il suffisait que quelques-uns s'éveillent et disent: «Ce n'est pas possible, nous ne sommes pas cela! Il doit bien y avoir autre chose», mais des siècles et des siècles se sont écoulés. Il y eut quelques sursauts mais, peu solides, ils retombèrent jusqu'au dernier.

Nous allons peu à peu réanimer ces réservoirs de sagesse ancestrale, d'amour, de lumière et les placer en des endroits bien spécifiques en espérant que ce sursaut trouvera des racines et qu'enfin nous pourrons vous inciter à vous connecter à eux.

Ils sont entretenus par la famille angélique, ses membres n'ayant pas cessé d'aller chercher dans le cœur du Divin toute une charge d'énergie afin de les remplir encore davantage, car ils savaient que le jour où ceux-ci seraient ouverts, la demande serait énorme.

Quand je parle de mémoire ancestrale, je ne réfère pas à cette mémoire dégagée pendant la descente aux enfers, mais à celle de l'âge d'or déjà connu de cette terre. Je me rapporte à la mémoire ancestrale universelle exprimant votre identité d'enfants universels. Je vous rappelle un état qui dépasse votre compréhension.

Vous êtes invités à recevoir cette nourriture. Continuerez-vous à offrir de nouvelles racines à vos demandes, ou laisserez-vous encore votre jeu égotique l'emporter et faire croire que vous êtes des sages et que vous pouvez vous passer de la famille angélique?

Votre personnalité, qui permet l'étude de la personnalité universelle, est martyrisée. Vous pouvez l'ignorer, faire semblant mais sachez que tant que vous ne reconnaîtrez pas cette douleur, que vous ne verbaliserez pas cette souffrance, cette personnalité sera ce ver rongeant la pomme de l'intérieur, et le fruit pourrira. Puis, vos fragiles essais pour vous rattacher à l'identité universelle deviendront si faibles que, finalement, vous oublierez qu'un jour vous avez fait cette demande.

La mémoire universelle garde jalousement des secrets sur votre identité, votre naissance divine, votre potentiel à venir, votre contrat. Mais pourquoi, puisque vous êtes justement en train d'exprimer une demande relative à qui vous êtes, à vos origines et au pourquoi de votre présence ici? Parce que vous n'avez pas effectué un pas vers la sagesse en reconnaissant la souffrance qui vous habite, vous ronge et vous détruit, vous n'avez pas mis de l'amour sur ces visages, ni apaisé votre mémoire, votre conscience et la personnalité que vous avez développée d'incarnation en incarnation.

«Les Anges, on les connaît, mais ils sont là-haut, bien sûr! Et nous sommes ici, un lieu qui n'a rien à voir avec ce qui est en haut. Et puis, votre temps à vous n'est pas identique au nôtre. Vous êtes totalement déconnectés de notre réalité, de nos besoins.» Mais savez-vous que vous envoyez ces mots à vos Créateurs, vos parents?

Comment vos parents ayant créé la matière, la densité, la matrice du Temps et de l'Espace pourraient-ils ne pas connaître vos besoins à chaque seconde de votre vie, être déconnectés de votre réalité?

Oui, nous sommes là-haut et vous êtes ici-bas, mais que représentent ce haut et ce bas? Peut-être nous donnerez-vous une leçon quant à leur création et sur les Lois universelles, ces fonctionnements, ces canaux où glissent toutes les énergies, toute la lumière! Il est vrai que vous êtes dans la matière, mais vous avez une vue extraordinaire sur l'universel!

Il est exact que vous employez désormais des termes qui vont au-delà des réactions égotiques de vos petites personnes, et je soulève volontairement cet aspect, car lorsque vos réactions égotiques dépassent votre regard et votre sagesse, vous devenez petits parce que vous agissez avec petitesse!

La Vie universelle a créé le monde fini avec ses réalités se déclinant sur une multitude de dimensions et nous en sommes les créateurs, ayant instauré les lois pour chaque dimension, univers et système, du plus grand au plus petit. Et vous, dans votre réalité, ne parvenez pas à fermer les robinets de toutes vos fuites. Quand nous venons vous dire que nous pouvons vous aider, vous répondez: «Hein, mais bien sûr!» Et nous disons alors que vous avez encore oublié cette compréhension, qu'il nous faut travailler à créer des situations dysharmonieuses afin que vous cherchiez où se situe l'harmonie.

Nous avons tout notre temps, mais vous n'en avez plus. Si je vous ai précisé que vous étiez entrés dans une période d'urgence où l'espace que vous connaissez va changer, où le temps est déjà en mutation, c'est que dans cet espace-temps d'urgence, vous devez trouver les bonnes questions au bon moment et faire les demandes également au bon moment.

Il y a plus de guides qu'il ne vous en faut pour vous aider à pénétrer à nouveau votre dimension de lumière. Une foule d'êtres venus de tous les endroits de ce grand sidéral sont là. À vous de savoir si vous voulez entrer dans votre sagesse et votre mémoire ancestrales, universelles.

Le positionnement de chacun sera respecté. On peut nous ignorer, nous rejeter, nous railler même, nous n'interviendrons pas. Seulement, lorsqu'un être ayant agi de la sorte déposera son corps de chair — car ce moment arrivera forcément —, il se retrouvera devant nous et nous serons Amour et non-jugement. Mais la petitesse émise par lui durant ces instants se mettra à grandir et il se sentira petit au point de souffrir davantage, et nous n'aurons même pas besoin d'ouvrir la bouche pour qu'il prononce sa propre sentence. Nous n'aurons alors qu'à lui dire: «Étant donné là où tu en es dans tes compréhensions, il nous faut te guider afin de rencontrer ces situations que tu appelles pour améliorer ce manque de connaissance, d'amour et de conscience.» Généralement, en ces moments-là, l'être développe une telle honte face à ses propos et ses actions qu'il cherche la plus terrible des punitions.

Durant ce temps d'urgence, espérons que vous n'allez pas encore adopter cette attitude de petitesse et que vous comprendrez, au contraire, qu'il est temps de rétablir ce partenariat conscient et actif avec nous.

Pour guérir cette part d'humanisme en vous blessée et écorchée vive, peut-être nous demanderez-vous de déposer votre main dans la nôtre. Si telle est votre attitude, je vous prie de vous aimer assez pour oublier ce qui a été vécu avant et redevenir les enfants universels retrouvant avec joie leur Père/Mère.

Alors oui, nous vous indiquerons encore le chemin à suivre, espérant que vous accepterez nos conseils.

De quelle urgence s'agit-il? Celle de retrouver votre famille universelle, ses lois, son amour, sa conscience, son regard, sa profondeur, comme votre humanisme, non pas tel qu'on essaie de vous le faire croire mais tel qu'il est en réalité.

Demain sera fait de votre présent, c'est-à-dire qu'à chaque instant de vos journées, par vos réactions, vos rejets et vos attitudes erronées, vous créez votre lendemain. Rappelez-vous que vous êtes dans l'erreur si vous pensez quelque chose en croyant que vous pouvez émettre d'autres mots pour cacher votre ressenti, et que cela sera sans conséquences: «Oh, ils savent bien pourquoi je réagis ainsi.»

Là, vous vous trompez, car, dans l'urgence, il y a le Verbe, le verbe prononcé qui devient l'élément porteur. Je ne veux pas dire ici que la pensée n'a plus son pouvoir ou sa force de création, mais que dans ce processus d'incarnation de la conscience universelle, le Verbe a autorité première.

Par exemple, pensez intérieurement à être meilleurs, puis laissez s'écouler quelques secondes et employez des mots non en concordance avec cette pensée. Les mots que vous prononcerez annuleront ainsi la pensée émise quelques secondes avant. Car tel est le processus de la création.

Nous sommes parvenus à l'instant où la parole émise a l'autorité, la primauté, sur la force de création de la pensée. Je ne veux en aucun cas déclarer que la pensée a perdu ses pouvoirs, mais bien souligner qu'en cet instant le Grand Créateur a donné la priorité à la parole. Suivez bien mes paroles! Et ne les déformez pas.

Je vous invite encore une fois à prendre conscience de votre identité, de votre personnalité universelle, à entrer à l'intérieur de la fraternité universelle. Toutefois, je vous avertis, et je prononce ces mots en conscience, vous devrez retrouver et employer vos mémoire et sagesse ancestrales.

Au temps de l'âge d'or, il y eut des dépôts dans cette planète; ils vont maintenant se réveiller et vous nourrir. Ils ne correspondent pas à l'histoire de la décadence vécue après l'âge d'or.

Pourtant, dans ces attitudes erronées, dans cette fraternité bafouée, dans l'irrespect de chacun, vous avez pu émettre des germes d'une spécificité et d'une beauté uniques que nous honorons et qui seront honorés dans tout le grand sidéral. Aussi, cessez de renier votre passé, aussi dur fut-il. Une grande beauté en est sortie; vous seuls l'ignorez.

Ce cercle de paroles se termine. Peut-être prendrez-vous tous ces mots pour les glisser dans un tiroir ou accueillerez-vous la charge d'énergie qui a été diffusée ou, finalement, aurez-vous créé des liens qui se renforceront après. Vous-mêmes nous direz ce que ce cercle engendrera dans les semaines à venir.

Toutefois, sachez que de notre point de vue, nous voyons que votre structure cellulaire a totalement changé.

Allez en paix et continuez vos jeux de personnalité si tel est votre souhait, mais vous ne pouvez renier ce qui Est. Le Je Suis ***se rit*** de vos tentatives de le renier.

Je m'arrêterai sur ces paroles. *Le Je Suis rit de ce que vous tentez de lui faire afin d'oublier qu'il n'est pas éveillé.*

Ces paroles sont porteuses d'une grande sagesse et d'une somme d'amour incommensurable.

Allez en paix.

Nantes

France

Voici venu pour moi le moment de recueillir ces énergies que vous émettez et qui viennent teinter ainsi la perception de l'instant, appelant une sélection de mots bien particuliers.

Là, dans les premières minutes où vous avez fait silence pour m'accueillir, j'ai vu émerger du plexus solaire de chacun un ruban de perles de toutes les couleurs en direction du centre de ce cercle que vous formez. Et tous ces rubans ont créé une assise sur laquelle je suis venue me poser. Cette offrande de vous-mêmes est rare, et j'aime découvrir la qualité de cœur qui vous anime. Il nous plaît, à nous des plans subtils de la conscience, de découvrir vos créations, car vous êtes des créateurs de chaque instant où un battement de cœur est émis. Ce n'est pas sans raison que vous avez vécu ce type de méditation (exercice pratique durant l'atelier). Vous avez possiblement ressenti les battements de cœur de chaque planète, du Soleil, de chaque être qui vient se connecter au vôtre. Vous ne l'avez peut-être pas perçu, mais votre battement de cœur a une tonalité, une couleur et, dans cet exercice, vous avez appelé un maître d'un rayon de couleur. Celui qui s'est présenté a simplement répondu à votre demande, sans s'imposer, ayant reconnu cet instant particulier où vous avez ouvert votre cœur à une couleur d'être.

Et c'est là où je viens aujourd'hui vous instruire sur l'Être et la possibilité qu'il peut épouser. Et que peut-il épouser, sinon la couleur? Oui, il peut engager une tonalité bien différente d'une personne à une autre. Tout au long du chemin que chaque esprit, ou âme, va parcourir, il étudiera l'ensemble des possibilités. Et au fur et à mesure de ses rencontres, de ses expériences, des épreuves qu'il aura programmées afin de s'éprouver, de se ressentir, il dessinera un itinéraire bien particulier qui se colorera progressivement. Au début, il s'agira peut-être d'une courte suite des couleurs qui se succéderont, puis, au fil du temps, l'une d'elles prédominera, se distinguera, ressortira et deviendra la couleur maîtresse de l'instant de cet être chargé de se reconnaître. Quand une de ces couleurs prédomine à l'intérieur de la personnalité, de l'esprit et de l'âme, un maître reçoit un signal l'avertissant que là, dans la matière, un enfant divin est en train de se reconnaître et d'émettre une couleur. Le maître de cette couleur se dirigera vers lui et l'observera.

Que va-t-il regarder? La consistance, la profondeur, la pureté de cette couleur, de ce rayonnement. Et là, il commencera à décrypter tous les petits signaux installés à l'intérieur de cette couleur et dessinant une géométrie ayant peut-être besoin de se parfaire. Et il se dira: «Bien, intéressant! Voici une âme qui s'éveille à elle-même, un esprit qui tente de se reconnaître et de mettre en pratique tout ce qu'il a à l'intérieur de lui-même! Voyons ce que je peux lui apporter afin de parfaire cette construction.» Mais le Maître ne cherchera pas à transformer la géométrie en cours. Il identifiera simplement la forme émise et induira des impulsions afin que l'apprenti en reconnaissance de lui-même puisse améliorer, de par sa propre volonté, cette figure qu'il crée. Un Maître de couleur vient aux êtres prêts à accepter qui ils sont. Il ne demande pas à une personnalité prête à éclore de devenir ce qu'il sait, mais lui parle en ces termes: «À toi qui a préféré cette tonalité de la Vie et qui m'a appelé, je peux dire que mon expérience de Vie a fait en sorte que je dépose en moi-même un savoir, que je le porte à ta connaissance. Pourtant, sache que ce savoir est le mien et ne peut que t'éclairer dans la voie choisie et te parler de possibilités. Mon enfant, toi qui as pris le chemin de cette couleur, tu dois comprendre que ton devenir repose entre tes mains, que tes propres choix permettront l'élaboration de ta construction géométrique et que tu devras t'installer à l'intérieur. En elle, il te faudra choisir un nombre et sentir le son qui l'accompagnera. Une fois tout cela en place, à l'intérieur de ce tracé tout à fait particulier, un dernier choix te sera proposé. Mais réfléchis bien alors, car ce sera le couronnement de ton dessin, soit un parfum. Quand tu marcheras parmi la multitude, les apprentis élèves d'eux-mêmes retiendront d'abord et uniquement le parfum! Et il leur faudra cheminer plus en profondeur de façon à comprendre que ce parfum est celui d'une personnalité couronnée ayant su faire des choix tout au long de son cheminement intérieur.»

Mais vous qui êtes ici, vous avez déjà dessiné par cette création, ce fil de perles colorées, un chemin pour accueillir un nouveau choix. Aussi, dans ces instants où je vous parle, les Maîtres de couleurs sont venus vous visiter et lisent le message que vous leur avez envoyé en construisant ce collier de perles depuis votre plexus solaire. Tout est langage! Pourquoi avez-vous choisi les perles? Et pourquoi, finalement, avez-vous tous été unanimes pour créer un message à partir de cet élément? L'humanité est-elle en train d'accepter de parler le même langage? Essayez-vous de nous faire comprendre que dans l'éther de cette planète, l'humanité se concerte dans le but d'émettre ce dessin nouveau que nous attendons tous? Est-il possible que nous soyons arrivés à un rendez-vous très important de cette humanité? Bien sûr, nous percevons toutes les créations, toutes les pensées, et nous voyons une multitude de possibilités. Mais à l'intérieur de cette multitude, voici que plusieurs d'entre vous se réunissent et osent parler le même langage. Est-ce à dire que nous retrouverons d'autres groupes utilisant ce langage que vous venez de mettre en place?

Je voulais vous faire comprendre que nous vivons des moments exceptionnels et que nous avons toujours une part de découverte puisque vous êtes des créateurs et, qu'en tant que tels, vous disposez d'une multitude d'expressions. Et ce n'est qu'à la dernière minute qu'en réalité toutes les humanités nous font découvrir le langage unique qu'elles ont retenu. Est-ce qu'en ce moment cette humanité a accepté de s'unir dans ses différences?

Je le crois! Vous avez tellement appelé cette union qu'elle va forcément survenir. Vous avez tant appelé depuis ces dernières années la visite de la Lumière, de l'Amour, de la Fraternité qu'assurément la Vie va vous répondre à un moment ou l'autre. Cela signifie également que cette humanité, qui a eu une expérience unique, accepte d'écouter chacun de ses membres! Et que cela est nouveau! Comme cela est récent, les forces que vous mettez en jeu vont commencer à créer dans le quotidien, dans cet espace que vous appelez «matière», et vous verrez le résultat de ce que vous êtes ne train de créer sur les plans subtils de la conscience collective.

Au-delà des apparences, essayez de voir comment chaque membre de cette humanité essaie de communiquer avec les autres. Tentez de décrypter la question, cette même volonté que vous émettez.

Au-delà des apparences, des formes que la Vie a dessinées pour vous amener à ces expressions, vous êtes tous en train de déclarer: «Nous voulons l'amour et la paix, nous désirons le respect.» Forcément, vous verez cela apparaître. Ne vous étonnez pas si ce qui ne correspond pas à cette volonté dans votre quotidien crée des agitations! Car, par votre volonté d'ancrer cet amour, cette fraternité et ce respect, vous travaillez le corps de cette humanité afin d'expulser tout ce qui ne s'harmonise pas à cet appel.

Ce que vous faites émerger ici, dans le brouhaha de votre quotidien, a une répercussion immédiate chez les habitants de la savane et de la brousse. Même si vous vous sentez isolés, vous avez une incidence sur la vie de vos frères qui vivent à plusieurs milliers de kilomètres de vous. Cela signifie que tous les gardiens de cette planète, comme ceux de la conscience universelle, de la couleur, du son, de la personnalité, ont œuvré dans l'ombre de façon à maintenir les germes de cette éclosion. Que leur travail sera couronné de succès puisqu'ils ont su, pendant les milliers d'années de cette descente dans l'oubli de l'identité primordiale, conserver la vision de l'identité universelle. Ainsi, ce que vous êtes en train de faire, en ignorant tout ce qui a été mis en place pour que vous puissiez le réaliser, clame au monde la puissance, la beauté de leur travail. «Ils ont eu raison, ils ont souffert mais ils ont réussi! Ils ont gardé le cap pendant que nous essayions tout ce qui ne correspondait pas à cette vision! Nous avons essayé de les déstabiliser, mais ils ont renforcé leur volonté d'être les gardiens de cette identité universelle!»

En réalité vous proclamez leur succès. Mais voilà, puisqu'ils ont réussi, la Vie va les emmener et il faudra d'autres gardiens! Vous serez peut-être un jour les gardiens d'une personnalité universelle, d'une vision universelle.

Ne vous inquiétez pas, si telle est votre destinée, car vous aurez la force, la connaissance, le pouvoir requis pour tenir le cap.

Oui, vous avez su créer dans le brouhaha le plus complet, le noir absolu, l'oubli le plus total. Vous avez su engendrer des instants particuliers où vous avez appelé et réclamé la Lumière de Vie. Vous avez démontré que tout était possible, que le Noir pouvait être encore plus noir et le Blanc, pas si blanc, et que malgré tout vous aviez retrouvé la porte du cœur, celle de la personnalité universelle que vous avez su accueillir. Alors, dans ce retour à la conscience et à la connaissance de qui vous êtes, vous serez tous appelés à rencontrer un Maître de couleur. Pour vous qui êtes présents dans cette salle, cela se déroule aujourd'hui. Aux lecteurs qui liront et découvriront ce message transmis en ces instants, je tiens à dire qu'eux aussi, à leur tour, seront mis en vis-à-vis avec le Maître de couleur qu'ils auront appelé. En somme, cette humanité va redécouvrir sa responsabilité face à chaque rayon de couleur mais aussi que, dans cette responsabilité, il lui faudra accepter les lois d'expression de la couleur et toutes leurs déclinaisons, tous ces moyens d'expression possibles. À l'intérieur de ce grand choix, il faudra en faire un autre qui déterminera tout leur avenir d'êtres responsables sur une planète.

Dans ce retour des Maîtres de couleurs vous sera présentée une radiance tout à fait exceptionnelle, celle du Cristal ; elle englobe toutes les couleurs ou, si vous préférez, toutes les couleurs sont issues du cœur même du Cristal. Naturellement, cette planète appelée à un grand devenir est également sollicitée pour un autre rendez-vous, cette fois avec les Cristaux. Avez-vous remarqué comment les cristaux avaient su capter la déclinaison de toutes les couleurs ? Avez-vous étudié les expressions attachées à chaque cristal, dans l'une des expressions de couleur ? Avez-vous observé comment l'Améthyste ouvre des portes à l'intérieur de votre cœur, de votre pensée et également de votre corps, ou en ferme puisqu'il faut en fermer certaines avant d'ouvrir des portes supérieures ? Avez-vous remarqué que ce que l'Améthyste peut faire ne correspond pas aux possibilités du Rubis ou de la Topaze ? Si vous voulez bien vous pencher sur toutes ces possibilités, vous comprendrez le langage des couleurs, soit leur force, leur radiance, et que selon qu'elles sont claires ou foncées, leur pouvoir agit différemment.

Toutes ces dernières décennies, vous avez été placés devant le choix d'appeler ou non la Lumière, la Fraternité et l'Amour. Mais les années qui viennent vous placeront devant la reconnaissance des pouvoirs, des possibilités de chaque rayonnement de couleur. Et vous serez devant des choix cruciaux. Que ferez-vous ? Allez-vous grandir avec facilité ou bien vous perdre encore ? Car, voyez-vous, vous pouvez vous égarer dans le rayonnement de la couleur et vous éloigner radicalement de ce centre qui vous est cher si vous n'avez pas un esprit pur ayant conscience d'être un partenaire et non *«le propriétaire»* d'un cristal ou d'une autre pierre.

On ne possède rien, sauf sa propre identité, sa radiance et l'amour que l'on émet.

Vous êtes parvenus à cette étape où vous devez apprendre à n'être rien, tout en étant dans le rayonnement du Tout! Il est tellement facile, au stade où les enfants de la Terre se présentent, de se perdre dans de fausses croyances! Vous pensez que les éléments travaillent sous votre directive? C'est une grossière erreur. Un cristal, par exemple, ne travaille pas pour vous. Il répond à la Vie, à un rayonnement, pas au vôtre ni à votre volonté. Il répond à la demande de son Père/Mère, et si celui-ci lui réclame de côtoyer cet humain, il acceptera. Si cet humain a encore un pouvoir égotique démesuré, il verra à lui renvoyer tôt ou tard l'image de cet ego démesuré. Si son Père/Mère l'a placé devant un être qui ne fait que penser et vivre dans un rayonnement d'Amour, il ne cherchera pas à comprendre, il amplifiera. Sachez donc que ce grand esprit est maître de lui-même et ne répond qu'à son Père/Mère.

Ne vous faites pas d'illusions, vous ne possédez pas un cristal, une pierre ou un être; vous ne faites que côtoyer une autre forme de l'Esprit du Sans-Nom.

Ayez l'humilité, dans ces études qui se profilent devant vous, de reconnaître que vous n'êtes rien. Rien si vous ne vous installez pas à l'intérieur de cette lumière d'Amour du Sans-Nom, mais à l'intérieur de ce *rien*, vous devenez le Tout puisque vous avez accepté de vous immerger dans la Personnalité, l'Amour et la Radiance du Sans-Nom. Cela ne veut pas dire que vous allez perdre votre personnalité ou oublier qui vous êtes et que, finalement, toute cette spécificité que vous avez mise autour de vous va disparaître. Cela signifie au contraire, pour le cheminement particulier d'un esprit incarné dans la matière, que ce rayonnement sera englobé, cette spécificité amplifiée, et qu'il deviendra un langage à part entière, unique, qui parlera d'une ou des facettes du Sans-Nom. Car si le Sans-Nom a créé cette multitude d'esprits, c'était bien dans le but que chacun exprime une facette de son possible d'Être! Aussi, n'essayez pas de ressembler à votre voisin ou d'emprunter son chemin, ni de le copier, car depuis l'instant où vous avez été créé, vous avez su dessiner, au fur et à mesure, un parcours unique et une expression non moins unique. Acceptez donc d'être chacun unique et de vous glisser au cœur même de la Création. Ainsi, vous vous perdrez tout en restant qui vous êtes, soit ce chemin unique que vous avez su emprunter, ce regard unique que vous avez su acquérir au fil de vos expériences. Finalement, vous vous apercevrez que toutes les vies que vous avez vécues, ici et ailleurs, ont formé un grand collier de perles unique et que chaque perle renvoie à cette vie que vous avez su teinter en prenant une couleur particulière ou en exprimant une multitude de couleurs. Vous aurez ainsi des perles roses, multicolores, bleues, blanches, noires, jaunes et bien d'autres encore! Et si vous savez prendre de la hauteur, quand vous regarderez ce collier de perles bigarré, vous vous rendrez compte que vous avez su créer un collier unique parlant d'une vie unique, la vôtre, et d'une personnalité unique puisque vous avez su réaliser, avec celle reçue à votre première naissance, une personnalité agrandie ayant intégré la différence, marié la différence, respecté, honoré et aimé cette différence.

C'est bien à ce rendez-vous que nous vous attendons, celui qui consiste à aimer, honorer, respecter et reconnaître la différence. Quand vous l'aurez fait, alors, vous pourrez refermer la porte du monde des incarnations dans la densité la plus lourde et vous envoler afin de découvrir d'autres plans d'expérience, de compréhension, et d'autres couleurs de vous-mêmes.

La Vie existe en des milliards et des milliards de formes d'expression. Dès le premier instant où vous avez été créés, vous avez dû, dans ce cadre, sans le savoir, retenir des choix et en écarter d'autres. Ces choix étaient-ils les bons à ce moment-là? C'est sans importance, car il n'y a pas de bons ou de mauvais choix, il y a le choix. Et tous ceux que vous avez formulés les uns après les autres ont déterminé ce que vous êtes maintenant. Il est vrai que vous avez une vision bien réduite de qui vous êtes! Et que vous avez oublié tous les systèmes solaires visités, et les Êtres de lumière qui vous ont instruits! Mais ceci n'est pas essentiel puisque, malgré ces voiles d'oubli, vous êtes arrivés, dans cette salle, à émettre une seule et même forme de communication avec le divin. Cette forme n'a pas d'importance en elle-même, mais vous avez su émettre un choix identique, au même instant, sans savoir, et nous vous en remercions.

Je vais m'arrêter là pour aujourd'hui, car nous avons déjà bien nourri votre corps, votre mental, et travaillé aussi sur votre corps causal.

De la sorte, votre personnalité peut se libérer du poids du passé. Je vous invite à prendre conscience que cette humanité est prête à vivre de grands moments, à émettre des choix importants et que vous avez choisi de vivre durant cette période de manière à accueillir ces choix et à leur donner vie.

Soyez en paix, car la paix règne à l'intérieur de qui vous êtes. J'observe l'harmonie de tous vos corps...

Quand je balaie du regard le cercle formé par vos présences, je peux en un clin d'œil voir le travail effectué, identifier ce qui ne se fera pas, puis déceler ce que vous cachez et décider d'appuyer ou non sur un ressort intérieur afin de vous amener à lâcher une pression qui vous empêche d'être dans l'amour inconditionnel. Vous avez accepté de descendre dans la densité, de vivre l'éloignement de votre rayonnement. Alors, au fur et à mesure que cet éloignement se concrétise et délivre son visage, le corps, cette enveloppe physique que vous épousez et changez au gré des situations, s'alourdit par l'accumulation de mémoires.

Et ces mémoires dessinent en chacun des paysages sur lesquels la souffrance va s'appuyer. Oh! Parfois il s'agit d'anecdotes qui vous entraînent dans les plus grands travers de la personnalité en visite dans la densité. Aussi, faut-il que nous soyons à vos côtés dans les plus grands moments de doute et de silence. Nous devons demeurer attentifs, silencieux, aimants mais, aussi, parfois revêtir des attitudes sévères afin de vous engager dans une réaction et induire ainsi une nouvelle chimie qui vous propulsera vers ce chemin vous reconduisant dans cette lumière, cette personnalité oubliée.

D'un seul regard, nous lisons l'harmonie de vos lumières. Nous pouvons voir ce qui ne va pas dans vos auras, où se situent tous les points noirs et à quels niveaux; nous pouvons aussi observer quels sont les plus brillants dans votre corps, dans vos lumières. Nous n'avons pas besoin de mentaliser, d'analyser; un simple regard suffit. Ce regard se veut paisible, ne cherchant pas à décider ce qu'il doit faire ou non, ce qu'il espère trouver ou non; c'est un rayon balayant, tel un sonar qui envoie une fréquence sonore puis capte l'écho. Oh! Craignez-vous que mon regard capte des choses lourdes, difficiles? Pensez-vous que je vous dirai qu'il vous reste un long chemin préparatoire? Que vous devrez réviser certains paysages de votre compréhension? Eh bien, non! Je ne ferai pas cela puisque ce sont les mots que vous attendez! Et, naturellement, je n'abonderai pas dans ce sens.

Ce que je vois est une lumière merveilleuse qui brille. Cette lumière cristalline, toute petite il y a encore très peu de temps, est en train de grandir, de devenir un être de beauté et de rayonnement. Voilà que vous en êtes à vous perdre à l'intérieur de celle-ci. Et au fur et à mesure que vous vous fondez en cette lumière cristalline, vous vous posez de nombreuses questions. Nous sourions à vous entendre dire que ce n'est pas le moment, que vous n'êtes pas prêts, pas assez beaux ni assez purs, qu'il vous faut encore travailler! Mais avez-vous toujours envie de travailler de cette façon! N'avez-vous pas passé suffisamment de temps à vous remettre en question, à essayer d'être autre chose que ce que vous êtes? Et si, pour une fois, en cet instant, vous osiez dire: «*Je suis ce que Je Suis*, et à partir de ce *Je Suis*, je vais jusqu'à ma pleine réalisation, vers mon couronnement et, alors, je saurai ce que je dois être.»

Quand allez-vous cesser d'abîmer ce véhicule, ce corps pas assez bien selon vous? Et comme il n'est pas correct à vos yeux, vous vous dites: «Il me faut travailler, je dois m'épurer.» Mais quand vous en aurez assez, peut-être me direz-vous: «Oh la la! et si on entrait maintenant dans une énergie de paix, d'harmonisation!»

Quand allez-vous cesser de travailler ainsi? Travailler est une illusion et cette illusion, vous l'avez créée multiple. Je suis lasse de rencontrer la même litanie chez tous les participants de cette humanité! Ils ont épousé des concepts humains qui les ont conduits vers un travers de personnalité, et ce travers de personnalité a créé le travail. Comme cela ne suffisait pas, vous avez créé la rentabilité, le profit afin de vous perdre de plus en plus, de croire que vous pouvez exister en travaillant. Et puis, quand l'un d'entre vous se réveille et comprend qu'en fait il n'est pas en train de vivre la réalisation divine, il se dit: «Oh! Mais je vais me mettre en chemin!» Je le vois alors laisser tomber le monde du travail et s'enfermer dans un autre monde d'illusions, à la recherche de je ne sais trop quoi! Et il fera alors tout pour travailler à *être*, sinon cela n'aura pas de valeur!

J'essaie par là de vous faire comprendre ceci: lorsque vous prenez conscience d'être dans un monde d'illusions, celui de la matière, du profit, du rendement, de l'argent, vous voulez alors quitter tout cela et tourner la page! Seulement, vous ne connaissez que cette réaction puisque c'était la vôtre une seconde plus tôt. Quand vous allez dans le monde dit *spirituel*, vous l'abordez avec les mêmes travers, vos fausses valeurs! Mais cela n'a pas d'importance puisque, selon vous, vous allez toujours travailler!

Bien que nous soyons très occupés, nous-mêmes ne *travaillons* pas, nous sommes en service! Nous nous installons au cœur de l'Amour, de la Lumière, de la Fraternité et sommes Offrande. Et quand nous remarquons qu'un lieu est en passe de recevoir cette qualité d'amour, de rayonnement, nous nous faisons encore un peu plus don, un peu plus offrande. Il n'est pas question de travailler, mais d'aimer, de répondre à des impulsions pouvant venir d'en haut ou d'en bas. Quand elles émanent d'en haut, c'est le Sans-Nom qui nous les envoie, ainsi, naturellement, nous sommes reconnaissance. Mais quand elles sont issues de la densité, nous sommes heureux. Nous éprouvons autant de joie et de plaisir à les recevoir de vos mondes que du Sans-Nom! Nous pouvons nous diriger vers ce secteur qui a osé émettre ces impulsions, nous présenter à ses résidents et communiquer de cœur à cœur. Nous osons laisser couler de notre cœur ce potentiel de lumière déposé en nous. Nous pouvons même faire appel à des rayons de lumière qui nourriront nos paroles, les sons que nous prononçons, afin que ce qui coule vers ceux qui nous auront réclamés emplisse leur moule d'expression.

Vous voyez, je ne parle nullement de travail, mais d'amour, de plaisir, de service.

Et voici que votre monde plonge dans une ère qui s'éloigne de plus en plus du service! Quand notre regard balaie le concept de service qui se met en place sur votre planète, nous nous disons qu'il y a matière à envoyer des rayons d'Amour pour modifier ces énergies! Toutefois, pour ce faire, nous devons d'abord recevoir vos impulsions. Votre monde est en train de faire payer tous les services! Il vous laisse croire à l'absence d'abondance! Vous êtes dans une ère où les éléments vitaux qui maintiennent la vie dans les corps vont devenir une denrée rare.

L'eau est polluée et, bientôt, il vous faudra débourser des milliers de dollars pour des bouteilles d'eau pure. Prenez garde! On est en train de vous voler votre vie!

Au siècle dernier, des hommes et des femmes se sont levés, offrant leur vie pour apporter un peu de bien-être à l'humanité. Ils ont réclamé la cessation de l'esclavage, le respect dans le travail, en somme d'être honorés et reconnus. Ils se sont battus pour cela, et voilà qu'en très peu de mois tous ces acquis du passé peuvent s'écrouler les uns après les autres. Et sous peu, si vous n'y prenez garde, on vous fera croire que de venir au monde est une plaie. Bientôt, on vous accusera d'être vivants, on vous volera chacun votre vie en vous imposant une manière d'être limitative.

Et pourquoi cela? À la lecture de vos lumières, il ressort que vous n'avez pas confiance en vous, que vous ne vous aimez pas, que vous ne pensez pas être assez bien! Et naturellement, ce que nous lisons, d'autres êtres le lisent! Ils ne décryptent peut-être pas l'ensemble des informations émises par vous, mais ce qu'ils déchiffrent indique ceci: ces humains se présentent à nouveau comme des esclaves, alors pourquoi ne pas en profiter? Un esclave a juste besoin d'une nourriture à peine correcte; il n'a pas besoin de biens, il peut coucher dehors, souffrir du froid, de la faim et de la maladie.

Continuez, mes enfants, à ne pas vous aimer! À douter de vous! À penser que vous n'êtes pas assez bien ou que ce n'est pas le moment! Continuez et vous deviendrez moins que rien! Et quand vous en arriverez à ce stade — car si vous persévérez sur votre lancée, vous y parviendrez —, surtout ne venez pas déclarer que *Dieu en est responsable*, car je serai la première à demander alors à chacun: «Sais-tu qui est Dieu? C'est toi! Tu penses que Dieu est responsable? Tu as raison puisque Dieu, c'est toi!» Cela, vous ne l'avez toujours pas compris! Vous n'avez pas encore intégré que le créateur, c'est vous! Que le Sans-Nom, c'est vous! Que l'Eau, la Terre, le Feu, l'Air, c'est vous! Que le cœur de la Vie, c'est toujours vous!

Oh oui, je peux être douceur! Mais dans l'état actuel de votre mode de pensée, la douceur est-elle le remède qu'il vous faut? Est-il temps de vous prendre par les épaules et de vous secouer afin de vous faire comprendre que vos pieds ne sont pas posés sur la Terre! Quand je vous regarde dans cette salle et que je vois tous les efforts fournis pour vous amener à comprendre qu'une lumière a été déposée en vous, lumière encodée en vue de rayonner une spécificité du Sans-Nom, je me dis que vous avez peut-être exagéré! Car vous faites semblant de dormir alors que vous êtes déjà éveillés! Vous réclamez encore notre éclairage, mais nous n'avons pas cessé d'être cette lumière que vous implorez depuis des éons et des éons!

Certains d'entre vous ont pu lire la nature de leur contrat, ou voir à quelle famille d'Êtres ils sont reliés. Mais cela ne suffit pas! Que faut-il faire pour que vous vous asseyez dans votre personnalité, dans la confiance en vous-mêmes et que vous acceptiez d'être ce que vous êtes en ce moment même? Que faut-il faire pour que vous libériez cette lumière déposée en vous afin qu'elle nourrisse ceux qui dorment encore? Nous n'avons plus de temps! Le Temps a fermé sa porte! Ce que vous êtes doit prendre son envol aujourd'hui, sans ma main qui caresse! Je n'ai plus le temps d'être la mère que vous attendez, de répondre à vos caprices! Pour moi, l'heure est venue de vous donner des informations sur la grandeur universelle, qui offrent une profondeur de compréhension.

Quand je laisse mon plexus solaire recueillir votre charge émotionnelle, je constate que si je n'étais pas ce que Je Suis, vous auriez déjà pu me tuer, vous de la Terre. Vous auriez pu détruire les charges, les lois, la personnalité primordiale! Je ne vais donc pas vous parler de travail, de personnalité, de responsabilité, mais de ma fatigue. Je me sens fatiguée puisque je ressens toute votre lassitude, et lourde, car vous avez déposé vos lourdeurs sur la Force primordiale. Cependant, nous ne pouvons plus tolérer ces dépôts qui peuvent nous enserrer et nous priver de notre expression. Pour cette raison, nous avons décidé de nous déplacer et d'aller vers cette planète, la plus difficile, celle où tout est réuni. Nous avons retenu l'idée de rendre visite à ce petit point de vie si éloigné de la Demeure primordiale en nous disant que si nous arrivons à vous aider à régler tous vos problèmes, cela signifiera que tous les possibles auront pris racine sur cette planète et pourront nourrir l'ensemble de ce Cercle atomique de Vie. Mais au départ, nous avons accepté d'aller seulement jusqu'où nous pouvions. Comme nous savions que nous n'irions pas jusqu'à la densité, nous avons créé des étincelles de Vie issues de nous-mêmes, leur demandant d'aller où nous ne pouvions pas. Nous leur avons donné l'ordre d'épouser tous les travers de la personnalité qui régnaient sur cette planète, précisant à chacune: «Tu dois éprouver toutes leurs souffrances, et quand cela sera fait et que tu nous auras ainsi donné des racines, nous pourrons venir puis y glisser nous-mêmes, du moins jusqu'à une dimension assez proche de celle où tu seras.»

Dans cette humanité, il y a beaucoup d'*extensions* des grands Maîtres, des responsables majeurs et des Fils et Filles divins.

Naturellement, nous avons commencé par éveiller ces expansions de nous-mêmes. Dans l'ensemble, nous n'avons éprouvé aucun problème. Très peu d'entre elles se sont réveillées en indiquant un retard. Nous remarquâmes qu'après le réveil, quelques dommages subsistaient dans la personnalité et que ces expansions n'étaient pas opérationnelles immédiatement. Non pas que nous n'avons pas fait attention à cela, mais que nous avions accepté la possibilité que cela puisse être. Pourtant, elles se réveilleront et prendront place dans quatre ou cinq ans, et se reconstruiront. Mais VOUS qui vous êtes éveillé, VOUS qui êtes installé dans cette salle ou ailleurs en train de me lire, ou VOUS qui ne me lirez même pas, il n'est plus temps de dire: «Ce n'est pas l'heure, je ne suis pas prêt!» Cela serait une erreur! Tous, vous avez toujours été prêts et opérationnels! À des degrés plus ou moins forts, mais toujours! Et lorsque nous affirmons que certains ne se sont pas réveillés, c'est qu'en cet instant le rayonnement qu'ils émettent rencontre encore une petite difficulté à dépasser ce quota d'énergie de la densité épousée.

Tous les grands Maîtres de Rayons, tous les Êtres couronnés, réalisés, tous les Fils et Filles divins ont émis une expansion d'eux-mêmes afin de trouver des racines dans la densité. Vous êtes donc nos racines. Vous êtes aussi cette lumière qui rayonne sur cette planète en étant le diapason de la Lumière que nous portons. Seule la fausse croyance de ne pas être capables occasionne des retards dans votre fonction. Seul le rejet de votre corps physique vous éloigne de vos retrouvailles. Seules vos exigences de vivre dans l'abondance selon les critères de votre société font en sorte que vous n'êtes pas entrés de plain-pied dans l'abondance. Seul le besoin d'être reconnus socialement vous empêche de vous reconnaître dans votre identité universelle. Et c'est là que vous avez créé le paraître, que vous vivez par procuration! C'est là où se situe l'erreur! Car si vous acceptiez ce regard que nous portons sur vous, vous sauriez que l'endroit où vous êtes placés est dû à notre propre volonté, car nous voulons inonder cette planète d'une lumière intense, d'un amour profond et d'une conscience sans limites. Mais il est hors de question de créer de petits groupes d'élite! Nous voulons que chaque strate de cette société soit inondée par le rayonnement que nous allons émettre. Et nous avons besoin de vous là où vous êtes, pas ailleurs! Mais peut-être est-ce difficile à l'endroit où vous vous trouvez, puisque vous avez senti que vous n'étiez pas dans le rayonnement auquel vous avez droit! En cela, vous avez raison. Toutefois, comprenez que dans les mois à venir nous aurons besoin de quiconque est éveillé et conscient d'appartenir à cette fraternité universelle. Nous aurons besoin de vous savoir en des lieux stratégiques, soit peut-être dans les rues d'une ville aux énergies très lourdes où vous marchez, dans un bureau qui traite justement de spoliation des biens de vos frères et sœurs, ou en politique afin d'inonder d'une lumière nouvelle les jeux de cette arène, ou encore simplement devant une porte, en train d'y frapper pour offrir un sourire ou un morceau de pain!

Comprenez que nous avons besoin de vous tels que vous êtes en cet instant précis! Pour apporter la plus grande lumière, le plus grand don, la plus large offrande à cette humanité et à cette planète. Il est très facile de vous regrouper par affinités et de vivre en petits cercles selon vos croyances et vos aspirations. Il est bien plus difficile de savoir qui vous êtes et de vivre comme monsieur et madame Tout-le-monde n'ayant pas encore eu la chance de recevoir l'impulsion nécessaire à son réveil. Nous avons besoin d'envoyer nos flambeaux là où l'obscurité règne encore. Nous ne vous demandons pas d'inonder cette planète de paroles, mais d'être ouverts afin que nous puissions œuvrer là où vous passerez. Simplement ouverts et à vivre sans penser à ce dont vous avez besoin. Puis, tout à coup, sans que vous n'en saisissiez le pourquoi, votre cœur se mettra à pulser et à envoyer de la lumière... On ne vous aura pas informés! Vous n'aurez peut-être même pas connaissance de ce qui se passe, pourtant vous saurez que vous êtes au bon endroit, au bon moment, et que vous avez respecté vos rendez-vous.

Pour tous ceux et celles qui commencent à comprendre où ils sont attendus, il est peut-être temps de s'ouvrir à cette spécificité évoquée, de *se* faire confiance et de *nous* faire confiance. Nous allons vous employer en grande majorité quand vous serez en silence et dans des moments qui vous paraissent inappropriés. Nous détournerons la vigilance de votre mental, contournerons ces barrières, ces murailles construites afin d'être dans des conditions bien précises. Au bout du compte, vous vous apercevrez d'avoir été mis à nu par rapport à toutes vos attentes, que nous avons travaillé à vous enlever toutes ces fausses possessions vous laissant croire que vous vivez. Puis, quand vous serez dans la nudité, non pas physique mais une nudité immergée dans la Lumière, vous saisirez à quel point vous avez fait du bon travail. La chose dont nous avons le plus besoin, c'est que vous effectuiez des lâcher-prise quant au contrôle de vos vies malgré votre peur de ce que vous allez rencontrer et vivre si vous n'avez pas créé un moule correspondant à votre sécurité du moment.

Tous les Moi supérieurs de ces enfants qui ont accepté la volonté de leur Père/Mère sont en train de descendre et de se rapprocher le plus possible de la réalité de qui vous êtes. Quand vous penserez à votre créateur, à votre Moi supérieur, ne levez plus la tête au ciel et regardez plutôt s'il se tient sur votre côté droit ou gauche, observez si cette pression sur votre épaule, votre bras, votre main ou votre tête n'est pas due à sa présence.

Vous avez accepté la présence des Anges, des Guides puis, tout doucement, quand vous avez glissé dans l'oubli, vous avez oublié qui ils étaient vraiment, quel était leur rôle, gardant simplement la notion de guide. Désormais, vous devrez parcourir le chemin inverse, réintégrer la notion des Anges et la spécificité de chacun, reprendre ainsi conscience de la famille angélique et de toutes les strates de conscience qui vous accompagnent. Vous reprendrez également conscience et contact avec le monde féerique. Il est *féerique* car, pour vous, il appartient davantage au monde de l'irrationnel et de la magie, pourtant il s'agit d'un monde bien réel. Vous réintégrerez la présence de vos Moi supérieurs à vos côtés dans la vie de tous les jours, dans vos décisions et referez cette place à votre Moi supérieur en vous-même afin qu'il puisse s'y exprimer sans difficulté. Demain ne sera pas de tout repos; vous cesserez de travailler à *être*, car vous serez épuisés à l'intérieur de vos schémas de pensée.

Nous allons vous amener dans un état de lassitude profonde, face à cette volonté de maîtriser chaque instant de votre vie! Vous serez si fatigués que vous vous assoirez en lançant: «Prends tout ce que tu veux, fais tout ce que tu veux, moi, j'abandonne!» Ainsi, nous pourrons nous saisir de vos valises, mettre nos mains sur ces poignées que vous avez tant tenues, et vous laver enfin du contenu de ces valises! Ah! Qu'il sera bon de communier avec vous!

On vous poussera à ne plus avoir envie de combattre ou de battre qui que ce soit, à comprendre que le plus grand état de connaissance reste l'immersion dans la confiance, dans cet être intérieur qui vous habite, dans le contact avec votre Moi supérieur, dans l'amour et la grâce de la personnalité universelle. Oh! il y avait plusieurs manières de vous y conduire. Vous avez éprouvé la souffrance à notre demande. On aurait pu claquer des doigts et vous sortir de cet état! Mais ce n'était pas notre choix, nous voulions inciter chacun à crier grâce! «Ô Seigneur, je te rends grâce de cette Lumière, de cet Amour que tu diffuses en moi-même, et de te dévoiler au grand jour! Ô Seigneur, qu'il fait bon te regarder! Comme je me reconnais en toi puisque le visage que tu montres est le mien!»

D'une manière ou d'une autre, vous prononcerez tous ces mots, vous rendrez grâce à la Vie et à vous-mêmes.

En ce jour, je rends grâce au Sans-Nom d'avoir mis entre mes mains un plan infaillible afin de ramener en son sein toutes les créations qui furent un jour amenées à la Vie depuis l'aube des temps, depuis le premier moment où il décida la création de la densité.

Je rends grâce d'être porteuse de cette énergie, de pouvoir jouer avec ce dépôt et de vous amener en une ronde enfantine à la plus grande prise de conscience universelle.

Je vous ai prévenus que vous alliez être las. Nous vous épuiserons dans vos jeux du paraître, vous fournissant toutes les occasions de paraître encore! Seulement, comme le temps nous est compté, vous verrez que cela se déroulera en un temps réduit. Ainsi, ce qu'il était possible de voir au cours d'une génération, vous l'observerez sur un laps de temps de vingt-quatre heures! Et dans les temps à venir, ce que vous appelez semaines et mois vous paraîtra des siècles, car vous vous rendrez compte que pas une seule parcelle de votre corps n'aura été visitée par cette haute fréquence de Lumière et d'Amour venant vous rappeler qui vous êtes!

De lassitude en lassitude, de pleurs en pleurs, de lâcher-prise en lâcher-prise, vous serez invités à vous installer dans cette personnalité qui est vôtre, qui a toujours été là, tout bonnement voilée sur un ordre du Sans-Nom. Néanmoins, je tiens à vous révéler en cet instant que le voile déposé jadis est retiré; il l'est pour vous ici et pour l'humanité entière. Aussi, cette humanité qui, pour l'heure, sommeillait va-t-elle s'éveiller brusquement.

Et de lassitude en lassitude, nous allons accueillir la plus belle fleur d'Amour que cette humanité est en train de créer. Accueillez votre inconfort! Bénissez-le! Rendez grâce à tous les inconforts qui viennent vous visiter! Puis, glissez au-delà de ceux-ci! Immergez-vous dans cet Amour qui descend; ne cherchez pas à lui donner un visage, une forme, ni à le retenir puisqu'il est fluidité et coulera en vous tel un fleuve intarissable.

Cessez de travailler! Allez, c'est le temps des vacances!

Bonnes vacances et à demain!

Vous pensez savoir qui vous êtes, avoir découvert votre contrat. Mais nous sommes assez lutins en ne vous offrant que l'image qui convient à un instant puis, avec amour, nous la détruisons puisqu'en réalité, d'image en image, nous vous proposons des points de repère afin de glisser dans cette personnalité oubliée. Oh oui! Vous provenez d'êtres exceptionnels!

Vous avez été créés dans le but d'irradier une lumière qui, pour tout de suite, peut encore vous détruire tant elle est d'une pureté exceptionnelle.

Je suis venue ici détruire toutes vos illusions. Vous croyez être amour et pureté, et je vous dis que ce n'est pas le cas! Vous croyez être impurs, et je vous dis que vous êtes purs! En réalité, vous n'êtes pas ce que vous croyez être, ni dans un sens ni dans l'autre. Car vous êtes bien plus, bien plus que rien et bien moins que le Tout! Quelle est votre place? Aujourd'hui, vous pouvez être assis dans un fauteuil, mais demain vous pouvez devoir vous asseoir près d'une poubelle afin de profiter du plus bel enseignement que tout l'Univers puisse vous dispenser!

Mais je peux aussi induire un mouvement afin que, installés dans cette pureté de votre être, vous engendriez encore une autre beauté, une pureté, un amour désireux de naître de vous-mêmes. Vous pouvez pleurer! J'aime vos pleurs, non pas en soi, mais parce que je sais la vacuité possible derrière cette énergie, car alors toutes vos résistances lâchent.

Je vous ai sollicités et je le ferai encore car, d'une sollicitation à l'autre, je vous incite à descendre dans ce que vous êtes. Et ce que vous êtes, c'est l'expansion du Sans-Nom. Oh! Vous avez pu être créés par un Soleil, un Créateur couronné ou le *Soleil Central* lui-même! Mais cette création porte une naissance exceptionnelle: l'immersion dans la conscience du Sans-Nom!

Vos racines avec la Terre mais aussi avec le Ciel étant frêles, nous devions les renforcer. À cette fin, nous avons dû vous dénuder. Vous pensez que vous l'avez fait durant ces trois jours? Je vous rassure, c'est à venir! Je n'ai fait que déposer les germes qui participeront à ce dénuement. Et regardez votre sœur qui, là, ne sait plus qui elle est ni ce qu'elle doit faire ou non. Regardez, car il y a la plus grande beauté dans ce trouble, et une plus grande paix en émergera. Nous l'aimons, dans cet instant, cette personne qui accepte de reconnaître et d'incarner son contrat.

Je vous ai déjà dit que vous étiez tous beaux, et quand je fais allusion à cette beauté, je ne m'attarde pas à qui vous êtes dans votre présente enveloppe. Je fais plutôt allusion à cette force qui est encore immature en vous, à défaut d'être reconnue. La force existe! Elle fut déposée au premier instant de votre création, mais vous ne faites pas appel à elle; vous ne l'avez pas sollicitée ni réveillée. Aussi est-elle immature comme l'est tout ce qui a été déposé à votre naissance! *Être* EST de par naissance mais, maintenant, vous devez *ÊTRE* par l'expérience. Voilà pourquoi nous vous convions toujours à mettre votre main dans la nôtre, à faire appel à nous, à vos Anges gardiens, aux Anges, aux Guides, aux Forces de la Nature; non pas pour les soumettre, mais pour vous offrir en tant que partenaires responsables.

J'ai déposé en chacun de vous une partie de moi-même. C'est la raison pour laquelle, aujourd'hui, l'Esprit qui m'anime trouve une résonance à l'intérieur de vous. Et vous ne faites que reconnaître le dépôt à l'intérieur de vous qui, jadis, fut déposé par moi-même. En réalité, vous cherchez vos racines, votre appartenance.

Alors, voici ce que je vais vous dire en ce qui a trait au mouvement descendant créé par le Sans-Nom.

Ce mouvement a visité toutes les écoles des Cercles de Vie (SORIA — tome III: *Voyage)* puis s'est présenté à la périphérie extérieure du monde du Sans-Nom et aux Forces primordiales. Nous avons reçu chaque étincelle de Vie ayant accepté l'expérience dans la matière, et à tour de rôle elles ont toutes visité les quatre Forces primordiales. C'est ainsi qu'est venu s'enrichir le dépôt de chaque étincelle. Elles ont reçu la Vie et les germes du potentiel du Sans-Nom. Les Filles et les Fils primordiaux, responsables des quatre Forces primordiales, les ont accueillies, déposant une partie d'eux-mêmes.

Quand cela fut fait, nous avons ouvert les portes du sas entre le monde de leur naissance et celui de l'expérience. Elles se sont alors présentées aux Sages des Super-Univers; mais voilà, il existe sept Super-Univers. C'est là où le premier choix leur fut offert: chaque étincelle de Vie dut choisir une expérimentation parmi sept qualités du Sans-Nom. Quelle tonalité pouvait vibrer le plus à l'intérieur d'elle-même? Quand chacune fit son premier choix important, elle commença son voyage et se présenta aux Sages du Super-Univers déterminé. Les Sages l'accueillirent, l'entendirent, puis parrainèrent son voyage, et c'est ainsi que l'étincelle de Vie descendit dans le monde de la densité. Au fur à mesure qu'elle accomplit ce voyage, elle accepta d'épouser des voiles. Le premier était tout à fait aérien. L'étincelle de Vie s'est ainsi présentée de Sage en Sage, d'expérience en expérience, de choix en choix, jusqu'à la dernière porte, un système solaire à l'intérieur duquel la densité offrait tout un paysage, tout un possible. Là, la question fut posée: «Es-tu toujours d'accord pour aller visiter la densité de la densité?» Le choix est tombé, certains ont refusé, mais d'autres ont franchi le pas et furent reçus par les Êtres responsables du Soleil, soit, pour le vôtre, Hélios et Vesta.

Tout au long de ce parcours, vous avez visité différents secteurs, plusieurs univers, rencontré des Maîtres et des spécificités. Ainsi, d'une spécificité à l'autre, vous vous retrouvez devant une incroyable multitude de possibles et vous avez tracé un chemin, un paysage et une couleur. Cette couleur s'est dessinée à partir des facettes de vos choix, de vos possibles. Et, forcément, tout au long de ce cheminement, vous avez pris un engagement essentiel, celui qui, aujourd'hui, est à l'œuvre à l'intérieur de vous.

Mais voilà, pour un esprit descendant, arriver dans cette matière lourde s'avérait quelque peu difficile. Il lui fallait un ancrage. Aussi s'est-il choisi un esprit ascendant et lui a-t-il demandé d'être son partenaire tout au long de ce parcours dans la densité.

C'est ainsi que nous avons créé un couple sacré.

D'expérience en expérience, les partenaires du couple se retrouvent, s'attendent, s'entraident, s'épaulent, épousant les difficultés de l'un ou de l'autre et s'offrant leurs forces.

Il y a davantage d'esprits ascendants que d'esprits descendants. Vous devez savoir qu'un esprit descendant entrant dans la densité est fragilisé puisqu'il sait, par son esprit ouvert, et parce que les voiles épousés ne sont pas assez épais pour l'empêcher de connaître qui il est. Il a beau essayer de faire semblant, il n'y parvient pas! Par conséquent, il est vulnérable puisque la densité le blesse, qu'il n'ose pas dire qui il est, ni reconnaître sa force et sa demeure. La vie d'un esprit descendant est plus difficile que pour un esprit ascendant. C'est la raison pour laquelle le Sans-Nom a voulu que, quel que soit le mouvement auquel appartient un esprit, il doit boucler la boucle afin de reconnaître, d'éprouver et de recueillir l'enseignement des mouvements ascendant et descendant, dans un sens comme dans l'autre.

Quand on fait partie du mouvement ascendant, on est ancré, solide, et si l'on s'éveille dans mille ans, c'est sans importance! Mais voilà, lorsque se présente une fin de cycle, on lui demande d'épouser un esprit descendant et, là, ce n'est plus du tout la même histoire! Car celui qui appartient au mouvement ascendant ne peut plus se permettre d'être de cette solidité; il doit ouvrir son cœur, accompagner, penser, écouter, mettre sa force au service de la faiblesse de l'autre. Parfois, il ne comprend pas, lui qui jusque-là n'a pas franchi un immense parcours, pourquoi il a cette force à offrir à quelqu'un qui est déjà descendu du cœur de la Vie!

Et, en ce moment sur votre planète, ont lieu des épousailles entre le mouvement descendant et le mouvement ascendant.

Oh! En incarnation, il est beaucoup plus facile de vivre avec un esprit appartenant à son mouvement! Deux esprits du mouvement ascendant ne rencontreront absolument pas les mêmes difficultés que deux partenaires relevant de deux mouvements! Mais cette union est sacrée. Quand un esprit ascendant accepte d'unir ses forces à un esprit descendant, alors son parcours est couronné avant même qu'il ait franchi les portes du monde infini, qu'il ne se présente aux Sages des Super-Univers car, voyez-vous, la première rencontre entre un esprit ascendant et un esprit descendant n'est pas une mince affaire. Tous deux doivent s'harmoniser, trouver l'équilibre et, parfois, il leur faudra plusieurs incarnations avant de pouvoir s'asseoir l'un à côté de l'autre, se regarder, s'aimer, s'épauler sans que l'un ou l'autre prenne le dessus. Quand, enfin, ce respect commencera à naître entre les deux mouvements, alors la Vie ouvrira les portes de chacun. Lorsque ces portes s'ouvriront, une lumière d'une telle intensité descendra, que ces deux êtres se demanderont pourquoi ils la reçoivent!

Dans les années à venir, de plus en plus d'étincelles de Vie s'éveilleront à leur contrat. Au début, elles s'identifieront entièrement à cette connaissance mais n'oseront pas en parler. Puis, un jour, elles reconnaîtront enfin cette identité qui est la leur, l'exprimeront, puis entreront en crise, car celle-ci sera nécessaire. Toutes les barrières de protection qu'elles auront érigées afin de ne pas être blessées par le jugement des autres ni déstabilisées tomberont les unes après les autres. Ce sera la grande crise d'identité! Plus de racines! L'être ne saura plus qui il est! Puis, tout doucement, la paix reviendra. En réalité, l'être s'installera progressivement au cœur même de cette identité et de ce contrat, puis rayonnera ce contrat. Il ne fournira plus d'efforts, n'aura plus besoin de se protéger, puisqu'il saura ce qu'il doit être.

Cet enseignement, je vous le donne aujourd'hui parce qu'il doit émerger au profit de la multitude. Mais je vous le donne aussi parce que plusieurs d'entre vous sont concernés et ont appelé ces mots.

Et maintenant, je vais vous instruire sur la façon dont nous vous donnons des mots à un moment ou à un autre.

Nous sommes les Maîtres d'information et nous détenons naturellement la connaissance de la Connaissance. Seulement, comme cette dernière est d'une puissance que vous ne pouvez encore percevoir, nous ne pouvons vous la transmettre dans sa totalité et devons vous la distiller. Comment? Eh bien, tout bonnement au fur et à mesure que vos corps, vos cœurs, vos esprits et vos âmes réclament une information ou un éclaircissement. Alors, il suffit de lire les questions en mouvement à l'intérieur de votre corps communautaire et, quand cet appel est entendu, nous ouvrons notre propre cœur et laissons couler un mince filet de lumière détenant en partie la réponse à toutes vos questions. Nous ne devons vous donner que ce mince filet au début; parfois même, cela se limite à du goutte-à-goutte! Et nous attendons que ces petites gouttes se mettent à faire effet à l'intérieur de vous. Puis nous surveillons l'émergence d'une autre question venant enrichir le dépôt en place. C'est ainsi que nous procédons et que nous avons livré un enseignement dans le passé de cette planète.

Cet enseignement n'était que l'écoute d'un grand fleuve, de gouttes perdues déposées çà et là à sa surface. Puis, nous avons dû attendre que la chute de ces gouttes ait effectué un rayonnement.

Dorénavant, ce rayonnement appelle un élargissement de la connaissance. Voilà pourquoi je m'appuie sur les enseignements du passé, car ils proviennent de mon Cœur. Personne d'autre que moi n'a distribué les informations du passé. Aussi puis-je m'asseoir sur les enseignements que je vous ai déjà transmis et vous dire que cette séquence d'enseignements est caduque.

Je les ai communiqués grâce au corps et au cœur d'un être qui s'est offert pour les accueillir, les recueillir et vous donner ces colliers de perles. Et de perle en perle, de goutte d'eau en goutte d'eau, nous parvenons à ce jour à vous donner un enseignement beaucoup plus profond. Pourtant, je vous le dis, ce que je vous communique aujourd'hui, je viendrai un jour vous l'enseigner encore d'une autre manière, car ce qui est bon à cette époque ne sera plus suffisant dans quelques siècles.

L'Énergie primordiale se rit des moules qu'elle utilise. Elle sait dans l'instant quel moule vous appelez mais aussi que, dans le futur, vous aurez déjà détruit ce moule puisque vous en appellerez un autre. Tout est juste et bien!

Soyez en paix dans la déstructuration. Reconnaissez que vous en êtes là, que vous avez reçu une information et que, désormais, elle doit communiquer autre chose. Mais, surtout, n'oubliez pas que ce que l'on vous a révélé sur votre identité est toujours présent dans cette déstructuration. Peut-être ces révélations ne vous sembleront-elles plus aussi lumineuses à un moment donné, pourtant, si vous pensez être entrés dans une pénombre ou une ombre, en réalité il s'agit de l'ombre du nouveau Soleil qui s'élève à l'intérieur de vous et vous montre que l'ancien n'était peut-être plus assez lumineux pour vous nourrir et vous conduire jusqu'à votre réalisation.

Aujourd'hui, nous vous avons suggéré d'appeler les grands Maîtres, responsables de la Lumière d'or. Ces grands Êtres encore inconnus doivent descendre à la périphérie de ce Cercle atomique de Vie et inonder celle-ci d'une lumière exceptionnelle, ce qui créera une zone neutre assurant aux Enfants primordiaux que nous sommes de trouver une demeure où nous installer.

Voilà pourquoi, en cet instant, sur les sept planètes relais, nous avons créé des fenêtres d'énergie comme ce matin et demandé à un petit groupe d'hommes et de femmes, bien incarnés dans l'oubli et la transformation, d'accueillir la radiance de ces Êtres.

Vous auriez pu refuser, mais vous vous êtes levés et avez accepté. Comme j'en ai été émue! En réalité, de par ce simple geste, vous permettez à ces Êtres de descendre dans la radiance de cette planète et de construire cette zone neutre dans laquelle les quatre Forces primordiales, actuellement basées à la périphérie de l'Ile Centrale et de ses sept cercles de Vie, descendront et d'où elles partiront vers l'extérieur de ce présent Cercle atomique de Vie.

Ô combien je vous en suis reconnaissante! Ô combien je vous aime pour votre simplicité!

Je voulais vous révéler cette réalité et vous en faire don.

Je vous porte dans mon cœur, sachant qui vous êtes en cet instant et en potentiel. Mais je connais aussi votre contrat de Vie. Tous ici portez la réalisation de l'énergie féminine à venir. Elle prendra un visage ou un autre, en fonction de vos lignées d'appartenance et des alliances entre celles-ci conclues avant cette vie.

N'en doutez pas, vous êtes à la bonne place, car vous êtes les racines de l'énergie féminine! Et vous en incarnerez une des facettes. Les deux mille ans qui viennent représentent effectivement le travail d'ancrage des énergies féminines. Je dis bien l'ancrage!

ISIS est en poste, mais vous, humanité, allez devoir œuvrer avec elle, avec ses énergies, et créer les racines, l'ancrage des énergies féminines au cœur de chaque membre de cette humanité pour le bien des autres humanités résidentes ici — végétale, animale et minérale. Vous travaillez non pas pour vous, mais pour l'Univers, soit l'ensemble de tout ce qui vit aujourd'hui, ici et ailleurs, et de ce qui vivra bientôt à l'extérieur de notre Cercle atomique de Vie.

Il n'est plus temps de douter mais de comprendre que vous êtes à la bonne place, entourés par une légion d'Anges sous la responsabilité d'Archanges. Il suffit simplement de vous installer à l'intérieur de votre cœur et de rayonner l'amour, de ne pas chercher à savoir ce que ce rayonnement engendrera, c'est-à-dire de ne pas vouloir le teinter. Ce qui vous est demandé aujourd'hui consiste à émettre ce rayon afin que la chaîne d'appartenance à l'Amour divin s'attache une nouvelle création, laquelle prendra visage quand tous les cœurs de cette humanité résonneront et rayonneront à l'unisson.

Asseyez-vous dans votre cœur, dans la connaissance qui est la vôtre en cet instant précis, et sachez que vous êtes à ce jour un pâle reflet de ce que vous allez devenir dans les années à venir. Et plus votre contrat se résume à donner vie à une force spécifique, plus la Force de Vie vous modèlera afin de correspondre à ce que vous devez émettre. Vous serez le diapason de ce rayonnement, et rien d'autre.

Je ne vous offre pas la paix, car je ne pourrai vous l'offrir que lorsque mes mots auront accompli leur travail. Je fais donc résonner ce dépôt effectué quand vous avez accepté l'expérience dans la densité, dans le monde fini. Je procède ainsi actuellement avec ce dépôt, ce qui vous bouscule, car cela vous parle d'une lumière, d'une identité que vous avez oubliée et qui, pourtant, repose au cœur de vous-mêmes!

Quand vous serez déstructurés par mes paroles et mes actions, installez-vous à l'intérieur de votre plexus solaire et, en conscience, descendez dans ce lieu magique puis regardez le rayonnement. Restez-y en conscience, voyez la lumière, et la paix reviendra doucement. Évitez de penser, de poser des questions, car celles-ci sont induites par le mental et je vous parle de ce qui est déposé dans votre cœur. Respirez depuis votre plexus solaire, puis vous me retrouverez doucement en vous. Car le plexus solaire, cette roue d'énergie, est mon cadeau à l'humanité.

En quittant le lieu mythique de l'Origine, je vous ai offert cette réalité qui comprend donc forcément une connaissance, une force, un rayonnement, un amour qui m'appartiennent, et vous pouvez vous immerger dans ce don déposé à la nuit des temps.

Bientôt, mon ami le Maître Cristal vous parlera de son propre dépôt en vous. Doucement, les quatre Forces primordiales vous entretiendront de ce qui a été réalisé dans les temps lointains, avant votre descente dans l'expérience.

Mais sachez que parmi ceux qui appartiennent au mouvement ascendant, tous les Créateurs autorisés à donner naissance à des lignées d'étincelles de Vie ont reçu les mêmes dons à déposer à la naissance. Ainsi, tout est bien et juste. Si vous n'êtes pas issus du Cœur du Sans-Nom, et êtes nés du cœur d'un Soleil, sachez que de toute façon vous avez reçu autant et qu'il vous suffit de descendre à l'intérieur de ces dépôts afin d'être complets dans l'instant présent.

Profitez de mes paroles, de mes énergies et déposez ce qui vous encombre, ce qui vous empêche d'être en paix, et demandez ce rayonnement.

Demandez, et vous recevrez! Et soyez conscients de vos demandes car, forcément, elles engendreront des réactions et des changements dans votre trajectoire. Rien n'est anodin, il n'y a pas de hasard, et les synchronicités, vous seuls les créez.

Je vous quitte, car il est un temps pour moi de venir et un temps où je dois me retirer. Sachez que pendant ces trois jours, nous avons déverrouillé des portes scellées chez les membres de ce cercle. Aussi, ne vous étonnez pas d'entrer en crise quand ces portes s'ouvriront, ce qui est d'ailleurs déjà fait pour certains! Quant à ceux qui liront l'enseignement transmis pendant ce cercle de paroles, sachez que le travail effectué sur les participants sera réalisé sur vous, lecteurs!

Quant à tous les autres qui ne liront pas et n'étaient pas présents, sans doute seront-ils rejoints par ceux qui auront lu et tous les participants, les informations déposées dans l'aura de ces derniers transitant de l'un à l'autre. C'est ainsi que nous ferons rayonner totalement sur cette planète le travail accompli pendant ces trois jours.

La paix ne va pas vous accompagner dans les jours qui viennent, mais l'amour commencera à rayonner. Soyez en paix, car dans ces instants de troubles et de transmutation de votre personnalité, je vous emmène d'une main ferme à l'intérieur de la Paix, de l'Amour, de votre personnalité, sur sa plus haute fréquence.

Je vous accompagne, et je vous aime.

Biarritz

France

La réincarnation! voilà un vaste sujet causant bien des soucis à cette humanité, la divisant même. Certains y croient, d'autres, non. Examinons un peu ce qui vous divise et n'a, finalement, pas lieu d'être!

Il y a réincarnation si vous envisagez qu'il y a mort et que l'esprit doit revenir. Forcément, de ce point de vue, l'esprit va revêtir plusieurs formes et vous appelez cela «réincarnation». Toutefois, ceux qui n'y croient pas ont raison aussi si on considère qu'il n'y a pas d'interruption de la Vie, mais simplement un changement vibratoire d'expression de Vie. Tantôt votre expression se densifie et vous arrivez sur ce plan. Puis, ce niveau de Vie ne pouvant plus vous nourrir, les énergies vont-elles se fluidifier à nouveau afin de vous emmener à une expression plus subtile de votre être. Certes, il y a ce passage que vous nommez «la mort», où vous laissez votre corps physique et, par conséquent, le passage de la naissance, où vous revêtirez de nouveau un corps de chair. Mais là aussi, ces instants, la mort et la naissance, ne sont que des passages dans l'esprit tant que celui-ci n'accepte pas de réintégrer sa fluidité. Toutefois, dans le futur vous n'aurez plus besoin de passer par les portes de la mort; il vous sera offert de retrouver l'aisance et la maîtrise du corps dans toute sa beauté, sa force et sa plénitude.

La maîtrise du corps, qu'est-ce donc? Eh bien, lorsque vous estimerez que ce plan de vie n'a plus rien à vous apporter et que vous désirez aller visiter un autre lieu pour votre progression, vous pourrez, avec l'accord des gardiens des portes de la planète où vous résidez, élever en conscience les vibrations de votre corps communautaire. Je dis bien du corps communautaire, car non seulement vous emmènerez vos corps subtils mais permettrez également à votre corps physique d'être du voyage. Ceci signifie que retrouvant enfin l'aisance et la fluidité du taux vibratoire du corps physique, vous le déplacerez d'un plan de conscience à un autre. En somme, vous connaîtrez à nouveau la pleine conscience de naviguer du plan subtil au plan dense de la conscience. Il n'y aura plus de pleurs ni de peines, et quand l'un de vos proches partira, vous sourirez et aimerez cet instant, sachant que de toute manière, d'ici peu, à votre tour, vous pourrez voyager et aller le rencontrer là où il sera, puisqu'il n'y aura plus de barrières ni de frontières. Mais avant de vouloir vous battre afin que les frontières physiques s'estompent, il faut, à l'intérieur de votre mental, de votre cœur, de votre esprit et de votre âme, concevoir enfin qu'il n'y a jamais eu de séparation, de barrières et de frontières. Seul votre plein amour pour la multitude d'expressions du Sans-Nom vous a poussés à accepter cette hérésie. Je parle bien d'une hérésie puisque, en réalité, vous avez créé la mort.

Ce n'est pas divin, *la mort*! Quitter le corps physique comme vous le concevez présentement ne fait pas partie des conceptions du Sans-Nom. Ce que nous appelons la mort est un changement de vibration, d'état de conscience. Nous faisons allusion aux morts subtiles, aux morts intérieures; encore que nous, nous n'employions pas ce mot. Nous l'avons surtout retenu pour nous synchroniser avec votre langage et vous faire comprendre notre conception.

La mort est une création à part entière, comme l'âme. Quand cette sphère de Vie est descendue dans la tourmente, au plus bas de son expression, elle a oublié combien elle était Dieu incarné, dieu et déesse en même temps. Et quand cette humanité en est arrivée là, il a fallu trouver des moyens de survie. Le premier a été l'âme, de façon à rétablir une fluidité de communication. Mais voilà, vous étiez tellement ancrés dans la densité que vous ne saviez plus comment changer de plan de fréquence, et vous avez créé la mort. Vous saviez qu'en déposant le corps physique, les corps subtils pourraient réintégrer leur demeure. Et comme vous étiez conscients d'être des créateurs, vous saviez que vous alliez recréer un corps physique. Mais comment s'y prendre quand les éléments sont tirés de la Terre Mère? Par la pensée créatrice!

Lorsque vous émettez une pensée, une volonté, que croyez-vous qu'il se passe? Les quatre éléments enregistrent cette volonté, mais s'assurent que votre pensée n'est pas une suite sans fin, c'est-à-dire dépourvue de fondement. Quand vous maintenez votre pensée suffisamment longtemps, elle devient alors le moteur, l'ordre donné aux quatre éléments, les mettant en mouvement afin de construire le moule commandé. Mais peut-être votre pensée est-elle déformée par tous les travers acquis depuis cette grande descente! D'ailleurs, au passage, je tenais à vous préciser que l'enfer, cet oubli profond de qui vous êtes, était sur la Terre. Mais reprenons. Une fois la pensée devenue stable, les quatre éléments vont remplir le moule créateur. Cette pensée, comment est-elle? Est-elle claire et limpide? Est-elle ferme? Si c'est le cas, la création ressemblera à cela. Mais si cette pensée est entachée de vieux rails de pensée construits en incarnation ou lors du passage sur une planète (choisissez l'expression qui vous convient le mieux), la création sera perturbée et les éléments enregistreront cette perturbation, se demandant quoi en faire. Ils feront en sorte de vous offrir une apparence vous rappelant votre divinité, y introduisant cette perturbation qui prendra un visage ou un autre. Et puis, il se trouve des créateurs tellement perturbés, que l'intérieur comme l'extérieur le seront tout autant!... Et ne venez pas vous en prendre à la Nature!

Cela signifie qu'au cours des expériences passées, vous avez reconnu certaines perturbations, vous aviez besoin de vous alléger, d'éliminer un certain quota d'énergie qui ne pouvait plus vous servir. Aussi, les éléments, l'ayant bien perçu, se mettront au travail afin de répondre à ce besoin bien spécifique. La cocréation, elle, joue également là.

Au fur et à mesure que vous reprendrez conscience de cette lumière qui vous habite, de cette force, de cette identité, de cet amour qui ne demande qu'à s'exprimer, vous vous dégagerez des emprises malsaines d'énergie mal qualifiée.

Au fur et à mesure que vous tendrez vers l'épuration de votre conscience, les quatre éléments vont réagir et être vos partenaires conscients. Ils tourneront autour de vous telle une spirale en mouvement puis, en permanence, à chaque seconde de votre vie dans la densité, ils réagiront à l'instant présent. Chaque fois que vous ouvrirez une porte, aussi fugace soit-elle, elle permettra à l'un ou l'autre de ces quatre éléments de s'engouffrer et d'effectuer un travail ponctuel. Vous en aurez conscience, ou non, mais cette spirale sera là autour de vous et agira, car les quatre éléments sont les grands Maîtres de l'Eau, de l'Air, de la Terre, du Feu ! Je vous avertis, ne vous amusez pas à commander ces quatre maîtres et, surtout, ne vous approchez pas du Maître du Feu ! On s'assied à leurs pieds, on fait appel à leur bienveillance, mais on ne les commande pas.

Ainsi, à chaque instant de votre vie terrestre, cette spirale en mouvement vous observera et les quatre éléments liront vos besoins spécifiques.

Une spirale agit dans deux sens : elle peut élever ou abaisser. Cela sous-entend qu'à chaque instant de votre vie, vous pouvez vous glisser dans un mouvement ascendant ou descendant et qu'en fonction de vos pensées, vous pouvez vous élever, vous alléger, vous installer dans votre demeure divine ou, alors, si tel est votre choix, descendre dans la matière. Et là, vous toucherez votre enfer, celui que vous cachez ! Tous les maîtres du passé ont répété que l'élévation d'un esprit ou d'une âme ressemblait étrangement à une descente à l'intérieur de soi. Ils connaissaient parfaitement cette loi de mouvement. Ils savaient fort bien que les quatre éléments étaient là pour agir et vous faire toucher du doigt ces lests qui vous empêchent d'être lumineux, sereins et aimants. Aujourd'hui, je viens vous rappeler que vous êtes des créateurs qui, à tout instant, créent leur vie dans un mouvement ascendant ou descendant, dans la Lumière ou dans l'Ombre, le paradis ou l'enfer.

Là, j'aimerais bien que cette notion d'enfer devienne autre chose que ce dépôt sur vos épaules. Étrange de penser qu'il existe un endroit dans la création divine où des diables cornus et fourchus ayant de longues queues vont vous passer à la rôtissoire éternelle! Voici une idée bien simpliste de la création du Sans-Nom! Ou alors, peut-être concevez-vous le Sans-Nom comme quelque chose de bien petit pour croire à une telle rôtissoire géante où l'on enfourne des milliers d'êtres! Étrange conception de la Vie et de l'Amour divin! Il est vrai que vous avez accolé un nom à vos conceptions erronées, et c'est le mot «enfer». Mais cet enfer, qu'est-ce donc, si ce n'est éprouver en soi, dans la vie présente, sur ce plan de conscience, ses lourdeurs intérieures? Et que croyez-vous que ces lourdeurs intérieures appellent? Le Feu! Le Feu qui travaillera à rétablir l'harmonie. Et il est exact que si vous êtes partenaires du feu intérieur à ces moments-là, alors il brûlera, mais consumera tous ces schémas de conscience ne vous servant à rien et vous empêchant de vous élever.

Mais, surtout, cessez de croire qu'il y a un endroit bien spécifique où des diablotins vont vous inviter à griller jour après jour sur une broche tournée par l'un d'entre vous et qu'après des heures et des années vous remplacerez celui qui vous a fait cela pour le griller à son tour! Vraiment étrange, cette conception! Ne croyez-vous pas que cela appartient à un mental humain déréglé?

Non, le feu intérieur n'est pas là pour vous dévorer! Et si, au cours d'une existence, vous rencontrez le feu physique et qu'il vous ôte la vie, c'est que vous lui aurez donné tellement de pouvoir dans ce monde densifié et l'aurez tant sollicité qu'il pourra s'engouffrer dans votre vie et aller jusque-là! Nous vous avons toujours répété avec beaucoup d'amour et de sagesse de ne pas solliciter le Feu! Attendez d'être installés dans votre connaissance, dans votre identité, dans votre personnalité, pour faire appel à lui! Attendez que le Sans-Nom ait réintégré votre demeure afin que lui seul le commande, et non vous!

Aujourd'hui, je vous mets en garde, car une partie de l'humanité recommence à appeler les forces du Feu, et nous savons ce que cela peut être! Nous n'avons pas peur, mais nous sommes pleins de compassion pour ces hommes et ces femmes qui iront se brûler à cette force. Alors, à tous ceux qui voudront bien m'entendre, soit directement, soit en me lisant, ou bien encore la nuit en m'accueillant, je tiens à dire ceci: «N'utilisez pas la force du Feu! Ayez beaucoup de sagesse et attendez d'être à nouveau installés dans votre maîtrise, reconnus et couronnés pour faire appel au Feu! Cela vous évitera des rencontres bien difficiles!»

Vous êtes toutes et tous en ouverture, en demande, mais au point que vous en êtes fragiles, surtout sur le plan émotionnel, car vous n'avez pas encore une maîtrise suffisante de vous-mêmes pour voyager sur l'un ou l'autre de vos corps subtils et appeler leurs lois afin de vous servir! En plus, dans l'éther de cette planète, il y a tellement de mouvements obscurs qui essaient de vous déstabiliser dans ces premiers pas vers la reconnaissance de vous-mêmes que nous devons vous dire aujourd'hui: «Soyez attentifs, n'allez pas trop vite, soyez respectueux de la forme que vous portez; car, voyez-vous, les chemins de l'espace, les portes du temps vont s'estomper. Et ce que vous créerez en pensée en un instant vous reviendra l'instant suivant.»

Je voulais aussi vous signaler les nouvelles forces qui s'ajouteront tout doucement aux quatre éléments: la Force solaire, la Force cristalline et la Force atomique. Peut-être cela vous effrayera-t-il de constater qu'en plus des quatre éléments que vous ne connaissez pas, ne maîtrisez pas et dont vous ne savez que faire, vous aurez trois autres forces à intégrer! En fait, nous sommes en train d'ouvrir vos portes intérieures, toutes ces connexions, ces roues d'énergie qui étaient bien gardées jusqu'ici. Cela signifie qu'il y aura un réalignement non pas de vos quatre premiers corps, mais bien de vos sept corps. Vous pourrez, si vous le souhaitez, intégrer les lois, l'harmonie, la force, la maîtrise et le couronnement de ces sept corps. Cela veut dire que vous serez présentés à toutes vos portes intérieures. Vous reconnaîtrez les lois attachées à chaque porte et identifierez les couleurs, les sons, les parfums reliés à chaque roue d'énergie, petite ou grande. Vous serez, tout d'un coup, invités à reconnaître la force de l'Arc-en-ciel qui réside en vous. Chose extraordinaire! L'Arc-en-ciel, vous le regardez et le trouvez beau quand il surgit. D'ailleurs, n'apparaît-il pas lorsqu'il y a eu de la pluie dans l'air et qu'un rayon de soleil se dessine? Vous étiez dans cette période où il a plu beaucoup en vous, et voici que le Soleil se lève et vient éclairer votre demeure intérieure et, ainsi, les forces de l'Arc-en-ciel vont se révéler dans toute leur splendeur et leur profondeur. Vous êtes tous concernés, vous qui êtes présents dans cette pièce, ceux qui me liront, comme ceux que j'instruis la nuit et qui ne seront pas présents à une de mes formes terrestres d'enseignement. Et ici, il est intéressant de souligner que je transmets un enseignement subtil et un enseignement dense. Dans ce dernier cas, il s'agit des livres, des conférences, des cercles de paroles, et d'autres formes à naître. Autrement, dans la subtilité de votre être je dépose d'autres enseignements, pas forcément ceux qui sont à l'intérieur de mes livres ou que vous recevez dans ces instants, mais une connaissance qui s'éclairera quand s'allumeront tous les feux de votre arc-en-ciel intérieur.

Ne vous est-il jamais venu à l'esprit que vous étiez justement un arc-en-ciel vivant? Un arc tendu sur toutes les couleurs disponibles pour la réalité de ce Super-Univers? Que votre âme, votre esprit, représente la flèche, le diapason qui anime cet arc et permettra à la flèche de traverser la réalité du monde arc-en-ciel? D'ailleurs, ne posez-vous pas sur le corps divin, sur son échelle, les couleurs de l'Arc-en-ciel? Mais voilà, dessinez de petits points colorés, ça va! À la limite, reconnaître qu'il y a des fréquences lumineuses autour de soi, aussi! Mais avez-vous tendu votre esprit jusqu'à comprendre et intégrer que vous étiez l'Arc-en-ciel? Non! Qui aurait d'ailleurs osé penser une telle chose? C'est impensable! «Moi, un Arc-en-ciel densifié?» Oui, vous! Qui osera voyager avec fluidité à l'intérieur de ce qu'il est, soit un arc-en-ciel? Et si vous êtes cela, il n'y a aucune barrière entre une fréquence lumineuse et une autre et, d'ailleurs, l'Arc-en-ciel n'est-il pas l'échelle d'une multitude d'expressions d'une seule couleur?

Voilà, j'ai soulevé en ces instants un voile d'oubli. Et si je vous fais ce cadeau, c'est pour vous offrir la possibilité de comprendre qu'il n'existe pas de séparation entre un plan de conscience et un autre, pour vous amener à prendre conscience que vous vivez ici alors que des êtres évoluent sur une autre bande lumineuse. Il n'y a que cela qui vous sépare de ces êtres et, parfois, quand dans votre famille proche un enfant, un père, une mère, un frère ou un mari meurt, c'est pour pointer le doigt vers cette connaissance: «Ne pleure pas, je ne suis pas *mort*, je vis sur une autre couleur! Je ne t'abandonne pas. Je te laisse sur cette fréquence, je m'élève un peu, mais comme le temps et l'espace n'existent pas, nous sommes toujours unifiés. Nous allons simplement apprendre à communiquer autrement, avec le cœur, avec l'esprit, puisqu'on communiquait avec le corps sur le plan dense.» Remerciez ces êtres venus vous visiter et vous conduire à cette compréhension magistrale.

Retrouvez la paix en vous car, si vous restez dans la profondeur de la douleur quand une telle expérience vient vous visiter, vous ouvrez vos portes intérieures à la destruction et c'est le feu, l'enfer des sentiments, qui viendra vous visiter. Déjà, votre sphère émotionnelle n'étant pas stable, lorsque vous recevez une telle visite, vous vous détruisez un peu plus à ce moment-là au lieu de vous reconstruire, de regagner en paix et en fluidité ; vous cristallisez des idées qui tôt ou tard nécessiteront d'être fluidifiées. Cela veut dire que dans un premier temps, et à cette fin, vous appellerez des épreuves plus ou moins douloureuses afin de choquer votre mental, votre esprit, votre cœur, puis de vous poser les questions essentielles et de trouver les bonnes réponses. Je vous invite à la paix Arc-en-ciel, soit à retrouver la fluidité du mouvement dans ses sept couleurs, c'est-à-dire la plénitude et l'usage de vos sept corps. Dans la période actuelle, sachez qu'il y a des cadeaux pour vous qui ne se représenteront peut-être pas dans dix ans. Que de l'autre côté du voile qui sépare une bande de fréquence d'une autre, une couleur d'une autre, des multitudes d'étincelles de Vie attendent en disant: «Comme j'aimerais être à leur place!»

Vous avez été honorés, au-delà des mots que je pourrais prononcer, en vous accordant la possibilité de vous incarner dans cette séquence de temps, de lieu, de l'esprit. Honorez-vous pour avoir accepté d'être présents maintenant. Comprenez que vous avez une chance unique de recevoir une quantité et une qualité d'énergie qui descendent désormais ici et pas ailleurs. «C'est facile à dire, Soria! Tu vis de l'autre côté, tu n'as pas de difficulté, tu n'es pas en incarnation, tu n'éprouves pas les affres des sentiments!» Cette réplique, je l'entends des milliers et des milliers de fois! On y accole parfois mon nom, parfois d'autres noms!

Comment une Énergie primordiale pourrait-elle ne pas savoir ce qu'elle crée? Imaginez-vous que le choix de la souffrance a été décidé depuis des éons. Ainsi, en temps que Créateurs, toutes les expériences acquises dans la souffrance nous sont retournées. Et lorsque nous voulons ressentir, il suffit tout simplement d'ouvrir notre cœur et d'accueillir. Puis, nous pouvons nous refermer, car nous savons alors ce qu'est la douleur. Nous ne l'éprouvons pas dans notre corps physique, mais nous pouvons la percevoir, la ressentir au travers de vous qui canalisez puis filtrez cette expression. Vous l'atténuez puis, par le biais d'une chaîne fraternelle, la faites remonter jusqu'à nous. Elle sera donc quelque peu diluée afin que cette souffrance que nous allons recevoir dans notre cœur puisse s'inscrire comme une simple reconnaissance.

Nous connaissons parfaitement ce que vous vivez.

Le Temps et l'Espace sont également nos créations, et nous en connaissons le sens. Aussi, dans cette période très riche en possibilités, essayez de détruire ces moules qui nous séparent. Vous avez accepté de croire que vous étiez isolés sur une planète, nous situant dans des hauteurs inaccessibles. Il est temps de nous replacer les uns les autres au bon endroit. Cela facilitera les futurs échanges.

On me demande avec force de préciser quand et comment je vais arriver parmi vous ; je pourrais vous répondre mais, justement, je ne le fais pas. Cela vous oblige à un acte de foi, à nous appeler, à demander, à prier, parfois à imposer. De toute manière, en vous ouvrant à cette possibilité, vous avez créé un couloir dans lequel nous allons pouvoir descendre. «Comment cela, Soria? Rien que d'y penser, je crée un couloir!» Eh oui, vous êtes des créateurs dans la densité ! Pour nous, il est facile de créer un couloir de l'espace du haut vers le bas, mais afin que les couloirs de l'espace prennent racine et s'ouvrent, il faut bien que des créateurs dans la matière émettent une pensée magique, et c'est vous ! Vous créez et mettez en mouvement ces couloirs du Temps et de l'Espace, car ce qui est bon pour l'Espace l'est également pour le Temps. De notre côté, nous disposons d'une fourchette de temps très réduite et, je vous rassure, cela ne se déroulera pas dans des millénaires mais dans quelques années ! Alors oui, par votre pensée, vous mettez en mouvement la force du Temps.

C'est pour cette raison que nous vous avons priés de faire très attention. En effet, vous appelez des forces, mais qui allez-vous voir descendre? Si vos pensées sont du type: «Oh la la! Ceux qui viennent vont nous en faire voir de toutes les couleurs!», alors les couloirs que vous aurez créés amèneront forcément des êtres qui vous en feront baver! Mais si, au contraire, vous émettez plutôt les pensées suivantes: «Il y a les Maîtres réalisés, les grands Frères installés dans le service de l'Amour et de la Paix, et ce sont eux que j'ai envie de voir!», alors, vous les verrez venir. Voilà pourquoi je vous ai dit déjà que les premiers à se présenter ne seraient pas forcément ceux qui seraient installés dans la plus belle des lumières. Mais peu importe les visiteurs, cela enrichira votre connaissance et votre reconnaissance de qui vous êtes.

Votre corps est le plus bel outil, la plus belle des machines vivantes. Pourquoi utiliser le mot «machine» alors qu'il s'agit, on le sait, d'une entité? Oui, le corps est un esprit à lui tout seul, mais c'est aussi une machine ayant des lois subtiles, des rouages internes. Là aussi, la plus belle des machines peut se dérégler si un tout petit grain de sable glisse dans ses rouages. Et nous sommes dans une période où tous les petits grains de sable possibles peuvent voyager vers vos engrenages intérieurs, vos roues de lumière, ces roues Arc-en-ciel. Et où un seul petit grain de sable peut faire dérailler la machine. Des nourritures physiques et subtiles peuvent entraver votre progression, votre fluidité et, forcément, cela se répercutera dans votre corps physique.

Au sujet du corps physique, ajoutons que les scientifiques reconnaissent peu à peu les lois densifiées qui le meuvent. Toutefois, ils n'ont pas encore compris qu'il y a les lois de l'âme et celles de l'esprit, et que toutes agissent également sur le corps physique. Aujourd'hui, vous êtes tous invités à reprendre la maîtrise de votre corps, à redécouvrir ses paysages intérieurs qui vous emmèneront de monts en vallées vers ces sorties et ces entrées d'énergie, vous guideront de couleur en couleur, de son en son, de parfum en parfum, jusqu'à l'ultime porte. Il est vrai qu'à chaque passage, chaque porte, vous aurez un test à passer, un peu comme si je vous disais: «Bon! Tu veux traverser de l'autre côté mais j'ai besoin de savoir où tu en es dans l'intégration de tes données, afin de circonscrire ce qui reste à acquérir et ce qui est acquis.» C'est ce qu'on appelle une initiation. Parfois l'initiation est réussie, parfois elle est reportée, ou on échoue s'il y a des compréhensions que l'on n'a pas assez travaillées pour les intégrer à l'intérieur de chacune de nos cellules!

Voilà donc que le mot *échec* doit se transformer et devenir une énergie lumineuse afin que chacun puisse identifier les paysages qu'il n'a pas assez visités. Est-ce les visages et les paysages du corps humain? Ceux de l'âme ou ceux de l'esprit? Y a-t-il une couleur qui ne lui a pas donné toute son amplitude d'information? Ce faisant, vous transformerez tous le mot *échec* en une compréhension riche et puissante. Ainsi, au lieu de quitter un possible réalisé, vous pénétrerez les possibles en potentiel. Voilà pourquoi toute initiation est un tremplin extraordinaire et qu'à ce jour tous les Maîtres réalisés des temps passés, du présent et du futur se tiennent aux aguets et sont prêts à intervenir dans votre réalité afin de vous combler de présence, de puissance et de vous pousser vers vos chemins intérieurs. Chaque fois que vous franchirez un pas sur ces chemins, sachez que vous déposerez forcément un sac d'énergie qui ne vous convient plus. C'est ainsi que chacun de vos pas effectués dans le monde de la densité, de l'âme ou de l'esprit vous rapprochera de cette Identité qui fut déposée un jour en vous. Voilà pourquoi tous vos centres intérieurs, petits et grands, parleront à votre corps afin que votre esprit puisse décrypter ses messages. «J'ai mal à ce chakra parce que tu as déposé dans des temps anciens une énergie qui n'était pas dans l'amour et la beauté. Alors, je te demande, dans cette période particulière, de reprendre cette énergie, de la transmuter et de la redéposer en moi, en quelque chose d'harmonieux, de nourrissant et de fluidifiant.» Si votre corps exprime des douleurs et si votre cœur lâche un flot d'émotions et qu'il vous dit «j'ai mal!», ce n'est pas pour rien. Alors, si cela se produit, dites merci à la Vie et à tous ces êtres qui vous accompagnent tout au long de cette transformation, et essayez simplement d'accueillir l'enseignement qui s'y cache.

Ayez assez de grâce, de beauté et de plénitude intérieure pour reconnaître qui vous êtes dans ce chemin de reconnaissance non pas de vous-mêmes, mais bien de l'énergie Arc-en-ciel déposée un jour par la volonté du Sans-Nom.

Vous êtes invités à réintégrer la connaissance, la conscience, la plénitude, ainsi que la profondeur, l'amour, la grâce, la beauté le service et la fraternité de la réalité Arc-en-ciel.

Que la grâce de l'Esprit descende sur vous et vous instruise encore un peu plus sur cette réalité.

Nous clôturerons cette séance de travail en comprenant que la Paix est la réunion de la conscience Arc-en-ciel à l'intérieur de sa fluidité et de sa beauté, que la Paix en est l'incarnation même. Et je vous rends grâce.

J'ai posé sur vous mon regard intérieur et j'ai pu observer quelques instants la nouvelle fluidité installée dans vos couleurs.

Et de quoi vos couleurs parlent-elles? De votre personnalité, du mouvement permanent qui vous amène, de pensée en pensée, vers votre maîtrise ou l'éloignement de celle-ci. Je n'ai pas à sonder votre mental pour déterminer ce dont vous avez besoin. Je n'ai qu'à reconnaître comment s'articulent vos couleurs. Y a-t-il des coupures franches d'une couleur à l'autre ou, au contraire, s'interpénètrent-elles les unes les autres? Y a-t-il des nuances sombres ou rutilantes? Et puis, à quel degré d'intensité et de pénétration êtes-vous? Il ne s'agit pas uniquement d'être installé dans une couleur. Encore faut-il la pénétrer, devenir cette couleur.

Jusqu'ici, les couleurs, vous y pensiez mais, selon vous, elles étaient à l'extérieur. Oh! vous savez bien que vous avez des roues d'énergie portant également une couleur; pourtant, cette notion est encore à l'extérieur de vous-mêmes. Vous n'avez pas pénétré ni reconnu tout ce que cet enseignement pouvait vous permettre de mouvement, de réalisation. Oui, bien sûr, quand je vous regarde les uns après les autres, il y a des nuances; ces nuances sont dues à votre degré d'ouverture et de compréhension. Savez-vous que votre aura dégage également des couleurs? Qu'une fois que vous aurez maîtrisé ces couleurs et les compréhensions inhérentes, toutes vont se marier entre elles et que, par conséquent, vous allez émettre une couleur unique? Non, cela n'est pas encore intégré, cette notion demeure inconsistante, tel un voile déchiré!

Toutes vos pensées émettent un faisceau de lumière, et chacune d'elles agit sur l'harmonie de votre aura, ayant le pouvoir d'en modifier l'harmonie. Les pensées profondes et bien installées créent des déchirures dans vos lumières qui, elles, créent alors des espaces où elles vont se nicher dans une bande ou une autre de fréquence lumineuse. Et lorsqu'une couleur, une pensée vient se loger sur l'un de ces corps, c'est avant tout dans l'émission de ces corps subtils que cela se passe. Chaque fois que vous respirez, vous attirez cette lumière à l'intérieur de vos corps subtils et de votre corps physique. Cette visite colorée s'installe dans vos corps subtils et il vous faut trouver la bonne réaction afin de pouvoir à nouveau expulser cette couleur à l'extérieur de vous puis la chasser de votre aura. C'est la grande respiration cosmique, bien méconnue jusqu'à maintenant.

Voyons un peu le cas où la lumière dysharmonieuse s'installe en permanence dans l'un ou l'autre des corps subtils. Ce noyau coloré possède des lois, aussi va-t-il se mettre à pulser puisque c'est une matière vivante, et chaque pulsation entraînera une réaction dans le corps subtil qui jouera sur l'harmonie du corps communautaire. Néanmoins, cette création n'appartenant pas à l'harmonie du corps communautaire ni de l'aura, un phénomène chimique s'enclenchera dans le corps subtil concerné, cette chimie essayant de faire sortir la couleur qui n'appartient pas à l'harmonie. Ainsi, de corps en corps, cette couleur traversera les corps subtils pour parvenir au corps physique et déclencher la dernière réaction, l'expulsion finale. Le corps engendrera dès lors une chimie régulant à nouveau son harmonie, et c'est là qu'interviennent les manifestations que vous appelez «maladies».

Je suis en train de vous inviter à propulser votre conscience vers la première réalité, la réalité de Vie. Toute pensée, toute action, engendre une contrepartie colorée, puis viennent le son et le parfum. Une création peut se reconnaître si le parfum devient aussi agréable que celui d'une fleur. Toutefois, si vous sentez une odeur qui vous repousse, sachez que, forcément, elle relève d'une couleur dysharmonieuse, d'une fréquence de son qui abaisse la vibration du corps.

Il est vrai que des couleurs sont mises à votre disposition afin de vous aider à rétablir la parfaite harmonie de l'ensemble de votre aura, qui ressemble au premier abord à un arc-en-ciel.

Étrange! Actuellement, votre humanité se repaît du noir, couloir étroit d'expression limitant ses mouvements, sa force et sa santé. Il n'y a pas de hasard si, présentement, on tente de vous faire croire que cette couleur sied à votre beauté. De quelle beauté parle-t-on, si ce n'est de vouloir vous entraîner vers un abaissement de vos pouvoirs? Voulez-vous vous guérir? Soyez donc à l'écoute. Quelle est la couleur que l'harmonie de mon corps appelle aujourd'hui? Je suis maître de moi, comment puis-je le montrer? En m'immergeant dans les couleurs.

On ne peut adopter une seule couleur. On devrait, au contraire, glisser de l'une à l'autre selon les besoin du moment. Le blanc, le noir ne sont pas des couleurs mais des fréquences qui absorbent des vibrations. Le blanc vous restituera des fréquences élevées, le noir des fréquences basses. C'est aussi simple que cela, et si vous voulez vous glisser au-delà du blanc et du noir, vous tendrez vers la haute fréquence des couleurs. Vous vous dirigerez vers cette porte ouverte en permanence à l'intérieur de vous. De l'autre côté, il y a la paix, et pas n'importe laquelle! Celle du créateur qui ose utiliser un faisceau de lumière ou un autre, selon les besoins du moment.

Dans chaque étude de rayon, que celui-ci soit rouge, jaune, orange, vert, bleu, violet (ou d'autres couleurs encore), vous trouvez des êtres ayant décidé de servir cette bande de lumière. Aussi, ont-ils étudié en profondeur, dans les moindres détails, toutes les lois de cette bande. Ils sont devenus maîtres de cette fréquence parce qu'ils ont senti une résonance intérieure avec cette couleur. À chaque étape de reconnaissance de la lumière Arc-en-ciel, des êtres se positionnent afin d'en servir une couleur. Certaines entités ont décidé de poursuivre leur chemin d'étude en étude, reconnaissant de plus en plus de bandes lumineuses étant donné leur besoin d'aller plus haut dans cette compréhension.

En cette heure, votre humanité se tient devant une porte s'ouvrant dans la couleur présente, et ses membres passeront dans la quatrième fréquence de l'Arc-en-ciel, celle du cœur, de l'amour. Pourtant, dans cette fréquence, des hommes et des femmes décideront de continuer le voyage et d'aller plus haut, ce qui aura lieu par étapes. Certains membres de la grande Fraternité universelle décideront de servir l'une ou l'autre de ces fréquences lumineuses. Mais il y en a tellement! Tant de possibilités s'ouvrent devant vous!

Ne croyez pas que le chemin va s'arrêter parce que vous allez passer dans la quatrième dimension, la quatrième couleur ou fréquence. Sauf si vous le décidez. Pour ceux qui voudront s'arrêter, il y aura des postes à pourvoir, des fonctions. Ces fonctions consisteront à être les gardiens d'un réservoir d'énergie, soit de savoir quand et comment l'ouvrir ou le fermer, de répondre à des impulsions venant de très haut sans être instruits des raisons de laisser passer ou non l'énergie, d'accepter dans un moment particulier de n'être que la petite main ouvrant ou fermant les portes de ce réservoir. Vous apprendrez l'obéissance, mais vue autrement, car obéir sans savoir est un acte de foi. Et justement, où êtes-vous installés dans votre foi? Où en est votre JE égotique? Avez-vous encore besoin de pouvoir, d'user et d'abuser du libre choix, ou, au contraire, êtes-vous bien installés à l'intérieur de vous-mêmes dans les vues et la sagesse du Grand Constructeur? Pas facile de fermer une vanne quand, intérieurement, on voudrait l'ouvrir afin de nourrir toute l'humanité! Pas facile d'entrer dans l'ombre quand, finalement, on occupe un poste qui œuvre pour la multitude! Pas facile de se taire quand on vient vous interroger! Pas facile de cacher sa lumière pour ne plus aveugler ses frères et sœurs qui ont oublié la leur!

Je voulais vous faire comprendre que cette période-ci représente une séquence délicate, mais combien plus aisée que celle que nous sommes en train de quitter. Vous étiez dans l'ombre, dans l'oubli, dans le jeu, et on nous a demandé de regarder, d'observer et de recueillir ce que vous alliez émettre depuis votre cœur. Tâche immense exigeant de nous voiler, de nous retirer, alors qu'il suffirait d'une impulsion précise pour vous faire sortir, en un millionième de seconde, de cette mélasse dans laquelle vous résidez! Un tout petit souffle de notre part pourrait vous propulser à l'intérieur même de votre conscience, de votre personnalité. Tout nous est possible, mais notre difficulté se ramène à ne rien faire dans une période bien précise. Simplement écouter les plaintes et la souffrance requiert une grande maîtrise de soi. Comment ne pas voler au secours de celui qui souffre et qui l'exprime par toutes ses pores? Comment ne pas intervenir quand notre cœur nous appelle à cela? Alors, notre sagesse de qui nous sommes vient à notre secours et nous parle de tout ce potentiel que vous allez offrir aux humanités à venir.

Oui, cette souffrance a un but, un objectif qui vous dépasse, car, dans la matière, vous avez du mal à concevoir que la petitesse de votre vie servira de manière démultipliée à toutes les humanités à venir. Il vous semble que votre vie est anodine, sans histoire et, franchement même, vous ne comprenez pas le service que vous pouvez rendre à l'humanité dans cette forme d'expression. C'est que vous avez oublié que vous êtes en offrande, que vous avez fait don de votre vie! Que vous avez accepté de porter des fardeaux qui ne vous appartiennent pas, simplement par amour des autres, et de digérer ces fardeaux dans ce quotidien lourd et dense.

Vous vous sentez à la fois lumière et pesanteur. Lumière, puisque, intérieurement, vous êtes Lumière et le savez! Pesanteur, parce qu'il vous semble que la moindre pensée nécessite des efforts considérables. Si vous acceptiez enfin d'être en paix par rapport à ce que vous vivez au quotidien! Je ne veux pas dire par là d'accepter béatement votre quotidien, car des nuances s'imposent. Parfois, le quotidien vous invite à quitter une séquence de pensée pour en pénétrer une autre plus épanouissante. Mais pour reconnaître justement que vous pouvez passer de l'une à l'autre, il faut accepter de vivre l'instant présent, d'en recueillir le message, de le décrypter s'il est encore voilé, ou simplement de le lire avec humilité.

La densité est un terrain extraordinaire, un tremplin pour les âmes et les esprits soucieux d'entrer au service d'une couleur ou d'une autre. Dans ce grand entonnoir de lumière qui se dirige vers vous et qui est créé depuis vos pensées, tout un groupe d'esprits vont aussi descendre, car ils avaient besoin d'un terrain où il y avait de l'amour. Pas n'importe lequel, mais un amour né dans l'impossible, dans la difficulté ; un amour qui vous dépasse et vous propulse dans des actions parfois gênantes puisque vous n'auriez jamais pensé être capables de faire ceci ou cela.

L'amour et tous les sentiments naissent à l'intérieur d'une couleur. Chaque couleur se décline sur ses expressions de la plus pâle jusqu'à la plus colorée. En d'autres mots, à l'intérieur d'une couleur se découvre une multitude de paliers d'expression, chacun représentant un terrain d'expérience permettant aux enfants que vous êtes de trouver leur place et d'entrer en service.

Vous n'êtes pas venus par hasard sur cette planète, dans cette séquence de temps si particulière. Vous vous êtes offerts afin d'ancrer des énergies de plus en plus fortes sur cette terre. Et la mission que chacun d'entre vous croit avoir réside bien dans le fait que vous êtes venus pour ancrer la particularité d'une couleur. Cela s'arrête à ça, mais ce petit *ça* permet une multitude d'expressions, de formes, de possibles, de voies, et donc d'hommes et de femmes pouvant s'installer à l'intérieur. Et quand je regarde l'arc-en-ciel que vous formez tous, ici, réunis dans cette pièce, je souris, car je vois des bandes de fréquences qui n'appartiennent pas à l'arc-en-ciel de cette planète. C'est ainsi que se dessinent des arcs-en-ciel qui prennent naissance dans un espace de vie limité quand il y a une réunion de plusieurs d'entre vous. Vous êtes en création permanente, à l'intérieur de vous comme en communiquant les uns avec les autres. Et c'est bien pour cette raison qu'on essaie par tous les moyens de vous empêcher de communiquer, entre autres en fomentant la division entre tous ! Ainsi, les bandes de couleurs ne peuvent résonner entre elles et, dès lors, ne s'associent pas ni ne créent un arc-en-ciel, et la roue Arc-en-ciel a bien du mal à s'incarner sur cette planète.

On évoque la personnalité, et je vous parle couleurs. Vous parlez son, mais je vous ramène à la couleur. Vous dites fréquence, mais chaque fréquence est une couleur, comme chaque pensée, chaque chimie! Vous pouvez oublier, faire semblant, mais vous vivez dans la couleur! Et sachez que toutes les grandes loges de la Fraternité blanche portent une ceinture ou une écharpe, chacune répondant à une spécificité de service, donc de couleur. Voici qu'il suffit de lire cette bande de couleur posée sur un vêtement blanc pour connaître exactement qui vous êtes et pourquoi vous êtes en service dans un secteur d'espace-temps particulier.

Vous parlez de lumière blanche. Celle-ci n'est que le résultat de la haute fréquence d'une couleur, mais elle possède aussi une multitude de déclinaisons. À quelle déclinaison appartenez-vous? Vous pouvez le savoir en questionnant vos guides. Par le biais du rêve? Peut-être! Ou un être viendra frapper à votre porte et vous dira: «Tu sais, c'est à cette couleur que tu appartiens.» Ou encore, vous ferez une rencontre bien particulière avec un objet, une plante, un animal. Mais vous connaîtrez de manière sûre, sans ambiguïté, cette couleur qui vous habite et tente d'émerger dans votre quotidien. Ce sera une couleur de service dans lequel, forcément, vous êtes chacun relié à une chaîne d'appartenance, à un groupe d'êtres communiquant entre eux et laissant circuler la mémoire, les lois et la personnalité de cette couleur.

En dessous de vos pieds, quand vous aurez fini d'installer vos racines avec la Terre, se dessinera une parfaite boule de lumière. Au premier regard, vous ne verrez peut-être qu'une sphère de lumière blanche, puis, si vous laissez couler un moment votre regard sur elle, vous verrez mieux et percevrez une tonalité. Et cette tonalité aura trait à votre relation avec le monde de l'intérieur, indiquant que vous êtes tous reliés par vos pieds à une autre chaîne d'appartenance qui répond à une déclinaison colorée. Mais voyez-vous, au-dessus de votre tête, quand vos racines avec le Ciel seront bien établies, se formera également une boule de lumière. Votre premier regard captera pareillement cette blancheur incandescente mais, si vous laissez votre regard intérieur s'habituer, une tonalité vous ramènera à cette autre chaîne d'appartenance.

Mais ici, je dois vous instruire davantage.

À chaque porte intérieure, il y a une chaîne d'appartenance reliée à des maîtres. Alors, vous voici propulsés dans une autre réalité ; vous n'appartenez pas à un seul maître, car vous êtes sous la responsabilité de la multitude. Et ces maîtres ne représentent que le premier maillon juste au-dessus de vous, les chaînes d'appartenance étant constituées d'une foule de maillons.

La beauté de votre être réside dans la simplicité. Afin de ne pas vous effrayer, nous avons demandé à un Être de lumière de canaliser vos ouvertures. Nous lui avons dit : « Tu vois, cet être incarné souffre trop. Il a tellement vécu l'oubli vis-à-vis des mondes et des frères et sœurs des univers que s'il vient à découvrir du jour au lendemain qu'il peut parler à une multitude d'êtres vivant, résonnant, travaillant au travers de son corps, il va s'affoler. » Et nous lui avons posé la question suivante : « Acceptes-tu d'être le porte-parole de cette multitude ? De transmettre par ta voix tous les messages que l'un ou l'autre des intervenants dans sa réalité pourra, ou voudra, émettre à un moment donné ? » C'est ainsi que votre guide est né ; vous savez, cet être acceptant de canaliser toutes les couleurs, toutes les forces des maîtres qui travaillent avec l'une ou l'autre de vos roues d'énergie !

Aussi, dans ce qui vient, dans ce qui se propulse jusqu'à votre conscience, vous devrez devenir cette roue en mouvement qui s'articule, ouvre et ferme les portes selon les besoins du moment qui consisteront peut-être à absorber une qualité de lumière, de vibration, ou alors à entendre des mots appartenant à l'un ou l'autre des maîtres.

C'est ainsi que, tout doucement, de fil en aiguille, je vous rends la profondeur de votre réalité. Je commence par mettre à plat, déblayer, puis quand le premier ménage est fait, je vous restitue un premier savoir, une première couche de connaissance. Ensuite, je reprends ce savoir de couche en couche ; je l'agrandis, l'enrichis, je lui mets de l'engrais si vous préférez, afin que vous puissiez grandir à l'intérieur de cette multitude d'expressions. Oh ! Toute cette multitude d'expressions ne vit qu'avec une porte ; d'un côté, il y a une foule d'êtres qui répondront à chaque déclinaison, de l'autre, il n'y a qu'un être : vous ! Chose extraordinaire, pour recevoir tous ces messages, tous ces mots, toutes ces énergies de l'autre côté de la porte, il n'y a qu'une personne : vous ! Imaginez ce que cela veut dire !

Vous êtes tellement puissants que vous pouvez, à vous seuls, canaliser, maîtriser et émettre toutes les déclinaisons de l'Arc-en-ciel. Cette réalité ne vous a pas encore effleurés une seule seconde et, pourtant, je vous parle d'une grande loi, d'un grand possible, non pas tenu en réserve pour demain, pour dans mille ou dix mille ans, mais là, dès maintenant, à portée de votre possible.

Selon les portes que vous pousserez à l'intérieur de vous, vous rencontrerez des maîtres. Vous en connaissez déjà quelques-uns relevant de cette planète, mais vous avez l'accord d'aller à la rencontre de tous les autres, qui se sont tenus dans le silence, car ils ont un grand savoir à vous transmettre. Vous êtes les gardiens de chaque porte intérieure et, à ce titre, pouvez enlever ou non le cadenas, le verrou. D'ailleurs, vous êtes les créateurs des verrous ! Puisque vous avez su les créer, vous pouvez très bien induire une réponse afin d'ouvrir ou de détruire ces cadenas qui vous empêchent de vous propulser dans la lumière, dans la couleur.

Soyez attentifs, car vous serez invités doucement d'abord, puis avec force, à retrouver votre mémoire arc-en-ciel. Vous êtes tous beaux, vous n'êtes ni blancs ni noirs, vous êtes la couleur. Vous la portez en vous, mais l'exposez à l'extérieur de vous. Seule votre croyance dans les forces du Blanc et du Noir vous empêche encore de voir ces radiances merveilleuses. Je vous souhaite d'avoir assez d'audace pour dépasser le Blanc et le Noir et aller à la rencontre de la couleur, de la beauté, de la plénitude, de la joie et de la fraîcheur d'être. Ah! Voilà encore un grand enseignement qui viendra vous visiter! Un grand concept que nous vous délivrerons afin que vous l'incarniez. Mais ce n'est pas encore tout à fait l'heure. Restons-en aux couleurs, à ce possible qui deviendra réalité demain, ce soir, dans une heure, ou jamais si vous ne faites pas preuve d'audace.

Oui, vous avez déjà tellement accompli que nous croyons toujours en vous. Nous avons foi en vous et refusons de croire que vous désirez vous noyer dans le Noir, ou rester dans une attitude béate dans le Blanc. Nous souhaitons vous voir adopter l'attitude *humaine*, soit l'intégration de toutes les couleurs. Alors, l'esprit voyagera encore, explorera encore et tentera encore. Il y a des routes agréables et d'autres, désagréables, mais qu'importe! L'aventure se profile toujours devant vous d'une autre manière. Vous êtes peut-être fatigués, mais à quoi cette fatigue ressemble-t-elle vraiment? Ne vous parle-t-elle pas justement de cette lassitude à stationner dans quelque chose qui n'est pas de la couleur? Allez! Vos voyages en vous-mêmes ne s'arrêtent pas là. Sachez que la grande aventure humaine vous attend devant vous!

Comment dites-vous quand vous partez? Salut? À demain? Ciao? Moi, je vous dis: «À tout de suite» dans le cœur de votre être.

Nous avons foi en vous.

La Vie travaille main dans la main. Il n'y a pas de séparation. Je voulais venir vous cueillir à l'intérieur de vos doutes, de ce paysage chaotique qui vous laisse croire que vous ne pouvez être que l'Ombre ou la Lumière. Et j'ai réussi à installer dans votre mental cette petite graine colorée, vivante qui ondulera et induira des réactions, et donc des chimies dans votre corps.

La Vie, un mouvement qui ne s'arrête jamais. Paix éternelle, oui, mais pas n'importe laquelle. La paix dans le mouvement, dans l'être, et *être*, c'est savoir se glisser sur un mouvement ou un autre, sur un paysage qui variera de seconde en seconde.

La Paix! Voilà encore une notion bien galvaudée. Oh! pour beaucoup, elle se résume à pouvoir s'asseoir dans un fauteuil et à ne plus être dérangé! Généralement, pour la majorité d'entre vous, c'est un état où l'on ne vit plus, où il n'y a plus ni mouvement ni vague! Comment voulez-vous que l'océan existe, à défaut de mouvement? Oui, bien sûr, l'océan est parfois calme, sans une vaguelette, du moins en apparence. Puis, tout à coup, il existe, il est force, il se déchaîne! Pourtant, c'est le même dans son identité. Qu'il soit cette surface plane ou ces vagues et cette écume, il n'est que mouvement, il est la Vie.

Et si mes yeux ne me trompent pas, vous êtes vivants! Vous êtes inscrits dans un mouvement, dans un paysage où il y a forcément des monts et des vallées. Peut-être y a-t-il quelques plaines, un lac ou, alors, un feu qui bouillonne quelque part? Et puis, il y a le vent qui vient vous caresser, vous porter à l'intérieur du mouvement et vous rafraîchir au besoin ou, au contraire, le vent qui se déchaîne parce que vous voulez être trop statiques!

Vous êtes tous descendus sur une planète merveilleuse. Et que voit-on quand on s'élève au-dessus de celle-ci? Principalement du bleu et du vert! Avez-vous songé à cela? Que pour franchir un nouveau pas dans votre conscience d'esprit, agrandir la connaissance du vécu, vous avez choisi un paysage qui se décline sur deux couleurs, le bleu et le vert? Et avez-vous remarqué, quand on s'élève de cette terre, comme le bleu pénètre le vert, et inversement? Peut-on alors circonscrire par une ligne précise la part du bleu ou celle du vert? Il est peut-être temps que votre conscience plonge à l'intérieur de ce magnifique enseignement. Ce vaisseau vert et bleu, que vous offre-t-il, sinon d'explorer ces deux pôles merveilleux? Bien sûr, il y a une autre couleur, mais par quoi celle-ci est-elle induite? Par la disparition du bleu ou du vert. Autrement dit, lorsque vos yeux perçoivent l'immensité désertique, il vous faut garder en conscience qu'à la place de ces endroits il y avait autrefois la vie qui s'y déclinait pareillement, soit en bleu soit en vert. Donc, dans ces zones, il n'y a qu'absence de l'une ou de l'autre de ces teintes. Car ce que vous percevez est une cicatrice, une mémoire qui a fait des ravages. Descendez profondément dans cette conscience et allez à l'intérieur! Vous constaterez que ce corps porte en lui la mémoire de ces couleurs, le bleu et le vert, et la mémoire de cette cicatrice, de cette blessure. Et vous êtes tous venus dans le but de guérir cette cicatrice, de rétablir le mariage merveilleux de ces deux couleurs.

Vous ne vous rendez jamais sur une planète par hasard. Vous vous déplacez vers une sphère qui répond d'abord à une couleur fondamentale, où vous pourrez explorer un peu plus une parcelle de conscience attachée à ce fondement. Sur Mars, vous exploriez la couleur rouge. Vous êtes venus sur Urantia dans le but d'explorer le bleu et le vert. Regardez à l'intérieur de votre corps à quoi correspondent ces deux couleurs. À quels chakras en êtes-vous rendus? Ceci signifie que vous êtes en phase d'apprentissage de ces couleurs. Avez-vous décidé d'entrer dans votre maîtrise, dans votre couronnement de ces couleurs? Ou bien, attendez-vous qu'une autre planète de ce système solaire prenne vie et vous offre un autre paysage? Réfléchissez! Un système solaire, c'est une roue Arc-en-ciel, et le Soleil n'est que la pierre divinisée qui vient couronner cette roue.

Et toutes les Forces primordiales, la croix dans cette rose des vents, s'inscrivent à l'intérieur de la roue Arc-en-ciel.

Voilà comment, de mot en mot, je vous restitue un peu plus la connaissance des forces en mouvement. Oh! Ne croyez surtout pas que les mots écrits et prononcés par moi sont définitifs! Je me ris du définitif! Je suis mouvement! Aussi, j'étudie, j'observe, j'analyse, puis je dégage la synthèse. Aujourd'hui, à l'instant, je m'appuie sur cette synthèse de l'esprit, de la conscience ouverte par cette humanité. Et demain, quand vous serez davantage installés dans cette ouverture, je recommencerai tout à zéro, et cela me plaira, car j'aime vous dérouter, j'aime venir vous chercher là où vous ne m'attendez pas!

Pour votre humanité et l'œuvre à réaliser ici, j'ai choisi un moteur et demandé à ma partenaire de l'incarner parce que je ne peux être ni obéissance ni rébellion, alors qu'elle le peut. Alors, interrogez-vous, vous qui êtes forcément en relation avec un esprit déjà bien installé dans sa connaissance de qui il est. Dites-vous bien que vous êtes les racines au moyen desquelles il explorera davantage une facette d'une force. Ou, tout simplement, il appellera une force et la dirigera à l'intérieur de ses racines.

Alors, cessez de vous identifier à cette dualité qui est en vous. Ce n'est pas vous, ce n'est qu'un jeu de l'esprit que vous êtes. Par contre, l'esprit que vous êtes peut jouer avec le jeu qui vous a été remis! Regardez ce bâton de parole! Il est mort aux yeux de la connaissance scientifique, pourtant combien il est vivant! Combien il est magique puisqu'il vient vous chercher à l'intérieur de vous, tantôt par le côté arrondi, tantôt en pointant du doigt ces petits côtés de vous-mêmes qui se cachent encore. Il est vrai que sur cette planète, il est facile de se cacher, d'oublier qui on est, de s'amuser à ne pas être puisque, en définitive, c'est le jeu de cette planète! Mais voilà, un jeu a un début et une fin, et cette fin a été décidée, écrite. Et elle entre désormais en vigueur. Par conséquent, on va vous retirer ce jeu du non-être et vous serez tout à coup devant une immensité, devant un paysage qui vous submergera tant il vous rappellera qu'en réalité vous *n'êtes* pas!

Alors, vous qui avez pris l'habitude de jouer, vous allez vous dire: «Je dois m'asseoir, je dois être sérieux! Qu'est-ce que je fais avec cet être?» Étrange question! Tout est inscrit en vous, nous vous le répétons! Où cela? Dans vos roues de couleurs, qui vous parlent de tous les paysages de l'Univers. Dans les roues secondaires qui, pour l'instant, n'intéressent pas grand monde. Et moi, je vous informe que ces roues secondaires sont justement les principales et que les prétendues principales sont les secondaires! Et je viens encore vous chercher à l'intérieur d'une croyance! Ces grosses roues colorées, ces portes ne sont pas les principales? Non! Elles ne l'ont jamais été et ne le seront jamais.

Aussi, je vous le déclare, ce qui vous paraissait vivant est peut-être mort et ce qui vous semble mort est sans doute plus vivant que vous ne l'imaginez. Oui, bien sûr, il y a ce que vous ne pouvez pas nier, par exemple ces roues que vous connaissez, enfin les premières que vous identifiez, qui sont les premières portes. Mais généralement, quand on veut entrer dans une pièce, que l'on en pousse la porte, il s'y trouve toute une connaissance, une lumière, des coffres remplis, et il faudra franchir le seuil afin de pouvoir dénicher tous ces trésors qui sont à notre disposition. Aussi, dans l'avenir, vous redécouvrirez tous ces sous-chakras qui sont en somme des trésors d'enseignement, des forces tenues à votre disposition afin de vous immerger dans votre force.

Des voiles ont été posés sur ces sous-chakras, les verrouillant tout doucement. Ainsi, leur force, leur connaissance, s'est estompée de la mémoire de l'humanité. Partant, il n'est resté à celle-ci que la conscience de cette roue, et ses membres ont navigué sur ce bâton de la dualité composé d'une entrée et d'une sortie! Allez-vous enfin pousser votre curiosité jusqu'à explorer tout ce que nous avons mis en réserve? La curiosité, voilà un autre moteur à la disposition de cette humanité!

Je répète souvent que nos maîtres sont incarnés, qu'il s'agit, en fait, de cette humanité. Car nos maîtres parlent de l'expérience et l'expérience s'acquiert quand on accepte de revêtir le vêtement de la mort initiatique. Je ne fais pas allusion ici à la mort physique, mais bien à la mort initiatique, soit la perte de connaissance donnant naissance à une autre force, une autre lumière, une autre conscience. La vie telle que vous la connaissez dans le monde de la densité, c'est-à-dire votre existence dans ce corps, est avant toute chose la plus grande mort initiatique. Et vous êtes prêts, nous vous l'assurons, à renaître de cette mort initiatique. Seule votre volonté nous apprendra si vous émergerez dans cette renaissance, apportant à notre monde une connaissance du vécu, du ressenti qui viendra éclairer d'un nouveau visage notre réalité. À quel moment ou quel endroit de la roue Arc-en-ciel allez-vous choisir de renaître et de venir enrichir la connaissance illimitée de la Vie, ici, de notre côté? Je ne sais trop! Ce choix vous appartient. Chose certaine, vous serez encore accompagnés, aimés, protégés, guidés, entourés, câlinés... Ou alors, je me ferai ce diapason vous rappelant qu'il est peut-être temps de changer d'attitude! Et c'est parce que nous vous aimons que nous vous indiquons qu'il est temps d'explorer un autre paysage.

(S'adressant à Régine) Il n'est pas facile de vivre dans les énergies de Soria! Tu l'as expérimenté. Mais il n'est pas plus facile de vivre dans les énergies du Maître Cristal, prends-en conscience! Lui et moi sommes deux Identités primordiales; nous nous complétons, mais nous sommes d'une force qui ne requiert aucune faiblesse dans notre volonté de choix. Et tous ceux et celles qui vont venir nous solliciter, le Maître Cristal et moi-même, doivent s'attendre à revisiter des paysages leur rappelant leurs racines, leurs couleurs, et leurs choix dans le service. Il n'y a guère de repos à notre contact, nous le savons.

J'ai choisi de venir vous bousculer à l'intérieur de la reconnexion de la force et de la conscience de l'Arc-en-ciel. Et comme il nous faut rouvrir des portes, je serai, encore et toujours, sans faiblesses.

Quand on me demande de justifier les mots et les enseignements qui ne s'imbriquent pas dans les précédents, je ne réponds pas. Quand on me demandera d'expliquer tel ou tel choix, je ne répondrai pas non plus.

Il y a quatre grands Père/Mère primordiaux issus directement du Cœur du Sans-Nom. Le Maître Cristal et moi-même sommes deux de ces Père/Mère.

Toutes les étincelles de Vie sont issues de l'un ou l'autre des quatre grands Père/Mère, et nous n'avons pas à justifier nos choix. Non pas que nous ne vous respections pas, mais notre vue est d'une telle ampleur que vos mots n'offrent absolument pas la possibilité d'exprimer nos concepts de création. Plutôt que de semer le trouble, nous avons donc choisi de ne pas répondre à de telles questions. Nous évitons ainsi, par rapport à l'incarnation, de créer des gouffres qu'il nous faudra, d'une manière ou d'une autre, apaiser, remplir et guérir dans le futur. Nous ne manquons pas d'amour envers vous ; nous savons tout simplement que vous êtes dans une séquence de temps où la profondeur, la vue universelle, vous manque. Bien sûr, nous répondrons à vos questions, mais seulement quand votre vue intérieure aura retrouvé une vision universelle suffisamment élevée pour aborder ces concepts de création. Intérieurement, vous êtes nourris de nos forces. Elles ne vous ont jamais quittés ; elles ont tout bonnement été voilées pour l'expérience que vous aviez à traverser. Mais celle-ci se termine, alors patience ! Ayez le courage d'attendre encore un peu.

La force qui m'anime est tellement puissante que si je devais répondre à toutes les questions, je pourrais vous brûler et consumer les ailes des ces papillons qui sont en train de sortir de leur chrysalide — vous ! Faites appel à votre sagesse, à votre patience, à votre discernement. Et ne me demandez pas d'entrer dans des moules que vous avez créés à partir du mental humain.

Autre chose encore, le mental humain ne peut que concevoir que tout membre de cette humanité répond aux forces duelles de cette planète. Autre erreur!

Ma puissance est telle que je me joue de toutes les distorsions possibles sur cette planète. Et je souris devant certaines réactions du mental des préhumains à la recherche de l'état humain.

Maintenant, je voulais vous révéler ceci: je ne suis pas qu'un Maître d'enseignement universel, je ne fais pas que transmettre des mots.

Je suis avant toute chose un des plus grands Créateurs sortis du Cœur du Sans-Nom.

Avant toute chose, la Vie dans les mondes tridimensionnels est l'une de nos expressions volontaires. Et de manière à la nourrir, nous avons créé des enfants de l'Esprit qui ont su, tout au long du voyage, s'installer dans leur maîtrise là où on le leur demandait. Ces enfants sont nos enfants, au même titre que les Maîtres que vous connaissez! Les grands visiteurs et les grands enseignants du passé le sont aussi. Et ils se sont installés là où je le leur ai demandé.

Il en est de même pour mon complice, le Maître Cristal. Et je tenais à vous préciser que le collectif SORIA est constitué de tous ces Maîtres. Le collectif SORIA, ce n'est pas que moi; il comprend une grande partie de mes enfants, et je les aime. Mais ne me demandez pas d'établir une comparaison entre mes enfants et moi-même. Un Père/Mère ne peut qu'aimer sans condition ses enfants qui se sont installés dans leur maîtrise et qui viennent parler d'un chemin qu'ils ont expérimenté.

Un jour, vous serez des maîtres et on référera à vous, à votre enseignement acquis dans la densité. Vous serez maîtres de votre enseignement, de votre parcours, de votre vécu. Vous ne pourrez pas faire ombrage à votre Père/Mère, et lui ne le pourra pas non plus. Alors, cessez de me demander une comparaison entre mes enseignements passés et ceux que je donne à ce jour.

Voilà bien de la gravité, du sérieux! Mais surtout, ne m'identifiez pas à cela, car je pourrais venir vous chercher dans la joie et, tel un lutin, vous tirer les pieds! Je sais être légère comme une elfe, onduler comme une ondine! Cependant, j'arrêterai là la comparaison, à défaut de retomber dans la gravité!

Allez! Nous n'avons pas fini. Et le bâton de parole perdurera encore sur cette planète!

Et ne l'oubliez pas, chacun de vous a son bâton de parole installé dans le cœur! Chut! C'est un grand secret! Soria n'a rien dit! Promis?

Domme

la Dordogne

Quatrième rencontre

Que peut apporter Soria? Quel type d'informations allons-nous recevoir, compte tenu de tout ce travail à faire?

Quelle grande ironie! Car il n'y a pas de «travail» à faire, mais juste à saisir que vous êtes des enfants divins venus pour comprendre la matière.

La matière peut être aussi subtile qu'elle est dense, parfois malléable et souple ou aussi rigide qu'un roc. C'est la pierre d'achoppement de toutes les humanités!... «Si on pouvait simplement être esprits, qu'est-ce que ce serait facile!» Mais voilà, vous n'êtes pas venus dans la facilité. Si c'était le cas, vous ne seriez pas résidents de cette si belle planète, ni incarnés précisément dans cette présente séquence de temps où toutes les difficultés sont requises et où vous venez afin de secouer la chape de plomb très subtile qui maintient la matière dans une énergie trop dense pour vivre dans cette fluidité représentée par votre esprit, votre naissance divine.

Que sont les *cercles de paroles*? Voilà une question qui revient souvent.

Un cercle est d'abord magie, puisqu'il contient et renferme des énergies, lesquelles sont démultipliées par la présence de chacun. En lui tous les possibles réalisables et inimaginables sont révélés par les participants. Puis, dans les plans subtils, autant d'êtres accompagnent ces derniers, formant ainsi d'autres cercles qui véhiculent la force et la tonalité des esprits présents.

Chose étonnante, les cercles de paroles SORIA sont sous la protection et le parrainage de grands sages amérindiens ayant vécu sur cette planète. Pourquoi eux? Excellente question. Voyez-vous, ces êtres — qui ont accepté souvent de se sacrifier afin qu'un jour se lèvent des hommes et des femmes forts et se réclamant des nouvelles énergies — représentent une souche de la famille pléiadienne.

Aussi, ce que vous faites à cette population, vous nous le faites à nous, représentants des Pléiades. C'est un visage de nos forces, non pas le seul mais le dernier que nous avons créé afin que tous les hommes et les femmes en détresse puissent venir s'asseoir et discuter avec eux. Il y aura beaucoup de cercles d'esprits dans les années à venir, et certains pourront ainsi côtoyer de manière plus subtile les maîtres ayant foulé cette terre et vivant dans les mondes éthérés, mais une multitude de personnes ne pourront avoir accès à cette force. Et il n'est pas question ici de les rejeter ni de les oublier ; pour ceux-là qui vont seulement s'épanouir, nous avons préparé et ensemencé cette terre. Aussi, dans les races porteuses du Flambeau de la Lumière, nous avons préparé le sol et laissé derrière nous ce peuple, qui représente une grande civilisation. Oh, certes, cette civilisation ne vous restituera pas de technologies ni des bâtiments. Non, ce n'est pas dans ce domaine que ces frères œuvrent ; ils sont les gardiens de notre flambeau et la partie visible, la plus densifiée, que nous pouvions offrir de nous-mêmes. Ainsi, chaque fois que vous les avez touchés, vous perturbiez la partie subtile de votre divinité et, par conséquent, vous faisiez du mal puisque vous tentiez par là de nous atteindre, nous vos Père/Mère.

SORIA est un collectif d'Êtres qui œuvrent ici, mais ailleurs surtout. Actuellement, une multitude de nos représentants s'activent, il est vrai, dans l'aura de cette planète. Quand le niveau de conscience se sera élargi et se stabilisera, et que les hommes et les femmes seront ancrés dans leur grille magnétique, le collectif repartira bien sûr, car il aura à agir ailleurs. Oh, pas dans un ailleurs au fin fond de ce Cercle atomique de Vie, mais à sa périphérie qui s'ouvrira bientôt, et ce, afin d'inaugurer des passages dans les mondes habités et dans les champs vierges qui accueilleront plus tard des humanités. Et voilà que sur cette planète si petite et éloignée, bien isolée apparemment du cœur même de la divinité, nous le Cœur, la Divinité, descendons et venons nous installer dans l'aura en premier lieu, jusqu'à ce que la partie densifiée de cette terre vienne rejoindre nos énergies.

Et cela ne se passera pas dans des milliers d'années, car vous êtes en plein bouleversement, mais rapidement. Et assurément, chacun y trouvera son compte.

Nous voici donc, les Fils et Filles primordiaux, les premiers-nés du Sans-Nom ayant eu pour tâche d'engendrer toutes les lignées. Nous descendons et rejoignons cette petite planète qui, semble-t-il, n'est pas digne de vous abriter ! Vous voulez tous partir, regagner la demeure de l'Esprit, qui est pourtant cette planète ! C'est même une de ses plus belles demeures. Oh, le potentiel n'a pas été encore atteint, mais quelle importance ! Nous savons jusqu'où cette planète ira, que vous avez frôlé l'irréparable, et nous connaissons tous ces hommes et ces femmes qui jettent des pelures de bananes sur votre chemin afin de vous faire chuter. Nous savons tout cela ; seulement, c'était avant notre venue. Je ne veux nullement dire que nous allons désormais vous prendre sur nos épaules, vous épargnant ainsi ce que vous avez à vivre. Non, nous vous présenterons à vos rendez-vous humains, mais vous ne serez pas seuls ! Vous avez la possibilité de mettre vos mains dans les nôtres. Nous pouvons vous accompagner, et, surtout, ne vous demandez pas comment moi, Soria, je peux être partout. Cela est possible, mais cette grande loi n'a pas besoin d'être étudiée maintenant.

Il y a foule sur votre sphère, ça se bouscule. Vous rendez-vous compte ! La légende est en train de devenir la Vie, la réalité. Ce qui était en potentiel, prédit, chimère ou raconté dans les hautes sphères s'enracine et montre son visage là où on ne l'attendait pas, au fond du grand sidéral. Tous ceux qui n'y croyaient pas se bousculent cette fois afin d'y venir et de grossir les rangs de ceux qui, eux, ont toujours travaillé en vue de cet événement. Il y a ceux qui se bousculent, désireux de récupérer un peu d'énergie sans trop se fatiguer, puis les autres ayant donné sans compter, sans même se dire qu'ils seront là lorsque cela aura lieu. Mais ceux-là ont donné, aussi, forcément, sans attendre en retour, ils seront les premiers à être là. À chacun d'eux nous avons dit: «Tu t'es fatigué, tu as donné ta sueur afin que le grand Plan puisse se réaliser, il est naturel que dans cette matière tu reçoives ta consécration.» Bien sûr, certains n'auront que des germes à développer dans le futur, mais d'autres recevront davantage. Si tous ces hommes et ces femmes ayant offert le maximum d'eux-mêmes sont là pour recevoir leur dû, cela dérange ceux qui tentent de s'accaparer quelques miettes sans fournir d'efforts. Nous en sommes parfaitement conscients. Et si nous laissons quelques-uns glisser dans ces temps présents, sachez que nous les aimons assez pour qu'ils puissent effectivement venir s'incarner et recevoir un rayon de lumière qu'ils n'ont encore jamais rencontré, ce qui les aveuglera peut-être dans un premier temps, les paralysera, car ils ne sauront plus qui ils sont. Toutefois, ce rayon induira une chimie, et nous savons que celle-ci les conduira au fil du temps vers leur propre couronnement.

Tout est bon et juste, il ne peut y avoir d'erreur. C'est vrai qu'il y a encore des lourdeurs sur cette planète et des gens qui les génèrent, mais s'ils le font, c'est peut-être pour vous inciter à générer de la fluidité en vous-mêmes. Après tout, ne sont-ils pas ces précurseurs, ces instructeurs qui vous permettent de vous révéler à vous-mêmes? Chose certaine, ces êtres qui tentent par tous les moyens de détruire une planète seront dans un temps futur ceux qui feront tout pour défendre une autre planète en difficulté. Sachez-le, des événements bien physiques se dérouleront et vous bousculeront, et quand ils émergeront dans votre quotidien et viendront vous chercher au plus profond de vous-mêmes, la lumière se tiendra à vos côtés, nous ne vous oublierons pas, car vous êtes aimés et nous sommes là afin de vous guider. Si nous nous taisons pendant un petit moment, ce n'est point pour vous abandonner, mais pour vous permettre de vous révéler à vous-mêmes, de découvrir votre propre grandeur. Aujourd'hui, vous recevez beaucoup. De tous les côtés l'Univers vous parle et vous guide, mais sachez également qu'un temps viendra où l'Univers se taira. Il se taira, car il engendrera alors des créations bien physiques. Et là, il vous faudra aller chercher en vous cette parole que nous déposons aujourd'hui encore, comme dans le passé de votre être.

Les cercles de paroles SORIA sont là dans le but de vous nourrir et de vous amener, si vous le souhaitez, à désencombrer vos circuits fluidiques, à décristalliser ces mémoires qui vous gênent. Oh, ne croyez pas qu'en sortant au bout de trois jours, vous repartez avec un médicament miracle. Cependant, vous avez reçu toutes les impulsions, toutes les énergies ; nous avons induit les réactions qui vous rendront aptes à effectuer un travail en profondeur sur vous-mêmes dans les semaines qui suivent. Il est vrai que souvent, à la sortie des cercles, vous traversez un passage de perturbations de quelques heures, quelques jours, ou même plus long, mais dès l'instant où vous me demandez de pénétrer le cercle, vous êtes accompagnés jusqu'à la réalisation de vos vœux. Ah, j'oubliais, ces vœux, vous ne les faites pas le jour où vous entrez dans le cercle physique, mais quand vous venez me voir la nuit dans l'astral et me dites : « Soria, quelque chose m'encombre, et il me faut trouver la solution pour me fluidifier. » Alors, nous choisissons ensemble les énergies qui viendront vous visiter durant les trois jours et qui vous accompagneront ensuite jusqu'à la pleine réalisation de vos vœux. Le cercle ne débute donc pas le premier jour, mais bien avant. Je vous ai accueillis, écoutés, et j'ai répondu. Par le biais des livres, je suis à votre écoute, ayant construit l'enseignement qui, je le sais, viendra vous chercher, vous déranger, déloger des concepts qui ne servent plus à rien.

Pendant les conférences, je viens directement créer des impacts qui révéleront des ouvertures en leur temps. Je travaille sur plusieurs strates de la pensée, du corps, et de l'âme. Il est possible que, parfois, vous soyez tellement dérangés que vous partiez, et je souris car, voyez-vous, tout ne s'arrête pas en quittant la salle. Voilà pourquoi je tiens ici à vous instruire sur mon enseignement en général. Comment cela se passe-t-il? Dans la nuit, durant votre sommeil, vous allez visiter des endroits; parfois, vous vous élevez à peine de la Terre et avez même du mal à quitter votre demeure. Mais pendant ces instants, vous cherchez un être qui va vous instruire, échanger de l'énergie avec vous. Quand le contact est établi, le dialogue se porte sur ce qui a déjà été réalisé, ce qui reste à faire, ce qu'il faut déloger en ce sens. Une stratégie est adoptée. Parfois, pendant plusieurs années dans l'astral, vous êtes instruits en vue de vous préparer à une rencontre qui vous permettra de basculer dans cette réalisation, ce possible. C'est ainsi que, toutes les nuits, vous cherchez cette nourriture nécessaire à votre âme, votre esprit. C'est ainsi que tout doucement, pierre par pierre, nous construisons le chemin qui vous conduira jusqu'à un rendez-vous dans la matière, dans votre quotidien; il prendra tel ou tel visage, suivant votre volonté, la couleur de service à laquelle vous avez porté allégeance dans votre passé. Puis, lorsque ce rendez-vous survient et que vous êtes en présence de l'être qui vous délivrera une somme d'informations, sachez qu'il a reçu l'énergie pour vous seul ou un groupe. Vous venez donc dans son aura le voir, le côtoyer et ainsi, d'aura en aura, des énergies se transfusent. Votre mental sera apparemment nourri par un flot de paroles mais, en réalité, c'est l'échange de lumière durant le côtoiement des auras qui aura le plus d'effet sur les changements de votre vie. Alors, les mots véhiculés, ceux que vos oreilles physiques décrypteront, apaiseront votre mental et, ainsi, votre cœur pourra s'ouvrir et accueillir ce que vous vous êtes réservé. En venant côtoyer les énergies qui ont pris pour nom SORIA, vous êtes venus chercher les énergies solaires, retrouver l'identité attachée à cette force, et rééquilibrer votre pôle masculin.

C'est étrange, nous sommes dans une période où l'énergie féminine prend de l'ampleur. Vous me dites: «Soria, si tu viens nous voir, c'est dans le but de rééquilibrer ton pôle masculin, de le nourrir.» Oui, tout à fait. Vous croyez que je vais agir sur votre identité féminine en premier lieu? C'est un grand leurre, puisqu'en réalité je travaille d'abord sur votre énergie masculine. Voilà pourquoi, dans ce service accepté pour cette planète, dans ce secteur de temps qui est le vôtre, j'ai revêtu cette énergie masculine qui vient vous chercher, déloger la vôtre. Elle est à rééquilibrer, à dépoussiérer, et il faut aussi dépoussiérer le regard que vous lui portez.

L'énergie masculine que vous avez amenée dans ses retranchements, dans sa forme la plus négative, est la plus mal comprise; il ne s'agit pas d'une énergie guerrière, sauf quand l'être ne sait plus qui il est. Alors, il faut bien épouser un visage et il devient guerrier.

L'énergie masculine, c'est plutôt et avant tout un chemin de lumière recevant des énergies afin de préparer le sol puisque, voyez-vous, ce n'est pas elle qui féconde la matrice de Vie mais bien l'énergie féminine. L'énergie masculine prépare le nid, ce terrain où toutes les semences déposées pourront grandir. Bien comprise, elle est féconde dans sa rondeur, sa douceur; protectrice, elle nourrit, surveille, apporte ses sons quand cela s'avère nécessaire. Alors, si vous observez ce qui se fait actuellement sur cette planète, vous vous apercevrez que l'énergie masculine est plutôt en train de castrer tout mouvement de Vie, qu'elle manie l'épée pour détruire et tuer, et non pour construire et libérer. Quand des hommes vous disent actuellement: «Nous déterminons le chemin le plus approprié pour l'ensemble», sachez que sous cette forme actuelle se cache un pouvoir égotique très puissant. Dans cette forme négative de l'énergie masculine, la femme s'est voilée afin d'accompagner cette descente puisqu'il n'était pas question de laisser l'énergie masculine aller seule dans le noir de l'esprit. Ainsi, l'épouse a suivi l'époux, ils ont voyagé ensemble, descendant chaque palier du non-amour, du non-respect, oubliant la sagesse.

L'énergie féminine est sollicitée. Nous lui demandons de se réveiller, sachant qu'ainsi l'énergie masculine s'éveillera à son tour et reprendra sa véritable place. Oui, les hommes sont réellement en train de bouger, mais c'est grâce à la partie féminine en eux qui se réveille. Dans les mois et les années qui viennent, vous évoluerez sur un terrain instable, autant à l'intérieur de vous qu'à l'extérieur. Comment voulez-vous que l'extérieur soit stable puisque, justement, en chaque homme et chaque femme les énergies masculines et féminines sont revisitées afin de reprendre leur place et leur identité? Vous ne pouvez demander à votre quotidien d'être stable, à ce qui a perduré depuis des milliers d'années et qui était faussé, de continuer à exister. Il faut, et j'insiste, accepter que le connu s'effondre afin d'accueillir les nouvelles énergies et de recréer de nouveaux chemins sur lesquels vous marcherez en toute sécurité. Mais si vous croyez que les chemins déjà visités par le passé vous offriront cette sécurité, je vous réponds que c'est un leurre, une grande illusion. Non pas que ces vieux sentiers auront démérité, puisqu'ils vous ont permis d'acquérir des compréhensions, mais ils n'auront travaillé qu'à vous amener à ce présent rendez-vous où vous construirez les nouveaux itinéraires sur lesquels vous poserez vos pas, votre pensée, votre cœur et votre âme. Ainsi, ne demandez pas au futur de ressembler au passé, sinon cela signifierait qu'en réalité vous ne désirez rien changer.

L'Esprit de Vie est de nouveau porté sur cette planète.

L'Esprit de Vie a tranché, décidé; il va vous pousser à l'intérieur de vous-mêmes, à ouvrir votre conscience et à revisiter ce regard qui vous empêche d'être dans l'harmonie. Quand ce regard délivrera de nouveaux paysages, soyez heureux même si, dans l'instant, vous êtes dans l'inconfort, car si tel est le cas, votre regard vous parle de vos résistances. Sachez aussi que tous vos rails d'expression, ceux qui sont devenus des automatismes, vont être déboutés puisqu'il vous faut retrouver aujourd'hui une plénitude, une vision plus grande, un terrain d'ébats beaucoup plus spacieux où, enfin, vous pourrez rencontrer tous vos camarades de jeu. Ceux-ci viendront de tous côtés, de toutes les étoiles, de toutes les planètes en cours d'évolution, de leur centre aussi, des soleils, des lunes, des univers.

Sachez que dans ce qui se profile devant vous, la grande famille revient. Aussi, vos relations familiales sont davantage «travaillées» que par le passé, parce qu'il vous faut intégrer une vision un peu plus élargie de ce concept. En effet, il y a le père et la mère biologiques, mais aussi le Père/Mère qui vous a permis d'avoir ce corps dans lequel vous êtes en mouvement, soit votre planète. Puis, vous avez votre père/mère solaire qui vous nourrit et vous éclaire à l'intérieur de ce cheminement et, là aussi, vous devrez le reconnaître. Mais cela n'est pas suffisant, car si vous croyez embrasser du regard la totalité de votre père/mère, vous vous trompez. Vous devez ajouter le père/mère que vous nommez Moi supérieur, celui de l'esprit vivant dans votre corps. Mais cela ne suffira pas encore, et vous serez conduits à intégrer le père/mère qui est à l'origine de votre univers local, puis de l'Univers, et ainsi de suite. Il faudra franchir toute la lignée des père/mère à l'origine de votre naissance et de votre venue sur cette planète. Voilà qu'en quelques mots j'ai élargi le concept de la relation familiale; bien sûr, il y a ce papa et cette maman physiques ayant accepté de recevoir la graine d'esprit qui grandit dans le ventre de cette mère, mais croyez-vous vraiment que cela englobe la totalité? Non, votre père et votre mère ne représentent que le dernier maillon de pères et de mères qui vous engendrent. Voilà bien un concept qu'il faudra dépoussiérer, des idées reçues à déloger en vous. Si vous creusez dans ce domaine, vous constaterez énormément de rigidité et une croyance en ces seuls pères et mères biologiques qui vous arrange bien. Vous êtes présents ici et pensez avoir déjà bien travaillé sur ce concept. Moi, je vous invite à le revisiter, à descendre plus en profondeur en lui, puis à regarder ce que vous soulèverez, et là se révélera un gouffre. Un abîme où vous aurez peut-être peur de vous perdre, car voyez-vous, avant de trouver il faut se perdre pour enfin se poser et appeler cette guidance intérieure, le soleil et la lune, les autres père/mère physiques vous apportant nourriture et concepts subtils.

Rien ne sera aisé durant les semaines, les mois, les années à venir. Rien ne sera facile car, je vous le réitère, ce qui se trouve à l'intérieur de vous sera travaillé, soulevé dans chaque petite pensée qui perdure encore dans votre esprit où se cachent des montagnes et des montagnes de concepts erronés. Erronés parce qu'ils n'ont plus cours dans la phase s'ouvrant devant vous. Les énergies qui viennent vous visiter sont tellement innovantes qu'elles ne peuvent supporter ces concepts du passé.

Et je vais ajouter ici, dans ce cercle, qu'en aucun cas je manque d'amour ou de respect envers les maîtres qui ont foulé cette terre et y ont déposé un enseignement. Comprenez tout simplement que celui-ci ne représentait qu'une pierre de la construction, qu'une marche du grand escalier. Chaque marche a son importance et doit être comprise, assimilée ; à ce moment-là, elle devient solide et vous permet de vous élever vers la prochaine. Il est vrai que si vous avez un pied sur une marche que vous ne comprenez pas, vous en redescendrez forcément puisque votre pied sera instable à cette hauteur et votre regard-sentiment-pensée ne sera pas assez ouvert pour perdurer à ce stade et voir ce qui repose sur la marche supérieure. C'est la raison pour laquelle je persiste à dire que les maîtres du passé ne sont que des marches dans l'enseignement venu vous visiter. Aujourd'hui, je suis là, demain il y aura quelqu'un d'autre. La sagesse du

Sans-Nom est profonde. Elle est un paysage de paix, d'amour et d'harmonie, mais n'évite nullement de vivre des séquences de temps où l'harmonie ne se manifeste pas. Dans ces paysages qui s'ouvriront devant vous, vous retrouverez votre identité divine, vous vous y installerez et vous couronnerez, mais après, que ferez-vous de tout cela si ce n'est de porter à votre tour cette énergie, cette conscience? Vous vous élancerez un jour vers tous ces peuples, ces humanités qui n'ont pas réintégré la conscience d'amour et de lumière. Vous aurez le pouvoir de porter une bribe d'enseignement, mais lorsque vous en serez là dans votre histoire, vous comprendrez qu'en réalité vous n'êtes rien puisque, avant vous, il y eut des maîtres et qu'après vous, il y en aura d'autres, que vous ne faites que préparer la venue de ces futurs maîtres. Mais vous saurez également que votre place est importante dans l'instant présent, car sans elle les autres maîtres ne pourraient descendre. Alors, je vous le dis, tous les maîtres du passé de cette planète et de l'Univers se plaisent aujourd'hui à rencontrer les nouvelles énergies distribuées. Ils savent qu'ils ont réussi leurs contrats, que l'enseignement qu'ils ont déposé n'était qu'un visage, un des morceaux du puzzle, de la grande Vie et que celui-ci préparait le terrain à une plus grande ouverture. Eux sont en paix; ils ont réussi. Et ils sont en train de vous transmettre ce flambeau, chacun vous disant: «J'ai fait mon travail. À toi désormais de comprendre où est ta place, de prendre ce flambeau, de devenir lumière pour tous ces hommes et ces femmes en recherche, d'apporter les mots dont ils auront besoin à un moment donné. Puis, tout comme moi, tu passeras ton chemin puisque ton temps sera fini et tu laisseras la place à quelqu'un d'autre qui viendra amplifier ce que tu as fait, mais parfois le démolir. Sache que l'amour qu'il portera alors en lui aura pris un autre visage et que tout sera juste. En tout cas, cette leçon, cette compréhension, est installée dans toutes mes cellules. À toi maintenant de grandir, de voyager. Je t'attendrai.»

Oui, c'est vers cela que cette planète et d'autres avancent. Certaines, dans ce secteur, comportent plusieurs soleils et sont encore en voie de développement. Comprenez que vous êtes ici aujourd'hui mais que vous ignorez où vous irez demain. Assurément, vous irez là où vos pas vous porteront, là où votre vision, votre cœur et votre esprit seront installés dans l'ouverture de la lumière. Quand le Verbe se fera chair par votre bouche, vous saurez de quoi vous parlez, quelles sont ces lois auxquelles vous vous référez. Sachez que tout est juste et bien, mais aussi que tout est mouvement, que jamais nous ne vous offririons un grand fauteuil dans lequel vous assseoir et vous reposer pour l'éternité.

Nous sommes entrés dans une période où ce premier Cercle atomique de Vie donnera naissance à un deuxième. Ainsi, dans le futur, un cercle de Vie offrira des planètes où pourront être explorés de nouveaux germes d'idées. Des étincelles de Vie descendront sur ces sphères et accepteront de porter des schémas à développer. Toutefois, bien des groupes d'hommes et de femmes installés dans la Loi divine seront nécessaires afin d'accompagner, de diriger et de soutenir ce travail, et c'est là où vous serez attendus. Vous pensiez peut-être que c'était sur cette planète, mais c'est là-bas, où toutes les forces vous attirent. Bien sûr, vous l'aimez cette planète et désirez œuvrer, mais quelque chose vous renseigne sur cette insatisfaction, et vous ne pouvez mettre de mots dessus. Si déjà vous mettez un doigt sur elle, c'est que vous savez être attendus ailleurs. Tous ceux et celles qui se reconnaîtront doivent, avant toute chose, trouver la paix en eux dans l'harmonie de ce quotidien sur cette planète afin de se conduire comme de futurs instructeurs des énergies, de futurs guides tenant cette lumière afin d'éclairer le chemin de ceux qui s'égareront. Car, forcément, sur ces nouvelles planètes, il s'en trouvera.

Si vous désirez être opérationnels, comme vous dites, vous devez élever votre regard dès maintenant. Des choses ne sont pas acceptables, il est vrai, mais vous devez admettre que l'âme et l'esprit ont besoin de contempler certains paysages pour recueillir une information, une substance qui nourrira à la fois le corps, l'âme et l'esprit, cette merveilleuse trinité incarnée. Rien ne sera facile dans le futur si vous butez aujourd'hui contre ces choses essentielles. Certes, vous devez vous élever et il y a des non à prononcer, des actes à effectuer en conscience, mais vous devez, au travers de ce que vous êtes en train de vivre et d'émettre, accorder le droit d'égarement à l'autre. C'est là une grande loi: nous n'avons pas le droit d'intervenir sans une autorisation. Et si nous descendons tous actuellement, c'est bien parce qu'on nous a appelés, qu'une poignée d'hommes et de femmes en ont eu assez, qu'il faut que cela change. Et quand aujourd'hui certains le disent à voix haute, ô combien tout cela est enregistré et nous, ici, inscrivons dans nos cahiers cette volonté devenue chair. Car, en recourant à l'expression orale, vous utilisez la chair de la création.

Il y a énormément de confusion dans le savoir; il y a le savoir acquis par l'âme, par le corps, et par l'esprit. Le corps, lui, l'acquerra dans son quotidien; il expérimentera la brûlure, la noyade et ainsi de suite. L'âme acquerra son savoir au fur et à mesure de son éveil à sa fonction: «Je suis l'intermédiaire entre plusieurs mondes et je peux naviguer et faire en sorte d'apporter la paix, l'amour et la conscience à tous ces partenaires avec lesquels je vis.» L'esprit, lui, se plaira à l'intérieur d'une information de même nature, mais il sait également qu'il est un merveilleux chef d'orchestre et qu'il deviendra un être couronné quand il saura prendre les bonnes décisions visant à créer l'harmonie dans l'expression au quotidien. Vous voyez, je vous ramène à ce quotidien que beaucoup n'aiment plus. Certains se révoltent même; c'est difficile de nettoyer la vaisselle qu'on a pourtant salie, et on doit se nourrir si on souhaite que ce corps aille loin dans le temps. Oui, voilà plein de paysages à visiter et, justement, il en est un se rapprochant de vous. Il vous parlera de l'attention que vous portez à votre corps pour le maintenir en bonne santé. Il vous instruira, et peut-être comprendrez-vous alors ses paroles: «Tu veux être en bonne santé, alors sois attentif au choix des mots que tu prononces, ou auxquels tu penses. N'oublie pas que chacun d'eux est un réservoir d'énergie et véhicule une conscience. Quand tu en poses plusieurs à la suite, tu les mets en résonance et leurs forces se démultiplient; alors, installe la conscience dans tes mots.»

Et ainsi, vous descendrez à l'intérieur de vos corps et apprendrez à reconnaître les lois de chacun, la croix d'influence de chaque corps subtil logé en vous. Vous comprendrez aussi que vous ne pouvez aller plus loin sans réaligner toutes ces croix afin qu'elles n'en forment plus qu'une, puis transformer les quatre branches en un point de lumière. C'est-à-dire prendre cette croix et la glisser à l'intérieur du cercle, la croix se faisant alors cercle et le cercle épousant la croix. Les deux énergies se marieront et, ainsi, vous aurez réintégré la première grande loi cosmique.

Rien n'est facile, et demain ne le sera pas si vous laissez votre mental l'emporter sur la pensée de votre cœur, comme sur celle de votre âme, de votre esprit, de votre corps. Là, je vous offre encore une autre compréhension de vous-mêmes, car chaque corps subtil détient sa propre pensée. Aussi, ne vous étonnez plus de la cacophonie qui règne encore à l'intérieur de vous-mêmes. Et si, à l'extérieur, vous êtes devant une cacophonie gigantesque, c'est peut-être afin de vous rappeler le balayage à faire en vous. Et puis, avant toute chose, vous devez vous aimer en toute simplicité, car si vous êtes incapables de vous donner aujourd'hui un peu d'amour, l'amour venant vous visiter ne pourra pas vous nourrir ni transformer votre réalité en un équilibre harmonieux. Vous êtes tous en souffrance, ayant un paysage blessé, des sables mouvants en dessous des pieds. Vous ne savez pas employer le Verbe à bon escient, et ne croyez pas que si je dresse ce tableau, c'est pour vous déclarer que tout va mal. Je veux plutôt vous signaler que vous devenez de plus en plus conscients de cet état de fait et que, forcément, vous recevez l'instruction pour réaliser enfin la maîtrise de tous ces possibles. En somme, sachez que vous entrez bel et bien en mutation, en transmutation, et que vous êtes soutenus, que vous n'êtes pas oubliés. Demain, nous irons plus loin dans cet enseignement mais je vois déjà que vos corps réagissent et que des énergies se soulèvent. Les cercles de paroles servent également à cela.

Je vous invite donc à prendre un peu de repos, à vous accorder un peu de détente. Je reviendrai vous visiter demain.

Mais pourquoi cette attente, puisque tout est à l'intérieur de vous, en ce lieu où je vous donne rendez-vous?

Je viens vous parler du parfum de la Terre.

Bien sûr, vous me répondrez que le sol mouillé dégage des odeurs, que la mer offre une palette de senteurs, que le feu en action ouvre un autre registre.

Cependant, je veux vous entretenir du parfum de la Terre qui va se dégager.

Parfum unique.

Parfum qui sublimera toutes les senteurs connues et identifiées à la surface, car ces effluves ne sont que le pâle reflet de ce que vous rencontrerez, découvrirez, identifierez.

Parfum d'amour.

Parfum de lumière, mais aussi des couleurs. N'associez-vous pas certaines couleurs dans votre quotidien avec des fragrances? Eh bien, dans la reconnaissance de la divinité qui se rapproche à grands pas dans votre quotidien, vous retrouverez une profondeur plus subtile et plus intégrale du monde parfumé, de la couleur, de toutes celles qui viennent vous visiter. Oui, je voulais vous instruire; voyez-vous, lorsque je regarde l'Arc-en-ciel dans ma main, je ne vois pas sept couleurs ni douze mais une multitude de couleurs qui déclinent en des réalités denses ou subtiles. Et cette palette de couleurs, de senteurs qui s'annonce vous parlera d'une identité déposée un jour auprès de l'un ou l'autre des Père/Mère. Vous leur avez demandé d'être les gardiens de cette réalité, mais puisque vous réclamez votre retour à votre divinité, à votre unité, vous rappelez la présence de ces gardiens, ces Père/Mère ayant en dépôt une partie de votre identité, de votre personnalité. Dans le mouvement se présentant à vous, je ne parle pas d'un phénomène qui aura lieu dans des milliers d'années, mais de ce qui est induit pour les dix prochaines années. En lui, vous serez mis en vis-à-vis avec cette partie de vous-mêmes que vous avez délaissée, oubliée et parfois même ignorée, mais dont nous avons pris soin, car il est temps pour vous de retrouver ce dépôt. Quant à nous, tous les Père/Mère, il est également temps de nous défaire de cette responsabilité, de nous soulager d'un fardeau parfois lourd quand nos enfants bien intentionnés ont décidé en cours de route de délaisser leur identité profonde pour aller jouer aux petits soldats mus par une ombre bien densifiée. Ces Père/Mère qui, dans ces temps lointains, ont accueilli votre parfum, votre couleur essentielle, se sont vus alourdis dans le temps puisqu'il n'était pas question au début de ce partage que vous perduriez longtemps dans l'oubli, que dans cette descente vous improvisiez un jeu qui ne fut pas conçu par le grand Plan. Il n'était pas prévu que vous décidiez d'expérimenter immédiatement des germes d'idées qui auraient dû au départ être ramenés à un groupe de sages qui vous auraient ensuite accordé un décret pour l'exploration de ces germes. Vous avez passé outre au protocole universel, à la sagesse universelle. Dans l'oubli, vous avez créé ces germes d'idées et les avez expérimentés aussitôt, mais vous n'étiez pas armés, car votre corps n'avait pas reçu ces dépôts d'énergie qui auraient favorisé cette étude. Ainsi, vous vous êtes présentés comme des guerriers n'ayant ni armes ni armure, comme des guerriers innocents de l'art de la guerre, et vous êtes partis confiants en disant: «Tout va très bien; vous n'avez qu'à garder ce que nous avons déposé. Nous reviendrons un peu plus tard.» Les Père/Mère qui portaient dans leur responsabilité cette partie de l'identité de ces enfants téméraires ont dû assumer leur tâche et garder en mémoire tous ces dépôts, mais ces derniers ont parfois alourdi leur tâche, les ont freinés. Ils les ont liés à ce devenir d'enfants turbulents.

Oh, nous ne nous plaindrons pas, car vous nous avez offert une démonstration majeure. Oui vraiment! Nous pensions vous récupérer en triste état, sinon même désintégrés, car nous étions conscients que vous ne portiez absolument pas ces flammes d'énergie, de lumière nécessaires à votre défense le moment venu. Vous vous êtes avancés les mains nues, le cœur à nu, le corps vide de toute protection vers l'exploration de germes. Nous savons fort bien que lorsqu'un germe est appelé à être développé, il comporte un aspect lumière et un aspect ombre. Partant, nous créons des parades afin de protéger, de guider et de ramener ces êtres qui étudieront les nouveaux germes. Dans votre cas, nous n'avions ni parade ni rien d'autre à vous proposer. Nous avons dû vous faire confiance et étudier au fur et à mesure tous les procédés reliés à ces germes d'idées que vous avez décidé d'expérimenter nus, totalement vierges de toute protection.

Quand je regarde en arrière et relève cet exploit, un seul mot me vient à l'esprit: kamikazes. Car il faut être fou pour se lancer ainsi dans l'étude d'une idée qui n'est ni préconçue, ni favorisée ou parrainée par une force égale à cette amplitude de reconnaissance. Non, vous n'aviez ni parrains ni bonnes fées et vous vous êtes avancés seuls dans cette reconnaissance. Il est vrai que lorsque nous avons enregistré le dérapage de ces enfants turbulents que vous étiez, nous nous sommes réunis afin de nous pencher sur cette question, mais durant ce temps, vous viviez, et ce, sans protection, sans aide, loin d'une compréhension déposée à l'intérieur de vous et acquise par l'étude des possibilités des champs d'énergie susceptibles de se mettre en mouvement. Alors ensemble — vous partis dans l'inconnu et nous ici dans l'inconnu — nous avons cartographié ces idées germes et recueilli une palette de couleurs et de senteurs.

Dans l'avenir, cette planète qui possédait un parfum à extérioriser y accolera le parfum que vous, enfants turbulents, kamikazes des univers, avez développé dans l'inconscience, la témérité. Oui, vous avez fait preuve d'inconscience, mais — et cela est bien — vous avez réussi à rappeler la lumière, la présence des forces universelles, des forces divines, des forces solaires, cristallines et atomiques, sans oublier les forces christiques. Vous avez rappelé tout le monde, mais ô combien nous avons souffert et peiné en nous demandant si nos enfants bien-aimés allaient retrouver le chemin ou s'égarer pour toujours !

Ne croyez pas que je vous raconte une fable, que je vous encense. Je vous rappelle simplement une réalité, celle d'une expérience vécue par une bande d'enfants turbulents et égocentriques, quelquefois farceurs, mais réclamant déjà leur maîtrise.

Nous avons fait tout en notre pouvoir, puisque des lois soutiennent et tendent ces univers. Pas question d'y déroger, car nous avions créé ces lois ; en tant que créateurs, nous ne pouvions nous en écarter. Nous devions les incarner, aussi nous n'avons pu que créer des sas, des ponts afin que notre lumière, les lois, les senteurs et les couleurs reviennent jusqu'à cette conscience incarnée et éloignée de la divinité. Doucement, cette infusion constante, parfois forte ou ténue, a porté ses fruits. Un enfant capta un jour cette infusion, se rappela son origine et, dans la matière, offrit des racines à cette identité qui fut déposée. Progressivement et en douceur, les Père/Mère, vos gardiens, reviennent vers vous et vous rappellent cette force que vous avez déposée. Ils savent à quel point vous êtes fatigués par cette escapade, cette aventure qui n'est ni humaine ni divine et qui, pourtant, est bien plus que cela. Qu'allons-nous faire maintenant, mes enfants? Oui, que faisons-nous de ces dépôts? Que ferez-vous de cette identité qui revient vers vous? Songez-vous à la réintégrer? Avez-vous pensé à ce devenir que vous lui accorderez? Vous l'appelez, c'est bien, mais avez-vous au moins créé un espace pour qu'elle se glisse en vous? Vous pensez que cela est acquis, mais je vous dis que non, car cet espace, vous l'avez rempli en décrétant dans un temps passé que vous alliez cheminer seuls, sans rien, dans un espace de germination difficile. Aussi, ce vide laissé par le dépôt de la conscience de qui vous étiez s'est empli de l'aventure découverte, mais si vous voulez que celle-ci se termine dans l'apothéose, vous devez décréter quelles substances vous laisserez, quelle quintessence vous offrirez à l'Univers, puis comprendre qu'un petit espace perdure afin d'accueillir cette identité de vous-mêmes. Et il est si petit par rapport à ce qu'il était au moment de votre dépôt, que vous devez le travailler (oui, j'emploie encore ce mot, mais il est utile dans l'instant), l'agrandir en étirant la périphérie afin que cette partie de votre personnalité puisse à nouveau se loger à l'intérieur de vous-mêmes, s'épanouir et reconstituer le puzzle de qui vous êtes, puzzle entier, sans pièce manquante ni perte. C'est très important dans l'espace-temps qui s'offre à vous.

Vous serez amenés à composer avec la création, à réidentifier votre espace intérieur comme extérieur et à en reconnaître toutes les dimensions, car il n'est pas linéaire. L'espace se décline sur une multitude d'expressions et sur le temps, ce moteur de l'aventure. Vous en avez fait quelque chose de linéaire, mais croyez-vous que le linéaire existe au sein du grand Univers? Avez-vous remarqué comme nous vous instruisons sur le cercle? Nous vous restituons, tous autant que nous sommes, l'importance du cercle, de l'œuf plein, rond ou ovoïdal. Là, si vous vous y plongez, ce n'est pas linéaire. Vous pouvez vous déplacer dans tous les sens et dans le temps. Actuellement, vous réintégrez cette notion de l'espace, car vous avez projeté l'espace à l'extérieur du temps. Ou, si vous voulez, vous avez projeté le temps à l'extérieur de l'espace. Voici l'heure de la réintégration de ces notions.

J'essaie de vous faire comprendre que vous êtes présentement imbriqués au plus profond de votre identité dans la dualité. Je veux vous faire revisiter cette connaissance afin que vous compreniez que vous n'êtes pas la dualité, que l'espace et le temps sont deux alliés et que l'espace-temps est votre maître de conscience. C'est lui qui vous mènera à la consécration de vous-mêmes. Oui, dans l'espace-temps et non pas dans le temps et l'espace, grande nuance et grande subtilité que je ne m'appliquerai pas à vous décrire dans toute leur ampleur et profondeur. Non, je vous laisserai découvrir peu à peu la justesse de ces mots, de cet enseignement qui relie tous vos actes passés, présents et futurs, qui vous incite à vous réconcilier avec tous les aspects de la Vie, vous rappelant que vous avez vécu sous toutes les latitudes, tous les temps, dans toutes les couleurs, tous les parfums, et que lorsque vous altérez l'un ou l'autre, c'est avant tout à vous-mêmes que vous faites ce mal.

Dans l'espace-temps qui vient vous visiter, vous vous présenterez à une porte, celle de la mémoire du passé de ce collectif humain en poste, en stationnement, sur cette planète, et vous regarderez tout ce qui a été fait. Alors, ne tombez pas dans la dualité, dans ce jugement qui vous fait dire: «Cet acte était bien, celui-là ne l'était pas!» Faites attention, car des pièges immenses vous attendent.

Il est vrai qu'avant tout, nous vous pousserons à restituer l'honneur à chaque cellule de Vie animant cette sphère, quels que soient sa couleur, sa forme, son langage et son parfum. Et le putois reprendra sa place puisqu'il aura autant d'honneur que l'homme ou la femme qui auront ancré un maximum d'énergie provenant du fond de l'espace. Étrange, j'ai référé au putois, mais quel beau contraste alors que nous parlons de parfum! Mais cet animal ne dégage-t-il pas un parfum? «Oh, il sent mauvais!» vous exclamerez-vous. Ne vous rappelle-t-il pas justement que dans cette expérience, vous avez senti mauvais à votre tour? Quand vous entrez en épuration, l'odeur que vous exhalez ne ressemble pas au parfum de la rose. Ne vous rappelle-t-elle pas que dans votre espace et celui qui pénètre le nôtre à tous les niveaux, vous dégagez un parfum semblable à celui du putois? Alors, ce putois qui sait l'être, sent-il plus mauvais que l'homme et la femme dont émane un parfum qui n'en est pas un, mais qui l'ignorent!

Si je pose le doigt sur cet aspect de votre personnalité, ce n'est point pour vous laisser entendre que vous n'êtes pas bien, vous accuser ou susciter en vous une attitude autoculpabilisante, car vous êtes assez grands pour cela et n'avez nul besoin de nous en ce sens. Non, je le fais afin d'induire une ouverture dans votre conscience, de vous dire qu'il est peut-être temps de laver votre identité en laissant désormais une place à cette parcelle que vous nous avez remise en ces temps lointains.

Dans ce retour de votre identité, vous serez placés de façon à rencontrer vos Créateurs, et ces sept créateurs (sept sont concernés par cette forme revêtue, et j'en ai nommé quelques-uns) viendront les uns après les autres vous présenter une initiation. Ils arriveront avec leur force divinisée et observeront vos réactions devant celle-ci. Ne croyez-pas qu'ils s'amèneront pour vous encenser, mais bien plutôt pour vous tester, dans votre fermeté, votre acquis et votre conscience. Serez-vous capables d'émettre un rayon de lumière, d'amour, de pure intention? D'aimer, de faire resurgir cette parcelle de vous-mêmes déposée? Soyez très attentifs puisque, dans votre futur immédiat, se présenteront des initiations peu faciles. Et je vous garantis qu'elles seront vécues en conscience, sans aucun voile, car dans ces instants nous ferons tout pour que vous ayez bien conscience de vivre l'initiation et de réagir pour induire une réponse intelligente.

Sept initiations majeures se présenteront donc à vous. Toutes seront en relation avec l'identité de vos Créateurs et vous parleront du Feu rouge, c'est-à-dire de la vitalité, du Sang de Vie, du sang qui coule en vous, dans la terre, chez les animaux.

Sachez donc que les forces de l'Arc-en-ciel se dirigent vers vous et que vous vous présenterez à elles. Non, je ne révèle rien d'extraordinaire ici, les initiés du passé le savaient. Puis, ces grands Êtres qui vivent à l'intérieur de la Terre seront les relais de ces Créateurs. Ils vous serviront d'initiateurs, car avant de vous ouvrir les portes du Ciel, on vous ouvrira celles de la Terre. À quel degré? Vous le découvrirez. Allez-vous tous pénétrer ou visiter le centre de la Terre? Non, car cela pourrait entraîner un apport de pollution. En effet, tant que vous n'êtes pas ancrés dans votre identité, reconnus, sacrés et couronnés, vous êtes toujours potentiellement pollueurs. Si je vous livre ces mots, c'est afin de vous faire prendre conscience de l'importance de cela. Tout au long de vos journées, vous passez dans des états de pollueurs extrêmes ou de purificateurs extrêmes. Nous souhaitons mettre en branle un mouvement de façon que ces deux extrêmes se réduisent et que vous puissiez vous installer dans la maîtrise de vos émissions. Ainsi, vous ne polluerez plus et n'aurez donc plus besoin de transmuter. C'est à cela que vous allez œuvrer afin que l'identité sur sa déclinaison multiple puisse se réconcilier dans toutes ses facettes. C'est vers cet état de réconciliation que vous avancez. Pour certains, cela sera facile, mais ne croyez pas que vous aurez atteint le sommet de cet état, car vous ne faites qu'en découvrir le b.a.-ba. Aussi, soyez indulgents envers vous-mêmes, et si jamais vous pensez être parvenus à un état élevé de cette réconciliation, souriez, car vous ne vous situez que sur les premières marches; elles ont de l'importance, n'allez pas trop vite, ne foncez pas en pensant à une élévation qui risquerait de vous faire chuter. Apprenez à reconnaître, à identifier profondément puis à vivre à l'intérieur de chaque marche; alors, vous recevrez des milliers et des milliers de feux nourrissants favorisant l'intégration de qui vous êtes, le pourquoi de votre présence ici, votre but suprême, l'humanité, la planète, le système solaire, l'univers local, l'Univers, le Super-Univers, ce Cercle atomique de Vie et les autres...

Vous voyez, là aussi se dégage une chaîne d'appartenance, et si vous l'appliquez dans votre quotidien, vous pourrez remonter une multitude de fils d'Ariane. Certains sont lumineux, d'autres noirs ou gris, rouges, foncés ou d'une couleur peu attirante. Comprenez qu'il n'y a pas qu'un unique fil mais des milliers se déclinant tous les jours dans votre réalité.

Soyez forts de celui ou celle que vous avez été. C'est bien en vous que vous puiserez cette force, que vous lui donnerez en fait le nom de force puisque vous ignorez quel est son visage pour l'instant, quels sont sa puissance et son rayonnement. Vous ignorez combien vous êtes honorés pour ce faisceau de responsabilité.

Voici ce qui vous attend dans l'espace-temps qui se dirige vers vous.

L'espace-temps de la responsabilité, vaisseau important de réalisation, de plénitude et de manifestation. Ne croyez surtout pas que la responsabilité vous sera ôtée, qu'on vous en donnera une de plus grande importance. On vous demandera simplement d'incarner celle que vous avez déjà en vous. Vous vous apercevrez que cela sera déjà une déclinaison d'un effort puissant. Au cœur même de votre identité se cache un personnage que vous n'avez pas encore reconnu; il vous restituera tout un pan de connaissances, une part d'histoire de vous-même. Tout doucement, au moyen de mon enseignement, sous une forme ou une autre, je vous guiderai vers ce personnage ultime qui est vous-même, ne vous y trompez pas. Et ce vous-même, c'est la force reptilienne. Oh, quelle problématique cela va soulever chez les lecteurs! Aussi, à vous qui lirez ces lignes, je tiens à signaler que la plus grande rencontre aura justement lieu avec cette force.

Vous ne pouvez plus bafouer ce visage de vous-mêmes et d'un de vos Créateurs.

Dans cette rencontre-là, vous constaterez combien vous avez été ces bourreaux envers vos Créateurs. Je parle bien de bourreaux! Et non de victimes. Voici une étrange notion qui ne vous fait pas plaisir.

Vous êtes les castrateurs de cette énergie. Vous vous êtes détournés, encore et toujours, de tous ces dépôts en vous. Dans le but de vous ramener au sein de cette force primordiale, vos amis, Père/Mère, Créateurs reptiliens ont épousé cette dualité afin de vous réconcilier avec vous-mêmes. C'est une grande leçon, une connaissance importante qui revient vous visiter et je ne fais que restituer la vérité. Vous pensez qu'ils ont tout fait pour vous écarter de votre Feu créateur. Pourtant, je vous le dis avec amour, car je vous aime et je souhaite que vous vous ancriez enfin à nouveau dans ce Feu créateur, vous seuls avez créé une multitude de chemins pour vous éloigner de cette connaissance. Si je vous affirme qu'en réalité, quand vous vous êtes écartés du support, du parrainage de la sagesse universelle visant à vous accompagner dans l'expérimentation d'une germe d'idée, c'était là justement l'expérience vous amenant à nous tourner le dos, à partir tels des lutins farceurs, seuls, nus et sans protection pour vous écarter de cette réalité! Pouvez-vous comprendre pourquoi cette famille de Créateurs est blessée? Saisissez-vous la souffrance que vous avez posée en eux? Vous croyez qu'ils vous font souffrir, mais je vous envoie ce miroir et je dis à chacun de vous: «Regarde-toi, lecteur, ami, frère ou sœur, vois celui ou celle qui fut le bourreau, qui généra cette souffrance. C'est toi, dans ta volonté d'ignorer les Lois universelles.» Je me souviens de ces premiers moments. Je n'ai pas eu peur, sachant que forcément, tôt ou tard, les Forces primordiales interviendraient en profondeur. Je savais aussi quelles allaient être les souffrances rencontrées durant cette expérimentation. On ne peut renier les Lois universelles, puisqu'en vérité tout corps vivant repose sur ces lois.

Vous avez joué, et failli perdre d'ailleurs, mais finalement vous nous avez fait une belle démonstration. Cependant, je vous le dis, nous revenons maintenant vers vous pour vous rappeler que cet espace-temps est terminé. Nous en ouvrons un autre où toi qui fus le bourreau, tu te présenteras devant ta victime. Comment un Créateur peut-il devenir la victime de la créature? Cela est possible. Je tiens ici à préciser que ce ne fut pas la totalité de l'humanité résidentielle qui partit dans cette aventure et que c'est ainsi que se forma une autre dualité, une autre confusion. Peu à peu je vous restitue la vérité, je reconstruis votre identité, et si je le fais de cette manière, c'est bien en raison des pas difficiles à franchir, des réalités qui ne sont pas aisées à regarder. Il est exact que parmi vos Père/Mère certains se sont détournés de votre liberté d'expression. Mais, finalement, n'étaient-ils pas sages au vu de ce que vous avez tenté contre un seul de vos Créateurs? Alors, si quelques-uns parmi vos sept Créateurs attendent avant de se révéler et de vous restituer une part de liberté, ou vous rendre la liberté d'expression, en somme, n'ont-ils pas raison?

Je vous l'assure, vous allez crier fort votre besoin de liberté; cela se dessine déjà au travers des gestes de votre quotidien. Et si vous désirez que cette revendication aboutisse pleinement dans la sagesse et dans son potentiel, vous qui vous prétendez victimes devrez regarder cette part de bourreaux que vous avez développée.

Oui, je vous rends cette connaissance aujourd'hui; croyez-vous que je tienne à vous alourdir? Non, sinon je ne vous aimerais pas. Je désire simplement poser un doigt sur une réalité afin de vous montrer que dans cette expérimentation, les sept Créateurs n'ont pas été épargnés et que l'un d'entre eux fut bien touché.

Sur cette planète, des groupes d'hommes et de femmes se lèvent et disent: «Nous avons servi la Vie. On nous a sacrifiés, nous sommes une poignée à vivre encore et à porter le flambeau de la lumière et de la connaissance. Nous demandons maintenant à retrouver notre dignité.» Voilà ce qui se produit au sein de votre humanité, mais sachez que dans les univers, un de vos Créateurs vous appelle et vous demande de lui restituer sa dignité. Vous qui réclamez la vôtre, rendez la part de dignité à ces Êtres ayant œuvré pour vous permettre de descendre dans l'inconscience. Oui, vous êtes des kamikazes; ce mot est juste puisque, dans ce qui se révèle comme exploit aujourd'hui, il y avait la folie de la séparation.

Nous avons surveillé vos moindres gestes et paroles. Nous fûmes attentifs à toutes vos pensées, à toutes ces émergences et, au fil de vos études, nous avons diligenté une multitude d'êtres autour de vous afin de garantir au moins votre retour, si tel était votre souhait.

Il y eut une dépense d'énergie importante de notre part, mais nous sommes récompensés de nos efforts. Et une partie de cette réalité vous attend; vous devrez la regarder et accepter. Je suppose qu'une partie de vous-mêmes visitera cette nouvelle connaissance, et je sais que certains s'en détourneront: «Non, je ne peux être le bourreau alors que je suis la victime!» Mais voilà, bourreau ou victime, c'est la même énergie. Tantôt on se trouve en bas, tantôt en haut. Songez à cela. Dans les terrains d'étude qui se proposeront à vous, vous serez invités à réfléchir à ces circuits d'énergie que vous avez empruntés, à votre responsabilité.

Avant de clôturer cette portion de l'enseignement, je voulais entrouvrir un petit volet: ce Créateur victime de votre zèle vous aime sans condition! À son niveau, il tire des leçons qui lui permettront d'engendrer dans l'espace-temps futur un autre véhicule, et celui-ci portera une part magnifiée de son essence. Cela sera possible, car il fut un temps où un groupe d'humains ont joué les bourreaux envers un de leurs Créateurs. Une boucle sera fermée pour le bien de tous les univers, de la Vie.

Aussi, ayez chacun le courage d'explorer ce visage, cette facette de vous-même, de votre personnalité. Nous ne vous demandons pas de vous crucifier, de tomber une fois de plus dans l'autoculpabilisation, mais d'émettre un rayon d'amour dans cette connaissance. Soyez enfin digne du sacrifice d'amour de vos Créateurs.

Dès lors, les autres s'étant cachés pour un temps encore viendront vous parler et tourner cette clé en vous qui fera que vous serez libre de devenir à votre tour un Créateur, un père/mère dans la chaîne de la Vie.

N'oubliez pas que cela dépasse le cadre de cette présente existence, de cette identité densifiée. Vous travaillez en vue d'un devenir exceptionnel, mais vous avez réussi cet exploit et pourrez vous glisser dans cet espace-temps, ce futur glorifié.

Allez, il est temps de vous réjouir, car la liberté et la libération se profilent! Souriez, riez, pleurez de joie, chantez. Chantez la Vie et ouvrez votre cœur.

OUVREZ VOTRE CŒUR!

Le silence...

Voici un instant où je vous ai remplis de silence. Non, je ne vous instruirai pas sur le silence.

Nous avons à explorer une autre énergie; pourtant, c'est bien dans le silence que vous recevrez, comme toujours, l'initiation et le plus grand des enseignements. Bien sûr, il y a les mots, les livres, toutes ces énergies auxquelles vous vous prêtez. Mais sachez que c'est d'abord à l'intérieur de votre être que se cache et se joue le plus grand des scénarios. C'est en vous, dans le silence et le secret, que vous avez décidé par le passé de vous éloigner de vos créateurs. Ainsi, vous avez décrété que vous deveniez des êtres libres, sans répondre aux lois divines.

Il fut un temps où, dans ce jeu, vous vous êtes encore scindés en plusieurs groupes: ceux qui ont décidé que ce n'était pas si bien que cela, ceux qui étaient très ancrés pour explorer cette extrême liberté, et ceux qui dirent: «D'accord, on y va, on les suit, car ainsi nous les protégerons, nous leur rappellerons de temps en temps qu'ils sont là.» Ne croyez pas que dans ce passé, toutes les entités ayant joué le jeu de la séparation étaient d'accord. Dans ce marécage de l'esprit, du sentiment, vous avez engendré des impressions. Vous avez commencé par vous dire: «Mais nous avons commis une faute! Ce n'est pas bien.» Ainsi s'amorça une descente vraiment terrible pour les hommes et les femmes, un jeu de victimes et de bourreaux s'installa. Nous nous souvenons parfaitement de nos sentiments dans ces instants-là, combien nous étions peinés, puisque nous savions que cela engendrerait des réactions et que, tôt ou tard, il nous faudrait accepter de revenir. C'est ainsi qu'est né le viol; le viol de l'âme, de l'esprit, du corps. Il y en a une multitude de déclinaisons.

Pour nous, votre façon de rendre justice, de vous octroyer le droit de prendre et de retirer la vie est un viol terrible. Quand vos juges décrètent ainsi qu'il faut envoyer à la mort un de leurs frères ou sœurs, c'est un viol.

Quand vous arrachez des arbres de leur lieu, c'est aussi un viol. Il y a mille et une façons de violer la Vie.

C'est vrai qu'à l'origine, lorsque fut prononcée cette séparation par l'humain, ce fut un viol.

Aussi, si ces énergies reviennent aujourd'hui, si les femmes osent parler afin d'interpeller les hommes, ce n'est pas tant pour régler des comptes dans votre quotidien à tous, que pour commencer une thérapie, procéder à une reconnaissance d'actes perpétrés il y a des éons. Lorsque vous saurez reconnaître comment se décline l'inceste, vous vous apercevrez qu'une grande partie de l'humanité vit à l'intérieur de cet acte. Non, je ne désire pas mettre de poids supplémentaire sur vos épaules; je vous livre simplement une énergie qui appelle une guérison.

Et si j'ose aborder ce point, c'est qu'il est l'heure d'apporter une guérison, une pacification du regard, du sentiment, de la pensée. Il est temps pour vous de retrouver votre place, mais il vous faut pour cela avoir le courage, l'honnêteté et la douceur de voir ce qui se passe. N'est-ce pas un viol que de donner aux animaux qui sont végétaliens des farines animales? Il y a mille et une manières de violer la Vie.

Voyez-vous, au début de cet acte, quand nous avons vu ce qu'il en était, nous avons tout de suite cherché ce que nous pouvions faire pour vous aider. Et l'acte suprême fut de construire des réservoirs, des fontaines d'amour pour vous laver, nettoyer votre mémoire et vous amener à dépasser ce problème. Cet acte, qui de prime abord violait une loi cosmique, a produit un antidote. Il a offert une très belle réalisation — une compréhension de la Vie venant fleurir la conscience universelle — et vous avez réussi à en faire une offrande positive plutôt qu'un acte négatif. Pourtant, vous pataugez encore dans cet acte négatif et ne savez pas comment vous désengluer. Il vous faut désormais accepter ce rôle qui ne fut pas entièrement dessiné par le Ciel et, ainsi, regarder tout ce qui s'est fait sur la Terre au nom du Ciel, ce que cela a engendré pour le monde intime de la Terre. Encore une fois, je vous le répète, ne le faites pas pour vous juger mais pour comprendre la totalité de cet enseignement que vous avez offert à la multitude. Il est bon de vous poser et d'analyser les tenants et les aboutissants de cette histoire en vue de refermer la porte avec paix et amour, de vous nourrir de ce qui fut fait. C'est lorsque l'on ferme la porte d'une histoire qu'on en recueille la quintessence. Aussi, je vous le dis, vous avez vécu une aventure unique et exceptionnelle dans sa teneur, sa longueur et sa profondeur, mais il faut maintenant la quitter sans remords. Ne vous créez pas encore des racines tranchantes qui en détruiraient le bénéfice. Je vous demande au contraire de couper les racines de cette aventure, d'en fermer les portes avec beaucoup d'humour, puis de vous asseoir à l'extérieur de celle-ci et de reconnaître et d'identifier cette matrice offerte à la Vie. Sachez que cette création vous apparaîtra sous la forme d'un cercle au centre duquel sera l'aventure, mais cette fois vous serez à l'extérieur et commencerez alors à vous nourrir de cette expérience. Comme vous vous en nourrirez, vous nous nourrirez forcément et renforcerez les compréhensions que vous nous avez apportées.

Vous trouverez la paix, respirerez enfin en toute simplicité, et pourrez reprendre votre place, celle qui a toujours été la vôtre et qui a été conservée. Pas de punition ni de sanction ; nous voulons fêter avec vous et vous dire que ce jeu a porté ses fruits, a permis d'ajouter de la lumière dans des zones non éclairées. À ce titre, tout est très bien, tout est parfait. Mais pour qu'enfin nous puissions vous fêter, secouez-vous de tout ce qui vous encombre et voyez se déposer ces miasmes qui vous empêchent d'être aériens, car il existe une grande loi universelle selon laquelle c'est seulement lorsqu'on sort d'une expérience, et pas avant, que l'on peut en inspirer toute la quintessence. Et c'est ainsi que nous vous dirigeons petit à petit vers cet état de nourriture créée d'ailleurs par vous.

La quintessence, c'est joli ! Dedans se distingue le mot *essence*. Sachez que vous ne passerez pas devant un tribunal, que nul ne déposera sur vos épaules des fardeaux supplémentaires. Que nous fêterons simplement les enfants qui auront décidé de rentrer à la maison et d'y rapporter un savoir reçu pendant leur voyage. D'ailleurs, quand vous partez en vacances, n'aimez-vous pas ramener des photos dans le but de montrer à votre famille, vos amis, les lieux que vous avez visités ? N'avez-vous pas envie de partager ce plaisir avec eux ? Eh bien, quand vous arrivez de l'autre côté du voile, que vous rentrez à la maison, il s'agit aussi d'un partage et vous êtes joyeux comme lors de vos départs en vacances dans votre monde, quittant ce quotidien qui vous semble aujourd'hui pesant, lourd d'immobilité. Mais je vous le déclare, ce quotidien qui vous pose tant de problèmes sera revisité dans les années à venir. Vous vous rendrez compte alors que vous le violez à outrance sans vergogne, que dès que vous amorcez, que vous reconnaissez cette journée, matrice de Vie nouvelle, vierge de toute influence d'hier, vous y imprimez les énergies d'hier. Autrement dit, vous la violez dès l'instant où vous ouvrez les yeux. Vous ne vous offrez pas à la découverte, vous imposant dès le réveil une obligation, et ainsi cette trame, ce quotidien, devient pesante et c'est pourquoi, progressivement, vous avez créé ce rail qui vous pèse: le monde du travail. Si vos journées vous pèsent autant, peut-être accepterez-vous de les commencer en vous offrant à la Vie au lieu d'obliger celle-ci à descendre dans des moules que vous voulez lui imposer, ce qui est un viol permanent.

Bien sûr, chacun de vous travaille et me dit: «Je ne peux faire autrement Soria, si je veux payer mon loyer, m'assurer d'avoir un toit au-dessus de la tête et de manger demain.» Et nous arrêterons là la liste de vos exigences. Moi, je vous dis que si vous inaugurez vos journées en vous offrant à la Vie et en faisant de cet instant un acte conscient, la Vie enregistrera votre changement d'attitude, répondra forcément à ces conditions et induira un mouvement dans votre quotidien. Et peut-être pourrons-nous alors vous offrir un travail plus épanouissant, plus riche et vous apportant davantage de liberté. En somme, en faisant chacun un pas afin de reconquérir l'être libre que vous étiez à la naissance, vous verrez votre quotidien changer. Toutefois, ne croyez surtout pas qu'en changeant extérieurement votre quotidien, vous pourrez acquérir votre liberté. Nous allons attendre des actes de votre part afin de savoir si oui ou non vous êtes prêt à entrer dans la transformation de votre moule d'expression. Oui, nous attendrons un geste puis nous répondrons. Nous le ferons sous toute forme, parfois en vous mettant au chômage. Oui, je vous le signale, nous nous servons aussi de cette énergie. Nous pouvons favoriser cet état, non pas pour vous affamer ou vous faire glisser dans un groupe humain où le mouvement ralentit, mais afin de vous offrir un nouvel espace-temps sans points de repère ni automatismes. Là, votre fauteuil disponible à longueur de journée, que ferez-vous de ce temps? Allez-vous vous présenter en partenaire ou, au contraire, continuerez-vous sur les mêmes rails en disant: «J'appartiens au monde du travail, je dois rentrer de nouveau dans cette société, je vais m'exténuer à trouver une activité professionnelle»? Nous sommes assez farceurs pour maintenir les portes fermées jusqu'au moment où vous accepterez de nous offrir votre liberté. Et nous saurons alors vous utiliser; oui, j'emploie le terme *utiliser*, et cela va déranger, surtout certains lecteurs voulant absolument garder *leur* libre arbitre en permanence! Pourtant, vous êtes justement en train de le perdre par décret divin. Je disais donc que nous allions utiliser cette matrice savamment, ouvrant parfois juste une porte de façon à voir comment vous réagirez. Allez-vous vous précipiter tête baissée? Vous demanderez-vous si c'est là que la vie vous attend? Quelquefois, nous laisserons la porte ouverte, sachant aussi jusqu'à quelle limite nous pouvons vous pousser; d'autres fois, nous garderons la porte fermée longtemps en vue de vous amener à visiter un autre chemin.

Oui, nous nous servons de tout ce qui existe sur votre planète: l'argent, le travail, les loisirs, et même de toutes ces sources qui vous intéressent tant mais ne vous accordent aucune liberté d'expression pour l'instant. Ces modes de pensée ne procurent que de l'illusion; ils sont le pâle reflet de ce que vous connaîtrez un jour lorsque vous serez las d'être des esclaves. Mais tout va bien, tout suit son cours et passera; certains se fatigueront plus vite que d'autres... De toute manière, descendent actuellement sur cette sphère de Vie des modes de communication, de loisir, de bien-être que vous n'avez jamais connus. Servez-vous de ce qui existe en étant conscients; cessez de vous présenter tels des esclaves ou des êtres drogués par la présence et le besoin de manipuler ces objets. Il est exact que vous avez des voitures, qu'elles fonctionnent au pétrole; il y a aussi les bateaux, les avions, les satellites et les trains. Mais ne croyez pas que tout cela durera dans le temps, car ce n'est qu'un passage. D'autres moyens de transport vous seront offerts, car cela s'avère nécessaire pour permettre à cette planète de retrouver une jeunesse, une force vitale.

Aussi, j'avertis ceux et celles qui s'accrochent encore à ce pouvoir sur l'autre, à la conservation de points stratégiques: nous sommes en train de fermer tous ces points stratégiques. En énergie, ceci est accompli. Ainsi, là où le pétrole peut être soutiré, il ne se trouvera bientôt plus rien, toutes ces nappes seront taries du jour au lendemain. L'électricité deviendra obsolète, car de nouvelles inductions électriques sont produites autour de la planète, les grilles magnétiques successives bougent, et ce qui existait sur les anciennes grilles, celles de la Terre comme celles de votre corps, changent et ne pourront plus donner accès aux anciens réservoirs, à ces possibilités.

Vous voulez du changement? Eh bien, je vous le garantis, vous serez servis, et non pas dans mille ans. Des prophéties ont cours sur votre planète voulant qu'à dater du mois d'août 2003, certains événements s'enclencheront; je vous le confirme. Ainsi, à compter de ce mois, que ce soient mes énergies, celles des anciens Maîtres et des nouveaux, de Kryeon, du Maître Cristal ou de celui qui doit venir, elles se feront un plaisir de brouiller les cartes du pouvoir, du jeu de la séduction, du viol collectif tant sur les mondes physiques que subtils de l'être.

Vous allez être gâtés, tout est en mutation. Là où il faisait froid, il fera chaud, et inversement; là où la pluie tombait régulièrement, on trouvera peut-être la sécheresse; certains déserts reverdiront et d'autres se créeront. Le visage de la planète, de tous les continents sera remodelé. Des terres disparaîtront et d'autres surgiront à un rythme qui pourra affoler l'humanité.

Non, je ne me fais pas prophète et je n'ai aucune envie de vous faire peur, mais je ne peux que vous révéler que ce que vous avez engendré et appelé quand vous étiez pressés va arriver en bloc. Et je vous le dis, lorsque nous vous invitons à la patience, la sagesse de notre vue tente de vous avertir qu'il ne faut pas être impatients. Seulement, la majorité de tous ceux qui ont commencé à s'éveiller éprouvent de l'impatience susceptible de les conduire à des actes hâtifs dépourvus de sagesse.

Nous essaierons tout de même d'atténuer les souffrances, car il y en aura forcément lorsque les quatre éléments commenceront à secouer en même temps et laisseront des cicatrices. Nous devrons encore et encore travailler après coup afin d'aider ceux qui seront marqués à retrouver le calme et la paix en eux. Bien sûr, j'aurais pu revêtir la douceur de la mère, caressant et apaisant. Pourtant, lorsque j'ai commencé à descendre mes énergies, testant ainsi l'aura de l'humanité, la réponse fut unanime: «Nous voulons que tu nous secoues.» Mystère de la Vie! J'apporte l'amour, la douceur et la réconciliation, et vous me demandez d'agir comme un fouet vous réveillant. C'est ce que j'ai fait et ferai encore si cela est nécessaire, mais j'aimerais bien me faire douceur, amour, tendresse et pouvoir vous bercer! Nous verrons plus tard...

De grands changements se profilent au-delà même de la réalité de votre planète. De grands changements, puisque vous devrez réintégrer les Lois universelles. Non pas celles inhérentes à votre système solaire, ni celles de la section au-dessus, de l'univers local et de l'Univers, mais d'autres forces, celles qui viennent directement des lois régissant ce Super-Univers. Ce ne sera pas facile tous les jours, car vous verrez votre libre arbitre se résumer au choix d'accepter ou non la proposition qui vous sera faite, soit d'entrer dans tel ou tel service, ou de servir peut-être simplement en cultivant la terre, en allant porter de l'amour à une famille animale, et peut-être même n'aurez-vous pas le choix.

Votre libre arbitre se résumera à maintenir ce but déposé en vous. Là, vous vous verrez entrer dans l'obéissance à qui vous êtes, à qui vous a créé chacun, au chemin tracé devant vous. Vous vous apercevrez que nous ici, de l'autre côté du voile dans ces mondes subtils que vous ne pouvez pas encore toucher, sommes obéissance avant tout et que notre libre arbitre consiste à ne pas déroger à cette obéissance. Cette notion va entraîner des réactions; je les vois, les sens, car elles se sont déjà fait sentir, et je vous promets qu'il va y avoir des tollés. «Comment! Je ne vais plus avoir le droit de faire ce que je veux de ma vie dans ce qui se présente devant moi!» Grande initiation dans l'initiation. Grande perte d'identité en retrouvant son identité, et je vous le rappelle, l'extrême libre arbitre se termine sur Urantia Gaïa. Ce ne sera pas facile pour tout le monde; préparez-vous, il y aura des éclats. Moi, je suis prête et cela me fait rire, car tous ceux qui vont se lever sont justement ces précurseurs qui, dans le temps passé, se sont détournés de leurs Créateurs.

Étrange, mais je vous le dis, vous serez fêtés, couronnés. Vous êtes bénis et vous entrez dans l'autorité. Cependant, il vous est difficile d'associer ces notions alors qu'aujourd'hui vous êtes dans un total, voire extrême libre arbitre et que, franchement, vous êtes des casse-pieds pour l'ordre universel. Au point qu'en l'état actuel des choses, nous ne pouvons vous faire passer dans les énergies supérieures susceptibles de vous bercer, de vous nourrir et dans lesquelles vous devenez des êtres couronnés. Nous vous avons fait cadeau du libre arbitre et, en fin de compte, si vous avez un peu de sagesse, vous verrez qu'il s'agit en quelque sorte d'un cadeau empoisonné, du ver dans la pomme si vous préférez. Alors, quel jeu déciderez-vous de jouer? Je pressens vos réactions, mais comme les quatre éléments ne sont pas apaisés en vous, nous enregistrerons des êtres qui seront de vrais volcans entrant en éruption et balayant tout sur leur passage, détruisant même la Vie, car ils ne sauront pas quoi faire de leur vie. Vous avez encore le choix, celui de faire n'importe quoi, mais bientôt ce ne sera plus possible. Alors je m'amuse, car je sais qu'en vous disant cela, j'induis des réactions en vous. Et je sais que parmi mes lecteurs, certains ne seront pas contents du tout. Je pourrais presque les nommer, mais je serai sage et dirai à ceux qui réagiront à mes paroles, qui n'aimeront pas que je leur parle d'obéissance, qu'un jour ils seront plongés jusqu'au cou dans l'obéissance, qu'ils l'enseigneront et l'incarneront! Et ce, dans le but de parler de leur vécu. Aussi, jouez encore à cette révolte, vous qui un jour serez dans des écoles particulières et décortiquerez dans toute sa profondeur le mot obéissance.

Jouez encore, révoltez-vous contre ce mot tant que vous le voulez, mais sachez que vous êtes déjà plongés jusqu'au cou dans cette énergie. Farce cosmique dans sa totalité et, justement, le Sans-Nom aime cela!

Vous êtes tous des lutins quand vous venez en incarnation, voilà ce que vous êtes. Tâchez donc de retrouver cette joie de vivre, le rire, le sourire. Et si j'aborde des sujets graves empêchant cette humanité de s'élever, blessant Urantia Gaïa, c'est bien pour vous rappeler que vous disposez de deux moteurs formidables: le rire et le sourire. Dans les moments présents, employez ces moteurs afin d'alléger le poids du passé et de favoriser la guérison, l'apaisement pour que soit enfin retirée la quintessence de tous ces germes d'expérience. Il est temps d'offrir ce bouquet unique au Sans-Nom. Ne croyez pas que le travail que vous mettrez en œuvre servira à me faire plaisir ou à vous plaire. Vous le ferez pour le Sans-Nom, car toute énergie prélevée du Sans-Nom doit lui être retournée. Ceci est une grande loi universelle à laquelle vous serez exposés. Vous avez pris beaucoup, et détruit; vous êtes désormais invités dans cette phase où vous allez construire en faisant cette fois appel à la paix, à la beauté, à l'amour et à la fraternité. Alors oui, bien sûr, il y aura l'obéissance, et je vous le dis, là où nous baignons dans l'obéissance totale, nous jouissons d'une liberté que vous ne possédez pas!

Une liberté que vous nous enviez, que vous nous voleriez même si cela était possible. Aussi, je vous le dis, si vous désirez revêtir cette liberté qui nous appartient, vous devrez revêtir également ses lois. Et si vous êtes un groupe de femmes et d'hommes exceptionnels (je parle ici de l'humanité) constitué de gens qui s'éveillent et d'autres qui le refusent, eh bien, sachez que vous avez accompli de grandes choses mais qu'il vous manque l'essentiel, la vraie liberté: ***celle à l'intérieur du cœur*** du Sans-Nom et qui offre toutes les possibilités.

Je vous invite, et fermement, au cours de toutes les reconnaissances des énergies du passé qualifiées d'une manière ou d'une autre, à être en paix avec vous-mêmes, à vous positionner comme observateurs et non plus comme acteurs, à comprendre que cette planète au destin unique a accueilli une humanité au destin tout aussi unique en vue d'un plan unique.

Soyez en paix. Et si un jour vos voitures électroniques ne répondent plus, souriez. Si on vous dit: «Quelle belle voiture!», mais qu'il n'y a plus d'essence, souriez. Si on vous dit que ces trains roulaient avant, souriez. Si vous devez ressortir les carrioles, les ânes et les chevaux le temps de passer à d'autres énergies, souriez. Et riez si tous ces avions qui permettaient d'être en quelques heures sur un autre continent ne remplissent plus leur rôle.

Amusez-vous de tout cela. ***Devenez libres***, puisque de toute manière vous seront offerts d'autres modes de déplacement moins denses, plus agréables. Je vous livre ici une grande révélation: vous êtes à la veille de voir des événements tout à fait inhabituels se dérouler dans votre quotidien. Cela prendra une telle ampleur que, parfois, vous ne saurez plus à quel saint vous vouer! D'ailleurs, viendra un moment où les saints ne répondront plus, fatigués et lassés. Ils auront besoin de vacances. Et tous ces guides et ces maîtres s'étant échinés à préparer le terrain vous aviseront qu'ils partent eux aussi en vacances. Vos guides personnels ne répondront plus à vos appels, tels des abonnés absents. Chacun de vos anges se dira: «Oh je replie mes ailes, je n'écoute plus rien, je ne vois plus et laisse faire.» Oh, ne vous inquiétez pas, cette situation ne durera pas longtemps; c'est un test et une initiation. Certains la vivront bien, d'autres non. De toute manière, une fois devant cela, n'oubliez pas que vous avez tout reçu en vous, que tout le travail a été fait pour favoriser ce passage. Mais il est un temps où le maître doit s'effacer afin que l'élève ose prendre sa place.

Aussi, profitez bien de la présence de tous les enseignants. Profitez-en pour vous aimer en toute simplicité sans chercher à couper un cheveu en quatre ou à fouiller la terre pour y dénicher un os qui n'existe pas.

Tout est déposé, toutes les réconciliations et tout l'amour!

Et même si vous m'écoutez aujourd'hui, même si vous avez reçu des énergies d'une grande qualité, je ne serai plus là pour vous répondre à un moment donné. Je vous regarderai, comme tous les Maîtres, les Anges, les Guides et tous ces êtres qui ont tracé les enseignements. Nous nous interrogerons: «Que vont-ils faire? Vont-ils oser employer leur lumière et enfin nous dépasser?» En attendant, je vous souhaite un bon quotidien qui vous révélera et vous réservera une foule d'activités surprenantes et décoiffantes; cela est normal, vous nous avez décoiffés il fut un temps, aussi est-ce notre tour. De la sorte, la boucle sera bouclée et nous pourrons rire ensemble de ce jour où vous avez affirmé à l'un de vos Créateurs: «Ciao, salut... je ne te regarde plus! À une prochaine fois!»

Ciao, au revoir...! Et puis quoi encore? Car vous l'avez prononcé dans toutes les langues, sous toutes les formes.

Nous allons donc aussi vous saluer afin de rétablir un peu l'équilibre; pas longtemps, une fraction de seconde seulement. Dans votre quotidien, cela représentera une courte durée jamais comparable au temps durant lequel vous nous avez oubliés.

Ainsi, nous rééquilibrerons la balance cosmique.

Bon voyage dans cet espace-temps où nous vous regarderons en nous amusant et en ne vous répondant pas. À chacun son jeu d'expression!

Et si cela ne plaît guère à certains de nos lecteurs, qu'ils sachent qu'à l'instar de tous les maîtres du passé, du présent et du futur confondus, nous prendrons un malin plaisir à cette situation. Non pas en nous moquant de vous, mais parce qu'il est temps que nous retrouvions aussi notre plein rire, la légèreté et le plaisir de communiquer avec vous. Alors...

salut!

Domme

la Dordogne

Cinquième rencontre

Je vous accueille dans le silence, cette porte ouvrant sur un paysage intérieur de grande puissance.

Le silence permet de nourrir et d'apaiser chacun des centres de votre corps. Par lui, vous glisserez en vous vers ce point où vous trouverez la plus grande liberté d'expression, où vous pourrez entrer en communication avec votre Être intérieur, celui qui Est et qui attend cette visite.

Le silence représente la plus grande des nourritures dont l'esprit a besoin. Et lorsque je souligne que le bruit est une vexation pour l'esprit, je ne le dis pas dans le but de pointer du doigt ce qui se passe dans votre société mais parce que c'est une grande vérité. Quand vous vivez dans le bruit, par le bruit, avec le bruit, vous ne pouvez percevoir la Vie à l'intérieur de votre existence et être connectés à ce petit Être en chacun de vous qui vous regarde alors évoluer tels des pantins au bout de leur ficelle.

Quand le bruit est votre maître, vous ne plongez pas dans ce lac intérieur, là où toutes les grandes révélations peuvent avoir lieu, où le passé, le présent et le futur s'entremêlent, où il n'y a ni l'un ni l'autre et tout à la fois.

Le silence est en réalité le plus grand messager de paix, d'espoir, de félicité et d'accomplissement. Et je vous le déclare, dans les jours qui viennent, vous réexpérimenterez la puissance du silence; vous devrez sciemment réorganiser votre manière de vivre et une nouvelle discipline se proposera à vous: instaurer des plages de silence dans votre vie.

«Soria, de quoi parles-tu? Je ne vais tout de même pas faire des retraites! Je n'aime pas méditer, je suis actif et il y a toujours du bruit autour de moi. Tu n'es pas réaliste!» Oui, j'entends vos réactions, et je reçois vos plaintes toutes les nuits!

Quand je vous laisse m'approcher, la première des choses que vous faites est de déposer vos fantasmes et vos plaintes, puis vos paroles changent et appellent de l'instruction. Généralement, lorsque vous vous présentez à ma lumière et à ma conscience, les premiers moments d'échange sont représentés par des litanies, des plaintes et des desiderata.

Et dans ces désirs, je remettrai la palme d'or à ce vouloir d'être riche. Combien d'entre vous confondent la liberté avec l'argent? La liberté ne découle pourtant pas de l'argent, mais de l'intérieur, de votre silence, de ce contact que vous allez établir avec ce petit Être qui vous attend chacun.

La palme d'argent sera offerte, quant à celle, à vos plaintes: «Soria, nous t'aimons bien, tu nous donnes beaucoup d'informations, mais elles ne sont pas *accessibles*!» Que signifie donc ce mot? Que votre mental se plaint, car ces données ne peuvent se digérer ***immédiatement*** et qu'il n'a pas la possibilité de les redistribuer comme le ferait un sage ayant étudié pendant de nombreuses années les Lois sacrées. Voilà que votre mental reconnaît buter sur un savoir transmis de manière simple mais qu'il estime compliquée en raison de son incapacité à le mettre en phrases.

À son tour, la palme de bronze ira à ce vouloir de changer votre corps physique. Je passerai sous silence tous vos propos à son sujet, mais, naturellement, il est selon vous l'auteur de tous vos maux, qui se traduisent dans vos mots.

Tout ceci pourquoi? Parce que vous ne savez pas créer le silence en vous, que vous ne pouvez pas accueillir une énergie nouvelle, la laisser glisser en lui afin que sa matrice vous la restitue progressivement de manière à nourrir chacun de vos instants.

Enfin, une double palme d'or sera remise à vos ***impatiences***. «Soria, j'ai compris ton message, aussi, je veux dès demain devenir quelqu'un d'autre, que mon travail soit totalement différent, que ma vie sentimentale soit radicalement changée, que ma vie matérielle explose et m'offre toute possibilité», et ce, en un clin d'œil!

Chers enfants de la Terre, vous avez oublié une grande directive, la loi de la matière.

La matière est malléable, mais vous en avez fait quelque chose qui ne l'est plus, et d'une telle densité qu'avant de pouvoir lui rendre sa fluidité, nous devons dégripper tous les rouages ou processus internes de vos pensées, de vos sentiments, de vos paroles et de vos actions. Bien sûr, nous prenons note de tous vos désirs et nous répondrons point par point, j'allais dire à ces exigences, disons simplement à vos souhaits. Toutefois, de façon à installer la fluidité là où demeurent des blocages, il faut commencer par ôter ces derniers, ensuite elle pourra circuler. Dites-vous bien que ce que vous demandez, vous êtes des millions à le solliciter; vous voulez être riches, mais toute cette humanité veut l'être! Alors, riches de quoi? Il ne peut y avoir de richesse puisque vous formulez tous la même demande.

Vous êtes tous exigeants, et impatients. Tous vous reconnaissez *a priori* ce que vous devez faire et entreprendre, mais vous n'en acceptez pas le prix en contrepartie. Vous voulez être riches de quoi? Sous quelle forme? Quelles intentions et pensées mettez-vous dans ce mot? Richesse monétaire? Celle de l'esprit? Du cœur? Richesse du corps se traduisant par une santé pleine et abondante?

Quel type de richesse? Ne confondez-vous pas la richesse pécuniaire avec le besoin d'asseoir un nouveau pouvoir? Car, voyez-vous, il s'agit de cela pour beaucoup. Avoir de l'argent, c'est avoir du pouvoir sur les autres et une façon de dire: «Toi, tu es pauvre et tu ne peux rien faire, moi, je le peux!» La richesse telle que vous la concevez, surtout celle-là, représente avant toute chose un besoin égotique de paraître. Car celui qui Est sait qu'à l'instant où il vit, sa main sera emplie de ce qu'il doit avoir. Il fera confiance, même si ses placards et son porte-monnaie sont vides. Il fera confiance à la Vie.

Votre confiance est limitée; elle dépend toujours de votre relation sociale, de votre place sociale, de l'argent et de l'image que vous renvoyez à cette même société.

Mes enfants, bien rares sont ceux qui, dès le premier instant, viennent me voir en demandant: «Soria, que dois-je faire? Qu'est-ce qui est bon pour l'humanité?» Pourtant, vous souhaitez tous du bien-être pour l'humanité. Alors, qu'est-ce qui cloche? ***Votre regard sur vous*** au sein de cette humanité que vous accueillez ou rejetez, que vous encensez ou démolissez selon vos humeurs, cette humanité qui est d'ailleurs la cause de tous vos malheurs! «L'humanité est folle. Voyez ce qu'elle fait à la planète! Que puis-je contre cela?...» Et vous préférez les aliments bourrés de pesticides à ceux qui en ont le moins. «Cela n'a pas d'importance puisque je ne suis rien de toute façon par rapport à cette humanité; je ne peux pas faire grand-chose et ne fais que subir.» Et vous subissez en silence dans le bruit pour pouvoir garder votre place au sein d'une société que vous rejetez, que vous décriez en permanence; là aussi, il faudra regarder votre manière d'être, car vous baignez en pleine dualité.

Vous ne supportez plus le bruit, mais dès qu'on vous le retire, vous courez à sa recherche. Si, dans votre maison, vous n'en percevez aucun, vous mettez en marche votre téléviseur afin d'entendre un bruit de fond. «J'entends du bruit, alors je ne suis pas seul.» Ou vous syntonisez un poste de radio qui vous jouera des extraits de musique déstructurant à chaque instant l'harmonie de vos corps subtils et créant des séismes dans votre aura. Vous n'y pensez pas, c'est normal, puisque vous ne cherchez qu'à meubler le silence que l'on vous offre.

«Soria, je n'en peux plus de ce travail, il faut faire quelque chose!» Et Soria agit, elle répond, et soudain, plus de travail, c'est le chômage, la préretraite, et on se retrouve entre quatre murs à écouter un silence dont on n'a pas l'habitude et, là, c'est l'affolement: «Je veux être utile, faire quelque chose.» Pourtant, vous désiriez le silence, ne plus travailler, n'est-ce pas?

Mes enfants, il faudrait développer de la constance dans vos volontés. Nous ne pouvons intervenir chaque seconde par rapport à vos demandes dans l'existence. Blanche est votre requête le matin, noire à midi, rouge à quatorze heures puis jaune le soir, et encore, vous pouvez en changer la teinte une dizaine de fois durant la soirée! Comment voulez-vous que nous puissions faire descendre un rayon de lumière puissant et créer un moule dans lequel vous pourrez trouver de l'harmonie? Vous confondez vraiment notre pouvoir avec votre esprit vagabond, chahuteur, qui se moque et se rit de la Création. Nous sommes installés au cœur même de la puissance de la Création; nous en connaissons les lois et savons qu'elle est limitée, mais nous connaissons également nos responsabilités vis-à-vis de ce pouvoir et de cette connaissance. Pour l'instant, vous êtes des garnements chahuteurs et impossibles! Vous vous riez et vous moquez des Lois universelles, de la responsabilité universelle! *Démons* et *anges* en même temps! Vous êtes parfois même des escrocs, des voleurs d'énergie et des violeurs de sanctuaire!

«Soria, comment oses-tu nous traiter de la sorte alors que nous faisons tout pour retrouver qui nous sommes!» Justement, si j'ose employer ces mots, ami, c'est bien parce que tu souhaites retrouver qui tu es. Et pour ce faire, tu dois regarder toutes ces facettes cohabitant et vivant en toi. Tu es bourreau, tu es victime, mais tu passes avec une facilité déconcertante d'un état à l'autre! Et avec une rapidité extrême, sachant même déjouer la vitesse de la lumière et du son!

Alors, je profite de cette réunion pour vous préciser ceci: «Le collectif SORIA peut tout faire! Mais avant toute chose, ses membres ne sont pas des marionnettes!»

Le collectif SORIA est là afin de vous aider à reconstruire votre propre grille magnétique, et il tiendra son rôle. Dans ce but, il va employer les mots qui vont vous mettre à nu. Ceux-ci venant parfois vous chercher en vous ne vous feront guère plaisir et vous dérangeront souvent, et nous saurons appliquer un baume sur les gouffres, les désespoirs.

Mais nous vous aimons assez pour ne pas entrer dans votre jeu. Et des jeux égotiques, il y en a. On se met à jouer avec le collectif SORIA, c'est à qui sera le plus familier avec lui — une idée à la mode — ou pourra s'en référer à lui, s'en gargariser. Mais je vous le rappelle, nous ne sommes pas là pour cela!

Et si nous avons laissé faire depuis notre venue, c'était afin de savoir jusqu'où vous pouviez aller. Car notre but est avant tout de relever les informations nécessaires et de connaître comment déjouer tous les pièges de cette personnalité égotique en cours d'évolution.

Maintenant que cela est partagé, le collectif SORIA vous annonce ceci: «Nous vous aimons, nous sommes venus dans le but de vous aider, et nous vous aiderons. Cependant, avant tout, nous appuierons fortement sur ces rouages internes qui coincent, et si justement vous sentez qu'en vous ça grince, c'est qu'il y a quelque chose à faire.»

Les énergies du collectif SORIA ne représentent jamais une partie de plaisir; nous le savons depuis toujours, car là où nous allons, l'univers et la planète qui nous accueillent entrent en crise. Pourquoi? Nous véhiculons des énergies d'une telle puissance que chaque membre de la famille résidente du secteur concerné connaît une crise majeure le poussant à expulser tout ce qui ne correspond pas au dessein du Père créateur.

Et si vous souhaitez profiter pleinement des énergies du collectif, allez en vous retrouver ce lieu mythique et bien réel, atrophié et dans l'attente que vous le réanimiez. Le silence vous montrera le chemin; il sera un grand éducateur, et en lui vous comprendrez pleinement notre enseignement.

Je veux commencer ce cercle en soulignant que ce n'est pas en parcourant le monde que vous trouverez ce lieu, mais bien en vous asseyant en silence dans votre intimité. Et quand vous lèverez tous les voiles, vous découvrirez ce passage étroit où vous serez invités à vous rendre. Ce passage vous parlera entre autres des changements de dimension de l'esprit et, lorsque celui-ci change de dimension, c'est tout l'environnement physique qui se modifie.

Chers enfants de la Terre, nous vous aimons énormément, au point d'employer des mots difficiles afin de vous replacer devant votre réalité. Nous vous aimons assez, et même davantage, pour ne pas revêtir cet aspect mièvre du langage qui vient endormir l'esprit, le flatter, et vous offrir plutôt, dans cet espace important de mutation, quelque chose qui soit à la hauteur de vos espoirs.

Si nous sommes si nombreux à être venus autour de cette magnifique planète pour l'aider à transformer la grille magnétique de cette humanité, c'est bien en raison d'un enjeu formidable. Et si vous êtes descendus vous incarner dans cette période de mutation si particulière, c'est que vous pouvez en retirer un intérêt propre, une richesse incommensurable qui ne sera en aucun cas monnayable et qui vous ouvrira les portes du paradis — non pas le mythique, mais celui qui se situe en vous. Vous vous êtes bousculés pour venir; on vous l'a dit et on le répétera encore. Pourquoi avoir dégagé autant de fougue et de désir afin de vous installer dans un corps de chair au cours d'une séquence de temps où vous saviez l'incarnation difficile, où tout serait mouvance, où vous auriez peut-être à assumer une part de souffrance supplémentaire? Pourquoi vous êtes-vous précipités en apprenant que cette fréquence de lumière allait être disponible? Pourquoi avoir répondu: «Je prends n'importe quelle fréquence»? N'est-ce pas parce que vous saviez qu'au bout du compte, quelle que soit la forme revêtue en incarnation, vous en retireriez une richesse incommensurable vous ouvrant les portes des futurs univers, autant à l'extérieur de ce Cercle atomique de Vie qu'en vous? Sachant que la clé remise après cette incarnation aurait une telle valeur, vous étiez prêts à accepter n'importe quoi, même un corps difforme. La beauté n'était pas votre critère de sélection. L'argent? Vous ne saviez même pas de quoi il en retournait. Quant à la souffrance, vous étiez habitués, ayant eu de nombreuses existences et sachant que vous vous en sortez toujours.

Au vu de nos rencontres la nuit, de tout ce que vous demandez, je tiens à vous souligner en ces instants que vous vous trompez quant à l'image que vous créez de vous-mêmes pour le futur. Vous tentez d'émaner l'image d'un être pouvant décrocher tous les prix de beauté inimaginables, de créer un être parfait et idéal; vous ne savez pas ce qu'est *l'idéal* et *le parfait* mais ce n'est pas grave selon vous et vous construisez. En fait, je vous le signale, vous êtes en train d'édifier un moule d'expression qui, lorsque vous le revêtirez dans le futur, vous éloignera totalement de la Vie, et vous en souffrirez. Vous vous trouverez si éloignés des critères de vie du moment, que le prix à payer sera pleurs et douleurs. Dans cette actuelle jeunesse évoluent des êtres qui, sous d'autres latitudes, ont formulé de semblables souhaits. Présentement, ils sont coincés dans un idéal qui n'était viable que durant un bref instant du passé et ne l'est absolument plus, et certains d'entre eux vont jusqu'à se suicider, car ils n'arrivent pas à détruire cette image qu'ils ont cru construire *parfaite*.

Aussi, je vous en prie, n'essayez surtout pas aujourd'hui d'échafauder une image parfaite. Le cas échéant, en fonction de quoi lui donneriez-vous de l'importance? Quelle serait la référence?

Si je me place dans votre esprit, ce parfait correspondrait en fait aux schémas de cette société et, actuellement, celle-ci tente de construire une humanité «parfaite et belle à regarder», où il n'est pas question de mettre à l'avant-scène des personnes qui commencent à avoir des rides, car ce serait rappeler la mort...

Vous êtes en train de construire des monstres, et non des êtres vivants.

Vous avez des rides, des cheveux blancs, des dents en moins et souffrez quelquefois dans votre corps ; acceptez tout cela, n'essayez pas de bâtir quelque chose qui ne correspondra pas à l'expérience que vous souhaiterez vivre par la suite. Demandez simplement que votre expansion divine se manifeste dans toute sa grandeur, comme votre Père l'a souhaité. Ainsi, vous serez garants d'émettre la bonne volonté. Surtout, ne projetez pas une idée de ce que vous serez ou devrez être, puisque vous ne savez pas aujourd'hui ce que signifie *être*. L'image que vous forgez présentement est fausse et ne pourra vous apporter que pleurs et souffrances.

N'essayez pas de bâtir votre futur sur la valeur de l'argent, car je vous assure que bientôt celui-ci n'existera plus. Que feriez-vous d'une chambre emplie de billets de banque ne servant à rien ? Demandez plutôt que l'abondance entre dans votre vie sous toutes ses formes ; de la sorte, nous pourrons répondre correctement. Cessez d'imposer votre vue, votre vision limitée de qui vous êtes et de la Vie ; remettez-vous-en à la sagesse de votre guide et de votre Être intérieur. Sollicitez ce dernier, dites-lui que vous avez besoin de sa vue supérieure, car, pour l'instant, vous fonctionnez beaucoup plus avec votre âme qu'avec votre corps et votre esprit. À ce propos, beaucoup d'erreurs sont aussi entretenues, mais il s'agit là d'un autre sujet.

Je vous invite, lorsque vous viendrez me voir avant de vous endormir, à bien réfléchir à ce que vous allez demander, et de quelle manière, puisque nous répondrons. Toutefois, notre réponse à vos appels ne sera peut-être pas empreinte de douceur, du moins en premier lieu. N'oubliez pas que nous répondrons toujours en fonction de ce qui doit être réalisé, soit la reconstruction de la grille magnétique humaine en chacun. C'est ***le*** travail primordial de l'instant.

Oui, les années qui viennent ne seront guère faciles, car plus nous déverserons de l'énergie pour cette reconstruction, plus vous serez dérangés en vous, plus vos concepts seront malmenés afin que ne subsistent dans votre esprit, votre cœur et votre corps que les éléments servant à la pleine conscience et à l'épanouissement de votre esprit.

Je ne peux que vous inciter à aller chercher en vous cet espace divin qui vous attend, où vous pourrez vous ressourcer. Il existe, il est accessible; il faut juste fournir un petit effort, remettre en mouvement l'articulation de l'échange, retrouver le chemin menant à ce lieu.

Nous vous aimons, et pour cette raison nous allons détruire un peu plus ces images erronées de vous-mêmes. Aussi, durant cette période de reconstruction de votre grille magnétique, les membres du collectif SORIA resteront silencieux en dehors de ma voix, ne travaillant avec personne d'autre en particulier, sinon avec tous en silence. Nous ne ferons que cela et n'irons pas plus loin dans l'échange conscient entre nous et vous afin de déjouer ces constructions égotiques qui tentent déjà de monter des cathédrales... toutes personnelles. Par contre, chacun de vous sera visité autant de fois qu'il le souhaitera de façon à travailler sur sa propre grille magnétique.

Et il y a de merveilleux êtres dans cette humanité, de très jeunes enfants sidéraux venus simplement lui rendre visite afin de profiter d'un bain cellulaire, de recueillir une empreinte qui assurera à leur esprit et à leur âme de grandir avec le temps. D'autres sont prêts à franchir tous les pas, à démontrer toutes les audaces. Êtes-vous de ceux-là? Vous donnez-vous l'autorisation d'avoir toutes les audaces? Avez-vous assez de sagesse pour vous dire: «Je suis qui Je Suis et, en cet instant, mon Je Suis cherche à rayonner pleinement»? La Vérité universelle est tellement simple!

Bien sûr, dans toute *simple* vérité il y a des lois universelles précises, mais avant toute chose, la relation avec la Vie universelle est d'une grande simplicité. Avez-vous envie de redevenir simples dans l'échange entre la Vie et vous, entre vous et la Vie, sous une forme ou une autre?

La simplicité appelle le silence et, aujourd'hui, je veux insister sur ce point. Je l'ai déjà abordé et j'y reviendrai encore.

Il est vrai que j'ai élaboré cet enseignement comme un puzzle, que chaque fois que je livre une pièce, je fais bouger l'ensemble, et que tout morceau déjà distribué se place un peu mieux. Savez-vous que ces pièces de puzzle ne sont pas en deux dimensions mais en quinze? Aussi, certains passages de mon enseignement revêtent forcément une forme plus complexe que d'autres. Quinze dimensions dans chaque morceau de puzzle! Comprenez bien: dans cet espace-temps que vous vivez ici sur cette planète, dans la période délicate où elle réclame son propre couronnement, nous vous donnons des informations certes, mais ceux qui sont venus animer cette fraternité, cette humanité, connaissent également très bien son potentiel et le devenir qui lui est réservé.

Dans la difficulté présente, nous sommes en train de déposer des germes qui vont grandir et vous amener à vivre rapidement dans cette quinzième dimension. Je vous rassure, cela ne se fera pas en cent ans; que votre mental ne s'emballe surtout pas! Il n'est pas question de vous faire passer dans une nouvelle dimension une année après l'autre, et d'ailleurs, vous ne vivrez pas cette quinzième dimension sur cette planète. Pourtant, vous recevez les informations, les impulsions cellulaires afin de pouvoir grandir en esprit jusqu'à celle-ci. Ce n'est pas un cadeau en soi, car les éléments que nous déposons dans vos cellules sont exigeants; ils viennent vous déranger en profondeur pour ouvrir les chemins qui vous mèneront jusqu'à cette hauteur. Aussi, certains d'entre vous, assis dans cette salle, avanceront très vite, mais d'autres seront plus lents et c'est sans importance.

L'important réside uniquement dans le fait que vous êtes venus dans la matière en cette séquence de temps afin de recevoir des inscriptions cellulaires correspondant à la troisième dimension jusqu'à la quinzième. ***Là*** s'inscrit cette richesse que nul ne pourra vous enlever puisque, sur le plan cellulaire, vous recevez des dépôts extraordinaires.

Alors oui, vos mains sont peut-être vides de cet argent faisant de vous *quelqu'un de bien* ou *à rejeter* dans votre société mais, aux yeux de la Vie, tous et toutes êtes venus recueillir des impulsions qui feront de vous des êtres uniques. En une seule incarnation, vous aurez reçu des dépôts qui vous garantiront d'aller jusqu'à la quinzième dimension. À votre rythme et à celui de la Vie, alors même que certains sages ayant laissé leur nom dans votre histoire ne les ont pas eus. Ils le savent, et voilà pourquoi le maître Jésus en son temps l'a souligné: «D'autres feront la même chose que moi et même davantage», car il savait que les êtres qui viendraient deux mille ans plus tard recevraient des impulsions d'importance grâce auxquelles ils dépasseraient sa propre réalisation, et il en était heureux. Il avait participé à la construction de cet instant; il vous offrait ce possible. Alors oui, vous pouvez lui dire un grand merci, car il en est l'auteur.

Et je voudrais ici rendre hommage à tous les prophètes de toutes les cultures qui ont permis à cette humanité de glisser sur ce sentier de lumière, la faisant passer de prophète en prophète, de maître en maître, jusqu'à ce jour.

Ainsi, je vous le déclare: j'honore tous vos prophètes, tous vos maîtres, mais comprenez qu'ils sont dépassés puisque vous recevez des inscriptions cellulaires qu'ils n'ont pas. Ils savaient très bien qu'ils étaient des maîtres durant leur vie mais que, dans un futur proche, leurs élèves seraient leurs maîtres. C'est là une grande révélation. En effet, nous osons vous dévoiler clairement que vous avez déjà dépassé les maîtres du passé, et ce n'est nullement pour leur retirer leur valeur. Ils se tiennent à mes côtés et rient à cette pensée. Mais ils reconnaissent très bien, au vu de ce que vous recevez dans vos cellules, que les informations que vous développerez vous propulseront vers un état de conscience dépassant le leur.

Ils sont parvenus à être des maîtres et en sont heureux. Pourtant, ils devront un jour se remettre en route, poursuivre leur propre chemin d'évolution. Là où ils se sont arrêtés, ils devront étudier encore, comprendre un peu plus les Lois universelles. Oui, ils sont maîtres en ce moment, mais ils savent que cet état de maîtrise ne leur sert pas suffisamment pour l'avenir et sont prêts à se remettre en chemin. Ceci ne leur pose pas de problème. Comme ils sont, à l'instant, dans l'état de maîtrise d'une ouverture de conscience pas encore suffisante, ils devront glaner des informations ici et là afin d'agrandir leur champ de conscience et recevoir de nouvelles impulsions. Tout est bien et juste.

Sachez que si nous faisons ces dépôts en vous, c'est que de grandes réalisations sont attendues de votre part. Vous avez accompli beaucoup, mais il vous reste également beaucoup à faire! Toutefois, ce qui vous attend dans le futur est bien plus grand que tout ce que vous pouvez imaginer et vous êtes riches, car vous avez reçu les clés vous donnant accès à cette réalisation lointaine. Prenez-en conscience; ceci ne concerne pas uniquement les personnes assises dans ce cercle mais bien l'ensemble de cette humanité. Celui qui croupit dans une prison, souffrant et ne sachant même plus qui il est, reçoit ces impulsions parce qu'il a osé venir dans cet instant et s'offrir à la Vie.

Vous êtes tous des kamikazes, et je sais que ce mot ne plaît pas à certains, mais il faut bien être kamikaze pour se lancer dans un gouffre, un lieu où *le bien* comme *le mal* sont possibles à bien des niveaux. Oui, vous avez été téméraires à ce point, mais sachez combien vous allez en être récompensés. Oh, le jour où vous vous installerez dans cette réalisation évoquée, vous ne vous souviendrez peut-être pas d'avoir reçu ma visite, mais quelle importance! Il faudra attendre que vos cellules délivrent leur contenu, ce qui se déroulera sur ces quinze dimensions que vous visiterez. Nous vous ouvrons ce chemin et nous sommes heureux de vous l'offrir avec sa lumière, ses impulsions.

Nous n'attendons rien en retour, ne répondant qu'à la demande de la Vie.

Et vous, quelle exigence allez-vous nous transmettre?

Allez, je vous attends cette nuit.

Je vous ai invités au silence afin de redécouvrir ce qui se cachait en vous.

Je vous ai signalé que vous accordiez beaucoup plus d'importance à la vie de votre âme qu'à celle de votre esprit, et ce, tout simplement parce qu'on vous en a privés. Il fut même un temps où les femmes *n'avaient pas d'âme*, comme si la Vie avait pu être aussi sectaire! Par tous les moyens on a dénigré la vie de la femme dans son expression la plus dense, le corps féminin. Pour certains groupes évoluant sur cette planète, la femme n'est rien encore, sa vie n'ayant aucune valeur. Elle est juste bonne à être un ventre, à tenir maison et, surtout, elle n'a aucun droit à la parole. Pourquoi en est-on arrivés là? Parce que l'esprit masculin a oublié que pour exister il avait besoin d'***être***, d'où sa déviation. Actuellement, vous ne connaissez pas *l'esprit masculin*! Vous le dénigrez mais ne le connaissez pas. Ce que vous savez de lui n'est rien à côté de sa réalité.

L'esprit masculin bien vécu est aussi doux, matriciel que l'esprit féminin, mais une matrice un peu différente puisque protectrice et rendant l'énergie féminine apte à ouvrir les portes, portes qu'il empruntera après. Je vous ai entretenus de cela et j'y reviendrai encore, mais j'aimerais vous amener un peu plus loin dans la Vie. Car, à la limite, malgré que vous n'en compreniez pas la première pierre, vous acceptez néanmoins cette présence et cette dualité.

Mais vous êtes bien autre chose que cela. Dans votre corps se trouve une multitude de réalités — vos corps subtils, votre âme, et votre petit Être intérieur qui ne pourra sortir de sa cellule sans air que le jour où votre chimie interne correspondra à sa subtilité —, mais il y a également toute la mémoire de la planète et des différents règnes. Ne croyez pas que cela est à l'extérieur de vous; votre réalité est multiple et intègre autant la présence de la Terre, du Feu, de l'Eau et de l'Air que celle des couleurs, des énergies et de la densité. Puis également la présence de tous vos Créateurs, car, ne l'oubliez pas, ils ont déposé en vous leur potentiel, leur vie. Par conséquent, dans ce corps physique se trouvent la vie de vos sept Créateurs ainsi que la présence de tous les grands Maîtres astrologues ayant présidé à la naissance de ce corps. Mais, voyez-vous, cela ne s'arrête pas là, car des parrains et des marraines ont accepté de prêter leur énergie à l'évolution de cette forme, et ils sont nombreux. Ceux-ci prennent en charge la surveillance d'un développement, d'une roue intérieure, non pas la principale mais une roue secondaire. Ainsi, vous allez réapprendre quelles sont les présences qui, ensemble, ont uni leurs forces et leurs destinées afin que ce corps puisse maximiser tout son potentiel.

Au cours de l'évolution ce sont dessinées les rencontres avec d'autres familles, dont celles du monde féerique. Pas très éloignés de vous, ces êtres marchant à vos côtés interviennent régulièrement dans votre vie. Ils impulsent des réactions dans vos chimies internes, rien d'autre, mais savez-vous qu'une telle réaction induit de grands bouleversements? Et le monde féerique représente un être exceptionnel, un sage qui sait vivre tout en gardant une part de surveillance sur votre évolution. Vous me direz: «Oh, cela ne change pas grand-chose puisque tous les autres — Créateurs, Maîtres, parrains — sont éloignés de notre conscience, ne pénètrent plus notre existence, et pourtant agissent ainsi.» Peut-être, mais en êtes-vous sûrs? De quoi êtes-vous certains? Que pouvez-vous certifier en l'état actuel de votre conscience quant à la présence et à l'action de ces entités? Là, je vous l'affirme, si vous voulez réapprendre à côtoyer la famille féerique, vous devrez quitter le cocon rassurant du mental et ouvrir les portes de votre vue et de votre ouïe intérieures, toutes ces portes connues et inconnues dans votre corps qui vous habilitent à bouger, à vous manifester dans un monde ou un autre.

Aujourd'hui, je vais vous entretenir de l'ouverture de ces portes.

Imaginons que vous acceptiez d'ouvrir celle du Verbe. C'est également une énergie contenue dans un moule qui a forcément un accès. Quand vous pénétrez ce moule soudainement, vous vous rendez compte que cet endroit vous fait mal et que vous devrez entreprendre tout un travail de restauration afin de fluidifier les énergies circulant par cette porte. Vous constatez qu'après l'avoir verrouillée, il est parfois difficile de réemployer l'énergie du Verbe. C'est ainsi que certaines personnes craignant d'aller plus loin se créent des cancers de la gorge, car elles bloquent l'épuration naturelle de cette porte et la referment plutôt que de la garder ouverte. C'est une des causes de ce type de cancer; il y en a d'autres, mais celle-ci est souvent rencontrée.

Tenons donc pour acquis que la porte du Verbe est ouverte. Pendant un certain temps vous correspondant, vous fluidifiez ce passage puis, un jour, vous osez vous en servir. Alors, vous allez dans l'entrebâillement de cette porte, vous regardez ce qui se passe de l'autre côté et, à un moment donné, vous la franchissez et vous vous mettez à parler! Votre existence change aussitôt, puisque le Verbe se met à circuler, à couler naturellement, et tout votre entourage est marqué par ce changement. Comment cela se fait-il? Vous savez désormais répondre non, alors qu'avant vous vous taisiez, laissant le champ libre aux autres.

Visitons une autre ouverture.

Le pancréas. Que représente ce mot? Quelle en est la valeur? *Pancréas* signifie *panse (et pense) à créer.* C'est extraordinaire! Lorsque cette porte commence à s'ouvrir, c'est toute l'harmonie de la vie du corps qui est revisitée, sollicitée, déclenchant un travail intérieur de restauration. Et lorsque vous osez en franchir le seuil, sans savoir pourquoi, du jour au lendemain vous saurez à nouveau vous servir de vos mains, vous rappelant soudainement qu'elles peuvent créer.

En fait, en laissant circuler la conscience de qui vous êtes, vous venez de revisiter un accès.

Chaque porte intérieure vous délivrera une partie de qui vous êtes, car elle constitue un langage tout à fait exceptionnel, et toutes vos portes forment l'identité globale de votre potentiel.

Certains d'entre vous préféreront user des mêmes portes. Toutefois, il arrive un moment où vous êtes invités à circuler dans toutes ces portes puisque, tant que vous ne les utilisez pas, vous n'êtes pas complets mais fractionnés et, ainsi, dans l'impossibilité d'établir l'unité ou l'unicité de vos deux pôles féminin et masculin.

Votre corps est une merveilleuse machine créée afin de vous offrir la plénitude de l'expérience en ayant une capacité d'autorégénération pour vous éviter ainsi tout souci majeur.

«Soria, nous sommes loin de cet état aujourd'hui. Pourquoi?»

Enfants de la Terre, vous avez accepté toutes les limitations et tous les oublis, jusqu'à oublier qu'intérieurement vos portes, vos chimies, vos organes, vos glandes, vos muscles, votre charpente osseuse, vos corps subtils sont ***divins*** de naissance, dans leur fonctionnement, parce qu'ils ont ordre de vous conduire à votre couronnement.

Alors, où est l'erreur? Elle se situe dans le rejet de ce corps et de ses réalités subtiles.

Un grand nombre se refusent à poser un regard aimant sur

ce corps qu'ils habitent, à lui accorder de la paix. Aussi, ce corps entre forcément en conflit et sait se rappeler à vous. «Puisque tu ne veux pas m'accorder ce que *je suis*, je vais te rappeler que tu n'es rien sans moi.» Vous entrez alors dans une autre dualité vous éloignant de cette promesse que vous vous êtes faite à votre naissance dans ce monde. C'est ainsi que beaucoup déposeront leur corps sans avoir atteint leur but ni utilisé le potentiel reçu pour cette incarnation.

Et c'est ainsi aussi que vous faites l'œuvre du gouvernement obscur, car le temps que vous passez à réprimander, à réfuter, à haïr parfois ce corps que vous habitez est en soi une somme d'énergie que vous n'employez pas pour votre réalisation, votre couronnement et la redécouverte du potentiel divin dans un corps densifié.

Alors, enfants, poursuivez ce jeu. Continuez à vous renier, à vous regarder dans une glace en pensant: «Mon dieu, comme je ne suis pas belle! Regardez-moi un peu, je vieillis, il faudrait que je change!» Oui, il faudrait changer, ceci est juste, mais ce n'est pas d'un autre corps que vous avez tant besoin. C'est plutôt de changer le regard que vous portez chacun sur vous-même, de repolariser l'énergie qui vous habite, de la remettre dans l'expression qui lui appartient et que vous n'auriez jamais dû quitter!

Voilà pourquoi je vous répète aujourd'hui que le premier pas essentiel dans votre guérison intérieure est de vous asseoir chez vous et d'accepter une fois pour toutes la présence de votre corps tel qu'il est. Vous l'avez défiguré, c'est vrai, mais soit vous continuez dans cette voie, soit vous commencez par l'aimer. Sachez que, de toute manière, pour lui restituer sa beauté, seul l'amour sert de remède, rien d'autre.

On pourra tester devant vous toutes les potions et les crèmes miracles susceptibles d'effacer vos rides, de régénérer ici ou là, cela restera un leurre visant à vous éloigner de votre réalité, car vous devrez déposer un jour ou l'autre tous ces masques, toutes ces grimaces et ces illusions. Il vous faudra avoir le courage d'émettre un rayon d'amour en continu.

À ce stade de l'enseignement, je voulais vous spécifier que nous n'attendons pas que vous vous flagelliez. Ce ne serait certes pas le bon geste à poser, et vous l'avez suffisamment fait dans vos vies antérieures. Non, nous souhaitons un véritable acte divin, un acte d'amour sensé, pur et réaliste. C'est par conséquent plonger le regard à l'intérieur de son cœur, s'installer dans cet instant sans impatience, sans attente et émettre ce rayonnement d'amour que vos cellules et votre mémoire attendent afin d'aller chercher votre schéma originel, de le réanimer avant de le réinstaller.

Sachez qu'un flux continu est requis pour que ce processus régénérant s'installe et œuvre en permanence à la restauration de cet édifice merveilleux.

Quand vous acceptez de vous ancrer dans ce flux d'amour qui vous appartient, vous vous connectez à des réservoirs d'amour qui pourront se déverser sur vous et amplifier votre action. Surtout, n'attendez pas que le processus s'enclenche de l'extérieur; comprenez que tout vient de l'intérieur, que tout commence par vous. Il est évident que ce que vous tenterez de faire au début pourra représenter une extraordinaire prouesse, même si l'intensité du rayon émis n'équivaudra pas au millionième d'une goutte d'eau! Cela suffira néanmoins à réamorcer le mouvement interne et, à cet instant, c'est toute la grande chaîne fraternelle qui se remettra en mouvement.

À force de vous penser seuls, vous êtes seuls au quotidien, isolés, alors que des êtres merveilleux vous accompagnent en silence. N'enviez donc pas ces gens qui n'ont fait qu'un pas de plus, ayant osé expérimenter, et souvent sans recevoir de conseils, ce retour dans la fraternité. Ils ont fait ce qu'ils ont pu et y sont parvenus. Si eux ont réussi, vous le pouvez également. N'attendez pas que l'on vous donne un guide d'installation du processus!

Vous devez trouver votre propre langage, votre propre magie et, à cette fin, vous devez croire que cela est réalisable et oser entreprendre ce cheminement.

La Vie n'attend que ça, que vous alliez revisiter l'une ou l'autre de vos portes intérieures, que vous ressentiez la présence de ces êtres qui vous habitent non pas au sens premier du terme, mais simplement en ayant déposé une parcelle de leur réalité en vous.

Cette parcelle étant le témoin vous reliant à la totalité de leur Être, il vous faut donc la découvrir en vous, la mettre en résonance puis vous y glisser et baigner en elle. Voilà comment vous toucherez la réalité et la vie de tous ces êtres résidant en vous d'une manière infinie et puissante.

Vous êtes tous des créateurs, pas plus les uns que les autres.

Il est vrai qu'à la naissance chacun a reçu une particularité; cependant, vous êtes tous des créateurs. Aussi, l'important pour vous est d'aller à la rencontre de cette particularité reposant en vous et de la réanimer. Peut-être êtes-vous rattaché à des sphères de soins, d'information, d'expansion des idées de l'Unique...

Afin de le savoir, plongez en esprit dans ce dépôt; il vous parlera. En réalité, vous seul pouvez le lire, le décrypter. Quiconque tenterait de plonger sa conscience en vous pour affirmer: «Tu es né afin de faire ceci ou cela» n'aurait pas la possibilité d'accéder à ce dépôt et ne lirait autour de vous que des informations se réveillant. Aussi, ne recherchez pas à l'extérieur de vous quelqu'un qui vous dirait expressément: «Mais tu es fait pour ceci.» Tournez résolument votre regard en vous et plongez dans votre cœur. Demandez à l'Être qui y réside d'ouvrir votre Livre de Vie et de diriger votre regard vers cette information.

Peut-être vous faudra-t-il lui reformuler cette demande un million de fois afin qu'il comprenne cette fois le sérieux de votre démarche! Car, voyez-vous, des tentatives esquissées dans votre passé se sont soldées par un plongeon dans un nouveau sommeil au bout de peu de temps.

Aujourd'hui, ce petit Être est là, il attend: «Est-ce la bonne approche ou seulement un essai de plus? Je ne suis pas pressé de répondre et j'ai besoin d'informations supplémentaires, de sentir la chimie intérieure, de voir si elle continue de se modifier dans le bon sens et de se rapprocher de la tonalité du dépôt sous ma garde.»

Ainsi, quand l'effort sera régulier et constant, ce petit Être s'agitera puis s'exclamera: «Le temps est venu d'apporter enfin une réponse.» Il puisera alors l'information, la remontera afin d'induire une réaction et, par conséquent, un changement dans votre quotidien.

Ce petit Être sera donc très exigeant et attendra une démonstration évidente de votre part.

Il y eut tellement de faux-semblants par le passé! Et il sait qu'en cette période délicate une remontée d'informations dans un instant inadéquat entraînerait bien au contraire une régression. Sage, car le temps n'existe pas à ses yeux, il attendra vraiment le bon moment, le juste signal de reconnaissance de cette puissante chimie venant le titiller et lui signaler d'une certaine façon: «Attention, j'arrive, je suis prêt!» Et, à ce stade, tout s'agitera autour de vous, depuis le monde féerique jusqu'aux Créateurs et aux Maîtres astrologues!

Cependant, je préfère vous en avertir, en ce début d'agitation vous rencontrerez *des pièges* tendus en vue de vérifier si vous êtes réellement assez forts pour dépasser les prémices de ce retour et vous installer véritablement dans le moteur de la transformation.

Et, surtout, ne prétendez pas que c'est la faute d'un tel ou d'un autre, car en réalité vos élans plus ou moins élevés parleront d'eux-mêmes. Si cette élévation retombe, ce ne sera dû qu'à votre effort intérieur peu soutenu et insuffisamment fort.

Et ne vous découragez pas! Asseyez-vous chez vous puis tentez de comprendre pourquoi votre effort est retombé, de décrypter votre langage intérieur, et la raison pour laquelle votre chimie n'a pu maintenir cette assise pour vous servir de tremplin ou d'élévation. Cessez de vous massacrer, de vous fustiger. Devenez des êtres responsables et étudiez ce qui ne l'a pas été puis reprenez une période où vous allez intentionnellement installer un changement dans vos réactions intérieures et, forcément, une nouvelle opportunité d'élévation s'offrira à vous. Celle-ci sera-t-elle la bonne, ou faudra-t-il encore une dizaine d'essais avant de trouver le bon élan, la bonne chimie?

Aujourd'hui, je porte à votre conscience la multitude de portes en vous, tels des sas ayant une entrée et une sortie. Quand on se situe dans le sas, il y a la transformation, le mélange de ces énergies qui ont pénétré la réalité présente, et c'est ce mélange qui induira l'ouverture de la sortie du sas et parlera de la transformation opérée.

Et je vous le déclare, vous serez bientôt dans le sas de la troisième à la quatrième dimension, soit dans la transformation totale!

Dans ce sas, vous aurez l'opportunité d'intégrer la totalité de l'enseignement reçu dans la troisième dimension. En d'autres mots, vos cellules vont vous renvoyer toute leur mémoire afin que vous puissiez ressentir consciemment cette remontée et en tirer la quintessence.

Attention, il n'est pas question de bien ou de mal, car tout est expérience. Aussi, accueillez cette remontée de mémoire et, surtout, essayez de percevoir sa puissance d'enseignement; là, vous serez garants de gagner la partie. Cependant, si vous traversez cette remontée de mémoire dans la moulinette du mental et de l'analyse, vous ne pourrez inscrire la plénitude de cet enseignement et repartirez dans un moteur annihilant la progression de votre esprit, de votre âme et de votre corps unifié. Vous reprendrez la dualité, et cette leçon devra être revue puisque vous n'aurez pas réussi à intégrer l'information et la connaissance que cette expérience avait à vous délivrer.

Soyez très prudents, car vous serez bientôt dans ce sas, le plus grand sas cosmique qu'il est permis de visiter. Les autres, ceux qui permettront de glisser de la quatrième à la cinquième dimension et ainsi de suite, n'auront pas autant d'importance que celui de la troisième à la quatrième.

C'est le sas le plus délicat, le plus exigeant, le plus performant et le plus grand des tremplins vers les autres dimensions de votre être. Soyez donc prudents par rapport à ce qui vient. Comprenez qu'il faut vous installer à l'intérieur de votre cœur en toute urgence afin de déconnecter le rail automatique qu'a installé le mental, car lui seul garantira encore une fois l'intégration de cette connaissance. Non pas que le reste soit mauvais, puisqu'il vous a servi à descendre finalement dans votre cœur de façon à regarder avec neutralité les événements vécus et à intégrer la connaissance, la puissance de l'information requise lors de ces expériences. Je ne vous parle pas ici de pardon ni de tous ces faux-fuyants qui vous éloignent encore de l'intégration. Je vous dis seulement qu'il est ***l'heure de pénétrer votre cœur afin de pouvoir vous présenter totalement armés*** devant ce que vous allez vivre dans le sas de la troisième à la quatrième dimension.

Sachez que vous connaîtrez un grand événement et que nous faisons tout en notre pouvoir pour vous fournir les éléments vous assurant de le vivre au mieux, mais nous ne pourrons le vivre à votre place ni vous indiquer avec certitude comment vous vous en sortirez ni à quel moment. Chose certaine, nous ferons passer l'humanité entière dans ce sas.

Cependant, une fois ouverte la porte de la quatrième dimension, tous, dans l'ensemble, ne seront pas accueillis. En effet, une multitude de portes de sortie se trouvent dans le sas, et si vous n'êtes pas installés dans votre cœur, vous emprunterez forcément à un moment ou l'autre une porte de sortie ne vous amenant pas dans la quatrième dimension. Dès lors, nous ne pourrons agir, ni réagir à vos choix; nous ne pourrons que les accueillir, les honorer et les respecter même si nous déplorons alors dans nos cœurs ce choix intermédiaire.

Vous avez encore la possibilité de sélectionner votre devenir, et cela va se présenter dans ce sas très important de la troisième à la quatrième dimension.

Ces paroles que je dépose maintenant en vous sont primordiales.

Je ne désire pas vous effrayer, mais vous faire comprendre à quel point il est nécessaire de vous installer dans votre cœur.

C'est uniquement par votre volonté d'agir et de réagir par le cœur que vous pourrez connaître les plus grands élans décrits par les maîtres du passé.

C'est par votre installation dans le cœur que votre être dans cette cellule sans air reconnaîtra enfin cette chimie qu'il affectionne tant et ouvrira ses portes, grandira et vous unira finalement à sa force, à sa lumière et à son potentiel.

En somme, en acceptant de fournir l'effort de descendre dans votre cœur, vous entraînerez votre corps, votre âme à s'unir à ce petit Être, cet esprit qui attend ce mariage. C'est un acte majeur que je vous invite à poser, un acte puissant, magique, un acte de créateur responsable.

Ainsi, tout l'amour que j'ai en moi se déverse en ce moment en vous, de façon à vous faire comprendre qu'en aucun cas je ne veux vous priver de tout ce potentiel en vous.

Au contraire, je vous engage à franchir les dernières résistances, les derniers doutes et les dernières peurs afin que je puisse vous conduire à ce mariage unique, divin de tout temps.

Je vous convie à cette puissance qui dort en vous-mêmes où toute la haute magie décrite dans le passé deviendra votre quotidien, où vous deviendrez illimités à l'intérieur de vos forces masculine et féminine, où vous pourrez en saisir tous les rouages subtils et toutes les déclinaisons. À ce moment-là, vous deviendrez chacun ce créateur tout-puissant qui pourra mettre ses forces en service au profit des créations à venir.

Je vous le confirme, votre place est déjà prête, votre fauteuil est installé et votre nom suprême y est inscrit. Vous seul déciderez quand vous vous y assoirez. Je ne fais que vous rappeler que nous attendons cet espace et cet instant magique.

Nous vous aimons et vous honorons tous tels que vous êtes durant votre cheminement, et notre regard ne s'arrête pas sur ces instants d'hésitation, ces moments de peur où vous n'avez pas su manier correctement les énergies. Cela fait partie de la reconnaissance, pas d'autre chose!

De tout temps, vous êtes chacun ce créateur couronné que vous ignorez puisque vous n'osez pas descendre à l'intérieur de votre cœur.

Je vous laisse sur ces paroles afin que vous osiez méditer sur cette sagesse que je viens de verser dans votre conscience.

Soyez en paix, je vous retrouverai demain.

Merci d'être tous venus vous asseoir dans la robe de lumière créée par le collectif SORIA.

Je vous remercie d'avoir accueilli ses énergies, sa lumière, ses explications, de nous faire une place dans votre vie, d'être ce que vous êtes.

Maintenant, au bout d'une année complète d'œuvre publique, le collectif souhaite s'exprimer. Aussi, durant ce laps de temps que je vais occuper, je ne parlerai pas de ce qui va se passer, mais uniquement de nous.

Comme vous le savez, si vous avez lu nos livres, une partie du collectif SORIA s'est détachée pour venir autour de cette planète. Vous en connaissez le nombre et savez que le nom SORIA a été donné à l'énergie que nous véhiculons.

SORIA n'est pas un être, mais bien un collectif. Cela sous-entend qu'il y a autant de noms que d'entités en poste.

Je vous ai informés également que l'énergie SORIA est portée par huit Filles primordiales, que sept d'entre elles sont à l'œuvre en permanence dans les sept Super-Univers, soit une Fille primordiale portant l'énergie SORIA dans chacun. Toutes œuvrent avec un groupe d'êtres déjà ascensionnés ou ayant atteint un important degré de maîtrise; nous y intégrons également des êtres ne s'étant jamais incarnés et qui ne le feront jamais. Certains êtres sont en poste sur des planètes particulières — des sphères d'information, de soins, d'éducation et bien d'autres. Dans notre collectif, nous accueillons aussi des animaux manifestant un degré de maîtrise très élevé d'eux-mêmes.

L'énergie que nous véhiculons est forte. Elle est destinée à travailler sur la grille magnétique d'un collectif humain résidant sur une planète. Elle est aussi particulière parce qu'elle se met à l'œuvre dès qu'une planète souhaite entrer dans son couronnement. Chaque fois que nous bougeons, que nous allons autour d'une sphère pour elle et son humanité, nous rencontrons une kyrielle de réactions.

Et malheureusement, chaque fois aussi, nous rencontrons des individus en mal de pouvoir et cherchant à abuser les autres. Nous en sommes donc venus à poser des mots afin de rectifier la compréhension de nos actions.

Ainsi, comme à l'habitude, nous avons profité de cette première année pour analyser les réactions humaines sur cette planète et savoir où en étaient ces velléités. Nous avons besoin de ces données en vue d'approfondir notre action, car, en réalité, celle-ci va se décupler dès la prochaine année.

Aussi, je vais assainir et éclaircir la position du collectif SORIA.

Ce collectif s'exprime par un porte-parole divin. Les sept Filles primordiales ont à tour de rôle la charge de l'administration d'un Super-Univers, la huitième demeurant dans le lieu qui nous sert de résidence afin de coordonner nos actions.

Ainsi, chacune à leur tour, les huit Filles primordiales occupent ce poste de porte-parole. Comme je l'ai expliqué, je suis l'une d'elles et, à ce titre, j'ai donc la responsabilité de ce poste pour une durée définie.

Porte-parole de qui? De l'énergie SORIA reposant sur les épaules des huit Filles primordiales.

Le collectif qui vient travailler avec cette énergie répond au besoin d'étendre l'effet des énergies SORIA.

Mais comme chaque fois qu'il est actif, il ne s'exprime que par une seule voix afin d'éviter la cacophonie susceptible d'entraîner des voies parallèles, des déviations de l'énergie.

Comme à l'habitude, nous avons vu fleurir durant cette première année des desiderata très égotiques, bien préhumains. Nous avons laissé faire, ayant besoin de ces observations.

Que va-t-il se passer désormais? Le collectif a travaillé de sorte à recueillir cette somme d'informations permettant d'identifier les rouages forts et faibles de la grille magnétique actuelle de cette humanité, grille qui s'éteindra progressivement afin de laisser place à la nouvelle grille de quiconque osera entrer dans l'état d'humain.

Dès l'année prochaine, nous amplifierons les processus que nous connaissons bien et qui appartiennent à la restructuration des énergies. Par là nous induirons des réactions bien particulières à l'intérieur du collectif humain afin de mettre en évidence tout ce qui a été caché, ce qui empêche l'ensemble de l'humanité de pénétrer de plein droit dans son état d'humain.

La grille magnétique humaine repose sur les portes d'entrée que sont vos chakras, vos sous-chakras, vos glandes et vos organes. Chaque fois qu'un membre de cette humanité vous prive d'un de vos organes ou y fait une intervention, il interfère avec une porte d'échanges en vous. Oui, vous êtes nombreux aujourd'hui à avoir déposé certains organes pendant des opérations chirurgicales; surtout, ne vous culpabilisez pas, cela relève du passé, et nous connaissons parfaitement l'état de votre corps, de votre intimité. Nous souhaitons seulement que vous preniez conscience de ce qui a été fait sur vous; vous ne pouvez changer cet acte actuellement, et vous culpabiliser ne vous assurera pas de voir venir l'organe manquant. La science pense avoir raison; pour l'instant inconsciente et irréaliste, elle n'en est qu'à une étape bien jeune, mais ceci renvoie à un autre débat.

Nous allons évoquer ici la grille magnétique humaine. Vos énergies seront doucement déviées en désactivant certaines portes intérieures, car il vous faut réactiver les portes de ces mêmes organes dans une partie plus subtile de vous-mêmes. Nous dirigerons donc vos énergies (celles des parties physiques de ces portes) en les rattachant aux portes subtiles de chaque organe. (Même si certains de ces organes ne sont plus là, leur contrepartie subtile existe toujours.) Puis nous réactiverons progressivement d'anciens circuits énergétiques, car il fut un temps où ces mêmes organes en possédaient plusieurs en eux. Ainsi, nous induirons des réactions dans les organes puis, une fois celles-ci bien consolidées, nous ramènerons vos énergies et les installerons sur ces nouveaux vortex. Cela se passera en quelques secondes, car il n'est pas question de laisser un organe, une porte intérieure, déconnecté de son vortex d'énergie durant un long laps de temps.

Mais avant d'en arriver là, tout un travail préparatoire s'impose et nous entrons dans cette phase. Nous allons vous aider, car, soyons logiques, il s'agit de votre propre grille magnétique et votre présence est requise pour la construire. Certains le feront consciemment, compte tenu de leur ouverture d'esprit, et nous les épaulerons. Une grande majorité le feront la nuit, lorsqu'ils se seront déconnectés de leur conscient. Cela se déroulera progressivement puisque, chaque fois que nous agirons sur un organe, nous inciterons la personne à le vider d'une mémoire encombrante, du moins les parties les plus limitatives. Puis, quand ce sera possible, et à l'instant déterminé par nous, nous effectuerons le transfert des vortex d'énergie à l'intérieur du même organe.

Sachez que dans tout organe physique se trouvent sept possibilités d'entrer et d'échanger des énergies, sept niveaux d'action plus ou moins subtils. Nous nous emploierons donc à cela et vous serez des membres actifs de votre propre transformation. Comme je vous l'ai souligné, la participation sera plus grande et plus consciente pour certains que pour d'autres, mais ceci n'a aucune importance.

Nous disposons de dix ans à partir de l'année 2004 pour mener à bien cette transformation, non pas que nous en ayons besoin, mais que ces années représentent l'amplitude offerte pour y parvenir. Autrement dit, nous pouvons durant cette période atteindre rapidement à la plénitude de la transformation de la grille magnétique humaine, en fonction de votre participation, des moyens que nous déploierons dans le but de désactiver certains mécanismes, des rails d'expression préhumains cherchant à dévier toute force nouvelle pour la contenir dans un moule restrictif.

Or, voyez-vous, pendant l'année 2003, notre énergie fut visitée par certains membres de cette humanité cherchant à la dévier en l'emprisonnant dans un moule plus que limitatif.

Nous sommes habitués à cela, et s'il y a eu des actions visant à empêcher la construction pleine et entière de la grille magnétique autour d'Urantia, il en sera de même par rapport à celle de l'humanité. Cela fait partie du jeu; nous le savons et l'acceptons. Nous connaissons nos adversaires; cependant, nous devions sentir la profondeur de leur détermination. Et celle des ennemis de cette grande Transformation est bien profonde, car ces derniers sont vraiment décidés à détourner *votre transformation, votre mutation.*

Ne vous leurrez donc pas et devenez totalement conscients de ce fait. Je ne vous demande ni de le juger ni de l'analyser, mais d'en prendre conscience et de chercher à tout moment à reprendre les rênes de votre autonomie dans votre quotidien. *Autonomie*, voilà un très grand secret de la transformation qui s'effectuera en vous, par nous et avec vous. *Autonomie* parce qu'il n'est pas question de faire de vous des robots, de vous imposer quoi que ce soit. Aussi, je vous invite à voir la différence entre un être habité et visité par la Lumière de Vie et qui œuvre avec elle, et un être cherchant à utiliser votre lumière pour tenter de devenir un gourou des temps modernes.

Le collectif SORIA a pris de grandes décisions consécutives à cette année 2003.

Après les tests que nous aurons effectués, nous fermerons au 1er novembre 2003 toutes ces tentatives préhumaines de s'accaparer de notre nom, de notre énergie, de la dévier et d'en faire une pâle imitation n'offrant aucun épanouissement.

Nous avons aussi décidé de retarder la naissance des deux êtres qui devaient venir compléter le travail de notre partenaire humaine. Par conséquent, ces deux entités qui travailleront officiellement avec le collectif SORIA verront le jour en 2015 et 2017. Initialement, le premier d'entre eux aurait déjà pu s'incarner en 2004. Ceci ne représente pour nous aucun problème, mais il nous faut nous assurer de la réussite de la transformation de la grille magnétique humaine et nous avons choisi de ne travailler officiellement qu'avec un seul canal.

Qu'à cela ne tienne, l'énergie radiante du collectif SORIA viendra vous visiter davantage, vous sollicitant plus profondément.

Nous allons donc agir différemment, davantage dans le silence et dans l'ombre, vous garantissant ainsi la justesse et la profondeur des enseignements que nous vous transmettons.

Ces mots ne feront pas plaisir à ma partenaire, car c'est justement ce qu'elle redoute! Mais j'aime déjouer ses plans mentaux et lui démontrer qu'il lui reste du boulot à accomplir!

Le collectif SORIA va entrer dans une ronde éthérique autour de vous.

Une ronde éthérique puisque ses lumières circuleront autour de vos auras pour inviter vos propres lumières à s'activer et à réveiller vos corps subtils de façon qu'ils vous délivrent des impulsions vous permettant de construire avec nous cette nouvelle grille magnétique.

Comprenez l'enjeu que vous représentez pour tous ces êtres ne pouvant vivre sans vos lumières, vos énergies. Tant que vous ne prenez pas conscience de la qualité, de la profondeur de qui vous êtes, vous ne faites pas appel à tout le potentiel déposé dans vos corps subtils. Et vos lumières, et donc vos auras, ne sont pas de la plus grande beauté d'expression. Lorsque nous affirmons qu'il nous suffit de les regarder pour comprendre votre degré d'ouverture de conscience, comprenez qu'en ces mots se cachent de grandes vérités.

Nous allons solliciter votre aura, la titiller afin que ses lumières vibrent plus rapidement. Cette vibration plus soutenue passera ensuite dans votre corps physique, là où résident vos corps subtils, et ceux-ci recevant cette incitation, une chimie particulière sera déclenchée, qui induira des ouvertures subtiles d'informations non contenues dans vos cellules physiques mais dans les cellules subtiles de vos corps.

Vous êtes une exceptionnelle banque de données, autant par la quantité d'informations déposée dans les cellules physiques que par celle intégrée aux cellules subtiles de l'être.

Progressivement, le collectif SORIA suscitera un mouvement de plus en plus rapide au fil des années. À son tour, cette rapidité sollicitera toujours plus largement l'ouverture des informations relatives à qui vous êtes; progressivement, vous vous sentirez mal en apparence puisque vous serez obligés de chercher en profondeur ces éléments.

Aujourd'hui, si je vous interroge, vous me répondez: «Je me nomme Untel, j'habite ici, j'exerce tel métier, j'ai telle connaissance», puis vous hésitez et vous arrêtez là. Dans deux ou trois ans, vous répondrez: «Dans la matière, je sais quelle est la partie connue de mon identité, mais je ressens qu'elle n'est qu'une apparence limitée de qui je suis.» Et quand votre grille magnétique commencera à être reconstruite, vous nous direz: «Je suis un Être de lumière avant toute chose», car ce sera évident pour vous. Aussi, sachez que ceux et celles qui éprouvent le besoin d'avoir un pouvoir sur l'autre n'ont aucun intérêt à ce que vous retrouviez cette mémoire, car c'est l'indépendance et l'autonomie qui se présenteront alors. Oh, je ne parle pas encore de couronnement, car le couronnement d'un être, son ascension, représente autre chose.

S'il est vrai que dans la construction de cette nouvelle grille magnétique humaine se détacheront des êtres allant un peu plus vite que d'autres, cela n'aura aucune importance, car vous parviendrez tous, lents et rapides, au même résultat. Toutefois, les rapides trouveront le fossé un peu plus grand avec les traînards!

Le collectif SORIA s'exprime indifféremment dans l'un ou l'autre des Super-Univers; il évolue sans barrières et peut circuler de l'un à l'autre en toute aisance. Il connaît les qualités rattachées à ces sept sections, comme les inter-réactions qui se mettront en résonance lorsque ces sept qualités majeures du Père/Mère originel se rencontreront, ainsi que le but ultime de cette rencontre. Il sait qu'il s'agit d'une étape parmi bien d'autres encore tenues en réserve.

Un groupe d'êtres assez important s'en détache actuellement. Il pourra accueillir d'autres personnes dans ses rangs, comme certaines pourront aussi en sortir puisqu'il leur faudra décider de reprendre ou non leur progression intime. En soi, le collectif représente un rassemblement d'êtres en mouvement constant. Leur nombre est stable, mais non les membres qui le composent.

Au cours de votre évolution, vous avez déjà rencontré au moins deux ou trois êtres attachés périodiquement aux énergies du collectif SORIA, car il a fallu que cette fréquence soit déjà déposée dans votre mémoire durant des vies antérieures. Cela ne signifie pas que vous avez travaillé avec eux mais que vous les avez croisés ou côtoyés et que, dans ces circonstances, ils en ont profité pour déposer en vous une cellule mémoire ayant la qualité véhiculée par l'énergie SORIA. Ainsi, quand l'un de vous résonne vraiment profondément à cette énergie, c'est qu'il a rencontré au moins quatre membres du collectif. Cependant, prenez conscience que l'on peut croiser des êtres sans pour autant travailler avec eux, car tel n'est pas le but.

Voyez-vous, avant de pouvoir œuvrer sur cette planète, il a fallu que l'on croise chacun d'entre vous, que l'on dépose la qualité de notre énergie en vue de préparer votre mémoire à nous accepter et à faire ce présent travail avec nous. Vous étiez déjà volontaires, aussi avez-vous préparé cette incarnation depuis très longtemps.

Le collectif SORIA n'utilisera son potentiel qu'à dater de l'année 2004; l'année 2003 fut employée afin de réveiller uniquement la mémoire déposée en vous. Certes, les livres vous transmettent de l'information, mais la prochaine étape consiste à réveiller progressivement votre potentiel mnémonique afin d'intégrer ces données avec plus d'aisance.

C'est le travail de 2004; nous vous bousculerons alors un peu plus et ferons de même avec les énergies véhiculées à la surface de cette planète. Ce réveil de mémoire cellulaire physique et subtil s'avère nécessaire, puisque les premiers membres du collectif humain vont pénétrer le sas entre la troisième et la quatrième dimension.

Nos énergies ne sont ni faciles ni douces, et vous pouvez le comprendre puisque nous travaillons avec cette mémoire afin de reconstruire une grille magnétique qui repose sur vos organes, vos chakras et sous-chakras, et vos glandes. Autrement dit, nous allons agir dans l'intimité de votre être, qui est depuis des millénaires enveloppé par une énergie l'éloignant de sa propre réalité, en prévision de ce travail possible sur l'humanité.

Et en premier lieu, nous devons casser ces énergies posées qui vous empêchent de puiser en vous, dans votre intimité, ces informations à partir desquelles vous pouvez vous proclamer Êtres de lumière.

Nous pouvions choisir la douceur, mais nous avons compris dès la première approche de votre humanité que ce type d'énergie ne viendrait pas à bout de tout ce qui a été posé pour vous empêcher de retrouver la facilité, la douceur et l'amour de votre propre rayonnement.

Voilà pourquoi nous avons choisi d'être tels des séismes venant vous visiter, des séismes d'énergie par le biais de nos mots. Ces mots déposés sur et dedans votre réalité, votre vie quotidienne n'engendrent pas de nouveaux maux, car nous vous le répétons, votre réalité est en fait déjà clonée par des énergies émises volontairement depuis votre monde. De plus, ce qui se passe réellement dans votre monde physique n'est qu'une amplification de moyens technologiques visant à élargir ce clonage énergétique sur la mémoire de qui vous êtes. L'abus de l'utilisation des fréquences d'énergie par les maîtres du pouvoir obscur n'a pour objet que votre maintien dans une dépendance. Comme ceux-ci savent que vous êtes actuellement en recherche d'informations afin de retrouver qui vous êtes, ils ont accentué certains clonages d'êtres qui, à leur insu, sont devenus leurs porte-parole et essaient de dévier, de contourner, de falsifier, de déformer les énergies que nous véhiculons.

Le non-amour connaît parfaitement les lois de la fréquence vibratoire de la lumière et les chemins entre les mondes denses et subtils. En vous privant de cette connaissance, ses *adeptes* tentaient d'assurer leurs arrières. Cependant, vous avez su émettre des volontés de retrouver votre divinité et le collectif SORIA est venu en nombre.

Je ne suis plus très loin désormais de la radiance de votre planète. Par conséquent, comprenez que ce qui se joue actuellement représente les dernières tentatives de ces individus pour vous empêcher de retracer la mémoire de qui vous êtes. S'ils ont installé un tel déploiement de force, n'est-ce pas parce qu'ils savaient d'avance être les perdants et que les grands gagnants, ce serait vous?

Non pas le collectif SORIA ni les huit Filles primordiales, mais réellement vous! Aussi, comme vous serez les grands gagnants, posez-vous les bonnes questions. Que détenez-vous en vous qui a attiré autant de convoitise? Que possédez-vous qui représente un trésor incommensurable à leurs yeux? Comment se fait-il qu'ils s'agitent autant si, justement, ils ont déjà perdu ce pouvoir qu'ils ont cru s'attribuer?

Puisqu'à l'intérieur de vous gît un immense trésor où sont inscrits votre propre identité et votre potentiel, tournez votre regard en vous et osez appeler votre maîtrise, votre indépendance. Ce n'est pas de l'égoïsme. En devenant maîtres de vous, vous allégez cette planète et la poussez ainsi vers sa réalisation. D'où le double intérêt de vous maintenir sous la coupe et la dépendance de l'un ou l'autre de leurs relais. Pensez-y vraiment!

De toute manière, nous achèverons notre travail au plus tard dans ce laps de temps que je vous ai indiqué. Si tout va bien, cinq ou six ans suffiront, mais sachez qu'à partir de l'année 2004, le collectif SORIA déploiera toutes ses forces...

Et nous avons encore beaucoup d'informations à vous transmettre dans le but de vous permettre de retrouver qui vous êtes.

Chaque fois, nous vous donnerons suffisamment d'informations pour que cela soit clair, mais pas assez toutefois, de façon que vous alliez chercher en vous le reste de la réponse. C'est là notre partenariat! Voilà comment nous construirons notre grille magnétique, celle qui vous appartient de tout temps; ce n'est pas un dû, mais votre réalité! Et sur cette grille magnétique, vous pourrez ouvrir des portes rouillées depuis des millions d'années.

Toutefois, vous avez à éclaircir votre but et votre devenir. Quels sont vos souhaits? Où voulez-vous résider? De quelle manière? Comment voulez-vous vivre?

Il est temps de rêver votre vie, votre avenir, votre partenariat avec la Vie!

Je vous remercie encore d'être ce que vous êtes dans votre faiblesse et votre force, dans votre froideur comme dans votre chaleur, dans votre dépendance et votre indépendance. Vous êtes tout cela à la fois, et bien plus.

Et nous vous attendons au-delà de cela.

L'année prochaine [2004] nous viendrons vous visiter encore. D'ici là, nous vous attendons.

Sachez qu'avant toute chose nous préférons la qualité à la quantité. Car lorsque la qualité est présente, le rayonnement de l'être va travailler en silence à adombrer de cette même qualité tous les frères et sœurs qu'il croisera. C'est ainsi que l'énergie agit et que vous prenez votre place.

Je vous dis à bientôt dans votre intimité, la nôtre, en partenariat et en êtres égaux.

Le collectif SORIA est à l'œuvre. Il sait qu'il trouvera en vous des partenaires actifs puisque l'heure est venue, que la Vie en a décidé ainsi et que vous vous êtes offerts à elle pour cela. Aussi, ayez confiance, car la Vie vous a toujours fait confiance. Elle n'a jamais douté de votre force de réalisation.

Déposez ces énergies que certains ont voulu vous faire adopter et, je vous le dis, ***vous êtes des êtres d'amour***. Ne l'oubliez pas!

Je vous salue respectueusement, fraternellement. À Bientôt.

Domme

la Dordogne

Sixième rencontre

Voici le dernier groupe de cette première saison.
Vous vous êtes cherchés afin de créer une harmonie permettant de recevoir un enseignement bien particulier.

Des personnes s'inscrivent dans ces cercles puis réalisent que ce n'est pas le bon moment, sans savoir vraiment pourquoi, mais l'énergie qu'elles véhiculent ou celle qu'elles souhaitent recevoir ne s'inscrit pas dans l'atelier choisi. Tout est juste, et elles trouveront leur place dans un autre cercle.

Le vôtre s'est cherché ; nous l'avons vu se construire difficilement, mais la dernière pierre étant posée, nous allons clôturer ensemble le partage fraternel et direct de cette année [2003].

Oh, une année bien remplie et qui s'achèvera de la même manière, car des événements à venir vont encore la marquer. Elle a été porteuse d'une grande promesse, elle a fait ce qu'elle a pu et transmettra le flambeau à celle qui suit. Ainsi, l'énergie ayant circulé tout au long de ces jours et de ces mois a essayé de creuser un lit où les énergies du Ciel pourraient se glisser et nourrir celles de la Terre. Ce lit n'est peut-être pas aussi profond que ce que vous aviez souhaité, mais il est la promesse des réalisations futures, dont celles de l'année prochaine bien sûr, et également des suivantes.

Si vous le permettez, je vais vous relater comment cela se déroule.

Une année ne débute pas le 1er janvier à 0 heure 00 minute. Non, elle démarre avec les énergies de la précédente, en une continuité. En réalité, les énergies des derniers mois, des dernières semaines et des derniers jours creusent un ultime lit accueillant la descente de celles qui accompagneront le déroulement de l'an nouveau. Par conséquent, ce lit est creusé tel qu'il peut l'être, devenant un infime sillon dans la terre ou une entaille plus profonde, selon le travail effectué, tout cela étant votre œuvre. Les énergies descendant le 1er janvier sont prévues pour l'accompagnement de l'an nouveau; sachez donc que c'est ce premier jour de l'an qui accueille les énergies de toute l'année.

Vous me direz peut-être: «Oui, mais tu sais, ce jour n'est pas le même selon les peuples!» et vous aurez raison, mais pour vous, lequel est-ce? C'est à cela que vous devez répondre. Dans ce groupe régi par le 1er janvier, vous recevez les énergies qui vont se dévoiler tout au long de l'année et que vous découvrirez.

Si cela correspond au mois de février pour un autre groupe, elles ne descendront pas en janvier mais bien à la date choisie par cette population. C'est ça l'important. Nous acceptons ces calendriers terrestres puisque, pour l'instant, vous n'avez pas adhéré au nôtre. Mais la qualité de l'énergie distribuée sera la même.

Vous recevez globalement le premier jour de l'année les énergies qui se déploieront durant douze mois et, au fur et à mesure, l'humanité puisera dans ce potentiel mis à sa disposition; certains groupes en profiteront au maximum, d'autres les refuseront. Cela fait partie de l'histoire de chacun.

Mais sachez que dans ce lit que les groupes visiteront, le déroulement de l'énergie aura lieu de manière arbitraire, puisque la roue individuelle en actionnera le débit. Par roue, j'entends ici la roue zodiacale. Nous connaissons vos possibilités de réalisation, vos rouages internes, vos refus, vos acceptations et votre paresse. Ainsi, les dernières semaines de l'année s'égrenant, nous enverrons une énergie vous invitant à tirer le bilan de l'an qui s'écoule: ce qui a été réalisé, ce qui reste à faire ou ne sera pas fait suivant l'écoulement du temps. À cet instant-là, nous verrons si nous reconduisons ou non les énergies non utilisées, de façon à vous permettre d'approfondir votre conscience sur ces rouages internes, sur ces mécanismes bien en place évoluant en parfaite indépendance, se nourrissant de nouveaux impacts psychologiques ou affectifs, et se renforçant ainsi.

C'est là notre rôle et la volonté de tous les responsables universels circulant dans toutes les juridictions petites et grandes. Nous voyons, en fonction de ce qui reste à réaliser, quel type de test nous devons élaborer en vue de vous amener aux prises de conscience vitales élevant le taux vibratoire du corps communautaire. La chronologie des tests répondra aux ouvertures enregistrées ; que l'humanité s'écrie ou non quant aux énergies, ces tests auront lieu.

Nous désirons avant toute chose vous conduire à votre propre libération des lourdes chaînes aliénant votre indépendance. Nous poserons donc des tests pour l'ensemble de l'humanité et pour les groupes en particulier.

Quelles que soient vos manifestations, nous cherchons toujours à déclencher une réaction globale dans le corps de l'humanité et, individuellement, à vous offrir le meilleur des énergies afin de vous assurer une compréhension plus grande de vous-mêmes. Là, ce sont vos guides et vos anges attitrés qui vont chercher dans ces énergies de l'année celles qui sont bien pour vous, de façon à travailler avec celles-ci. En réalité, ces énergies que nous déposons pour l'année, vous y puiserez afin de faire travailler l'humanité dans sa globalité, le reste étant sous l'autorité de vos anges et de vos guides, de ce partenariat que vous oubliez sans cesse et qui d'ailleurs ne vous intéresse pas ou si peu, car, finalement, vous en avez assez de l'Église catholique et de tout ce qu'elle a véhiculé. Il est vrai que si elle vous a éloignés de qui vous êtes dans votre Essence et de ce chemin ouvert par cet Être de lumière exceptionnel, elle n'a pu malgré tout cacher la totalité de la réalité. Et si elle a employé des mots afin de vous éloigner de votre divinité, sachez qu'elle n'a pu effacer la globalité de l'enseignement de cet Être merveilleux. Lorsqu'on prononce le mot *Ange*, peut-être cela ne vous intéresse-t-il pas et pensez-vous que ça représente des images véhiculées afin de vous assujettir encore. Peut-être pensez-vous tout cela, mais la réalité est là : des Êtres de lumière sont autour de vous; ils ont la charge de déclencher une énergie lorsqu'ils estiment que c'est le moment. Ils n'attendent qu'une chose, que vous collaboriez consciemment avec eux.

Aussi, si vous n'aimez pas le mot ange, créez-en un autre; vous n'en êtes plus à cela près, vous en avez tellement inventé déjà!

Oui, au fil des ères qui se sont déroulées vous avez, pour parler des mêmes personnages, employé une multitude de termes, les déformant et reformant. Puis, vous avez créé des instituts et accolé encore des noms. Aujourd'hui, nous sommes loin de la terminologie retenue lors des enseignements originaux de cette planète. Il est préférable de ne pas nous arrêter à vos langages planétaires. Ils ont évolué de telle manière que si vous entendiez les premiers d'entre eux, vous seriez incapables de les comprendre et de les utiliser. Pourtant, certains d'entre vous étaient déjà là quand ces langues originales furent descendues sur cette sphère. Des langues universelles, riches et porteuses des énergies nourricières qui faisaient qu'un être employant ces mots se trouvait fortifié de l'intérieur.

Voilà un enseignement que je souhaitais vous transmettre en cette fin d'année.

Les langues que vous employez actuellement ont été vidées de cette énergie nourricière, de cette sève qui vous épanouissait intérieurement. Elles sont donc ce qu'elles sont, dépouillées de leur substance; vous continuez à les utiliser, mais nous savons très bien que dans les prochaines années — bien que celles auxquelles je fais référence n'aient pas la même charge de temps que vous connaissez — elles n'auront plus cours. Ce que vous allez bientôt vivre se déroulera rapidement; vous vous sentez lourds d'un poids ne vous appartenant pas, mais vous le déposerez!

Oh non, je ne prononcerai pas les mots que vous attendez! Comprenez simplement que votre Terre va se nettoyer et que ceux qui voudront vraiment y rester et œuvrer avec les énergies universelles reprendront le langage nourricier. Étrangement, les langages qui ont eu cours dans la nuit des temps de cette planète vont à nouveau se développer.

Je désirerais ici revoir attentivement une notion qui vous entrave beaucoup.

D'après ce qui est véhiculé sur cette planète, les êtres se rattachant à la famille dite humaine existent depuis fort peu de temps. Toutefois, cela s'avère une grande erreur, car Urantia a déjà connu des cycles et des cycles de vie et de repos. Ce n'est donc pas le premier cycle où elle reçoit une humanité, ni son dernier cycle de repos.

Alors, je vous le déclare, il y a des millions d'années, cette terre a reçu des humanités installées dans la connaissance divine. Il est vrai qu'au fil du temps vous avez emprunté un chemin tout au long duquel vous avez déposé vos habits de lumière et votre langage nourricier pour épouser une expression très limitative de ce que vous étiez. Et peut-être que cette humanité sera mise à mal par les événements qui se dérouleront bientôt sur cette planète. Planète qui, lors de sa création, a reçu le nom d'URANTIA et, voyez-vous, il lui restera.

Ainsi, cette magnifique sphère a déjà vécu des cycles florissants ou décadents, mais ces phases décadentes ne ressemblaient pas à la vôtre. Non, ce n'était pas aussi difficile qu'à ce jour, où vous êtes franchement coupés de ce lien avec ces êtres accompagnateurs, ces entités merveilleuses, des enfants divins au service d'autres fils divins qui s'ignorent ou préfèrent ignorer qu'ils sont divins.

Revenons à cette fin d'année où, selon votre tradition, vous fêterez la dernière semaine en y consacrant deux événements, l'un d'ordre religieux, l'autre civil [Noël et le Nouvel An].

J'ai envie de vous rappeler que pendant ce laps de temps vous aurez tout loisir, si vous le souhaitez, de déposer les énergies encombrantes accueillies tout au long de cette année et de les remettre à ces êtres qui vous accompagnent.

Puis vous pourrez demander à avoir la vision de l'année qui se déroulera pour vous, dont les événements proposés, et à la fin de cette année nouvelle, nous vous inviterons à effectuer le même travail. Certains diront alors: «Finalement, j'ai eu bien des visions, mais rien ne s'est réalisé; oh, ils m'ont trompé en me laissant croire que...»

Chers enfants d'Urantia Gaïa, nous ne vous aurons pas trompés en vous communiquant les visions de ce que vous pourriez vivre. Toutefois, comme vous vous serez allégés de cette incompréhension de qui vous êtes au cours de l'année, certaines ne deviendront pas réalité. Peut-être n'aurez-vous pas eu de vision à ce moment-là et des événements marquants vous toucheront-ils quand même, et vous penserez ne pas avoir été prévenus: «Tiens, finalement, ils ne m'épaulent pas.»

Non, ce n'est pas la réalité, enfants de la Terre. Nous faisons au mieux, car il est des événements qu'il est souhaitable de laisser dans l'ombre afin de ne pas troubler votre mental qui chercherait alors une parade si la vision était un peu trop difficile, et cette énergie bénéfique — malgré son aspect — serait reportée dans le temps.

Mais à force de décaler dans le temps, on parvient à la fin des temps! Pas la fin du temps de vie de cette planète, mais celle d'un cycle, et vous y êtes parvenus!

À l'échéance de cette année 2003, toutes ces énergies non réglées totalement ou en partie seront déposées dans un sac d'énergies placé dans votre hotte, car nous sommes bien à la fin d'un cycle.

Nous pénétrons les années précédant le basculement d'une conscience; ce que vous connaissez de la vie sur cette terre ne représente rien par rapport à ce que vous connaîtrez dans les années à venir.

Nous sommes donc dans une période intermédiaire où nous entrons dans un laps de temps infiniment court. Là, nous allons vous présenter tous ces sacs d'énergies non résolues; vous y aurez des embryons de reconnaissance et, surtout, tous ces sacs que vous avez repoussés.

N'allez pas croire que ces années intermédiaires seront forcément difficiles; elles ne le seront que si vous avez encore une fois envie de laisser l'énergie de côté. Si vous vous dites au contraire: «Très bien, nous sommes en fin de cycle, il faut maintenant que je reconnaisse toutes ces énergies que je n'ai pas encore apprises», vous vivrez avec aisance cette reconnaissance, alors que d'autres se buteront à des événements, des énergies *difficiles* qui ne le seront qu'en raison de leur besoin de reconnaissance par eux, et ce, peut-être pour la cent unième fois!

Oui, nous clôturons cette ère qui a été ce qu'elle a été.

Et nous allons vous pousser vers une énergie qui vous conduira à la quatrième dimension. Que vous le vouliez ou non, cette énergie va descendre en ce 1er janvier 2004, répondant ainsi à nos ordres et non aux vôtres.

Par conséquent, elle est teintée par vos Créateurs, par les Énergies primordiales; elle a ordre de vous entourer, de vous solliciter afin que vous ouvriez vos portes intérieures et glissiez sur ce flux d'énergie répondant au nom de quatrième dimension.

La seule chose demandée est d'accepter de glisser de cet état d'être limitatif dans lequel vous vous trouvez, vers ce fleuve d'énergie, de lumière qui vous amènera à une ouverture considérable.

Qu'allez-vous rencontrer durant ce laps de temps? Beaucoup de choses, et il y eut de nombreuses visions sur cette période, beaucoup d'écrits, mais une partie de l'humanité a tout de même réussi ces derniers temps à créer des brèches d'ouverture rappelant les Êtres de lumière, les Lois universelles. Ces mêmes êtres ont travaillé à stabiliser une qualité de lumière permettant d'annuler certains événements, c'est un fait. Non pas que vous avez évité la totalité de ce qui fut annoncé, mais grâce à cette ouverture, vous avez changé le visage de ces prophéties, qui s'en trouveront dès lors moins dures.

Aussi, réjouissez-vous, et puisque vous êtes conscients et volontaires, essayez d'amplifier le travail de la lumière au cours de l'année qui vient et d'irriguer la totalité de cette planète. Comment faire? C'est simple: chaque fois que vous émettrez la volonté d'ouvrir un champ de conscience dans votre esprit, associez-y automatiquement l'humanité et ça fera une grande différence. Jusqu'à maintenant, vous avez beaucoup travaillé à titre individuel et, en état de méditation, vous n'aviez pas cette impulsion de dire: «Ce qui va m'arriver dans cet état, je le partage avec l'humanité.»

Je vous invite à le faire dès l'année 2004, car comprenez que les transformations qui auront lieu en vous auront aussi une répercussion beaucoup plus grande puisque vous émettrez cette volonté. C'est là que vous serez des acteurs pacifiques, mais ô combien actifs, et que de grandes transformations à l'échelle planétaire auront lieu.

L'année 2004 est la première de six ans de grande transformation à l'échelle planétaire.

Il en sera fait selon votre volonté; vous vivrez les événements de manière dramatique ou plus aisée. Pour vous aider, faites appel à vos guides et à vos anges si vous le souhaitez.

Puis, il y a une bonne nouvelle: l'énergie nourricière du premier langage venu avec la première humanité est justement dans l'aura d'Urantia Gaïa!

Il vous suffira donc de respirer volontairement cette énergie pour l'intégrer. Ce langage de lumière englobe également la géométrie. Cela ne vous rappelle-t-il pas certains langages utilisés dans un passé pas si lointain, ces pictogrammes ou formes géométriques employés par des êtres, en vue de s'exprimer? Ces civilisations connaissaient la géométrie et le son; leur savoir n'était pas aussi complet que le vôtre, mais presque.

Je vous signale que dans ce langage qui revient, vous intégrerez la couleur, le parfum. C'est ce que nous vous retransmettrons avec cette écriture, dont certaines lettres sont associées à l'une ou l'autre des couleurs de l'arc-en-ciel. Et ça fera une grande différence!

Pour l'instant, on tente de vous imposer certaines couleurs, des sons discordants, de vous faire croire que pour être *bien*, il faut entrer dans un moule. Cependant, de moule en moule, on a rogné vos ailes!

Mais je vous le dis, elles vous seront restituées entières dans ce qui vient, car votre langage sera complet avec les sons, la forme, la couleur, et votre conscience pourra même y associer des parfums. Tout cela changera énormément votre vision de la communication, en ce moment la plus misérable qui soit. Surtout, ne croyez pas que vos outils, vos jouets sont le reflet de la communication divine! Si certains groupes fraternels emploient des ordinateurs, ces derniers n'ont rien à voir avec les vôtres, qui correspondent à l'âge de pierre de la communication.

D'ailleurs, plus on vous incite à communiquer par l'entremise de ces jouets, moins vous savez faire appel aux mots afin de partager avec vos frères et sœurs, et plus vous êtes malades de cette spécificité: le langage. Vous en êtes même réduits à penser que le langage se résume à cette forme parlée, et vous oubliez le toucher, langage à part entière. Vous oubliez tellement de choses ayant trait à la communication!

Alors, nous commençons à vous restituer une part de ce savoir qui vous appartient. Vous en avez déjà expérimenté une fraction, mais d'autres parts tout à fait innovantes vont vous permettre d'ouvrir les portes des champs vierges. Aussi, il va bien falloir en trouver les clés dans la communication.

Pour l'instant, votre communication est bouclée puisque votre Terre est entourée d'un champ d'énergie visant à vous faire prisonniers de la communication. Oh, ce sont les nouvelles prisons, sans barrières apparentes ni cellules ou barreaux; vous êtes libres d'aller sur la planète et, pourtant, vous êtes réellement en prison.

Du haut, nous retirons la membrane d'énergie que nous avions posée autour de la planète et qui vous maintenait en quarantaine le temps de votre expérience aliénant LA personnalité divine. Cette barrière s'estompe donc, mais il se trouve des frères humains qui, eux, ont posé une barrière d'énergie dans le but de vous empêcher de recevoir cette nourriture que nous envoyons jusqu'à vous.

Cependant, nous ouvrons aujourd'hui cette période intermédiaire. Que vous réservera-t-elle?

Elle vous restituera une somme de connaissances extraordinaire, vous réapprendrez ainsi à identifier tous les groupes vivant dans l'Administration universelle, à reconnaître et à poser des noms sur tous ces frères et sœurs divins qui œuvrent autour de vous. Vous reconnaîtrez tous les champs d'énergie reliés à chaque famille travaillant directement avec les énergies primordiales.

Dans ce retour, vous retrouverez une famille très importante: celle des êtres qui incarnent l'énergie du Feu. Je ne parle pas ici des élémentaux reliés à cette énergie, mais d'une autre lignée oubliée, celle des êtres responsables d'un Soleil, d'un feu divin, du feu atomique qui vivent pour animer un Soleil, maintenir sa Charte de Vie, son énergie et son effet sur la matière. Chaque soleil est régi par un couple Feu; ses éléments ne sont pas des êtres de feu, mais toutes leurs cellules vibrent selon l'énergie primordiale du Feu, dépôt laissé par le Père/Mère originel de toute forme de vie.

Vous réapprendrez à distinguer toutes les sortes d'énergie véhiculées autour de vous, en vous, par vous ou par d'autres.

La période intermédiaire servira à cela. C'est une séquence d'éducation, car vous allez pénétrer de plain-pied dans la quatrième dimension mais n'y resterez qu'une dizaine de vos années actuelles. Vous passerez rapidement dans la cinquième et serez invités à reconnaître puis à incarner les énergies de la sixième dimension.

La transformation dépasse le cadre des troisième et quatrième dimensions. Si ça n'était que cela, nul déplacement des grands Êtres primordiaux autour de cette planète ni aucun travail en profondeur sur vos cellules intérieures toutes ces années durant n'auraient été nécessaires pour que vous puissiez accepter d'emblée ces énergies des quatrième, cinquième et sixième dimensions. Sachez que vous êtes appelés à pénétrer *rapidement* cette dernière, puisque ces transformations ne dureront qu'environ deux cents ans. Ce qui est peu, surtout quand on sait qu'une partie de cette humanité ne passant plus par les portes de la mort vivra donc l'évolution de cette troisième dimension jusqu'à la sixième!

Qui est appelé à vivre ces changements? Tout ceux qui le voudront, qui accepteront, durant ces six petites années à venir, d'ouvrir leurs cellules à cette transformation.

Voilà pourquoi les êtres qui auront déjà bien du mal à accepter de franchir le seuil entre la troisième et la quatrième dimension seront alors transférés ailleurs, puisqu'ils se buteront à cette première transformation. Ils auront besoin d'un temps car, voyez-vous, ce sont des êtres jeunes par rapport à leur naissance d'esprit et n'ayant pas encore eu la force de reconnaître ce troisième élément qui est l'âme. D'autres estimeront simplement qu'ils sont bien là et qu'ils n'ont pas envie *d'être embêtés* par des Êtres de lumière qui leur cassent les pieds pour passer dans la quatrième dimension! Aussi en sera-t-il fait selon leur choix et non le nôtre, puisque nous désirons vous amener directement et le plus rapidement possible dans la sixième dimension.

C'est aussi la raison pour laquelle, lorsque nous vous parlons de quatrième, cinquième dimension, vous n'êtes pas plus étonnés que cela. Mais nous irons plus vite que vous le pensez, en travaillant encore et encore l'ouverture cellulaire en vue de vous glisser avec aisance dans la fluidité de ces dimensions.

Certains d'entre vous ont déjà vécu dans la cinquième dimension et accepté de redescendre pour un temps dans la troisième. Ceux-là portaient déjà dans leurs cellules la qualité et la vibration de cette cinquième dimension. Afin de ramener cette planète rapidement jusqu'à cette dimension, il fallait qu'ils aient déjà connu cela sur cette planète et pas sur une autre.

Vous avez évolué sur d'autres sphères des quatrième ou cinquième dimensions, voire sur des dimensions plus élevées pour quelques-uns. Mais pour entraîner rapidement cette planète jusqu'à la cinquième, vinrent des êtres ayant vécu dans les énergies d'Urantia, avec des inscriptions cellulaires et la qualité vibratoire de la cinquième dimension d'Urantia. Sinon, ça n'aurait pas été possible.

Car, voyez-vous, lorsqu'un corps étranger pénètre dans une sphère de Vie, les éléments qui y vivent se lient entre eux pour le rejeter. Et là, il fallait bien vous entraîner d'une manière facile et aisée dans ce moteur qui fera en sorte que cette planète se réappropriera vite cette qualité de lumière et d'énergie connue et expérimentée dans sa cinquième dimension.

Vous pourrez échanger un savoir qui vous fera comprendre que cette terre est bien destinée à cet avenir que l'on commence à vous dévoiler. Mais il y a tellement de choses que nous vous cachons encore du fait que vous n'êtes pas prêts à accepter cette ouverture, celle qui fait appel à l'énergie atomique de vos cellules!

Vous ne parvenez pas à concevoir cette force tapie en vous, l'énergie atomique de vos cellules. Sachez que ces bombes atomiques ayant explosé sur Urantia Gaïa n'ont eu pour impact que celui de vous rappeler cette force démultipliée d'elle-même, et que dans chacune de vos cellules gît la force de dix bombes atomiques équivalant à celle d'Hiroshima.

Nous allons progressivement vous apprendre à employer votre force atomique pour vous déplacer d'un système à l'autre, vous nourrir et vous éclairer. Pour cela, il nous faut vous mener dans la cinquième dimension, là où l'ego préhumain n'existe plus.

Surtout, n'essayez pas de construire des clichés de ce qui peut avoir lieu dans les années à venir, car ce que vous vivrez dépassera même les images les plus folles de science-fiction. Plutôt, comprenez que vous entrez en 2004 dans une période de six ans de grande transmutation, de formidable ouverture.

Et si vous acceptez de glisser en compagnie de vos guides et de vos anges sur cette énergie qui s'installe maintenant autour de vous, vous passerez avec aisance de la troisième à la quatrième dimension puis à la cinquième. Au fur et à mesure de cette élévation de conscience, vous rencontrerez certains êtres vivant déjà dans les quatrième et cinquième dimensions, puisque des chemins, et des lieux magiques contenant des dépôts et une grande connaissance, vous seront ouverts. Il y a là des aventures d'une telle beauté que cela pourra vous faire frémir de plaisir, mais nous devons vous faire traverser cette période de six années.

Ne loupez pas cette séquence; comprenez que c'est par ces six ans que vous accéderez à la cinquième dimension de cette planète. Aussi, peut-être avez-vous encore envie d'employer des mots ou des énergies pour *croire que*... Je vous invite surtout à ne plus avoir recours à ce moteur qui, au contraire, vous a éloignés de tous les possibles.

Je vous demande d'être simples, soit de reconnaître vos limitations actuelles, ce qui vous gêne, et non pas de vous flageller encore une fois, ce qui ferait grandement plaisir à toutes les Églises en place, et d'accepter la transformation non pas comme vous le souhaitez mais comme la Transformation souhaite vous ouvrir de l'intérieur afin de vous glisser vers tous ces mondes extérieurs qui viennent vers vous. C'est à la fois un lâcher-prise et une volonté tendue ; lâcher-prise, car vous ne saurez pas à tout instant où conduit cette énergie, mais aussi réalisation suprême puisque, au fur et à mesure que vous demeurerez tendus dans ce but, vous verrez votre existence se transformer au gré des journées. Certains jours, vous vous lèverez avec une personnalité et vous coucherez avec une autre, et ce sera parfois désarmant pour l'entourage. Ses membres comprendront que vous êtes en pleine mutation intérieure, en pleine transformation et que les points de repère permettant qu'on vous attire vers le bas et qu'on vous maintienne ainsi dans un état d'esprit limitatif sont en train de disparaître. On vous a limités de bien des manières, vous avez accepté ces limitations, vous pouvez désormais accepter de les déposer et de revêtir votre manteau de lumière. Comprenez que, de toute façon, cela vous engagera totalement, car il faudra le désirer de l'intérieur, non par un vouloir égotique mais bien par un vouloir divin. Et cela ne veut pas dire que vous allez rejeter la matière mais plutôt la sublimer.

Chose certaine, quelle que soit la manière dont vous allez vous présenter à ces six années, vous pénétrez un marécage de la conscience et de la personnalité. Celui-ci peut d'ailleurs être d'une grande simplicité, et c'est votre histoire personnelle qui s'inscrira alors sur le fond de l'histoire de l'humanité et de cette planète.

Aussi, je vous invite à déposer tous ces desiderata bassement terrestres et à appeler sans cesse ces Êtres de lumière qui sont autour de vous non pas pour répondre à votre volonté mais pour vous amener au centre de la volonté divine et vous faire glisser dans ce fleuve de lumière et d'amour qui vous attend.

Sachez que la porte étroite dont nous vous parlons tant ne représente que la manière dont vous allez émettre vos vœux ; et là, nous ne pouvons rien, puisque vous seul, à titre individuel, émettrez ces vœux pour vous et l'humanité. Mais assurément, vous vous inscrirez ou non d'après ces vœux dans la progression de cette humanité.

En tout cas, vous avez tous été tenus dans l'ignorance et, durant les prochaines années, vous serez plongés dans la lumière de la connaissance, ce qui ne sera que le début de la reconnaissance de la réalité divine. N'établissez pas de grandes vérités sur ce qui se vivra pendant ces six années. Sachez simplement que vous êtes dans une période intermédiaire et que nous vous donnerons l'enseignement qui s'y rattache. Puis suivront d'autres grands enseignements qui éclaireront ceux déjà reçus ou ouvriront de nouvelles portes.

L'enseignement évolue toujours en fonction de la période dans laquelle se trouve l'humanité; il répond en fait aux besoins spécifiques planétaires. Voyez-vous, nous pouvons lui donner mille et un visages, aussi ne vous arrêtez pas à l'un d'eux. Vous savez qu'il est possible de remodeler un visage pour qu'il soit plus beau ou plus laid; nous allons essayer de transformer le vôtre en un visage angélique, universel et éternel.

En définitive, nous parlerons beaucoup de l'énergie Feu dans vos cellules, cette énergie atomique, cristalline, et de choses que vous connaissez déjà.

Et souriez, car je vous promets que ce qui vous attend est d'une grande simplicité. Si complexité il y a, ce sera de votre faute, mais comme il n'y a pas de *faute*, il s'agira d'une erreur, et une erreur, cela se rectifie!

Comprenez que ce que vous vivrez sera fonction de ce que vous accepterez. Que tout partira de l'intérieur et que si vous avez un enseignement à l'extérieur, ce ne sera que pour mieux inviter votre regard à fouiller en vous et à chercher la vérité. Tout est vérité ou mensonge, selon les périodes, mais ceci représente encore un autre enseignement. Ne soyez pas troublés par ces mots. C'est là une grande loi universelle: un mensonge est une vérité déguisée, et une grande vérité est un mensonge déguisé. Alors, où est la vérité? C'est très simple, il n'y a qu'une seule vérité, celle que vous chercherez en vous! C'est bien à cela que nous souhaitons vous amener au cours de ces six années qui viennent.

Soyez en paix, car nous savons pertinemment que c'est la paix que vous trouverez au bout du chemin.

Pourquoi êtes-vous si sérieux, si attentifs?

Qu'espérez-vous recueillir comme information à l'extérieur de vous-mêmes, à supposer que celle-ci vous guide à l'intérieur?

Pourquoi tant de rigidité et de sérieux? Détendez-vous, ouvrez vos portes intérieures; ouvrez-vous à la fluidité de la Vie, à ce fleuve long et tranquille qui ne demande qu'une chose: couler en vous.

Si, durant un temps, vous avez revêtu des carapaces, des habits bien particuliers, ce fut uniquement afin de vous rappeler que cela représentait le contraire de vos vêtements de lumière. Aussi, en ces instants, je vous invite à vous détendre, à oser ouvrir vos portes et à accueillir l'énergie.

Mais laissez-moi ici reprendre le sujet abordé hier. J'évoquais alors ces instants où les énergies descendent à un moment précis, de façon à vous accompagner pendant un laps de temps déterminé.

Voyons d'abord ce qui s'est déroulé dans le passé. Regardez votre vie ordinaire, cette vie quotidienne. De quoi est-elle composée? Au mieux, vous me répondrez «d'une succession d'instants», et en cela, vous ne vous trompez pas beaucoup. Pourtant, je désire vous entraîner et vous guider vers un enseignement particulier.

Votre vie est cadrée, déterminée et séquencée du lundi au dimanche ! Et de semaine en semaine se construit votre année. Qu'y a-t-il d'extraordinaire à cela ? Nous le verrons plus tard. Descendez maintenant dans vos journées. Qu'avez-vous fait de cette séquence de temps ? Vous l'avez encore divisée — le matin, le midi, l'après-midi et le soir, le jour et la nuit. Et vous répéterez : « Rien d'extraordinaire à ça ! » Nous en reparlerons plus tard ! À l'intérieur de ces séquences, que faites-vous ? Là aussi, vous cloisonnez vos activités, vous cadrez et déterminez, et c'est ainsi que, de cadre en cadre, vous en êtes venus à travailler le matin, à vous installer à table à midi, heure sonnante s'il vous plaît, afin de manger. Treize heures étant *l'heure des riches* et non celle des pauvres pour ce repas ! L'après-midi, vous voilà repartis au boulot jusqu'à près de dix-neuf heures. Puis vous vous arrêtez et vous mangez vers vingt et une heures, car c'est encore l'heure des riches. Les pauvres, eux, se couchent, puisque le lendemain ils doivent se lever tôt et aller travailler.

Puis, ô miracle, vous avez décidé dans cette succession de séquences qu'un jour serait attribué au Seigneur ! Vous vous souvenez, vous l'avez décrété ; cela signifie que les autres jours ne sont pas orientés ni réservés en fonction d'honorer le Seigneur. Et en comptabilisant sur sept jours, vous lui consacrez un septième de votre temps !

Voyons de plus près comment est séquencé ce septième jour. Nous n'allons pas relever ce que vous y faites car, avant tout, vous profitez d'une grasse matinée, puis vous vous levez. Regardons plutôt ce passé révélateur où la matinée fut fractionnée pour honorer le Seigneur à la messe de sept heures, de huit heures puis de dix heures. Imaginez-vous ce que cela signifie ? Que vous étiez tellement éloignés de votre divinité que vous avez mis des points de repère dans votre existence afin de vous arrêter à une heure précise, dans une séquence déterminée, pour vous asseoir et prier en groupe, car seuls vous n'en aviez pas la force...

De cadre en cadre, vous avez glissé dans une rigidité extrême et en êtes arrivés à croire qu'en dehors de ces espaces réservés au Seigneur, vous ne pouviez honorer l'être que vous étiez!

Et naturellement, il vous fallait un *prêtre,* et comme il devait se distinguer, vous lui avez attribué une robe. Et quelle robe! Vous êtes-vous demandé pourquoi celui qui est censé représenter *Dieu* devait porter une robe noire? Pourquoi vous demeurez dans l'ombre d'un être qui, afin d'honorer la lumière, la divinité, se cache derrière une robe noire? Moi, je trouve vos réactions bien étranges.

Vous cherchez la lumière, l'élévation et, en fin de compte, vous béatifiez des êtres portant des robes noires!

Par sa définition, le noir est le contraire du blanc; *Dieu*, vous l'imaginez en blanc, mais vous allez prier avec un être habillé en noir. C'est bien là la logique terrestre!

Si vous le voulez bien, reportons-nous cette fois au temps où un être exceptionnel accepta de faire le sacrifice de son élévation afin de vous rappeler qui vous étiez. Il y a deux mille ans, ce Fils divin parcourut la Terre. Comment était-il vêtu? Si vous aviez accès aux annales akashiques, vous constateriez que sa robe n'était pas de noir. Ceci paraît naturel, puisqu'il vous parlait de la divinité.

Puis, doucement, ses enseignements furent récupérés, détournés, défigurés et, au fur et à mesure de cet acte de vandalisme, l'habit changea également. Mais dites-moi, dans votre maxime, n'est-il pas entendu que l'habit ne fait pas le moine? Cela ne vous interpelle-t-il pas? Ne comprenez-vous pas que la lumière ne se cache pas derrière cette aube noire, puisque cette robe fut décrétée et souhaitée par une volonté humaine en recherche de sa divinité?

Plongeons-nous dans les instants plus récents où vous avez justement tourné le dos à certaines de ces séquences de votre existence. Et voyez comme celles auxquelles vous êtes en train de renoncer sont celles de ce septième jour visant à vous rappeler qu'il est temps de vous asseoir et de prier afin que la divinité revienne à vous. D'ailleurs, vous en êtes venus au point où ce jour dominical, vous pouvez le travailler aussi. Et voyez ce qui se passe actuellement dans ce pays où je m'exprime [la France]. Ses dirigeants voudraient supprimer encore un peu plus ce jour de recueillement, et certains jours fériés destinés à offrir davantage de temps au recueillement vont, les uns après les autres, être proposés au travail pour de fausses réalités. Car en vérité je vous le dis, cette volonté ne vise qu'à faire rentrer des devises, et rien d'autre.

Sous un fallacieux prétexte, on vous retirera ces jours qui vous étaient donnés pour vous recueillir. Pourquoi cela est-il permis? Parce que vous, individuellement, n'avez pas utilisé cet espace pour le véritable recueillement. «Soria, tu sais bien que cette religion nous a trompés, qu'elle a détourné l'enseignement principal et que nous souhaitons désormais chercher ailleurs.» Oui, enfants de la Terre, nous avons bien enregistré cette volonté, mais puisque vous vous détournez de ces instants créés dans cette Église pour vous recueillir, puisque vous désertez celle-ci, le paradoxe veut que ces moments offerts vous soient enlevés également.

Vous voici plongés dans une grande réalité car, maintenant, vous vous dites: «Si je ne vais pas à l'église, ce jour me permet de me reposer.» Et je vous réponds: «Vous avez raison, car vous avez besoin de repos, de jours pour revitaliser votre corps et le nourrir, mais vous devrez réclamer des séquences de temps dans ce sens.» Vous ne pouvez interchanger les énergies liées à ces jours. Il vous faut recréer d'autres espaces, d'autres temps, et être clairs par rapport aux énergies que vous employez. Comprenez que ce qui vient sur et dans votre Terre représente une énergie claire, précise qui ne peut répondre à une énergie qui change. Elle attendra donc que cette dernière soit stabilisée, que la demande soit claire pour, à ce moment-là, emprunter cette voie et y répondre.

Oui, l'Église telle que vous la connaissez est en train de s'effondrer avec tout ce que cela comporte. Ainsi, ces jours fériés rattachés à elle vont-ils s'écrouler. Voyez-vous, ceci répond à une logique, à la loi universelle suivante : lorsque quelque chose *meurt*, tout ce qui l'accompagne meurt aussi. Mais, à la naissance d'une énergie, des portes nouvelles sont prêtes à s'ouvrir et à vous offrir un champ vierge d'expérience et d'abondance. Toute énergie descend avec sa corne d'abondance. Avez-vous songé à cela ?

Et cette corne d'abondance possède une porte servant à déverser son contenu. À vous d'appeler l'ouverture de cette porte, de découvrir ce qu'est l'abondance liée à l'énergie.

Bien sûr, lorsque vient cette énergie, si vous vous présentez en gardant toutes vos portes intérieures fermées, cela crée un choc, un séisme dans l'organisation de votre corps communautaire, et vous obtenez le contraire de l'harmonie. Si vous vous trouvez plongés soudain dans la dysharmonie, dans la tempête, cela revient strictement à votre choix d'être à l'instant où l'énergie est venue vous visiter. Car, avant toute chose, il vous faut comprendre que toutes les énergies envoyées sur votre planète sont des énergies d'amour, de transformation, d'épanouissement et d'ouverture.

Si vous n'avez pas cette plénitude dans votre vie, c'est que vous avez fermé vos portes quelque part au moment où les énergies sont venues vous visiter.

C'est aussi simple que cela, car nous, tous les maîtres couronnés ayant passé bien avant moi, comme ceux qui viendront par la suite, nous essayons de vous parler de la même chose, de qui vous êtes. Vous êtes une lumière ayant des portes d'entrée et des portes de sortie ; ce que nous vous disons, c'est d'être fluidité et le maillon entre le Ciel et la Terre. Ce qui signifie ouvrir vos portes pour recevoir l'énergie, la lumière mais, surtout, les maintenir grandes ouvertes de façon que cette même énergie coule en vous. Ne la retenez pas, car lorsqu'on retient la fluidité, on engendre des séismes qui forceront l'ouverture de ces portes.

L'énergie, c'est l'eau, une eau fluide qui coule du Ciel vers la Terre. Les énergies sont une autre forme d'expression de l'Eau.

Et l'eau, vous la connaissez. Aujourd'hui, dans votre réalité, vous apprenez à vos dépens la force contenue en elle. Vous avez érigé des barrages d'une hauteur vertigineuse ; désormais, vous allez devoir les démonter pierre par pierre. Et vous n'avez guère de temps...

Aussi, ouvrez votre cœur, ultime porte, celle parlant d'elle-même et régulant l'harmonie de votre corps communautaire. Si vous n'avez pas le temps d'ouvrir d'autres portes, en ouvrant celle-ci vous vous garantissez de pouvoir glisser dans la nouvelle énergie puis de pouvoir terminer le travail quand enfin la tempête sera passée.

En résumé, devant le puissant torrent de lumière qui descend des Cieux, vous n'avez qu'un seul travail prioritaire, et c'est d'ouvrir les portes de votre cœur, celles qui vont accueillir cette énergie et la laisser ensuite sortir.

Peut-être serez-vous bousculés, mais la vague ne vous emportera pas et vous ne serez pas détruits. Quand les eaux célestes s'apaiseront, vous pourrez reprendre votre évolution et chercher, au regard de la nouvelle compréhension, ces énergies qui vous gênent encore.

Il n'est plus temps d'aller reconnaître ces sacs mémoriels embarrassants déposés dans telle ou telle cellule, et, d'ailleurs, la force vous a quittés. Vous êtes las de tout cela, et c'est naturel, cette lassitude découlant du fait que les énergies qui vous portaient jusqu'à maintenant vous sont retirées. Oh, il y a un an encore, ce retrait était minime, mais aujourd'hui ce moteur s'emballe et cela veut dire que tous les Êtres ayant en charge la nouvelle trajectoire de cette planète vont rapidement retirer les restes de ces énergies encombrantes qui empêchent l'épanouissement du Plan divin.

Et où sont déposées ces énergies, sinon chez l'être humain! C'est donc bien chez vous, dans votre intimité, que les Êtres de lumière iront chercher les énergies qui gênent cette planète et l'empêchent d'être inscrite dans la fluidité, dans sa divinité et son couronnement.

En somme, c'est en vous que l'on va démanteler ces embuscades, démolir ces amas, ces rochers, ces poutres qui vous empêchent de voir clair. Ne croyez surtout pas que cela aura lieu dans le pays voisin et que vous ne serez aucunement concernés. Atterrissez, enfants d'Urantia! Bientôt, vous ne pourrez plus agiter vos ailes puisqu'il est question de vous donner des racines profondes!

Pour ce faire, nous vous enlèverons vos jouets préférés, ces énergies que vous connaissez tant et que vous ne souhaitez pas déposer. C'est à votre porte que nous irons frapper, aussi, je vous le dis, ***ouvrez dès à présent la porte de votre cœur*** et vous ne serez pas balayés par ce qui vient.

La Vie est très simple. La Vie universelle est mouvement. Imaginez des particules en mouvement puis, tout d'un coup, la présence d'un obstacle inattendu; toutes ces particules actives qui souhaitaient emprunter le chemin prédestiné sont contraintes de s'agglomérer entre elles. Cet obstacle, qui semblait au début fort et résistant comme une montagne, va devenir aussi petit qu'une infime particule de poussière face à l'énergie bloquée. Ce qui était montagne sera fétu de paille, ce qui était insurmontable deviendra un jeu d'enfant, car on n'arrête pas le mouvement de la Vie universelle.

On peut s'amuser avec mais on ne peut le contenir sans se vouer à une destruction.

Il vous revient donc de répondre à cela puisque, je vous le répète, dès le 1er janvier 2004 les énergies qui descendent iront chercher en vous tout ce qui gêne, tout ce qui empêche d'être mouvement. Ce sera donc l'histoire de chacun. Vous pourrez peut-être tenter de vous réfugier dans l'un ou l'autre de vos corps; cependant, l'harmonie exige que tous vos corps, du physique au plus subtil, s'expriment en permanence. Il en sera fait comme vous le souhaitez.

Durant cette période intermédiaire, vous serez placés devant le seul obstacle réel de votre fluidité: le concept que vous avez de vous-mêmes sur cette planète.

Puisque le temps est compté, essayez d'aller visiter cette image, ce concept de vous-mêmes. Comment est-il? Vous épanouit-il? Vous dilate-t-il? Ou, en vous penchant sur cette conception, sentez-vous au contraire une rétraction? Eh bien, comme vous serez nombreux à répondre par l'affirmative à cette dernière observation, je tiens à préciser que cela n'est pas dramatique. Si cette rétraction ne vous convient pas, changez, innovez votre vie et votre manière d'aborder la Vie, de regarder et de sentir la Vie; riez, mangez avec la Vie! Je n'entends pas par là ignorer votre voisin et le piétiner! Non, intégrez-le plutôt dans votre progression. Et cela ne signifie pas non plus que vous devez subvenir à ses besoins ou acquiescer à tous ses caprices, mais le respecter, lui tendre la main si c'est possible, et sourire s'il la refuse, car on ne refuse jamais un sourire à l'autre. Quand il sera dans la détresse et rencontrera un sourire, il se dira: «C'est l'abondance, on m'a souri aujourd'hui, on m'a reconnu.» Sourire est encore un acte mécanique pour la majorité de cette humanité, comme tout le reste d'ailleurs.

Eh bien, face à cet acte mécanique que vous avez fait de votre vie, vous allez devoir repenser chacun de vos mouvements et ressentir comment vous êtes en train de vous articuler, de glisser sur ou dedans le Fleuve de Vie. Si vous pensez vous tenir *autour* de ce fleuve, interrogez-vous, car vous êtes en danger! Si vous êtes *sur* celui-ci, il y aura encore du travail afin de réviser vos concepts de la Vie, mais ce sera un moindre mal. Si vous êtes *dedans*, alors laissez-vous emporter et le reste se fera au fur et à mesure. Mais prenez bien garde, si vous sentez que vous êtes autour de la Vie, car vous êtes alors installés dans une nébulosité de la conscience qui risque de vous être *fatale*. Autrement dit, vous serez amenés à quitter cette planète pour partir sur des sphères acceptant de vous accueillir pour un temps.

Mais si vous voulez vous inscrire dans l'aventure qui se présente avec le couronnement d'Urantia Gaïa, c'est dès à présent que vous devez changer votre manière d'être. Vous ne pouvez plus agir mécaniquement! Oh, je ne vous demande pas de fermer la porte de votre travail, de votre maison, ou de votre compte en banque, ni de changer de religion; je ne vous demande même pas de modifier votre alimentation! ***Je vous invite simplement à descendre votre conscience dans chacun de vos gestes, là où vous êtes maintenant.*** Il est bien plus important de réinvestir vos gestes en réinjectant une conscience beaucoup plus élargie de qui vous êtes. En effet, si vos gestes quotidiens se retrouvent vitalisés par votre conscience d'être chacun un être divin marchant là où il est dans la multitude, sachez que par cela uniquement vous transformerez toute votre sphère relationnelle. Si chacun de vous fait cela, sans s'agiter, vous verrez comment cette planète basculera de cet horrible état de conscience à un état épanouissant.

Alors, les robes noires iront brûler dans cet enfer qui n'existe pas et laisseront place au vêtement de lumière de chacun. S'il y a un endroit où les âmes souffrent lorsqu'elles ont quitté le corps de chair, ce n'est qu'une création répondant à un schéma visionnaire préhumain de ce que peut être un enfer. Alors oui, si on regarde cette réalité, bien des lieux créés de toutes pièces par cet état préhumain réduit répondent à votre conception de *l'enfer*. Mais avant que l'on vous parle d'enfer, cette construction n'existait pas! Seuls étaient conçus des endroits où les êtres en transit, non conscients de leur élévation, pouvaient ressentir ces états d'être intérieurs ne correspondant pas à la divinité. Et là encore persiste le piège de croire qu'il se trouve des cieux réservés à des âmes réalisées. Comprenez enfin que l'enfer et le paradis tels qu'ils vous ont été enseignés sont des voies de garage. Il y a la Vie universelle avec SA réalité. Aussi, enseignez à votre âme que les conceptions de l'enfer et du paradis ne sont que des concepts d'humains en recherche de leur état de lumière universel. Et si vous deviez, selon votre choix, quitter votre corps, souvenez-vous de ces paroles.

Il n'y a pas d'anges jouant de la harpe sur un nuage ni de diable qui viendra vous rôtir, SAUF si vous les créez! Par contre, bien des êtres seront présents pour vous accueillir et vous diriger au-delà de ces lieux de conscience très basse où sont créés des éléphants roses, par exemple. Ces êtres vous guideront de façon que vous puissiez traverser ces zones en paix. Vous verrez que cela représente les premières strates de conscience juste au-dessus de la réalité de cette planète.

Oui, vous devrez démolir pierre par pierre des constructions de tout ordre afin de pouvoir reconstruire votre habit de lumière. «Soria, comment dois-je construire cet habit? Je pensais l'avoir déjà.» Oui, de par la naissance première, tu reçois un vêtement de lumière extraordinaire. Mais voilà, tu l'as déposé en acceptant de revêtir des habits différents et, au fur et à mesure de ta descente dans la matière en jouant à vivre une existence puis encore une autre et une autre, tu as tiré des fils, fait des accrocs dans cet habit de lumière. Il était magnifique mais, vois-tu, il a bien besoin d'être retissé ici et là, et il faut volontairement t'y adonner. C'est ainsi. Lorsque tu auras enfin rétabli une harmonie dans ce vêtement, tu pourras recevoir celui que tu as déposé entre nos mains et que nous gardons précieusement de façon qu'il soit exempt de toute blessure.

Cet habit de lumière dans lequel tu as fait des accrocs, c'est celui avec lequel tu marches sur la planète, cette aura qui montre toutes tes cicatrices, toutes tes incompréhensions, toutes tes souffrances et tout ce que tu as accepté d'endosser et qui n'était pas toi.

Ainsi, tes lumières ne sont plus ce qu'elles étaient et tes forces sont presque inexistantes ; ce bouclier, ta protection, tu l'as oublié, et tu l'as même perdu en cours de route. Quant à ton épée de lumière, tu n'en veux plus, tant tu crains de faire du mal ; tu n'as pas saisi que cette épée sert avant tout à trancher en toi ce lest de lourdeur d'une réalité ancienne. Je ne parlerai pas de ton manteau de lumière, tu ne saurais pas quoi en faire et il te gênerait dans l'immédiat.

Oui, nous sommes contraints de vous emmener dans une période intermédiaire, d'y faire glisser des énergies très typées, lesquelles, une fois absorbées, vous obligeront à visiter tout ce que vous avez refusé de voir. Oh non, ce n'est point pour vous faire mal mais pour que vous osiez regarder une fois cette réalité puis la laisser couler, la remettre à la divinité.

Car, voyez-vous, nous allons nous présenter à chacun de vous et, en fonction de l'état de votre habit de lumière, nous actionnerons des mécanismes bien particuliers dans votre mémoire. Aussi, écoutez-moi, il est totalement inutile d'aller puiser dans vos mémoires anciennes ; laissez-les là où elles sont. Vous avez des guides extraordinaires qui, au moment précis et juste, vous en restitueront une bribe ; regardez alors celle-ci sans vous y attacher et, surtout, emplissez-la d'amour. Demandez à ces énergies de faire la paix avec vous, avec ce vécu, de retisser votre habit de lumière et d'y remettre un fil de beauté pour qu'enfin cette trame qui est vous se retisse à chaque instant.

Oh, il est certain que tous n'écouteront pas mes conseils. Ceux qui s'entêteront à faire remonter des mémoires dont ils n'ont absolument pas besoin se retrouveront en difficulté extrême, car pour que cet itinéraire devienne constructif et apaisant, seuls les guides savent dans quel ordre faire surgir les bribes mémorielles. Avec vos gros sabots, vous plongerez encore avec ce vouloir humain en disant: «Je vais me débrouiller tout seul avec mes mémoires passées.» Cependant, vous n'en avez pas la vision globale et ferez certainement remonter des mémoires, mais non à l'instant bénéfique d'une compréhension, d'une guérison. Quand elles reviendront, elles pourront donc causer plus de dégâts que vous ne le pensez.

Les énergies qui descendront à partir de l'année 2004 ne vous feront pas de cadeau; si vous êtes sages, vous vous en remettrez aux êtres qui vous accompagnent. Quand vous aurez une remontée mémorielle, ce ne sera pas pour vous fustiger ou dire à votre voisin, votre frère ou compagnon: «Oh, j'ai été ceci ou cela.» Cela ne servirait à rien. Vous n'aurez besoin que d'accueillir cette vision et de la nourrir pleinement d'amour, de lui offrir ce que vous ne lui avez pas donné au moment où elle s'est inscrite dans votre champ mémoriel.

Je vous ai tous invités, par ce travail en chacun de vous, à déposer ce désir de rechercher vos mémoires antérieures. Laissez celles-ci tranquilles. Vous traversez une période où les guides viennent accompagner la planète et vous-mêmes en ayant pour objectif de faire remonter des images choisies de votre passé dans l'ordre le plus bénéfique afin de vous glisser chacun dans la fluidité et la reconstruction de votre habit de lumière.

La seule chose demandée consiste à poser un baume sur ces images qui ne tient qu'en un regard d'amour, de respect, puis à laisser partir cette énergie. Voilà tout ce que nous attendons de vous, espérant être entendus. Sinon, nous pourrions encore assister à des scènes désagréables.

Il est vraiment question d'une nouvelle forme d'abondance dans votre vie, puisque la reconstruction de votre habit de lumière représente bien une abondance dans votre retour à la divinité.

Soyez sages pour une fois! Écoutez-nous. Si nous sommes installés dans des énergies fortes et puissantes, il y a une raison à cela, et notre vision peut vous être utile.

Nous sommes prêts à mettre NOTRE vision, notre compréhension à la portée de vos mains.

Il en sera fait comme vous le souhaiterez.

Bon voyage, et à demain.

Dans les années à venir, je vous invite à prendre du temps pour vous, à établir des espaces où vous recueillir en vous afin d'accueillir la vie contenue dans le silence.

Toutes les informations nécessaires à cette période sont déposées en silence dans cet espace autour de vous et en vous.

Je vous convie à créer des moments particuliers, de façon à nourrir votre lumière, le but que vous avez formulé. Peut-être celui-ci est-il de vous inscrire dans le mouvement et l'élévation de cette planète, ou avez-vous souhaité être un guide, un thérapeute pour cette humanité. Enfin, je vous demande de regarder votre visage, celui que vous avez projeté pour votre avenir. Tout ce que vous souhaitez est l'extériorisation d'un visage que vous allez épouser. Par conséquent, soyez clairs dans vos désirs tout en sachant qu'il vous faut traverser cet espace-temps dans lequel vous évoluez. Bien sûr, des transformations majeures auront lieu, autant de l'espace-temps que de vous-mêmes, de la planète, des végétaux et de toutes les familles qui vous accompagnent.

Surtout, n'oubliez jamais que vous êtes le maillon principal par lequel les choses sont possibles.

Voyez à bien définir le but que vous désirez atteindre, puis à le maintenir avec clarté même si vous rencontrez des situations vous sollicitant autrement. D'ailleurs, peut-être viendront-elles tester votre fermeté dans ce désir! Comprenez que vous devrez être fermes dans les instants qui se présenteront à vous et dans cette volonté émise pour votre futur.

J'aimerais ici aborder le domaine de la géométrie. Je ne ferai pas un cours long et détaillé, ce n'est pas mon but. J'induirai simplement une ouverture.

La géométrie est la pierre fondamentale de tout être vivant, quels que soient sa forme, sa compréhension, le niveau de lumière atteint. Un être vivant ne peut naître à la vie subtile ou dense qu'avec une géométrie; c'est là une vérité de l'évolution.

Je voudrais simplement traiter des énergies reliant les planètes entre elles, les êtres entre eux, une planète à un soleil, un système solaire à un autre, deux êtres vivants quels qu'ils soient. Il y a forcément des liens entre deux membres d'une même famille ou de famille différentes, et ils ne sont pas de l'ordre d'un long rayon linéaire.

Ce rayon de lumière épouse des formes géométriques, et une forme très précise se manifeste dans ces liens: celle de la pyramide. Ces liens sont donc constitués d'une multitude de pyramides, et je désire vous amener à l'intérieur de celles-ci.

Imaginons une liaison entre les deux planètes Urantia et Vénus.

Urantia extériorise une forme pyramidale, la pointe en son cœur et la base orientée vers Vénus. Comme la Vie s'exprime dans cette forme géométrique, une deuxième pyramide viendra poser sa base sur celle de la première pyramide d'Urantia, la pointe cette fois vers Vénus, puis une troisième pyramide tournera sa pointe de façon à être en contact avec la pointe précédente, offrant sa base à la suivante, et ainsi de suite, jusqu'à parvenir au cœur de la planète Vénus.

Si vous deviez dessiner ce lien, sachez que les pointes se touchent entre elles, comme les bases. Ainsi, vous pouvez construire à l'infini cette liaison, que les pyramides soient petites ou grandes.

La première pyramide touchant Urantia et s'élevant vers Vénus a bien sa pointe posée à l'intérieur de l'aura d'Urantia, et la dernière, à l'autre bout, verra sa pointe posée dans l'aura de Vénus. C'est un lien courant entre deux êtres, dans lequel l'onde de lumière effectuera un mouvement ondulatoire passant le long de chaque arête, de chaque base et pointe. Selon la qualité développée entre deux planètes, ce mouvement ondulatoire sera différent. Il pourra emprunter la forme d'une spirale à l'intérieur de chaque élément ou celle d'un mouvement en forme de huit se déplaçant ainsi à l'infini, ou encore épouser la forme du lien et d'autres formes encore, particulières et plus complexes.

Je souhaite vous restituer ces formes géométriques très importantes reliant les êtres comme ce lien que je viens de décrire. Vous pouvez aussi visualiser des sabliers, où un resserrement tel un goulot d'étranglement retient l'énergie, la laissant filtrer tout doucement. L'énergie ondulatoire, arrivant à ce point où les deux pointes de pyramide se rencontrent, connaît ce même mouvement rétractant l'obligeant à stationner légèrement avant de glisser dans la pyramide suivante, comme dans le sablier. Quand elle passe en ce point de rencontre, le mouvement devient linéaire, puis quand elle sort de nouveau de ce passage, le mouvement ondulatoire reprend sa trajectoire.

Pourquoi vous entretenir de tout cela? Pour vous faire comprendre que *rien n'est linéaire*, que tout est mouvement et que toute relation unissant un être à un autre épouse des liens qui ne sont nullement linéaires! En l'occurrence, votre expérience ne peut être linéaire!

Pourtant, vous avez accepté de poser des œillères sur vos yeux pour ne regarder que devant vous et faire abstraction de ce qui se passe dans votre dos et sur les côtés, en haut et en bas.

En acceptant cette limitation, vous avez perdu VOS pouvoirs. Pourquoi employer vos dons d'ubiquité puisque, de toute manière, vous n'acceptez de ne poser qu'un pas devant l'autre?

Étant donné votre refus de tourner la tête à gauche et à droite, pourquoi avoir une vision globale de la Vie? Je vous le signale donc, le lien que vous entretenez avec la Vie est déformé. Et si vous êtes maintenant étriqués dans cette forme physique, ce n'est pas à cause de cette dernière mais de ce que vous avez accepté: cette vision linéaire, binaire. Et il nous paraît incroyable que vous ayez donné avec autant de force du corps à une réalité binaire que vous avez quittée depuis longtemps.

Pourquoi revivre cette limitation? Pourquoi vous plaignez-vous puisque, lorsque nous parlons de cet état limitatif, vous nous écoutez puis refermez rapidement vos oreilles et vos yeux intérieurs et réempruntez ce chemin linéaire, binaire limitatif? Et tel un aveugle, vous traversez chacun les liens d'un être à l'autre sans en regarder la profondeur, sans bénéficier de toute l'expérience, de la beauté que ces liens vous proposent.

En définitive, tout s'exprime à partir de la géométrie sacrée. Par conséquent, lorsque vous vous projetez vers un possible futur, vous faites obligatoirement appel à cette géométrie. Cela signifie aussi que les images de vous-même que vous projetez chacun dans le futur sont empreintes de géométrie. Ainsi, si votre pensée est positive, la forme géométrique sera parfaite. Dans le futur, vous rencontrerez cette forme que vous aurez extériorisée de vos propres énergies, allant à la recherche de celle-ci pour la réintégrer. Comme vous aurez fait appel à une pensée épanouissante de vous-mêmes, cette forme sera parfaite, idéale pour être à ce moment-là le mouvement ondulatoire qui saura créer le lien entre ce passé/présent et le présent/futur que vous allez connaître.

Maintenant, envisageons l'hypothèse où vous émettez des pensées et des images négatives. Dans ce cas, les formes géométriques utilisées ne seront pas parfaites mais plutôt déformées, accidentées selon la violence que vous projetterez, et s'entrechoqueront. Lorsque vous irez à la rencontre de ces images projetées de vous-même, vous entrerez dans le chaos semé par vous et non par votre voisin. Car vous, mouvement ondulatoire, créerez une forme géométrique défigurée et éloignée de sa réalité, et quand vous passerez dans ces formes projetées issues de vous, vous vous blesserez.

«Soria, comment faire pour rattraper tout ce que j'ai projeté avant d'avoir entendu tes paroles? Comment agir puisque, de toute manière, j'ai émis des milliers et des milliers d'images non parfaites?»

Enfants bien-aimés, cela est d'une grande simplicité. En prenant conscience de cette imperfection, faites appel à la Flamme violette. Demandez-lui, avec beaucoup d'amour et de respect, d'aller visiter ces formes-pensées extériorisées qui n'épousent pas le schéma idéalisé d'une forme géométrique et de bien vouloir compléter cette structure de façon à lui rendre une forme parfaite, car vous êtes incapables de rappeler toutes ces images. Savez-vous d'ailleurs pourquoi? Parce que vous les avez presque toutes oubliées. Et cela étant, vous ne pouvez donc courir à la recherche de quelque chose que vous avez ainsi perdu!

Par contre, la Flamme violette vous propose cette transformation, cette reconstruction. Vous ne pourrez pas rappeler ces images afin de les transformer vous-mêmes, mais elle est disposée à le faire. Cette Flamme violette, qui est un esprit exceptionnel, grandiose, un être intelligent, parfait, accomplira cette œuvre à votre place. Car, ô combien elle sera heureuse de libérer toutes ces formes géométriques imparfaites et de les sublimer, vous restituant ainsi des formes géométriques dans lesquelles vous allez vous plaire et vous épanouir quand vous les traverserez sous votre forme ondulatoire.

Il est question ici de mouvement ondulatoire! Relevez-vous l'allusion à ces énergies très typées, celles qui reposent dans ce feu cosmique lové à la base de votre colonne vertébrale, ce grand serpent ondulatoire qui dort pour l'instant puisque vous n'êtes pas prêts? Et pourquoi ne l'êtes-vous pas? Parce que vous ne savez pas encore extérioriser des formes géométriques parfaites, c'est-à-dire employer vos chimies intérieures en vue de telles constructions.

Tout commence par la prise de conscience. C'est pourquoi je voulais aujourd'hui semer ces petites graines afin que vous puissiez comprendre que vous avez tout loisir de créer des formes parfaites. Et une forme parfaite se dessine lorsqu'on a une vision aimante, douce et positive de soi.

C'est la raison pour laquelle je vous répète, dans mes livres, de vous aimer, comme tous les grands maîtres passés vous l'ont dit.

Et ce n'est point pour faire de vous des êtres narcissiques mais pour vous aider à entreprendre enfin la construction de formes géométriques parfaites devenant sacrées, car sublimées par une image forte, aimante de vous-mêmes. Être un maître, c'est cela, rien d'autre. Bien sûr, il y a des degrés de maîtrise dans l'état de maître, mais, avant toute chose, il faut parvenir à la première porte.

Aussi cessez de travailler sur votre kundalini, de tenter de l'éveiller puisque, en l'instant, vous n'avez pas entrepris un travail constructif. Vous agissez à l'envers, voulant l'éveiller la dans une forme géométrique de vous-mêmes détruite et chaotique.

Que voulez-vous que ce mouvement ondulatoire fasse à l'intérieur de telles constructions, sinon les détruire? En l'occurrence, comprenez que lorsque vous tentez d'éveiller la kundalini avant l'heure, vous commencez par vous détruire. Est-ce là votre désir, l'amour que vous vous portez? Débutez donc par le commencement; cherchez comment transformer l'être que vous êtes en un être d'amour qui maîtrise les visages et les émissions de ses énergies et qui, par conséquent, construit des formes géométriques parfaites. Dès lors, le mouvement ondulatoire pourra s'activer et venir couronner toutes ces constructions puisque vous aurez un lien parfait entre votre forme physique et votre forme divinisée.

La Vie est d'une grande simplicité; il y a juste à étudier correctement les bases de la maîtrise.

Pour maîtriser qui vous êtes, il vous faut d'abord apprendre à construire vos formes géométriques, à prendre conscience qu'à chaque utilisation et émission d'une pensée, vous émettez une forme géométrique! Apprenez à reconnaître l'origine de cette pensée. Est-ce l'impulsion du premier, du deuxième ou du troisième chakra qui a émis cette poussée et induit une telle pensée? Ces chakras sont-ils stabilisés? Avez-vous participé à leur ouverture totale? Vos lumières sont-elles aussi stabilisées? Et savez-vous les employer? Voilà les questions fondamentales et primordiales à vous poser afin de parvenir à cet état de maître et de construire des liens d'une grande beauté.

Non, ne vous croyez pas encore fustigés; je vous rappelle le b.a.-ba de l'être que vous êtes.

Je vois tellement de personnes jeunes ou âgées, hommes ou femmes, se détruire parce qu'elles ne savent pas par où commencer et débutent là où elles ne le devraient pas justement. Lorsque je constate tous ces dégâts sur les corps subtils et le nombre d'incarnations nécessaires pour réparer et reconstruire ces corps tels qu'ils étaient avant ce mauvais usage, je pleure devant tant d'énergies gaspillées, de souffrances à rencontrer.

Je pleure, car je sais que l'étape qui se profile sera douloureuse. Voilà en fait ce qui me pousse parfois à ne pas employer des mots doux et à venir vous bousculer à l'intérieur de ces constructions géométriques qui vous entourent et vous empêchent de regagner ce lien expansif de vous-mêmes avec la Vie.

Voilà pourquoi je vous répète tant que le gouvernement obscur a une lourde responsabilité en ce moment en cherchant toutes ces constructions parallèles pour vous empêcher d'atteindre votre but, en détruisant votre géométrie sacrée.

Et voilà aussi pourquoi je ne suis pas d'accord avec le fait de vacciner, d'effectuer des transfusions sanguines, des transplantations d'organes puisque, dans l'immédiat, rien n'est accompli pour vous aider à ***reconstruire votre forme géométrique sacrée***, et que les intervenants n'ont pas conscience de leurs actes, jouant ainsi aux apprentis sorciers. Et que dire de cette notoriété qu'ils recherchent, ayant besoin de reconnaissance, d'avoir du pouvoir sans savoir vraiment sur quoi! Tout cela n'est pas *mauvais* en soi, étant donné la manière dont vous l'utilisez, mais actuellement cela vous éloigne de vos formes géométriques sacrées et les détruit, et vous ne pouvez plus construire positivement ce lien entre les différents éléments de la Vie.

Quand, dans ces secteurs, les spécialistes accepteront de rendre service à l'humanité, de reconnaître que cette même humanité a autant de valeur qu'eux, et comprendront qu'ils ne sont pas supérieurs mais égaux aux autres, nous verrons de véritables progrès en science. Quand, au sein du corps médical, s'installera dans la conscience de chacun le respect de l'autre, tout cela sera possible.

Si je reviens souvent sur ces éléments, c'est pour déposer chaque fois des mots dans l'éther de cette planète et détruire des constructions humaines limitatives et chaotiques. De la sorte, je permets que cette chape de plomb qui est également une forme géométrique s'allège de façon que chacun reprenne sa place idéale.

Cela ne veut pas dire qu'il n'y aura plus de scientifiques ni de médecins à l'avenir, mais que ces êtres occuperont enfin leur véritable place et mériteront leur titre.

Avant toute chose, je voulais vous rappeler que vous pouvez vous passer d'eux et agir désormais en reconstruisant toutes les formes géométriques que vous allez émettre. Comme vous entreprenez cette transformation, vous n'aurez plus besoin d'appeler avec autant de force et d'insistance l'assistance de ces aides, et ils seront ainsi amenés à changer leur vision.

Oui, tout est lien. Vous avez un lien avec la terre puisque vous y posez les pieds ; un autre avec les végétaux qui vous nourrissent et vous permettent de respirer, de prendre du plaisir ou de profiter d'une détente ; encore un autre avec les animaux qui sont parfois vos guides, et souvent vos esclaves ; puis ce lien avec les fraternités d'en haut et d'en bas, toutes à votre chevet, ne sachant plus comment induire cette étincelle vous incitant à reprendre les rênes de vos constructions.

Vous avez aussi un lien avec moi, car vous m'avez appelée, mais je n'ai pas l'intention de vous laisser aller à ces constructions chaotiques. Aussi, avant de m'entendre faire appel à la douceur, sachez que je continue à détruire pierre par pierre vos constructions limitatives en introduisant des brèches dans la conscience de ce que vous avez ignoré. Cette conscience est tapie en vous et, en l'occurrence, je la réveille, l'obligeant à sortir et à vous bousculer. Comme votre forme géométrique est chaotique en vous, tant pis si vous en ressentez le chaos. Après tout, ce chaos vous incitera peut-être à repenser vos futures constructions ! Continuez ce jeu si vous le voulez, ou écoutez-nous et acceptez nos conseils. Néanmoins, vous seuls ressentirez et vivrez ce que vous aurez construit.

AIMEZ-VOUS, que vous soyez bancals, défigurés, borgnes, culs-de-jatte, car tels que vous êtes, vous arrivez à cet instant précis où tout est possible pour la Transformation. Mais aimez-vous, SINON il n'y aura pas d'amour dans votre vie ou vous connaîtrez un amour bien chaotique !

Et je crois que tous, vous avez assez vécu le chaos dans cette présente vie pour appeler l'harmonie. Et quand on vous rappelle que tout passe par le cœur, c'est que par l'amour qui inonde chacune de vos constructions, les formes géométriques sont sublimées et deviennent sacrées.

Soyez donc prêts à cette transformation majeure de vous-mêmes et, dans ce but, aimez-vous!

Nul ne vous demande d'être beaux, intelligents, parfaits. Nous disons simplement à chacun: «AIME-TOI, car nous, nous t'aimons. Et si cette forme te gêne, mets-y de l'amour puisque l'amour ouvre toutes les portes et guérit.

Ainsi, lorsque tu guériras l'intérieur, l'extérieur se transformera.

Aime-toi en toute simplicité! Ne pense pas être quelqu'un d'autre. Tu es celui que tu es à l'instant précis dans cette incarnation limitative, mais cette limitation sera transformée par l'amour qui naîtra en toi.

Aime-toi comme nous t'aimons, comme le Père divin t'aime. Aime-toi parce que tu es né du Divin et que par cette filiation, TU ES DIVIN.

Aime-toi puisque tu es en vie et LA VIE.

Pardonne-toi d'avoir oublié que tu devais t'aimer et souris de cet oubli. Aie assez d'humour pour sourire de ce passé qui t'a conduit dans ce présent chaos. Ris de cette transformation qui s'effectue par cette prise de conscience. LIBÈRE-TOI!

Expanse-toi, cours, chante, retrouve tes ailes de liberté, car tu as toujours été LIBRE.

Et aujourd'hui encore, tu es libre de t'aimer ou de te repousser, d'entretenir ce chaos ou de le transformer.»

Les Lois universelles sont d'une grande simplicité. Seul l'homme les a compliquées par volonté égotique, par besoin de possession et pour tenter de dominer une partie de la Création.

Alors aujourd'hui nous déclarons à chacun: «C'est un chemin de lumière qui t'attend devant toi, un chemin d'amour, de réalisation, de plénitude et de joie. Nous te demandons seulement de t'aimer afin d'inonder toutes tes créations de ce rayon puissant et que les formes géométriques extériorisées par ta pensée soient parfaites.»

Et quand le Maître te disait: «Sois parfait comme mon Père l'est», il faisait bien allusion à cette réalité.

Les Créateurs sont parfaits et ne peuvent qu'engendrer un état similaire. Vous êtes issus des Créateurs et êtes des créateurs. Reprenez donc votre pensée parfaite, votre regard parfait; soyez amour, expansion, à la hauteur de ce qui a été déposé en vous.

Et nous vous savons capables d'effectuer ce grand changement en une fraction de seconde.

J'ai fait don de ma présence à Urantia Gaïa, comme d'autres Êtres puissants le font.

Sachez que notre vision du monde à venir est parfaite, que nous émettons des formes géométriques d'une grande puissance. Cela signifie que vous êtes tous invités à emprunter de votre propre volonté les schémas géométriques que nous sommes en train d'induire depuis cette planète.

Nous vous rappelons que cette sphère est une planète relais. Comment est-ce possible, si ce n'est en empruntant les chemins de géométrie sacrée que nous posons depuis cette terre, vers les champs vierges. En tant que Créateurs, nous créons déjà ce sas où descendent ces formes géométriques induites par nous, ces Forces primordiales au service du Sans-Nom.

Ces créations passeront sous l'autorité de quelques membres de cette humanité. Qui sont-ils? Ce sont ces hommes et ces femmes, jeunes ou vieux, qui choisiront de changer leur approche de la Vie et leurs créations géométriques en vue de recevoir cette mission de s'aligner en glissant à l'intérieur de cette création géométrique que nous venons d'élaborer.

Comprenez, par le biais de la résonance, que vos créations géométriques ou autres vont vous éloigner ou vous rapprocher de ce qui vient s'installer. Nous sommes déjà à l'œuvre et ce que nous émettons repousse ou attire déjà les êtres qui vont s'y glisser afin de correspondre à ce schéma élevé de la géométrie sacrée.

Tout part du cœur, de NOTRE cœur.

Nos pensées couleront à l'intérieur de notre cœur, et nos pensées sont notre cœur, ou notre cœur s'est glissé dans nos pensées ; nous ne savons plus, ne faisant qu'Un.

Et je vous invite à faire Un avec toutes vos créations futures.

Je vais me retirer, car il est temps de vous laisser aller, de clôturer le flot d'informations de cette année, de laisser mûrir ces impulsions.

Mais sachez que nous sommes déjà à l'écoute, désireux de vous aider dès à présent à réaliser vos souhaits.

Si nous nous retirons, ce n'est que pour mieux vous accompagner dans votre intimité.

Voici qu'est lancé le pont entre votre humanité et moi, un pont qui fait appel à la géométrie sacrée.

Ce pont, je l'ai voulu afin de vous aider à l'emprunter pour que vous puissiez vous ressourcer et vous soutenir dans votre propre transformation. Osez le franchir, car chaque fois que vous mettrez vos pas sur ce lien entre vous et moi se produira une transformation majeure dans votre architecture intérieure et, par conséquent, extérieure.

Nous vous aimons et sourions des pensées que vous avez de vous-mêmes, comme de celles que vous avez de nous, car vous avez besoin de nous donner des visages, des formes. Toutefois, sachez ô combien nous émettons des mouvements ondulatoires afin qu'ils fluidifient tous les rouages internes de votre vie.

Allez en paix, dans l'amour. Vivez par l'amour, et la grande fraternité dont vous rêvez s'installera. Nous rêvons avec vous de cette même fraternité.

Je vous respecte tels que vous êtes, sachant que vous avez enfin la force de revêtir votre puissance et vos réalités divines.

Allez en paix comme nous sommes en paix, et que notre paix vous visite à chaque instant.

Message de Marie

Le 22 décembre 2003

L'Esprit se pose. Bientôt les douze coups de minuit s'égrèneront. Une partie de l'humanité célèbre Noël, la naissance de Jésus CHRIST, le Sauveur.

Le sapin dressé et paré brille de toutes ses lumières. La joie devrait habiter le cœur de chacun puisque c'est jour de fête.

Au temps réel de cet accouchement, j'étais allongée dans un lit fraîchement préparé pour les voyageurs. Non pas dans une étable, mais bien dans une annexe de ce que vous appelez aujourd'hui hôtel. La chaleur régnait; n'oubliez pas que je vivais en pays chaud et que ceci se déroulait aux portes de l'été. L'enfant vint là, au cours d'un voyage.

Aujourd'hui, vous vous réunissez, vous priez, louez et chantez pour un événement que vous situez en hiver. En toute logique, les énergies de l'hiver sont propices à l'introspection. Elles préparent les êtres à tourner leur regard en eux. Le décalage entre la réalité (été) et la fiction de votre fête (hiver) vous éloigne du potentiel amené à la naissance de mon fils. Son rôle consistait à offrir une dilatation à vos êtres afin de laisser émerger la personnalité du Soi supérieur dans la personnalité du soi humain. Adombrement hautement salutaire, si la petitesse et l'égoïsme humains n'avaient pas détourné cette richesse sans nom.

Depuis ce temps, mon fils et moi-même entretenons la flamme allumée à sa naissance. Ce feu brûle toujours, tel un phare cosmique rappelant le chemin à suivre.

Graduellement, mon fils souffle sur votre flamme de manière à la raviver et permettre à votre mémoire de se souvenir de la vérité.

Vous avez alimenté un conte monté de toutes pièces en vue de cacher et de détourner les énergies du solstice d'hiver, porte de la connaissance, de l'analyse, de la synthèse et du savoir. En fermant ce seuil hautement bénéfique à la conscience en évolution, vous avez été privés de tout un potentiel de transformation.

Lorsqu'une âme/esprit accepte de visiter avec sincérité le pouvoir de l'hiver, elle peut s'affranchir d'un lot d'énergies utilisées durant ses expériences. En effet, en se posant chaque hiver dans cette introspection, l'âme/esprit se libère régulièrement de ces cristallisations amassées pendant les recherches et les approfondissements des Lois universelles en incarnation.

Ces lois sont le reflet des grandes Lois en articulation entre les univers, petits et grands.

Aujourd'hui, à l'occasion de cette veille de Noël, j'aimerais rouvrir cette porte de l'Hiver et vous offrir toute sa richesse. Mon fils et moi-même souhaitons vous voir réinvestir les énergies pour ce qu'elles sont en réalité.

L'arbre de Noël brille de mille feux; qu'il devienne alors un symbole vivant en relation avec le solstice d'hiver.

Reprenez votre route sur les énergies déployées par mon fils. Ainsi, mon rôle de mère de l'Enfant divin sera rempli.

En ce moment, mon cœur déborde d'amour pour chaque enfant terrestre, du plus jeune au plus âgé, car n'en doutez pas, même à quatre-vingt-dix ans, vous êtes un enfant de la Vie.

La paix de l'Hiver descend autour de vous.

La paix de Noël demeure une utopie. Aussi, si votre âme/esprit a soif de paix, d'amour et de repos, chers enfants, allez boire à la source de la paix qui coule dès les premières impulsions de l'hiver.

Replacez chaque acte dans sa réalité et vous verrez toutes les armures d'airain se briser afin de laisser l'aisance à la Vie.

Chers enfants, en cette veille de Noël, fête créée par l'homme autour d'un événement déplacé dans le temps, je vous invite à réinvestir le Temps de façon à vous en faire un allié et non un ennemi. Ennemi sournois sous cette forme indiscernable, montage fait par des esprits imbus de pouvoir, jouant les apprentis sorciers et soumettant une sphère de Vie à la distorsion d'énergie.

Chers enfants, mon cœur s'ouvre de manière à vous accueillir en mon sein. La dilatation de l'Amour cherche le feu du solstice de l'été, créant un chemin où les âmes/esprits peuvent se reposer dans ce feu céleste.

À vous de venir, je vous attends.

Marie, mère de Jésus-Christ

Conclusion

Le 3 janvier 2004

Le temps est venu de clore ce livre et, par la même occasion, les énergies de 2003, année de grands changements, voire de bouleversements quant à la position de chacun au sein de ce groupe ou de cette humanité.

Égale à moi-même, je termine ce nouveau chapitre d'enseignement en laissant les portes ouvertes à tous les possibles. Le devenir de la planète et de l'humanité appelle un rendez-vous incontournable avec le passé. L'histoire d'Urantia Gaïa est alourdie de non-dits, de compromis, d'incompréhensions et d'attitudes éloignant les êtres de leur source véritable. Ainsi, au fil du temps, des sillons se sont construits, obligeant chacun à épouser un moule au lieu de parcourir son chemin d'élévation. Pourtant, malgré tout, les flots du Ciel se déversent sur vous.

Demain permettra à chacun de trouver sa place. Encore une fois, les racines du Ciel et de la Terre joueront leur rôle d'ancrage. À vous de profiter de ces possibles et de glisser dans les jeux de rôles offerts à la découverte. Pourquoi parler de jeux de rôles? C'est simple, il s'agit de cela jusqu'à l'instant où vous entrez au sein de votre identité céleste. Les chemins multiples permettant d'y parvenir se rejoignent, et voici le passé rencontrant le présent, de manière à dessiner le futur établi selon les comportements émis au cours de ces instants.

Au vu de ces moments à venir, nous avons déposé tous les mots et toutes les énergies nécessaires. Non, il ne s'agit pas uniquement des miens, qui ne représentent qu'un visage. Les représentants de la Sagesse divine savent qu'un seul chemin ne garantirait pas en ces instants le retour des enfants divins dans leur demeure. Nous avons conjugué nos forces de façon à vous aider à vous raccrocher à l'une ou l'autre de ces voies en fonction de vos états d'âme et d'esprit.

Ce début de millénaire propose un *lessivage* des mémoires du passé. Les portes des Cieux s'ouvrent. Vous pourrez glisser dans le ciel vous convenant, à moins d'en créer un particulier. Au sein de votre imaginaire ne demeure l'acceptation que d'un seul ciel.

Selon les religions ou sectes, le ciel revêt un visage différent, voire opposé. La réalité est tout autre. Il n'y a pas un ciel, mais une infinitude de *ciels*, soit un ciel par cercle de compréhension. Le ciel des Êtres réalisés ne peut ressembler au ciel d'une personne liée à la dépendance affective, par exemple. Dans cette approche, *le ciel* représente simplement l'ouverture de conscience et d'intégration de l'identité cosmique, car en vérité il n'y a qu'une réalité et c'est celle-là. Toutefois, les énergies descendant vers vous sont identiques, quel que soit le niveau d'ouverture atteint.

Mes mots s'adressent particulièrement à vous, lecteurs, en attente d'un possible meilleur. *Meilleur?* Tout dépendra de votre imaginaire. Sera-t-il fermé, entrouvert, totalement ouvert, sélectif, exigeant, volontaire, passif, dictatorial, tolérant, farfelu? Dans tous les cas, nous ferons avec, choisissant les interventions à accomplir sur vous d'après la tonalité émise.

Soyons précis: les énergies agissent sur plusieurs strates de vie. D'abord sur celle de la planète, ensuite sur un groupe, puis sur un individu et, finalement, sur chaque émanation mentale. Nous réunissons les êtres en fonction de l'état de leur imaginaire, nous les mettons en syntonie et suscitons des réactions. Régulièrement, nous présentons un groupe à un autre et observons les mouvements d'énergie occasionnés de cette manière. Non, nous ne nous amusons pas ni n'organisons de tests supplémentaires. Nous essayons simplement de provoquer des ouvertures de conscience.

Le sas favorisant le passage de la troisième à la quatrième dimension a ouvert ses portes. Déjà, un grand nombre d'hommes et de femmes entrent à l'intérieur de l'espace créé pour cette transformation. La curiosité, l'impatience, la détermination fonctionnent sans répit au sein du mental de ces êtres. Ainsi, la première vague appartenant à votre humanité découvre ce lieu. La première impression émergeant de l'organe de pensée reste la surprise du peu de différence entre la vie d'avant et celle de l'instant. Où est donc la différence?

Chers amis, la pénétration dans le sas ne change en rien votre vie au quotidien dans l'immédiat. C'est seulement à la fermeture de ses portes, après que l'humanité y sera installée, que vous commencerez à enregistrer le mouvement provoqué par sa présence. L'humanité entière rentre dans le sas; par contre, à la sortie du sas, cette humanité sera plus petite en nombre.

Qu'il soit clair dans vos esprits que nous n'interviendrons pas sur votre volonté d'entrer ou non dans la quatrième dimension et de vous aligner sur les lois inhérentes à son fonctionnement. À vous de vous interroger sur vos intentions de vivre ou non en harmonie avec une strate de la conscience de Vie.

Aujourd'hui, la joie ne vous habite guère, mais elle ne représente pas un soutien indispensable à l'ancrage des énergies de l'humanité dans la mouvance du temps de la réalisation suprême.

Bientôt s'ouvriront les écoles de la Joie afin de réapprendre la simplicité de se glisser dans l'instant. Le retour de la conscience du jeu de la Vie devient une nécessité primordiale pour ce groupe en phase préhumaine. Le jeu de l'être suggère une trame, ou théâtre, et un support se déroulant selon un rythme précis. Parfois, on apprend son rôle à la perfection en peu de temps, ou il faut revenir encore et encore sur celui-ci afin de l'intégrer complètement. Le jeu céleste ne laisse de place ni à un vainqueur ni à un perdant. Au sein de cette classe récréative, seule la facilité ou non d'apprendre intervient dans les phases de son déroulement. Au bout du jeu, tous les participants sont regroupés en vue de franchir l'étape suivante. L'efficacité de maintenir l'énergie dans la forme reçue détermine la progression de l'être.

Au fur et à mesure de la démonstration de contenir un moule en parfait état de fonctionnement, le maître de jeu donne une charge plus grande. Aujourd'hui, avec la fermeture de la troisième dimension, chaque participant est placé dans un cercle d'énergie qui correspond à ses possibilités d'assumer une responsabilité envers la Vie universelle.

À l'intérieur du sas, chacun de vous passe une porte. Seule la qualité vibratoire du corps communautaire intervient dans ce choix. À chaque extrémité du sas, un groupe d'êtres ancrés au service de la Lumière empêche l'entrée ou la sortie du sas. L'humanité est donc contenue par deux pôles de lumière. L'extrémité «quatrième dimension» est gardée par un groupe venant des étoiles. L'autre est gardée par un groupe issu de l'aventure d'Urantia Gaïa. Naturellement, vous y retrouvez les Maîtres de rayons, les hommes et les femmes ayant pénétré le centre de la planète, et des êtres évoluant au cœur de votre humanité venus spécialement pour maintenir cette force dans cette période si particulière. Je souhaite ajouter ici que vous avez simplement à glisser sur et dans l'intervention des Cieux. Rien de plus, rien de moins.

Le passage dans ce lieu créé pour ce mouvement interplanétaire risque de ne pas être de tout repos. En effet, il vous faudra malgré tout regarder vos acquis et vos faiblesses. Ainsi, vos faiblesses se révéleront surtout au cours de l'effondrement de ce système d'évolution. Vos attachements seront par conséquent vos freins d'élévation et mèneront au franchissement d'une porte parallèle au sas. Toutes ces portes, autres que les deux extrémités, sont reliées à un système planétaire.

À l'intérieur du sas, nous avons placé vingt-huit portes de fréquences vibratoires intéressantes pour le devenir de ceux qui les empruntent, seize portes de qualité permettant l'approfondissement de la vision, vingt et une portes offrant la possibilité de se libérer des attachements affectifs, quarante-huit portes reliées au bourbier du mental, quatre-vingt-seize portes attachées à la reconnaissance de la personnalité dans son expression divine, et enfin, plus d'un millier de portes pour les réfractaires.

Mes enfants, au cours de ce passage, vous ne pourrez pas intervenir en vue de faire plier le choix de chaque membre de cette humanité. Je vous prie donc de respecter la décision de chaque âme/esprit. De cette façon, vous manifesterez une vision de la vie individuelle plus élevée. Les jours à venir ne seront simples en aucune manifestation. Quand vous retrouverez une vie agréable teintée de sérénité, alors, avec justesse, vous pourrez penser que la sortie du sas et votre entrée dans la quatrième dimension sont proches. Bien que cette dernière ne vous offrira qu'un passage éphémère...

Bientôt, votre ciel changera également, les positions des points cardinaux effectueront une jolie valse avant de se stabiliser, et le climat évoluera de façon à répondre au besoin du futur. Vous n'aurez plus aucun point de repère relatif à la troisième dimension de cette planète.

Ici, je salue haut et fort le courage d'un petit nombre d'êtres de cette humanité ayant accepté de tout sacrifier pour assurer la transformation de cette sphère de Vie. Ni la position sociale, ni le confort, ni l'argent n'ont pu les faire dévier de cette volonté. Malgré toutes les épreuves rencontrées, ces êtres sont les grands transformateurs du potentiel de la pensée créatrice. En conséquence de leur choix, ils sont les derniers à pénétrer le sas et forment une barrière énergétique afin d'y maintenir l'humanité. Leur qualité de lumière intrinsèque permet de les associer aux grands Êtres de lumière.

Le rôle du sas demeure multiple, pourtant nous aborderons uniquement cette fonction.

Plus nous approchons de l'heure de la grande transformation, plus les vagues de lumière sont teintées spécifiquement. En ce début de 2004, le but visé est la destruction des constructions préhumaines ne rentrant pas dans la vision haute de la liberté de chacun au sein des Lois universelles. Cette année ne sera pas celle de la facilité; elle vous obligera à fixer des choix et à les appliquer aussitôt. Ce qui pouvait être toléré en 2003 devient tout simplement impossible. Notre fonction d'observateurs se renforce. Nos interventions s'activeront en résonance avec vos choix. Demeurer dans les positions actuelles vous garantit (si celles-ci ne cherchent pas purement l'élévation du corps/âme/esprit) une stagnation de grande envergure et un éloignement certain des énergies de transformation.

Non, je ne cherche pas à vous faire peur. J'énonce un simple fait, une réalité inéluctable, et tant pis si vous rejetez cette information par pur confort égotique. Je reste égale à moi-même et je vous inviterai toujours au dépassement de la vision du moment en vue de vous offrir une élévation déterminante et de vous conduire plus rapidement à l'ascension en vous-mêmes immuable depuis la conception primordiale ou originelle. Demeurez attentifs aux pulsions induites par votre être intérieur, écoutez à chaque instant cette petite voix. Certes, reconnaissez-la d'abord si cela n'est pas déjà fait.

Au sein de cette période où vous vous éloignez de la troisième dimension de manière à vous rapprocher de la quatrième, les événements ne seront pas de tout repos. Accordez-vous donc des plages de ressourcement afin d'évacuer les fatigues, les vieilles énergies, de faire le point sur votre positionnement envers la Vie. Reconnaissez vos erreurs de comportement en évitant les autoflagellations, les punitions dont vous êtes si friands. Non, ne vous écriez pas en lisant ces mots, car j'énonce une pure vérité. D'accord, je ne mets pas les formes pour faire passer cette vérité, ni même pour vous flatter. J'ai le mérite d'être claire et de mettre en résonance ces énergies en vous, espérant que vous profiterez de cette émergence pour vous libérer de ce poids qui engendre un retard dans votre alignement avec le temps présent.

Vous aimez la période de fin d'année, car elle vous apporte des cadeaux; considérez ces mots comme votre cadeau céleste.

De toute façon, la majeure partie de l'humanité fêtant le jour de Noël est fatiguée de cette obligation. La création de ce jour s'écroule, comme toutes les créations humaines mises en place pour détourner une énergie de Vie.

Toutes les attitudes cherchant à imposer une mainmise sous une forme ou une autre se verront visitées cette année; leur destruction aura lieu sans possibilité d'intervenir pour une modulation quelconque. À vous de vous interroger sur vos motivations intérieures et de poser un regard de guérison sur ces gouffres émotionnels.

Au cours de cette nouvelle année, l'humanité vivra une courte période de déconnexion avec les guides, mis à part les hommes et les femmes travaillant pour le collectif humain. Cette période servira à mesurer la force intérieure de chaque membre de cette humanité. Néanmoins, il reste tout à fait possible que certains êtres *branchés*, comme vous dites, soient retirés du circuit d'information. Nous déplorons toujours l'attitude égotique de quelques-uns, qui cherchent à asseoir une autorité à partir de ce partenariat. Là encore, nous avons accepté ce jeu égotique dans le but d'enregistrer des paramètres. Nous ne nous leurrons jamais quand nous instaurons un partenariat entre les Sphères d'information et le monde d'en bas. Actuellement, une grande confusion règne quant à ce type de partenariat. Le contact entre les mondes d'en haut et d'en bas oblige le contacté à un grand travail de libération de son passif. Rarement, heureusement, l'un d'entre eux pense être exempté de ce travail et se comporte avec moins de grâce et d'intelligence qu'avant le début de ce partenariat.

L'année 2004 sera en soi un exercice difficile. En effet, le besoin de tout contrôler ne favorise pas l'expansion de l'Esprit. Quand l'esprit veut sortir des limites imposées, des débordements surviennent.

À vous, amis lecteurs, je demande de reprendre le chemin de l'esprit et de l'envol en respectant les pierres d'assise du chemin parcouru jusqu'à ce carrefour. Cessez de vous autosanctionner et de chercher des punitions dès que votre regard vous éloigne de la multitude. Ces comportements furent visités maintes et maintes fois. Le temps se présente d'innover et d'offrir à la Vie la réunion à toute l'humanité.

Aujourd'hui, le tout possible devient possible. Vous pouvez enfin rêver d'appliquer un baume sur les plaies du passé, de sourire devant les attitudes qui vous ont menés à des impasses douloureuses dans les sphères sociale et religieuse. Oui, rêvez votre futur en accordant une place honorable à chaque manifestation de la Vie. La ré-union suggère de voir tous les protagonistes de l'histoire d'Urantia Gaïa s'asseoir à une table ronde et créer un avenir digne des enfants de lumière que vous êtes tous.

Les choix politiquement corrects n'ont entraîné aucun progrès réel entre toutes les sphères évolutives de l'esprit en phase préhumaine sur cette planète. Vous pouvez encore et encore vous cacher les uns derrière les autres et ainsi vous renvoyer les responsabilités. Nous vous le disons toutefois: «Vous êtes tous responsables de la situation présente, à un degré plus ou moins élevé, certes.» Alors, je vous enjoins d'engager une discussion honnête, car des concessions s'avèrent nécessaires pour trouver l'attitude juste respectant la Vie dans sa totalité. Demain sera le reflet du présent. Que mettez-vous dans l'instant présent? De l'autoritarisme? De la peur? Un besoin d'imposer votre vision? Ou encore de la domination? Réfléchissez bien!

Demain deviendra Harmonie, avec ou sans vous.
Demain deviendra le visage de l'Amour divin,
avec ou sans vous.
Demain deviendra un instant
de grande Fraternité universelle,
avec ou sans vous.
Demain, le chant de l'Esprit
résonnera sur toute cette planète,
avec ou sans vous.

Ainsi a parlé le Sans-Nom.
Ainsi soit-il.

Le Soleil brille de tous ses feux à chaque instant de sa vie, et ce, malgré vos agissements.

Le Soleil vous indique sans cesse le chemin à emprunter. Ses rayons vont susciter des réactions en vous; écoutez ce langage. Ouvrez grand vos oreilles, vos yeux, votre cœur, votre esprit et retrouvez la voie de l'élévation de l'ensemble corps/âme/esprit.

Mon hymne à la Vie

À l'aurore de ce jour, j'entends ta voix
À l'aurore de ce jour, je chante ta mélodie
À l'aurore de ce jour, j'accepte ta loi.
Ô mon cœur, rends grâce
Ô mon cœur, laisse couler ton amour
Ô mon cœur, réjouis-toi.
Celui qui ne porte pas de nom revient
Celui qui ne porte pas de nom nous regarde
Celui qui ne porte pas de nom
se souvient de sa promesse.
Au temps de l'éloignement, l'Arche d'Alliance
nous fut remise, alliance du temps et de l'amour
Au temps de l'éloignement, Toi,
l'Origine de l'origine, tu as donné ta parole
Au temps de l'éloignement, Toi, l'Origine de l'origine,
tu as inscrit nos noms sur tes tablettes.
L'heure sonne, la pesée de toutes les âmes approche
L'heure sonne, ta justice descend sur tous
L'heure sonne, tu vas redistribuer les rôles.
Ô Cœur de mon cœur, rends grâce
Ô Cœur de mon cœur, laisse couler ton amour
Ô Cœur de mon cœur, réjouis-toi.
Le temps est venu de se présenter à l'éternelle VIE
Le temps est venu de réintégrer sa demeure
Le temps est venu de quitter la petitesse de l'ego.
Je chante la joie du retour

Je chante le bonheur
de me glisser dans mes habits de lumière
Je chante d'allégresse
la beauté de vivre ces instants.
Toi, en mon cœur, réveille-toi,
le temps de la réalisation revient
Toi, en mon cœur, brille de tous tes feux,
cela est maintenant possible
Toi, en mon cœur, donne-moi la main
dans cette transition.
Toi et moi, chantons le retour de Celui qui est
de tout temps dans notre vie.

Le temps est venu de donner ce cahier de pensées à cette humanité. Que chaque mot vogue vers le cœur de la Vie afin de porter un peu de paix sur la tristesse du regard humain.

Soria

Les Cercles de paroles

Aujourd'hui, le temps est venu pour votre humanité
de s'asseoir afin de permettre à la parole de circuler.
Je vous y invite.

J'espère vous voir installer une relation puissante
avec vos propres partenaires.

Ma matrice de paroles fut créée avec ma partenaire,
et elle restera unique.

Cependant, vous êtes uniques et je m'attends à enregistrer
de nouvelles créations d'échanges, uniques eux aussi.

Les *cercles de paroles SORIA* ouvrent un espace d'échanges où la parole du collectif vient vous enseigner au sein d'une trame de trois journées ayant pour but d'offrir des racines à l'Esprit et d'engendrer des actions concrètes dans votre quotidien, matrice d'évolution et d'élévation.

Soria

Pour tout renseignement, ou l'organisation d'un cercle SORIA
dans votre région, veuillez nous écrire à l'adresse suivante:
B. P. 11, 46270 BAGNAC, France.

Devise des *Cercles de paroles SORIA*

Au cours d'un cercle, Soria demanda à chaque participant de fournir spontanément un mot, puis elle les assembla aussitôt pour créer sa devise. Voici ces mots...

D'accord – maintenant – merci – j'accepte – vivre –
amour – grâce – Soleil – unité – fleur – acceptation –
confiance – oui – envole – paix – cœur –
ici – liberté – beauté.

ET SA DEVISE...

D'accord! Maintenant, je dis merci.
J'accepte de vivre l'amour et sa grâce.
Le Soleil offre l'unité dans la fleur de l'acceptation.
En confiance, je dis: «Oui, envole-toi, paix de mon cœur,
ici, en toute liberté et dans la beauté.»

Calendrier 2005

Soria a mis en place une matrice d'enseignement et d'échanges où vous êtes accueillis, honorés, et où vous recevrez des informations pour votre transformation.

Matrice de trois jours d'enseignement et d'échanges de paroles: Cercles de paroles SORIA

France

18-19-20 mars: Clermont-Ferrand
10-11-12 avril: Grenoble
15-16-17 avril: Nantes

Belgique

29-30 avril et 1er mai: Bruxelles
Tél.: 32 475 47 27 90

Québec

12-13-14 août: Saint-Damien (Cap au lion)
Tél.: (450) 835-5730
19-20-21 août: Saint-Damien

Matrice d'une journée approfondissant notre relation et notre place avec l'Air

France

12 avril: Grenoble
18 avril: Mulhouse
8 juin: Nantes

Belgique

2 mai: Bruxelles — Tél.: 32 475 47 27 90

Québec

11 août: St-Damien (Cap au lion) — Tél.: (450) 835-5730
18 août: St-Damien

Conférence du Collectif SORIA

8 avril: Grenoble
27 avril: Bruxelles — Tél.: 32 (2) 657 75 47
9-10 juin: Nantes

Quelques exemples de livres d'éveil publiés par Ariane Éditions

Le Code de Dieu
Entrer dans le Jardin Sacré
Un nouveau don de lumière
L'âme de l'argent
Revélations d'Arcturus
Le Dieu de demain
Le pouvoir de créer
Vivre dans le cœur
La délivrance par le soleil
Perles de sagesse du peuple animal
Les grandes voies du Soleil
Transparence
Aimer ce qui est
Anatomie de l'esprit
Contrats sacrés
Les enfants indigo
Célébration des enfants indigo
Aimer et prendre soin des enfants indigo
Émissaire de l'amour
Série *Conversations avec Dieu,* tomes 1, 2 et 3
Questions et réponses au sujet de Conversations avec Dieu
Nouvelles Révélations
Le pouvoir du moment présent
Mettre en pratique le pouvoir du moment présent
Quiétude
Le futur est maintenant
Sur les ailes de la transformation
L'amour sans fin
L'Être solaire
Fleurs d'Esprit
La graduation des temps
Un nouveau départ